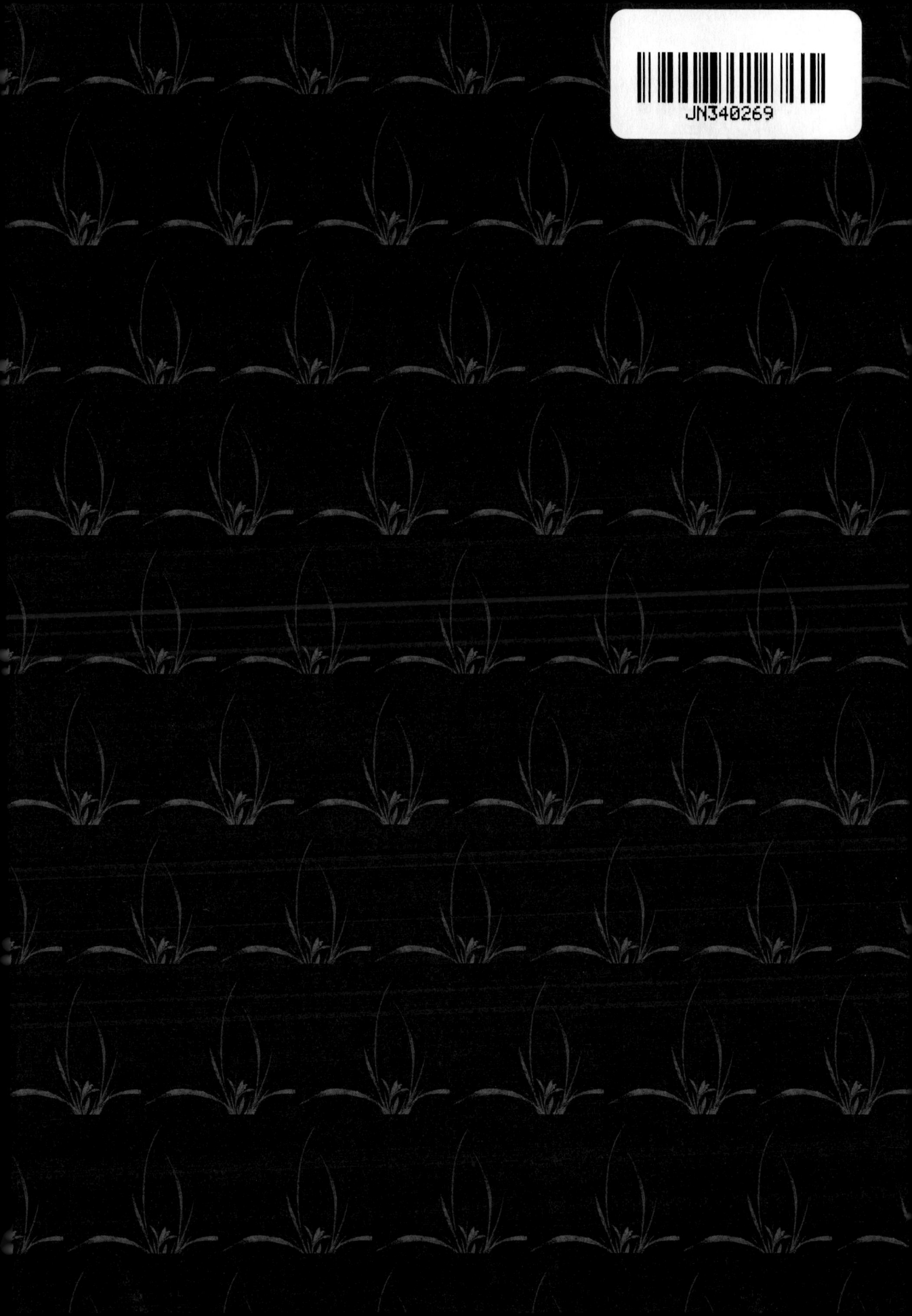

난초

蘭・らん

일러두기

- 이 책은 동북아시아의 중심국가인 한국·중국·일본이 공유하고 있는 사물(事物)·사항(事項) 중 상징성이 높은 난초를 비롯한 사군자(四君子), 십이지(十二支) 등을 종교, 사상, 미술, 공예, 민속, 생활 등 다각도로 조명했다.

- 원고 내용은 집필자의 견해에 따르되, 문장은 누구나 쉽게 읽을 수 있도록 했으며, 관련 도판은 상징적이고 의미가 깊은 자료를 가능한 많이 넣어 이해를 돕도록 했다.

- 한글 전용을 원칙으로 하되, 어려운 어구(語句)나 특수용어 등은 괄호 안에 한자 또는 원어를 병기했다.

- 맞춤법, 띄어쓰기, 외래어 표기원칙 등은 교육인적자원부가 제정·발행한 〈한글맞춤법〉이나 〈편수자료〉를 따랐다. 예를 들어 보조동사(도움움직씨), 즉 보조용언(도움풀이씨)은 띄었고, 나타내는 용어가 한마디로 굳어진 관용어는 붙여 썼다.

- 연대는 서력기원으로 표시하고, 필요한 경우 괄호 안에 왕조년을 부기했으며, 본문 서술 중 중요한 경우 왕조년을 먼저 밝히기도 했다.

- 《 》는 서적·신문·잡지·작품 등의 제명(題名)을, 〈 〉는 논문명, 서지·문헌 등의 장(章)이나 편(篇)을 표시한다. 「 」는 인용문·가사를 표시한다.

- 도량형 단위는 미터법을 따르되 한글로 표시함을 원칙으로 삼았다.

- 일본의 도시명이나 인명은 현지음으로 표기했는데, 전체적으로 통일되어 있지 않다. 이는 집필자의 원고에 따른다는 원칙도 있었으나 표기가 통일되어 있지 않아도 내용을 이해하는 데 큰 불편이 없기 때문이다.

- 중국어 인명(人名)은 신해혁명(1911)을 기점으로 그 이전은 우리 한자 독음으로, 그 이후는 중국어음으로 표기했고, 지명은 중국어음으로 표기했으나, 생소한 지명은 한자 독음으로 표기했다.

- 내용의 교열·교정에 기준으로 삼은 사전은 《금성판 국어대사전》(금성출판사 간, 1999)이며, 외래어 표기법은 《표준국어 대사전에 따른 외래어표기법》(초록배매직스 간, 2000)을 참고로 했다.

난초

蘭·らん

【이어령 책임편찬】

종이나라

한·중·일 문화코드읽기를 펴내며

세계화와 함께 지역화가 이루어지고 있다. 국경은 소멸되어 가고 있지만 문화를 단위로 한 지역 간의 울타리는 날로 선명해지고 있다. 정치·경제의 이념으로 양극화되었던 세계는 이제 문명·문화를 토대로 한 다원적인 세계 구도로 변화해 가고 있다. 이미 우리는 초국가 형태의 유럽연합의 탄생을 통해서 문화의 공유와 그 정체성이 정치·경제를 이끌어 가는 새로운 파워로 등장하고 있음을 본다.

그래서 지금 문화·문명은 충돌하는 것인지 혹은 공존·융합하는 것인지 하는 문제가 세계의 화두로 제기되고 있다. 하지만 우리는 그러한 물음 이전에 우리가 서 있는 문화의 기반이 무엇이며 그것이 지금까지 우리가 추구해 왔던 근대화·서구화의 그것과는 어떻게 다른 것인지부터 깊이 알아야 할 것이다.

중국·한국·일본의 동북 아시아 세 나라는 서양을 알기 이전부터 3000년 동안 함께 나눠 온 문화를 지니고 있다. 그런데도 중국의 중화사상과 일본의 대동아 공영권 같은 일국 중심의 지배 이론으로 그동안 동북 아시아의 문화적 가치는 편향되고 왜곡되어 온 것이 사실이다. 그러므로 동북 아시아가 공유하고 있는 지역 문화의 동질성과 특성을 다시 새롭게 물어야 할 중대한 문명사적 소명 앞에 우리는 서 있는 것이다.

특히 그 역할은 한 번도 그것을 지배의 도구로 이용해 본 일이 없던 한국이 주도해야 할 입장에 놓여 있다. 그리고 지정학적인 입장에서 보아도 중국의 대륙 문화와 일본의 해양 문화를 다같이 아우를 수 있는 것은 한국의 반도 문화일 수밖에 없다.

그리고 그것은 종래처럼 일국 중심의 패권이나 이념화를 통하지 않고 가치 중립적인 입장에서 접근하지 않으면 안 될 것이다. 그렇기 위해서 우리는 매화나 소나무·대나무처럼 역사적으로 공유해 온 구체적인 대상물의 상징과 이미지를 비교해 그 차이와 공통점을 밝혀 내는 방법을 선택하게 되었다. 이는 한마디로 동북 아시아 세 나라의 문화 코드를 읽는 작업이다. 이 작업을 통해 공통의 언어와 상상력, 사고의 문법을 구축하고 그것을 새로운 글로벌 문명을 살아가는 데, 이른바 사회 자본(social capital)으로 삼아야 할 것이다.

그러므로 이 책은 작고도 큰 책이다. 이 책《난초》는 3000년의 문화, 그것도 한 나라가 아닌 동북아시아의 대륙과 해양·반도를 함께 융합하는 거대한 시공(時空)의 서(書)이다. 이에 뜻을 같이하는 삼국의 지식인들이 모여 지금까지 어느 사람, 어느 나라에서도 시도하지 못한 모험적인 책을 내놓게 되었다. 끝으로 이 한·중·일 문화코드읽기의 기획은 유한킴벌리의 문국현 사장과 종이문화재단 노영혜 이사장을 비롯한 두 회사 임직원 여러분의 헌신적인 도움으로 실현된 것임을 밝혀 둔다.

책임편찬인 | 이어령

이 책을 여는 글

난초 문화권의 텍스트 읽기

1. 화투 속의 난초

화투의 난초는 난초가 아니다

정월 송악에 백학이 울고
이월 매조에 꾀꼬리 운다.

로 시작되는 고창 지방의 〈화투타령〉이 있다. 화투는 일제 강점기 때 일본에서 들어온 것인데도 이제는 한국인이 더 즐기는 놀이가 되었다. 소나무와 단정 학이 정월을 열고 매화와 꾀꼬리가 2월을 부르는 화투의 절기(節氣) 상징은 〈농가월령가〉 못지 않게 한국인의 생활정서와 잘 어울린다.
    하지만 문화적 배경은 속일 수 없다. 〈화투타령〉을 조금만 더 주의 깊게 들어보면 우리 문화의 가락과는 어울리지 않은 엇박자가 숨어 있다는 사실을 알게 된다.

삼월 사쿠라 북 치는 소리
천지 백파에 다 날아든다
사월 흑싸리 못 믿어서
오월 난초가 만발했네

삼월 사쿠라(벚꽃)는 그렇다 쳐도 우리가 무심히 보아온 사월 흑싸리는 그 정체가 무엇인지 알 수가 없다. "흑싸리"는 7월 홍싸리와 대비해서 붙여진 것으로 식물도감에도 없는 이름이다.

"오월 난초"도 마찬가지이다. 잎과 그 꽃모양이 우리가 흔히 알고 있는 사군자의 묵란(墨蘭畵)과는 닮은 데가 없다. 더구나 '춘란추국(春蘭秋菊)'이라는 말에서도 알 수 있듯이 난초가 초여름 5월에 만발한다는 것은 설명이 되지 않는다. 이 모든 것은 일본에서는 한국으로 화투가 들어오는 과정에서 일어난 것인데, 일본의 하나후다(花札)에서 4월의 흑싸리는 '후지[藤, 등꽃]'이고, 5월의 난은 '아야메(菖蒲, 창포)'이다. 비로소 계절 감각도 맞고 화투장의 그림과도 일치한다. 창포는 일본인들이 오월우(五月雨)라고 하는 장마철에 가장 흔히 볼 수 있는 꽃이다. 한·중·일 세 나라가 5월 5일 단오절에 창포물로 머리를 감는 동일한 풍속이 있었던 것을 봐도 5월은 난이 아니라 창포라야 맞다.

가람 이병기(李秉岐) 선생은 〈건란(建蘭)〉이란 글에서「난은 잎만 보아도 좋다.」고 말하면서 그 특징을 이렇게 묘사했다.「수수하고도 곱고 능청맞고도 조촐하고 굳세고도 보드라운 그 잎이 계고(溪菰), 창포(菖蒲), 야차고(野次菰)와는 같은 듯해도 전연 다르다. 이걸 모르고 난을 본다든지 그린다든지 하면 난이 아니오, 잡초다.」

우리가 난으로 알고 있는 화투장의 그림을 자세히 보면 잎의 생김새도 이파리에 비해 꽃의 모양이 너무 크다. 또 그것이 난초라면 보통 바위가 있어야 할 그 자리에 팔자 모양의 널빤지가 놓여 있는 것도 이상하다. 그러나 일본 사람이라면 냇물이나 진흙밭에 놓인 야츠하시(八橋)의 다리 모양이라는 것을 금세 알아차릴 것이다. 꽃 모양도 에도 시대 때 국보급 작품으로 널리 알려진 사카이 호이쓰(酒井抱一, 1761~1829)의 〈사계 초화도(四季草花·三十六歌仙色紙貼交屛風)〉에 그려진 것과 똑같은 창포라는 사실도 의심치 않을 것이다

하나후다와 화투의 차이

여러 가지 설이 있긴 하지만 대체로 화투의 기원은 에도 초기에 다네가시마(種子島)에 표착한 포르투갈 사람들에 의해 전해진 것으로 되어 있다. 그러니까 운순 가루다(카드)라고 불리던 서양의 타로 카드를 일본인의 계절 감각과 정서에 맞춰 일 년 열두 달을 대표하는 화조풍월(花鳥風月)로 옮긴 것이다. 일본인들의 전통시가인 와카(和

歌)와 하이쿠(俳句)에 계절을 상징하는 '기고(季語)'를 사용한 것과 같은 양식이다.

그래서 에도 시대의 유명한 시인 마츠오 바쇼(芭蕉)의 하이쿠에는 4월의 등꽃과 5월의 창포꽃을 노래한 명구가 많지만 난초를 읊은 노래는 흔치 않다. 사군자의 문화권에서 똑같은 화투 놀이를 하면서도 일본에서는 창포, 한국에서는 난이라고 부르는 것에서 우리는 문화적 상징의 온도차를 느낀다.

비가 많이 오는 일본에서 지루한 장마철[五月雨] 물가에 피는 아야메(꽃창포)는 어떤 꽃보다도 사랑을 받아왔다. 뿐만 아니라 창포물로 머리를 감는 단오절의 풍속이 있고 더구나 그 잎이 칼날처럼 생겨서 액을 물리치는 속신(俗信)에 무가적(武家的)인 상징까지 겹쳐서 군자를 상징하는 난초의 상징보다 더욱 친근하게 느꼈던 것 같다.

서양의 타로 카드가 일본으로 들어올 때 그 문화풍토 때문에 상징 코드가 달라진 것처럼, 일본의 하나후다가 한국으로 들어올 때에도 문화적 상징성에 변화가 일어났다. 1월의 송학과 2월의 매조는 세한삼우의 상징물로 한·중·일 삼국이 다같이 공유해 왔지만 일본색이 짙은 4, 5월의 등꽃과 창포는 그렇지 않다. 그래서 등꽃은 싸리, 창포는 난초로 보다 한국인에 적합한 문화 코드로 바뀐 것이다.

유교 문화에 대한 한·일의 온도차

난초가 일본의 하나후다에서 빠졌다는 것은 그만큼 우리보다 유교 문화코드가 달랐다는 것을 보여 준다. 그리고 상대적으로 불교 코드에 있어서는 한국의 경우보다 강했었음을 시사한다. 같은 사군자 가운데에서도 매화·대나무 그리고 국화는 일본의 고유종교인 신도(神道)나 불교의 문화 코드와 혼재해 왔으나, 난초만은 유교의 고유한 상징성이 더 짙다는 이유도 지적할 수 있다.

일본 문화에서 난초가 차지하는 지위는 일본에서의 유교 문화의 지위를 나타내는 상징적 척도이다. 세종대왕께서 왜의 사신에게 내린 난초줄기 방석을 일본인들이 대대로 큰 유학자에게 물려 주었다는 역사적 사실만으로도 난초가 한국의 유학을 나타내는 상징물로 사용되어 왔다는 것을 입증할

향등골나무와 오월 난초 화투장

수 있다(182쪽 참조).

이렇게 화투는 서양에서 일본으로, 일본에서 한국으로 근대의 문화 이입과 그 굴절 과정을 뚜렷하게 보여 준다. 화투 같은 작은 놀잇감이 서양과 동양은 물론이고, 유교와 불교, 문사(文士)와 무사(武士)의 문화 코드를 푸는 중요한 암호해독기 구실을 한다. "마당을 쓰는 작은 배움에서 큰 도를 깨친다."는 하학이상도(下學而上道)의 옛날 방법론은 난초의 상징체계를 연구하는 데 있어서도 여전히 유효한 모델이 될 것이다.

2. 난초의 민간 상징

벽사의 세시풍속

화투의 경우만이 아니다. 중국 고대의 세시풍속에서도 난이 창포와 동일시되는 경우가 있다. 뿐만 아니라 난(蘭)의 식물적 정체성이 바뀌거나 명칭이 복잡하게 얽혀서 혼재해 있는 경우도 많다. 난이라는 말이 처음 등장한 문헌은 공자가 편찬했다는 《시경(詩經)》이다. 하지만 오늘날 우리가 알고 있는 묵란화(墨蘭畵)의 난과는 종류도 상징성도 다르다.

공자가 살던 시대만 해도 난은 군자가 아니라 구애(求愛)를 뜻하는 상징물이거나 「정(鄭)나라의 처녀총각들이 3월 3일 삼짇날이 되면 냇가에 모여 난초를 캐어 들고 노래를 겨루며 놀았다.」는 세시풍속과 관련이 있었다. 주(周)나라 소왕(昭王)의 설화에서 보듯이 난초에는 원혼을 풀어 주거나 액운을 쫓는 벽사(辟邪)의 힘이 있다고 생각했다. 소왕이 물놀이를 하다가 익사한 두 미희(美姬)를 잊지 못해 죽은 뒤에도 원귀로 나타나 강상을 배회한다 하여 사람들은 사당을 짓고 난초의 잎에 떡을 싸서 강물에 던지는 제를 올렸다. 물에 익사한 미희들과 강 귀신이 된 소왕이 음기(陰氣)의 세계를 상징한다는 것은 두말할 필요가 없다.

3월 3일 삼짇날은 양수(陽數)의 3자가 겹쳐 양기가 가장 활발하게 움직이는 날로 난초를 이용해 음기를 누르려고 했다. 그런데 5월 5일 역시 양수가 겹치는 중양일(重陽日)일로 난초를 우린 물로 목욕을 하는 단오절 풍습이 생겼다.

그런데 우리가 주목해야 할 것은 난탕(蘭湯)의 풍습이 《형초세시기(荊楚歲時

사계 초화도(四季草花圖) | 이 그림에서 언뜻 난초로 보이는 화초는 난초가 아니다. 꽃의 모양이나 잎의 모양이 난과는 다르며, 흔히 바위가 있어야 할 자리에 연잎으로 보이는 식물이 있다. 날이 더워지면 번성하는 연꽃과 함께 있는 것으로 봐서 이른봄에 꽃을 피우는 난초가 아닌 창포와 그 모습이 닮았다.

記)》의 기록처럼 창포로 바뀌는 수도 있다는 점이다. 말하자면 난초 대신 창포를 몸에 지니거나 술에 타 마시는 것으로 변한 풍습들이다. 한국의 《동국세시기》에도 여인들이 창포탕으로 얼굴을 씻고 창포의 뿌리로 비녀를 만들어 머리에 꽂아 액을 쫓는 단오 빔에 대한 기록이 나온다. 일본에서는 5월 5일을 셋쿠(節句)라고 하는데, 난초가 창포로 뒤바뀐 중양절과 비슷한 풍습이 전한다. 난초꽃은 3월에 피고, 창포꽃은 5월에 핀다. 그래서 삼짇날의 난초와 단오절의 창포는 서로 다른 식물이면서도 벽사의 주술적 효과를 내는 동일한 상징물로 사용되었던 것이다.

3. 공자의 생애와 난초의 상징 과정

발생 텍스트로 자리한 난초

구애와 벽사를 의미하는 난초의 무속적 코드는 공자의 등장과 함께 군자의 유교적 코드로 변한다. 상징작용만이 아니다. 약용이나 제례용으로 응용되던 '상징물'이 문화 텍스트를 만들어내는 '상징 기호'로 차원이 달라진 것이다. 따라서 창포와 동일시되기도 했던 난초의 느슨했던 정체성과 경계영역도 분명해진다. 옥(玉)이 돌과 대비되는 것처럼 난은 잡초(雜草)와 차별화됨으로써 그 상징성을 들어낸다.

난초의 벽사 상징이 식물로서의 속성이나 약초와 같은 효용성에서 생겨난 것이라고 한다면, 군자의 상징성은 공자의 생애와 사상을 나타내는 전기적 요소에서 창조된 것이라고 할 수 있다.

기호론적으로 보면 상징을 만들어내는 비유체계에는 두 가지 다른 유형이 있다. 하나는 '근접'과 '결합'의 환유(metonymy)로 이루어진 것이고, 또 하나는 '유사'와 '선택'에 의한 은유(metaphor)로 이루어진 것이다. 그러므로 고대 중국인들이 '유란'을 신성시하여 부적처럼 몸에 차고 다니며 그 향기로 사기(邪氣)를 물리치려고 한 것은 환유작용에서 나온 것으로 펜이 작가를 상징하는 것과 같다. 한편 소택지나 산간 바위틈에서도 잡초처럼 왕성하게 번지는 난초는 여성의 다산성(多産性)과 가문의 번창 그리고 자손의 장수(長壽)를 상징하는 은유적 상징성을 나타내기도 한다.

군자를 상징하는 난초의 경우도 마찬가지이다. 공자가 빈 골짜기에서 난초를 만나 탄식을 하고 거문고를 탔다는 공곡유란(空谷幽蘭)의 고사는 공자와 난초가 결합된 환유적인 성격을 띤 상징성을 만들어낸다. 하지만 군자의 덕을 난향(蘭香)에 비긴 일반적인 상징성 유사성에 그 기반을 둔 것이라고 풀이할 수 있다.

흔히 '소나무나 대나무는 이파리뿐 꽃이 없고, 매화는 아무리 꽃이 향기로워도 잎과 함께 피지 못한다.'는 이유로 옛 문인들은 사군자 가운데서도 유독 난초를 독보적인 자리에 앉히려고 했다. 하지만 꽃과 이파리가 함께 핀다는 식물의 특성만으로 난초에만 방점을 찍으려는 것은 잘못이다. 그리고 문인들이 글씨를 쓸 때와 그 붓놀림이 가장 가까운 것이 바로 난초라는 점에서 다른 군자 상징의 식물과 차별화한 것도 그 일부분의 특성에 지나지 않는다.

사군자 가운데 매화, 대나무, 국화는 모두가 남송 이후의 문인화로부터 퍼졌지만, 난초만은 이미 2500년 전에 (물론 그것이 신화와 같은 허구라고 해도) 공자라고 하는 한 인물의 이야기에서 발생된 상징이다. 그래서 사군자 가운데 다른 것들은 유교문화를 상징하는 '현상텍스트(phenotext)'로 존재하지만 난초만은 바로 그러한 상징성을 만들어낸 '발생 텍스트(genotext)'의 자리에 올라 있다.

공자와 난초의 만남

지금까지 난초를 모티프로 한 작품들 내부분은 공자가 빈 골짜기〔空谷〕에서 유란〔幽

蘭]을 만났다는 이야기를 근원으로 한 것이며, 《논어(論語)》나 《사기(史記)》와 같은 문헌이 아니라 주로 민간설화의 구비문화에 가까운 텍스트로 이루어졌다. 그 텍스트의 하나가 전국시대를 중심으로 한 거문고의 곡명을 해설한 채옹(蔡邕, 133~192)의 《금조(琴操)》이다. 그 책 가운데 공자가 작곡을 했다는 〈의란조(倚蘭操)〉의 금곡(琴曲)을 풀이한 대목은 이렇다.

「공자는 제후들을 찾아다녔지만 그들은 공자를 등용하지 않았다. 그래서 위나라에서 노나라로 돌아가던 길에 은곡을 지나던 중 홀로 무성한 난을 보고 분연히 탄식하며 말하기를 '그 난은 마땅히 왕자에 합당한 향을 지녔거늘 어찌 잡초 사이에서 외롭게 피어 있느냐. 어리석은 자들 틈에서 오직 때를 만나지 못한 현자와도 같구나.' 그러고는 수레를 멈추고 거문고를 탔다(孔子歷聘諸侯 諸侯莫能任 自衛反魯 過隱谷之中 見薌蘭獨茂 喟然嘆曰 夫蘭當爲王者香 今乃獨茂 與衆草爲伍 譬猶賢者不逢時 與鄙夫爲倫也 乃止車 援琴鼓之).」라고 기록되어 있다

매우 짧은 서술이지만 이야기 속에는 사실상 공자의 전 생애가 압축되어 있다. 그리고 구성도 거의 어떤 사건을 설명하는 데 필요한 육하원칙을 갖추고 있다. 인물, 대상(who), 시간(when), 공간(where), 그리고 행위(what)와 동기(why) 같은 화소(話素)로 담고 있는 서사체의 텍스트라고 할 수 있다. 그렇기 때문에 공자와 난초 사이에서 발생한 상징구조를 밝히는 데 있어서도 그 동선을 따라 분석할 수밖에 없다.

난초의 시간 상징—열국의 순유

우선 공곡유란의 이야기를 구성하고 있는 시간축은 공자가 노나라를 떠나 열국(列國)을 주유, 수많은 제후들을 찾아다니다가 끝내 뜻을 이루지 못하고 다시 노나라로 돌아올때까지로 되어 있다. 구체적으로 말해서, 공자가 난초를 만나기전까지 BC 497년에서 483년에 이르는 13년 동안의 생애이다. 그러나 텍스트에 나타난 시간을 실제 현실에서 일어난 공자의 생애와 연관지어보면 공자의 생애는 난초를 만나기 이전과 이후로 크게 양분되고, 그것을 다시 세분화하면

(가) 공자가 태어나 노나라에서 대사구(大司寇, 법을 집행하는 장관)의 자리에까지 올라 벼슬생활을 하던 시기.

(나) 55세에 실각, 노나라에서 이루지 못한 자신의 정치적 포부를 실현하기 위해 열국의 제후들을 찾아 천하를 주유하던 시기.

묵란(墨蘭) | 이하응(李昰應), 조선, 간송미술관 소장 | 이 그림은 《석파묵란첩(石坡墨蘭帖)》 중 하나로 「귀하게 노니는 공자는 부를 수 없기에, 작은 창을 마주하고 〈이소〉를 읽는다(貴遊公子不能招, 小窓相對讀離騷).」라는 제사를 통해 고결한 공자보다 단지 작은 창을 사이에 둔 채 세상을 등지고 은둔한 굴원에 불우한 자신의 청년기를 기탁한 뜻을 나타냈다.

㈐ 주유열국 끝에 노국으로 돌아오던 길목에서 난초를 만나 거문고의 곡을 지은 68세 때(BC 483).

㈑ 노나라에 돌아와 무관의 선비로 후학을 기르고 전서를 정리하다가 73세로 세상을 떠날 때까지(BC 483~479)로 정리할 수 있다.

그러므로 난초와의 만남은 ㈎, ㈏의 생애와 종년의 ㈑ 사이에 있는 ㈐로써 U턴의 반환점에 해당한다. 그 시간축을 공자가 살던 시대 전체로 확대하면 공자가 꿈꿔 온 왕도(王道) 정치가 무너지고 패도(覇道) 정치가 천하를 지배하던 전국시대가 된다.

난초의 공간 상징 — 텅 빈 중국

공간축은 공자가 위(衛)나라를 떠나 노(魯)나라로 돌아가던 빈 골짜기〔隱谷, 空谷〕로 설정되어 있다. 그것은 지금까지 공자가 찾아다녔던 제후들의 궁궐과는 대립된 공간이다. 동시에 공자가 실망하여 등지고 떠나온 고국 노나라도 아니다. 즉, 타향도 고향도 아닌 중간의 경계 영역으로 문화 인류학적인 용어로는 신분 전환을 일으키는 통과의례적 통로(passage of rite)라고 할 수 있다.

그러나 지리적 공간의 층위를 상부구조로 높여 가면 빈 골짜기는 공자가 태어난 노나라의 창평향(昌平鄕) 변두리의 추읍(陬邑)의 출생지라고 해도 무방하다. 무당의 아들로 태어났다는 설도 있듯이 그곳은 공자가 불우한 환경과 조실부모의 유년기를 보낸 곳이기 때문이다.

그리고 난초가 피어 있는 공곡은 공자의 학덕과 포부를 알아주지 않은 제후들의 궁성, 70여 개의 열국 모두를 상징하는 공간이기도 하다. "이제 더 이상 중국 땅에서는 내 뜻을 알아주는 나라가 없으니 바다 건너 멀리 가고 싶다."라고 말했던 공자의 입장에서 보면 중국 땅 전체가 빈 골짜기와 같다고 할 수 있다. 이렇게 시간축과 마찬가지로 공간 상징 역시 군웅할거하던 전국시대의 열국들로 확대된다.

난초의 행위 상징 — 원과 한의 텍스트

행위축은 시간과 공간의 두 축이 합쳐지는 좌표 위에서 벌어진다. 그 행위항(行爲項)을 분절화하면 ① 은곡을 지나다 ② 떠도는 향기를 맡다 ③ 잡초 사이에 숨어 있는 난초를 찾아내다 ④ 난초를 보고 탄식을 하다 ⑤ 수레를 멈추다 ⑥ 거문고를 타다와 같이 여섯 가지 연쇄 고리로 이어진다. 물리적 시간으로는 매우 짧은 순간과 순간으로 이어지고, 그 행동이 의미하는 상징적 단위와 계기로 보면 앞서 살펴본 시간과 공간의 두 축의 경우처럼 공자가 보여 준 전 생애의 행위가 담겨 있다.

구체적으로 분석해 보면 은곡에 이르러 향기를 맡고 그것에 이끌리는 ①과 ②의 행위는 공자가 손에 잡히지 않은 이상을 실현하기 위해서 실체를 탐색하는 과정을 상징한다. 실체(난초)의 발견 ③과 그에 대한 반응 ④는 주체와 객체가 하나로 내면화하는 과정을 통해서 '자기 인식'과 '자기 표현'이 이루어지는 내면의 행동을 보여 준다.

중초(衆草) 사이에 피어 있는 난초는 범속한 필부들 틈에서 묻혀 지내는 자신의 모습이고, 맑고 높은 난향(蘭香)은 오랫동안 홀로 가꾸어 온 자신의 학덕(學德)에 대한 자부이다. 그리고 누구도 맡을 수 없는 그 향기에 대한 아쉽고 분한 탄식은 바로 누구도 알아주지 않아 이루지 못한 자신의 포부에 대한 탄식이다.

　여기까지의 행위를 통해서 보면 분명 공곡유란의 고사가 낳은 난초의 상징은 '탄식의 텍스트'에서 탄생된 것이라 할 수 있다. 그리고 그 탄식이 '공곡'으로 향할 때에는 자신을 알아주지 않는 세상을 원망하는 '원(怨)의 텍스트'가 되고, 그것이 '유란의 향기'로 향할 때에는 이루지 못한 자신의 포부를 한탄하는 '한의 텍스트'를 낳는다. 한마디로 이러한 탄식과 원과 한의 텍스트들은 '불우한 군자'의 난초 상징에서 '불우' 쪽으로 시선이 더 쏠릴 때 발생하는 텍스트들이다.

멈춤 그리고 거문고 타기

공곡유란의 이야기는 난초를 보고 분연히 탄식하는 것으로 끝나지 않았다. 난초에 투영된 자기 발견이나 탄식을 통한 자기 심정 표현에서 그치지 않았다는 이야기이다. 그 서사적 행위는 ⑤수레를 멈추고 ⑥거문고를 타는 것으로 이어진다. 수레는 정착이 아니라 움직임을 상징하는 도구이다. 수레가 향하는 것은 제후들의 권세가 있는 궁궐이다. 그러므로 수레를 멈춘다는 것은 작게는 탄식을 멈춘다는 것이요, 크게는 제후 앞에 현신(現身)하는 출사의 꿈을 멈춘다는 상징이기도 하다.

　그러니까 ①에서 ④까지의 난초를 보고 탄식하는 공자의 이야기는 수레를 탄 입장에서 본 난초의 모습에 지나지 않는다. 그러므로 수레를 멈추고 거문고를 타는 순간 난초의 모습도 달라진다. 탄식의 난향은 아름답고 조용한 거문고의 음향이 되어 빈 골짜기를 채운다. 분연히 탄식하던 노여운 감정은 거문고를 고르는 동안 억제되고 정화된다. 후한시대 반고(班固)가 편찬한 《백호통(白虎通)》의 「금(琴)은 금(禁)이다. 사음(邪淫)을 금지하여 그것으로써 사람의 마음을 바로 잡는 것이다.」라는 말 그대로이다.

　〈의란조〉의 거문고 곡만이 아니다. 노나라에 돌아온 뒤 사람들이 기린을 잡아 공자에게 보였을 때에도 〈획린조(獲麟操)〉라는 곡을 지어 불렀다. 기린은 평화로운 시대에 나오는 상서로운 짐승인데, 난세에 나타났다는 것은 꼭 빈 골짜기에서 난초를 만난 것 같은 심정이었을 것이다. 공자가 작곡했다고 전하는 〈구산조(龜山操)〉나 〈장귀조(將歸操)〉도 마찬가지일 것이다.

　중요한 계기가 있을 때마다 공자는 자신의 마음을 조율하고 덕성을 함양하기 위해서 거문고의 곡을 짓고 탄주했다. 공자는 「시에서 흥하고, 예에서 서고, 악(樂)에서 이룬다(興於詩 立於禮 成於樂—《논어》〈泰伯第八〉).」고 했다. 그리고 학자의 길을

「시를 배우고 예를 배우고 그 뒤에 음악을 배움으로써 비로소 덕을 성취할 수가 있다.」고 가르친다. 음악은 공자에게 있어서 덕에 이르는 마지막 단계로 인식되어 왔다. 말하자면 군자란 음악(樂)을 통해서 마음을 다스리고 그 음악을 통해서 덕을 얻는다고 본 것이다. 그리고 보면 이러한 공자의 음악관을 기술한 《악기(樂記)》를 '금학(琴學)의 원전'이라고 하는 것도 이해가 간다.

난초의 향기를 거문고 소리로 바꿔 귀로 들을 때 (중국에서는 향기를 맡는 것을 듣는다고 공감각적으로 표현한다) 군자의 덕은 이미 탄식의 대상에서 찬미의 대상으로, 자신의 그림자에서 자신의 갈 길을 알려 주는 화살표로 전향한다. 거문고를 타려면 수레를 멈춰야 하고 제후를 찾아다니던 유세자 혹은 구직자는 음악가·예술가로 변한다.

거문고는 신화적 인물 복희씨가 수신이성(修身理性)을 위해 만든 악기라고 한다. 둥근 하늘과 네모난 땅의 모양을 본뜬 악기 모양과 한 해 365일의 숫자를 따서 그 길이로 정했다는 신화의 산물이다. 난초—거문고는 제후—수레와 대극적(對極的)인 상징적 의미를 지닌다.

불우한 군자와 성공한 은군자

수레를 멈추고 거문고를 타면서 난초를 보며 크게 탄식했던 공자의 마음은 어떻게 제어되었을까? 그리고 시선과 행동에는 어떤 변화가 일어났을까? 《공자가어(孔子家語)》에는 그 마음을 살필 수 있는 생생한 말이 기록되어 있다. 「지초(芝草)와 난초는 깊은 숲에서 자라지만 사람이 없어도 꽃을 피우며, 군자는 덕을 닦고 도를 세우는 데 있어서 곤궁함을 이유로 절개를 바꾸지 않는다.」

이렇게 난초는 한탄에서 찬탄(讚嘆)의 대상으로 변하고, 불우한 군자는 남에 의존하지 않고 독행하는 은군자(隱君子)가 된다. 공자는 《논어》에서 「남들이 나를 알아주지 않아도 화를 내지 않는 것이 군자다.」라고 했으며 「군자의 말은 산울림처럼 퍼져 그 말을 공경하며 본받지 않은 자가 없다.」라고 했다. 공곡유란의 고사에서 처음에는 부정적으로 보였던 텅 빈 골짜기도 이제는 공명(共鳴)의 창조적 장치로 평가된다. 난과 잡초의 관계도 지봉(芝峯) 이수광(李睟光)의 경우처럼 그윽한 난향은 다른 초목들의 기(氣)를 죽이는 큰 위엄이 있음에도 그것들을 포용해 함께 살아가는 대상으로 변한다. 그러므로 공곡유란의 상징은 아주 사소한 토씨 하나 차이의 미묘한 변화로 전연 다른 텍스트를 낳는다.

(가) 빈 골짝이, 아무도 봐주는 사람이 없는 데서 홀로 핀 난초.
(나) 빈 골짝이, 아무도 봐주는 사람이 없는데도 홀로 핀 난초.

위의 두 문장은 '없는 데서'와 '없는데도'의 꼬리말 한 자가 다를 뿐이다. (가)는 텅 비어 있어 아무도 봐주는 사람이 없다는 것을 강조한 것으로, 공곡의 유란을 덧없고 애처로운 것으로 그리고 있다. (나)는 봐주는 사람이 없는데도 불구하고, 즉 남이 봐주든 말든 상관하지 않고 혼자서 자랑스럽게 꽃을 피웠다는 뜻이다.

다시 말해 (가)는 공자가 수레를 타고 바라본 난초이고, (나)는 수레를 멈추고 거문고를 타며 바라본 난초이다. 이러한 두 시점은 조정에 출사하여 자신의 포부를 실현하고자 하는 현신주의자(現身主義者)로서의 공자와 재곡(在谷)에서 혼자 쌓은 학덕으로 세상을 감화하고 교화하는 은신주의자(隱身主義者)로서의 공자의 각기 다른 입장을 나타낸다. 말하자면 공자의 전 생애를 난초 상징으로 읽으면 난초 이전의 공자와 난초 이후의 공자로 양분되고 전자는 실패, 후자는 성공의 명암을 들어내게 될 것이다.

물론 현신에서 은신으로 생의 진로를 바꿨다고 해도 「사람이 금수와 함께 살아갈 수는 없지 않은가.」라며 끝까지 도가적 은둔 사상에 대해서는 거부의 자세를 보였던 공자의 은군자의 상징에는 한계가 있다. 아무리 군자의 덕과 은신을 강조한다 해도 공곡군자가 '공곡선자(空谷仙子)'가 될 수는 없다. 그렇게 되면 이미 난초는 유교적 상징에서 도가나 불가의 상징영역으로 들어가기 때문이다.

4. 한의 텍스트

굴원의 구원란

공곡유란의 난초가 공자의 상징이라면 《초사(楚辭)》〈소요(騷擾)〉에 등장하는 구원란(九畹蘭)은 굴원의 비가(悲歌)와 그 생애를 떠올리게 한다. 공자가 처음 난을 보고 탄식했던 한의 감정을 극대화하면 바로 굴원의 시 세계가 나타난다. 공자가 지나던 빈 골짜기는 굴원이 귀양살이를 하던 강남(江南) 땅의 유배지가 되고, 유란은 굴원이 몸소 가꾼 구원의 난초 밭이 된다. 공자의 거문고 소리는 시를 짓는 언어의 신묘한 운율로 나타난다.

정적들의 참언으로 두 왕에게 버림을 받고 두 번씩이나 불우한 귀양살이를 했던 굴원은 공자가 처음 난초를 보고 분연히 탄식했다는 말과 똑같은 시를 남기고 있다. 「난은 국토(國土)의 향으로 보통의 방초(芳草)와는 다르다. 그래서 그 충(忠)과 믿음(信)이 통하는 너희 마음으로 아름다운 나라의 정사를 펼치려 했으나 겉모양의 아름다움만 좇는 무리들은 난초의 향을 알지 못해 바깥 시류만을 좇고 있다.」고 한탄했다.

공자가 거문고 가락으로 남긴 난초의 향을 굴원은 시의 운율 속에 담아냈다. 그의 장편 서정시 〈이소(離騷)〉를 후세 사람들이 《난보(蘭譜)》라고 할 정도로 그 시에는 난초에 대한 많은 이야기가 나온다. 그는 구원의 밭을 일구어 난을 기르고 난으로 띠를 만들어 차고 다니면서 난을 귀양살이의 외로운 삶을 함께하는 동반자로 그리고 있다.

고대 중국에서 유란(幽蘭)이라고 하면 악귀를 쫓는 신성한 식물로 알려져 왔다. 높은 향내가 나는 난탕(蘭湯)으로 목욕재계(沐浴齋戒)를 하고, 몸에 지니고 다니면서 사기(邪氣)를 물리쳤다는 것은 이미 설명한 바 있다. 그런데 굴원은 《구가(九歌)》의 〈운중군(雲中君)〉편에서 자신이 난초의 향기로 몸을 씻는 대목을 직접 보여 주고 있다. 그것은 바로 무녀(巫女)들이 난탕을 하고 몸을 장식한 뒤에 신령(神靈)을 맞이한 고대의 풍습을 그대로 재현한 것과 같다.

굴원에게 있어 난초의 상징은 전통적인 민간 상징과 유교적 상징이 한데 혼합한 형태를 보여 준다.

비록 후세의 사람들이 높은 예술적 상상력과 감동으로 그의 시 〈이소〉에 경(經)자를 붙여 주기는 했지만, 그 한을 공자의 경우처럼 소외된 공곡의 환경을 오히려 자신을 계발하여 덕을 쌓아 안분 자족하는 초절의 경지로 승화시키지는 않았다. 그 대신 난초와 동일시되었던 굴원은 한의 리얼리티를 극한까지 몰고 간 치열한 예술혼으로서 난초를 종교적인 것에서 미학적인 정념으로 옮겨 놓았다. 거문고로 원한을 달래고 억제하는 것이 아니라 시의 언어와 신화적 이미지로 분출시킨다.

굴원은 예술 텍스트의 원조로서 공자와 함께 난초의 인물 상징으로 남게 된다.

정사초의 나라 잃은 한의 상징

공자의 유란이 동북아시아의 정치 코드와 종교 텍스트를 지배하는 선비의 유전자라면, 굴원의 구원란은 동양의 예술인들에게 환각을 일으키는 열병의 풍토병이다.

원래 서양 문화와 달리 동북아의 예술양식은 시·서·화(詩書畵) 일체의 크로스오버에 그 특성을 둔다. 곽희(郭熙)가 《임선고치(林泉高致)》에 「시는 형태 없는 그림이요 그림은 형태가 있는 시」라고 한 것처럼, 굴원의 시문학에 나타난 상징은 곧바로 시대를 초월해 송말의 화가 정사초(鄭思肖)의 묵란화로 이어진다. 후각에 속해 있는 난향을 절대로 옮길 수 없는 시각예술로 나타낼 수 있었던 것은 굴원의 가슴에서 정사초로 전해지는 한의 감정이라고 할 수 있다.

정사초의 이름에서도 알 수 있듯이 그는 몽고의 이민족에게 국토를 잃은 송조(宋朝)의 유민으로서 평생 그 한을 안고 살아간 화가이다. 나라 전체가 굴원의 유배지와 다름없었다. 그래서 그는 송나라 황제의 성인 '趙(肖)'를 생각(思)한다는 뜻으로 사초라 개명하고 땅이 없어 뿌리를 내리지 못한 '뿌리 없는 난초 그림'을 그렸다. 불우한 군자를 상징하는 탄식의 텍스트는 굴원의 시에서 정사초의 회화로 한의 계보를 그리면서 동북아 전 지역으로 번져 갔다.

굴원의 시와 정사초의 그림이 한의 문화가 유난히 강했던 한국에 어떤 영향을 끼쳤을지 쉽게 상상할 수 있다.

5. 한국과 일본의 난 문화

한국의 한의 문화사

당쟁이 심했던 한국의 선비들은 '불우한 군자'로 살아가는 일이 많았다. 그중에서도 군자의 덕을 찬미하는 것이 아니라 때를 만나지 못한 '불우'함을 한탄한 '원의 텍스트'와 '한의 텍스트'에 치우치기 쉬웠다. 선비뿐만이 아니라 한국인의 일반적 정서를 지배해 온 것이 바로 한(恨)이다. 해원사상(解冤思想)의 한국 샤머니즘이 그러했고 〈한오백년〉과 같은 한국의 민요 가락이 그랬다. 문화를 움직이는 동력은 한풀이의 힘에서 나왔다. 조정에 출사했다가 정쟁에 밀려 귀양살이 또는 낙향을 하거나 초야에 묻혀 사는 선비들 그리고 김삿갓처럼 벼슬 기회를 잃은 유랑자, 신분이 천한 기녀, 임과 이별한 여인, 거기에 나라를 잃고 망명자가 될 수밖에 없었던 근대의 지식인들까지 포함해 한국인의 핏속에는 굴원의 구원란 유전자가 흐르고 있었다.

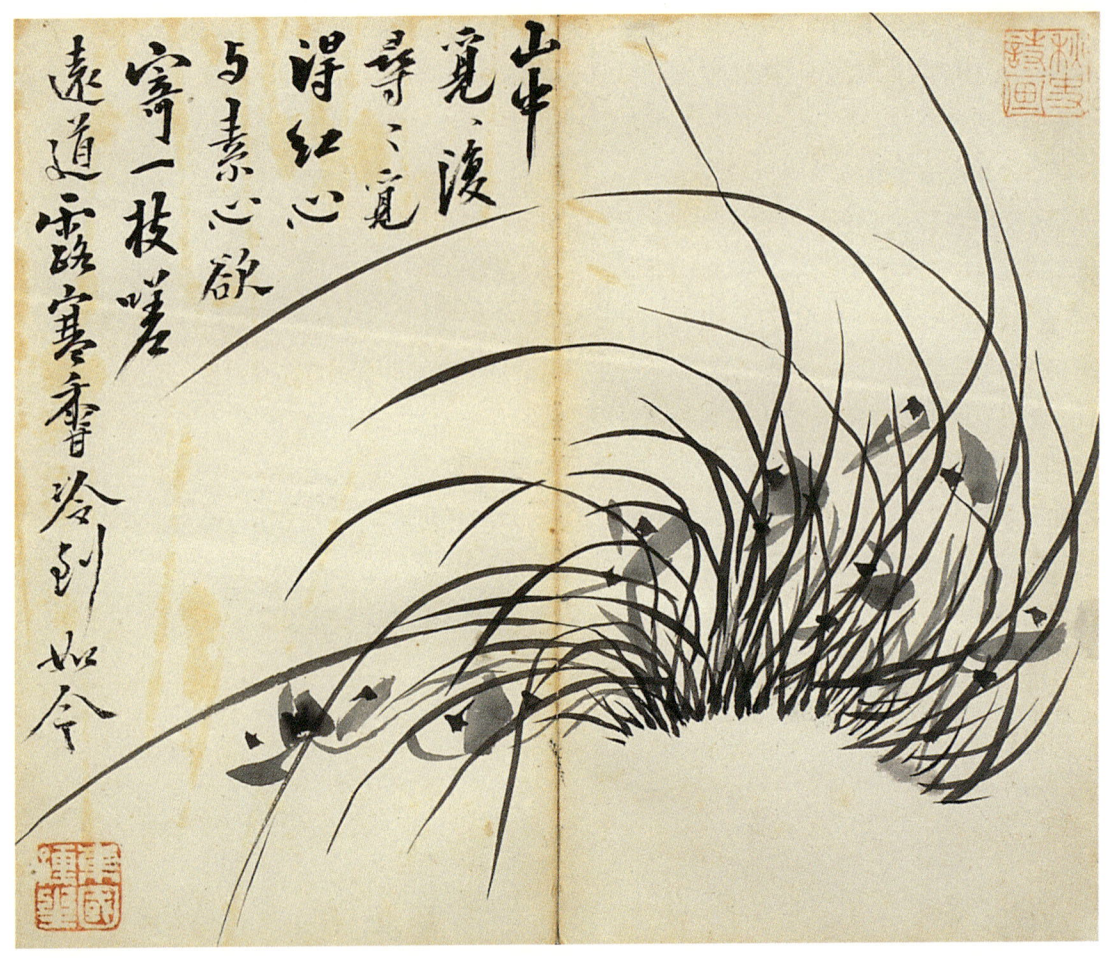

산중멱심(山中覓尋) | 김정희(金正喜), 조선, 간송미술관 소장 | 이 작품은 추사가 산 속에서 소심난(素心蘭)과 홍심난(紅心蘭)을 찾아내고 이를 같이 즐기고 싶은 임 생각에 시를 쓴 정섭의 시를 공감하여 그린 그림이다. 남의 글을 빌려 쓰는 것을 유독 싫어한 추사가 유일하게 빌려다 쓴 글이 바로 판교 정섭의 시구이다. 제화시는 다음과 같다. 「산중에 찾고 또 찾아서, 붉은 속꽃 흰 속꽃 찾아내었네. 한 가지 보내련들 길이 멀구나. 이슬 향기 차기가 지금 같고저 (山中覓復尋尋 覓得紅心與素心 欲寄一枝嗟遠道 露寒香冷到如今).」

    그렇기 때문에 시문학은 말할 것도 없고 난초는 문인화의 영역에서도 정사초의 그것과는 또 다른 한 풀이의 특이한 대상으로 떠오르게 된다. 이규태 씨의 글(115쪽 참조)에서도 지적되어 있듯이 난초를 그린다고 하지 않고 친다고 하는 데서 한풀이의 특성을 읽을 수 있다. '친다' 라는 역학 동사는 '눈보라 친다', '떡메로 내려친다' 고 할 때처럼 격렬한 동작을 나타내는 말이다. 그러므로 난초를 그리면서 솟구치는 억울함과 분한 마음 그리고 응어리진 분노를 분수처럼 밖으로 시원스럽게 쏟아내는 행위는 분명 그리는 것이 아니라 치는 것이라고 해야 맞다. 그리는 것으로는 크나큰 한이 풀리지 않았기 때문이다.

한국의 묵란사(墨蘭史)는 난초의 상징으로 엮어진 한의 문화사이다. 유배지 생활에서 묵란의 걸작을 탄생시킨 조희룡(趙熙龍)은 「붓을 휘둘러 먹이 빗발처럼 튀고 돌은 흐트러진 구름처럼 난초는 엎어진 풀처럼 그려낸다.」고 토로했다. 상갓집 개라는 소리를 들으며 파락호 생활을 했던 시절 그리고 대원군으로서 세도를 잡은 뒤에도 보정부(保定府)에 유폐되어 있던 시절 석파 이하응(李昰應)은 난초를 그리는 것으로 한을 달랬으며 생계의 수단으로 삼기도 했다. 명성황후의 친정 조카였던 민영익(閔泳翊)은 나라를 잃은 망명객으로서 중국에 거처하면서 정사초처럼 땅에 뿌리를 내리지 않은 노근란(露根蘭)을 많이 그려 묵란화의 대가가 되었다.

원과 한을 시와 그림으로 남기지 않더라도 조선조의 선비들은 벼슬살이를 하다가 낙향을 하게 되면 그 울분을 토로하기 위해서 난 한 분씩을 길러 겨루는 난계(蘭契)를 맺었다. 한국 문화에서 난초는 은신하며 자족하는 군자의 상징보다는 세상에서 소외된 한과 탄식의 감정을 쏟아내는 예술적 표현으로서의 상징이 더 강한 편이다.

복합적인 한국의 난문화

그러나 한국 문화는 늘 양면성을 강하게 드러내듯이 한편에서는 난초를 불우한 군자의 이미지로 그리기보다는 오히려 속세를 떠난 은자의 고결한 기풍으로 혹은 도교 사상의 영향으로 공곡유란을 공곡신선(空谷神仙)으로 바꾸는 은둔 문학이 한의 텍스트 못지않게 성행했다는 사실을 놓칠 수 없다.

퇴계는 〈도산십이곡〉에서 빈 골짝에서 제 홀로 향기를 풍기고 있는 난초의 자태를 불우한 군자의 한으로 보지 않고 스스로 덕을 쌓아 독립특행(獨立特行)하는 군자의 고결한 상징으로 예찬했다. 이황의 호인 퇴계의 '퇴(退)'가 의미하듯이 평생 동안 벼슬자리를 스스로 사양하거나 물러나기 위해 79회나 임금에게 여러 차례 사직을 청원한 퇴계는 택당(澤堂) 이식(李植)의 경우처럼 공곡의 난초만을 찬양하지 않는다. 퇴계는 재곡의 난과 궁궐의 난초(왕자의 향)을 다같이 사랑한다.

유란이 재곡하니 자연히 듣기 좋고
백운이 재산하니 자연히 보기 좋네
이 중에 피미 일인을 더욱 잊지 못하네.

미인도(美人圖) | 소가 쇼하쿠(曾我蕭白), 에도(江戶) 시대, 나라 현립미술관 소장 | 이 그림은 굴원이 유배지에서 난초를 허리띠에 두르고 처절한 한의 세계를 시로써 표현한 〈어부사(漁父詞)〉를 패러디한 작품으로, 굴원의 한을 남편에게 소박맞고 쫓겨난 여자의 한으로 바꾸어 표현했다.

피미일인이라고 한 것은 궁궐의 잉금을 뜻하는 것으로 골짜기의 난을 더욱 보기 좋게 하는 장치이다.

「향기를 스스로 풍길 뿐/ 골짜기이든 조정이든 무슨 관계하랴.」라는 이건창(李建昌)의 〈난곡사장〉에서도 "谷"(골짜기)은 "國"(나라―조정)과 대립되는 공간으로 설정되어 있다. 그러나 '곡/국'의 대립항과 관계없이 난향의 가치는 스스로 풍기는 그 향기에 독자적인 가치가 있다고 말한다(自香其香 無谷無國).

이식은 난초가 인간이 속세에 물든 것을 부끄럽게 여겨 바위 골짜기의 물가에 살고 있다고 보았지만, 퇴계에서 이건창에 이르기까지 골짜기와 조정(나라)을 이자 택일적인 것으로 보지 않고 양자 병립의 것으로 바라보는 흐름도 있다. 불우한 선비를 상징하는 한의 난초, 은자로서 숨어사는 행복한 난초 그리고 그 어느 것에도 구애됨이 없이 진(進)할 때 진하고 퇴(退)할 때 퇴하는 자기 줏대를 가지고 꼿꼿하게 살아가는 한국의 선비정신을 난초 상징을 통해 보여 준다. 어쩌면 이것이 중국, 일본과 다른 한국의 난초 문화의 특성이 아닐까 한다.

일본의 군자 없는 세계

과거제도가 없었던 일본의 통치는 사무라이〔武人集團〕의 무력에서 나온다. 난초의 향기로 상징되는 덕치와는 근본적으로 대치된다. 일본의 사(士)는 문사가 아니라 무사를 뜻한다. 일본 화투에서 창포가 난초를 물리친 현상을 살펴보았지만 난초의 향이 왕도(王道) 정치의 소프트 파워를 상징한다면, 창포의 칼날 같은 이파리는 패도(覇道) 정치의 하드 파워를 뜻한다. 그러므로 일본에는 굴원의 어부사나 정사초의 묵란화 같은 선비들의 문화주의적 저항 또는 충의가 좌절된 한의 문화가 없다. 무력주의 사회에서는 한이 아니라 원수를 갚는 아다우치(仇討ち)나 카타키우치(敵討ち) 같은 복수 문화가 제도화되어 있다.

난의 상징과 짝을 이루는 군자의 악기 거문고[琴]가 무사 문화의 출현과 함께 폐절(廢絶)된 현상을 보더라도 난의 상징 문화가 왜 성행하지 못했는가를 알 수 있다. 그렇기 때문에 오히려 난을 회화로 표현한 예술은 당시에 각광을 받지 못하고 요즘 들어 평가를 받는 아웃사이더 소가 쇼하쿠(曾我蕭白, 1730~1781) 같은 사람에 의해 실현되었다.

쇼하쿠는 어느 정도의 재력이 있는 상가에서 태어났지만 14세 때 아버지를, 17세 때 어머니를 잃어 천해의 고아로 자랐다. (공자와 같은 불우한 소년 시절) 불우한 화가로 출발한 그는 당대 이름을 얻은 화가 문사와는 다른 환경 속에서 외톨로 묵묵히 자기만의 독특한 화풍으로 병풍이나 장지문에 그림을 그렸다. 당대에는 거의 무명이었지만 근년에 이르러서야 그의 독창적인 회화들이 평가된 불세출의 화가이다.

그러한 쇼하쿠는 자신의 한과 소외의식을 한 장의 수수께끼 같은 미인도에 패러디풍으로 형상화하고 있다. 겉보기에는 단순한 미녀도로 보이지만 자세히 보면 그 농체로 그려진 일본 화복에는 중국풍의 산수화가 그려져 있어 대조를 이루고 있으며, 발밑에는 난초들이 모노크롬(Monochrome, 단색)으로 그려져 있다. 이것은 바로 굴원이 유배지에서 난초를 허리띠에 두르고 처절한 한의 세계를 시로써 남긴 〈어부사(漁父詞)〉를 패러디한 글을 회화적 이미지로 나타낸 것이다.

일본어로 '허부'는 '어부'와 음이 같은 교후(ぎょふ)로 읽힌다. 허부란 남편에게 미움을 받아 쫓겨난 여인을 일컫는 말이다. 일본에서는 다른 것을 본떠서 비유적으로 표현하는 것을 미타테(見立)라고 한다. 시나 그림에서 많이 쓰는 일본 특유의 양식인데, 쇼하쿠는 굴원의 시 〈어부사〉와 난초를 미타테로 하여 일본의 여인상을 묘사했다. 귀양살이를 하면서도 군신관계의 충의를 잊지 않고 난초로 허리띠를 두르고 변치 않은 절의를 보여 준 굴원의 모습을 단순한 여인으로 패러디 한 것만이 아니라, 중국적인 유교 문화 자체를 정시(正視)가 아니라 사시(斜視)적으로 나타낸 것이다. 진지함 비감한 굴원의 모습이 오히려 웃음이나 그로테스크한 분위기를 띤다.

그러나 화투의 경우처럼 한국만큼 난초의 군자 문화가 생활 구석구석에 배어 있지 않았던 일본이라고 하더라도 그 비중과 영향력은 결코 작지 않다. 무엇보다도 난초 상징을 탄생시킨 〈의란조〉의 고금악보(古琴樂譜)를 보존하고 있는 나라는 중국도 한국도 아닌 일본이다.

갈석조유란(碣石調幽蘭) | 당(唐), 구명(丘明), 도쿄 국립박물관 소장 | 이 악보는 중국에서 가장 오래된 것으로, 2500년 전 빈 골짜기의 난초의 향기를 소리로 옮긴 공자의 마음을 읽을 수 있다.

부활한 유란 악보

도쿄 국립박물관이 국보로서 소장하고 있는 《갈석조유란(碣石調幽蘭)》이 그것이다. 이 책은 당나라 7세기 때 제작된 사본으로, 원본은 남북조시대의 양(梁)나라 거문고의 명수로 알려진 구명(丘明, 495~590)이 저술했다. 중국에도 더 이상 오래된 악보는 현존하지 않는다. 더구나 이 악보는 기호가 아니라 문장보(文章譜)로서 거문고의 지법(指法)만 알면 지금이라도 연주할 수 있다. 악기도 음율, 조현, 음색 등 1400년 이전의 악곡을 그대로 복원할 수 있는 것은 거문고 밖에는 없다고 한다. 이 말은 우리가 현존하는 〈갈석조유란〉의 악보를 통해서 거의 2500년 전 빈 골짜기의 난초의 향기를 소리로 옮긴 공자의 마음을 읽을 수 있다는 것을 뜻한다.

중국에도 없는 유란의 악보를 연구한 것은 에도 시대의 유학자 오규 소라이(荻生徂徠, 1666~1728)이다. 그는 유학의 예악제도를 탐구하다가 이 유란의 악보를 구하게 되었고, 그것이 명조 때의 악보와는 전연 다르다는 사실을 알게 된 것이다. 그래서 그것을 해독할 수만 있으면 '중국에서 잃어버린 고악(古樂)을 일본에서 찾아내고 옛날의 거문고 곡을 오늘날에도 다시 연주할 수 있다.'고 생각한 것이다.

그러나 공자의 유란을 오늘날 우리가 다시 들을 수 있게 된 것은 19세기 말 청나라 주일공사 수행원으로 와 있던 양수경(楊守敬)에 의해서이다. 그는 일본에 산재해 있는 중국 고서를 수집하다가 일본 장서가가 소장하고 있던 이 고서를 처음에는 영문도 모른 채 그냥 영인하여 중국으로 가져 가게 되고, 그것이 전문가들의 눈에 띄게 되어 악보 해독의 연구가 시작되었다.

그러다가 일본에서 거문고의 지법서〔烏絲欄指法譜〕가 중국으로 전해지면서부터 유란의 해독작업이 본격화되었고, 최근에 들어와서는 완벽한 형태로 유란곡을 연주할 단계에 이르렀다.

어느 산골 으슥한 빈 골짜기의 난초의 향기가 공자의 거문고 소리를 타고 2000년의 시간과 수천 리의 공간을 뛰어넘어 일본의 섬 땅에 이른다. 그리고 그것이 다시 역풍을 타고 난향의 소리를 듣지 못하게 된 사회주의 국가로 다시 흘러가 그 향기를 전한다.

《갈석조유란》의 퇴색한 고서는 칼보다 강한 덕치의 문화적 상징에 의해서, 현대 용어로 말하자면 하드 파워를 넘어서는 소프트 파워의 신화에 의해서 다시 기지개를 펴고 일어선다. 왜 우리가 지금 한·중·일 세 나라가 공유하고 있는 문화적 유전자를 탐색해야 하는가의 이유를 실증적으로 보여 주는 본보기이다.

6. 난초의 정체성

난초의 향기 상징

난은 말리(茉莉, 쟈스민), 계화(桂花)와 더불어 향화삼원(香花三元)으로 칭송을 받아왔다. 말리는 차로서, 계화는 식품향료로서 각기 첫손에 꼽혀 왔지만 그 가운데서도 난은 전체의 향초를 대표하는 조향(祖香)으로 으뜸의 자리에 있었다. 난초라고 하면 사군자의 하나로 금시 묵란화가 떠오르지만 비록 묵향을 맡을 수 있기는 하나, 어디까지나 회화는 시각 예술로 군자의 인품을 상징하는 난초의 후각적 세계를 표현할 수는 없다.

그러므로 난초의 상징 세계에 관한 최종적인 물음은 난향에 대한 것이며, 그 향기의 후각 기호가 시각 기호를 비롯해 다른 감각 기호와 어떻게 구별되는가를 따지는 일

석란(石蘭) | 김영(金瑛), 조선, 간송미술관 소장 | 이 그림은 서화로 일생을 보냈던 문인화가 김영의 대표적인 작품으로, 바위 밑에 수직으로 뻗은 수려한 자태의 난초가 자리하고 있다. 화면 오른편 상단에 적힌 조맹부의 묵란에 대한 제시의 내용에서 알 수 있듯이, 이 그림은 난초의 향기를 주위의 시간적·공간적 배경과 어울려 시각적으로 옮겨 왔음을 알 수 있다.

이다. 난초에서 향기 상징을 빼면 모든 상징 체계가 무너지고 만다. 난초는 잎의 특성, 꽃 심지어는 정사초의 노근란의 경우처럼 모든 부위에 상징성을 담고 있지만 그것들을 하나로 지탱하는 상징의 기둥은 난향에 있다.

「난초 하나가 열 가지 향기와 맞먹으니 그래서 다시 보고 사랑하리라.」라는 시구에 집약되어 있는 것처럼 난향은 난초의 속성이 아니라 그 전체를 대신하는 제유(提喩)적 역할을 해왔다. 국향(國香)·향조(香祖)·왕자향(王子香)·향수란(香水蘭)·도량향(都梁香)·연미향(燕尾香)·방우(芳友) 그리고 천하제일향(天下第一香) 등 난초의 별칭을 보아도 난초=향이라는 등식관계를 알 수 있다. 그것이 난초가 아닌 빈 골짜기를 향기로 채우는 어떤 향초라고 해도 그 상징구조에는 큰 변화가 일어나지 않는다.

사실 놀랍게도 공자가 말하는 난은 우리가 알고 있는 오늘의 난과는 전연 다른 식물이다. 공자만이 아니라 《시경》에 등장하는 난을 비롯해 당대(唐代)까지의 문헌에 나오는 모든 난은 난초과가 아니라 국화과에 속하는 '향등골나물'로 산과 택지에서 자생하는 잡초이다.

남송의 진전양(陳傳良)은 《도난설(盜蘭說)》에서 오늘날 난이라고 부르는 것은 공자나 굴원이 말한 난이 아니라는 것을 밝혔고, 원나라 방회(方回, 1227~1307)는 《정난설(訂蘭說)》을 통해 그 잘못을 고치려고 했다. 원의 오초려(吳草廬, 1249~1333)와 명의 양신(楊愼, 1488~1559) 등도 모두 잘못된 것을 주장했으나 대세를 바꿀 수 없어서 오늘날처럼 유란(幽蘭)을 오늘의 난화로 그냥 믿게 되었다는 것이 전문가들의 주장이다. 그리고 중국을 비롯한 난 관련 전문가들은 그것을 구별하여 옛날 난이라고 불렸던 국화과의 난(유란)은 난초라고 하고, 오늘날의 난과에 속하는 '심비듐' 등의 난은 난화(蘭花)라고 구분해서 부르고 있다.

실물은 없고 상징만이 존재하는 난

사실 고대부터 난은 혜(蕙)와 잘은 향초와 잘 구분되지 않았고 거기에 창포와도 넘나드는 관계를 가지고 있어서 오랜 옛날부터 식물로서의 정체성이 흔들려 왔다. 그리고 군자란, 고란초, 용설란, 목란처럼 난이 아닌 식물에도 난 자가 쓰였고, 송대 이후에는 아예 오늘날의 심비듐의 난과 식물에 그 자리를 빼앗기고 말았다. 그렇다고 오늘날의 난과 식물들이라고 해서 그 정체성이 뚜렷한 것도 아니다. 1000속 3만 여종을 헤아리는 난들 가운데는 군자의 상징과는 거리가 먼 것들이 많고, 거기에 품격과 취향이 전혀 다른 서양란까지 밀려와 난의 식물적 동질성은 물론이고 그 상징적 의미도 희석되고 말았다.

그러고 보면 난초의 상징은 실재하는 식물의 실체인 기호 내용과 상관없이 난이라는 기호 표현만이 독자적으로 존재하고 있는 셈이다. 하지만 명칭을 어떻게 부르든 그 상징성은 구별 없이 하나로 통일되어 내려오고 있다. 동류끼리 서로 아파하고 괴로워하는 것을 '난초에 불이 붙으면 혜초가 탄식한다'는 말로 표현하기도 한다.

덕은 덕향(德香), 군자의 마음은 난심(蘭心)으로 눈에 보이지 않는 관념이나 품성을 시각 기호가 아닌 후각 기호로 맡을 수 있게 (중국식 표현으로 하자면 들을 수 있게) 한 것이 난초의 상징이라고 풀이할 수 있다. 헬레니즘 문화가 시각 기호에 편중하고 헤브라이즘 문화가 청각 기호를 중시한 것처럼, 유교 문화의 텍스트적 특성은 후각 기호로 이루어져 있다는 중요한 단서를 난의 상징 기호에서 찾아낼 수 있을 것이다.

기(氣)의 상징

「착한 사람과 같이 있는 것은 지초와 난초가 있는 방에 들어간 것과 같으니 오래 있으면 그 향기를 맡을 수 없지만 향기는 몸에 밴다. 착하지 않은 사람과 같이 있는 것은 생선 가게에 들어선 것과 같으니 오래 있으면 비린내를 느낄 수 없지만 그 냄새가 몸에 배는 것과 같다.」 덕은 난향처럼 배어 나오고 스스로 주위 사람을 교화시킨다. 그러므로 후각 기호를 통해서 발신된 난향의 텍스트는 동북아시아의 문화 코드를 검색하는 데 중요한 단서를 제공한다. 한자문화권에서는 도처에서 기(氣)에서 파생된 말을 많이 사용한다. 기체(氣體)와 공기(空氣), 분위기(雰圍氣)와 생기(生氣), 정기(精氣)와 사기(士氣)의 경우처럼 외적인 것이든 내적인 것이든, 물질적인 것이든 정신적인 것이든 우리는 우리를 에워싸고 있는 기의 흐름 속에서 잠시도 떠나 살 수 없다. 향기(香氣)의 기도 그 중 하나이다.

지금까지 후각은 다른 감각에 비해서 그 역할의 중요도가 떨어지는 것처럼 인식되어 왔다. "후각은 인간이 두 발로 서서 걷게 되면서, 코가 땅 위에서 떨어진 만큼 인간의 후각도 쇠퇴하게 된 것"이라는 말도 있다. 실제로 1000개의 후각 유전자 가운데 제대로 기능하는 것은 375개 밖에 되지 않는다고 한다. 특히, 많은 정보를 시각에 의존해 온 서구 문명권에서는 제레미 리프킨(Jeremy Rifkin, 1945~현재)의 지적대로 후각은 억압되어 왔고 퇴화의 길을 걸어왔다.

그는 《생명권 정치학》에서 후각의 80퍼센트를 잃은 미국인들의 비극을 이렇게 설명하고 있다. 「후각은 동물성의 정열과 연관지어졌고, 근대로 옮겨 오면서 더욱더 통제를 받게 된다. (중략) 냄새는 쉽게 규정하거나 자로 잴 수가 없다. 냄새는 조절하기가 어렵고 경계(境界)에 제한받지도 않는다. 냄새는 경계를 넘어 환경에 두루 퍼지고 그 주변의 것들과 자유롭게 혼합된다. 후각은 질서, 정밀한 측정, 직선 그리고 분명하게 규정된 표면과 범위를 강조하는 데카르트적 세계관과는 잘 맞지 않는다. 냄새는 금방 사라진다. 냄새는 뉴턴 역학에서 원자 세계를 특징짓는 엄밀함이 결핍되어 있다. 냄새는 뒤섞이기 때문에 자율과 안정의 개념을 위협한다.」

이에 비해 한자문화권의 '기(氣)의 문화'에서 보면 후각은 난향 같은 것을 맡는 기관으로 어느 감각보다도 중요한 역할을 한다. 역설적으로 말해서 유현(幽玄, 헤아리기 어려울 만큼 깊고 오묘함), 담박(淡泊, 욕심이 없고 마음이 조촐하다) 같은 것은 기처럼 손에 잡히지 않은 것으로 섬세한 감각과 맑은 정신이 아니면 그것을 느낄 수도 식별할 수도 없다. 그런 점에서 유교 텍스트는 감각을 배제한 것이 아니라 감각을 초감성적인 정신의 영역으로까지 고양시켰다고 하는 편이 옳다.

그 때문에 유(儒)는 유(柔)이고, 그 바탕을 이루고 있는 인(仁)과 덕(德, 관용)은 다같이 부드럽고 융통성이 있는 감흥으로부터 나온다. 그것은 고체나 액체가 아니라 선을 그을 수 없는 기체에 가까운 것으로 난향의 은유에 의해서만 볼 수 있고 만질 수 있다. 그래서 덕은 덕향(德香)이 되고 글(文)은 문향(文香)이 된다. 또한 어진 친구와의 만남을 지란지우(芝蘭之友)라 하고 그러한 공간을 지난지실(芝蘭之室)이라 했다. 비린내가 나는 생선 가게와 대조를 이루는 '지초와 난초의 향내가 나는 공간'이 바로 유교의 공간 코드이다.

합리의 경계를 넘어선 덕

유교라고 하면 엄격한 질서와 절도를 지키는 선비상을 떠올리게 되지만, 결코 데카르트적인 합리주의적 수리의 세계관에 얽매이지는 않았다. 그리고 하나의 시스템을 가지고 우주를 구축하려고 했던 일신교적인 뉴턴의 원리에도 치우치지 않았다. 굳이 말하자면 은은한 난향의 텍스트는 '합리적인 것'이라기보다 '합기적(合氣的)인 것'이다. 그러므로 현신(現身)이냐 은신(隱身)이냐, 진(進)이냐 퇴(退)냐 하는 흑백의 양자택일적 논리의 경계를 넘어서는 것이 향기이며 덕이다.

난향은 동북아시아와 유럽의 문명 텍스트를 비교하는 식별소의 역할을 하지만 동시에 유교와 불교의 차이를 재는 저울대 같은 구실을 하기도 한다. 은은한 난향이 유교의 냄새라고 하면, 천년가도 그 향내가 지워지지 않는다는 침향(沈香)은 불교를 상징하는 냄새이다. 그리고 화랑도를 향도(香徒)라고도 부른 신라 그리고 향목을 갯벌에 묻어 천 년 뒤에 캐내는 고려 때의 매향(埋香) 의식이 조선조의 유교 사회에 들어오면서 소멸하게 된 것을 봐도 짐작할 수 있다. 한국보다 불교가 승한 일본에서 향 문화가 더 발전한 것을 보면 유교와 불교의 대각구도를 읽을 수 있다.

향기의 속성이란 것이 원래의 경계선을 넘어 다른 것과 쉽게 융합하는 성질이 있어서 유교와 불교의 상징 코드를 선을 긋듯이 간단하게 비교하기 힘든 경우도 많다. 가령 쇼쇼인(正倉院)에 소장된 일본의 국보 란쟈타이(蘭奢待)의 명향(名香)은 일본 불교의 자랑거리로 그 향목의 이름에 동대사(東大寺)의 글자가 숨겨진 것이라고 풀이하기도 한다. 우리가 주목해야 할 것은 오히려 란쟈 타이의 이름에 유교 문화를 상징하는 난(蘭) 자가 들어 있다는 점이다. 중국 대륙과 한반도의 문화에 영향을 받은 일본은 란쟈 타이의 경우처럼 난향과 침향을 함께 융합해 유·불·신의 습합 코드를 만들어냈다고 봐야 한다.

난초 무늬 화병 | 에밀 갈레(Emile Gallé) | 주로 화초를 장식화해서 디자인한 이탈리아의 공예작가 에밀 갈레는 꽃을 피울 때는 화려하지만 짐차 황갈색으로 시들어 결국 검게 비틀어져 초라해지는 난꽃으로 죽음과 생을 상징적으로 표현했다.

7. 맺음말

상징성을 잃어 가는 현대의 난

공자의 전국시대에도 이미 난초는 재배식물로써 인간과 가까운 공간 속에 있었다. 난(蘭)이라는 한자 자체가 난간(欄干)에 올려놓는다는 뜻과 관련이 있는 것으로 풀이하는 사람도 있다. 처음부터 관상식물로서 옥내 재배식물로서의 의미를 가졌다는 설명도 나올 수 있다.

굴원이 난초를 재배했다고 하지만, 이미 오나라의 구천이 월나라의 왕 부차에게 복수하기 위해서 난초의 서식지를 만들었다는 고사가 전한다. 구천의 충신 범려가 서시(西施, 중국 춘추시대 월나라의 미녀)를 바친 것처럼, 구천은 난초를 보내 부차가 쾌락의 길에 빠지도록 꾀했다.

이렇게 난초는 오래 전부터 재배식물로서 인간과 가장 가까운 거리에서 함께 살아왔음에도, 공곡유란의 고사 때문에 항상 으슥한 골짜기(谷) 잡초 사이에서 꽃을 피우는 은자의 이미지를 띠게 된다.

식물의 정체성도 그리고 재배식물로서 공곡과는 거리가 먼 오늘의 난초들은 거의 그 상징성을 상실하고 있다. 에밀 갈레(Emile Gallé, 1846~1904)가 1900년 20세기 들어서면서 만든 난문(蘭紋) 화병은 투명한 유리에 백금 박을 뿌리고 그 위에 색유리를 덮어씌운 뒤 유백색 유리를 녹여 붙여 동양란의 화병을 표현한 것이다. 화병 모양도 중국의 전통적인 팔각형의 편호(扁壺)에 빙화(氷花)라는 별칭이 붙어 있다. 표면에는 꽃이 화려하게 피어 있지만 그 뒤에는 황갈색으로 시들어 가는 검게 비틀어진 꽃이 달려 있다. 죽음과 생을 상징적으로 표현한 것이라고 한다. 작자는 '상징적 장식'이라는 주제의 강연에서 난초의 상징성에 대해서 이렇게 말하고 있다. "믿을 수 없을 만큼 풍요하고 불가사의한 모양, 실체, 향기, 색조와 기발함, 관능적인 기쁨 그리고 마음을 뒤흔드는 신비성."

동양란이라고 해도 이렇게 서구인의 눈에 비친 모습은 더 이상 공자의 공곡유란도 굴원의 구원란도 더더구나 액을 물리치는 신비한 힘을 지닌 것도 닮은 데가 없다. 난은 이제 산업으로서의 가치가 상징적 가치보다 더 중시된다. 물론 난초만의 일은 아니다. 거문고가 거의 절음이 된 것과 마찬가지로 군자란 말이 사어(死語)가 된 것이나 다름없다.

"난초잎은 차라리 수묵색"이라고 시인 지용(芝溶)은 노래한다. 모노크롬으로 변한 난초는 순간 식물이 아니라 먹을 찍어 한 붓에 그린 몰선묘법(沒線描法)의 수묵화가 된다. 지용의 시에서 난초의 실물은 없고 종이 위에 그려진 묵란도가 오히려 난초의 실제 이미지를 지배한다. 실물의 상징이 더 우세한 난초는 기호 표현이 기호 내용보다 더 강함을 보여 준다. 컬러의 영상물이 지배하는 세상에서 흑백 모노크롬의 문인화가 던져 주는 의미는 앞으로 생존할 길이 있을까. 여기 이 책에 담긴 난초의 담론들은 우리의 궁금한 그 질문에 답해 줄 것이다. 아니면 추사가 난초를 그린 화제에 유마 불이선(維摩不二禪)이라고 한 것처럼 묵묵부답으로 끝날지도 모른다.

난초가 살면 파워 폴리틱스에서 모럴 폴리틱스를 위해 평생을 받친 공자가 오늘의 소프트 파워 속에서 다시 살아날 것이다. 난초의 상징이 살아 있으면 군자가 살고 그 덕이 현대의 빈 골짜기를 채울 것이다.

|이어령|

차례

004 한·중·일 문화코드읽기를 펴내며
006 이 책을 여는 글 | 난초 문화권의 텍스트 읽기

037 난초를 찾아가는 첫걸음 |
난초의 어원과 관련어 풀이·이상희·진태하

1
종교와 사상으로 본 난초

048 하나 | 한국
중·일보다 더욱 강조된 난초의 순결성·심경호

059 둘 | 중국
공자에 의해 최초로 알려진 난초·안동준

066 셋 | 일본
독특한 생명력으로 나타나는 일본의 난초·하마다 요

2
문학 속의 난초

하나 | 한국 | 시가문학에 나타난 난초   076
고귀한 인품의 절대적인 표상 · 최강현

둘 | 중국 | 시가문학에 나타난 난초   083
지고지순한 인품과 난초의 덕목 · 심경호

셋 | 일본 | 시가문학에 나타난 난초   096
일본에서는 사군자의 난이 아니다 · 김충영

넷 | 일본 | 서사문학에 나타난 난초   100
난꽃이 된 두 중세의 영웅 · 박석기

3
미술로 본 난초

하나 | 한국 | 회화로 본 난초   106
얽매이지 않은 변화무쌍한 묵란도 · 허 균

둘 | 한국 | 묵란사로 본 난초   115
역경을 극복하는 선비의 몸부림 · 이규태

셋 | 중국 | 회화로 본 난초   119
실사의 묵란도에서 찾은 이상향 · 허 균

넷 | 한·중 | 묵란도의 경계선   125
그림의 난초다움과 난초의 그림다움 · 손철주

다섯 | 일본 | 회화로 본 난초   130
묵란의 전통은 일본에도 살아 있다 · 김용철

여섯 | 한국 | 도자 문양에 나타난 난초   134
18세기 전반에 나타난 한국형 난초 문양 · 정양모

일곱 | 중국 | 도자 문양에 나타난 난초   139
현실 기형에 옮겨 온 사유의 세계 · 방병선

여덟 | 일본 | 도자 문양에 나타난 난초   143
단순 문양에서 새롭게 시문되는 난 · 방병선

아홉 | 한국 | 민화로 본 난초   147
소박한 민초들의 소망 · 윤열수

4
생활 속의 난초

154 하나 | 한국 | 여인들의 장신구와 애완품에 나타난 난초
　　　여인의 보랏빛 난초의 꿈 · 장숙환

158 둘 | 한국 | 문방사우와 사랑방 가구로 본 난초
　　　목판에 난을 새겨 닮으려는 마음 · 이종철

162 셋 | 한국 | 의식 속의 난초
　　　선비들에게 난초는 무엇인가 · 이규태

169 넷 | 중국 | 난심으로 본 중국인
　　　2500년을 지배한 정신적인 지주

179 다섯 | 한·중·일 | 설화와 속신과 속설
　　　한·중·일의 서로 다른 난초 보기 · 이규태

191 여섯 | 한·중·일 | 동양 3국의 서로 다른 난의 인식
　　　한국은 화품, 중국은 화향, 일본은 화태 · 이규태

197 일곱 | 한·중·일 | 벽사의 기능으로 본 난초
　　　난을 몸에 지니는 패란의 효과 · 이규태

202 여덟 | 한·중 | 식용과 약용으로서의 난초
　　　약은 약이나 독이 될 수도 있다 · 김종덕

208 아홉 | 일본 | 문장으로 본 난초
　　　흔치 않은 난초 문양 · 김문학

210 열 | 한국 | 민요로 본 난초
　　　노랫가락에 묻어난 난초의 덕목 · 김문성

218 열하나 | 한·중·일 | 속담과 관련어 풀이
　　　아름다운 만남과 이별

5
오늘날의 난초

하나 | 한국 | 현대시로 본 난초   222
감각화된 아름다움과 시간성의 형상화 · 김현자

둘 | 한·중·일 | 분포 현황으로 본 난초   227
서양란에 밀리는 동양란

셋 | 한·중·일 | 난초의 미래   229
산업 차원으로 격상되는 난초

넷 | 한·중·일 | 관광·축제로 본 난초   237
활발한 산업 현장에서의 난초

다섯 | 한국 | 상품으로 본 난초   248
실생활에 끌어들인 난초의 향과 자태

여섯 | 한·중·일 | 품종으로 본 동양란   251
한·중·일을 닮은 난초

일곱 | 한국 | 우표로 본 난초   261
우표 속의 아름다운 우리 난초

여덟 | 한국 | 지명으로 본 난초   265
시간 속에 묻혀진 난향의 골짜기

부록

난초 소재의 한·중·일 명시·명문 270 / 난초와 관련된 한·중·일 지명 289
찾아보기 292 / 참고문헌 301 / 집필진 약력 305

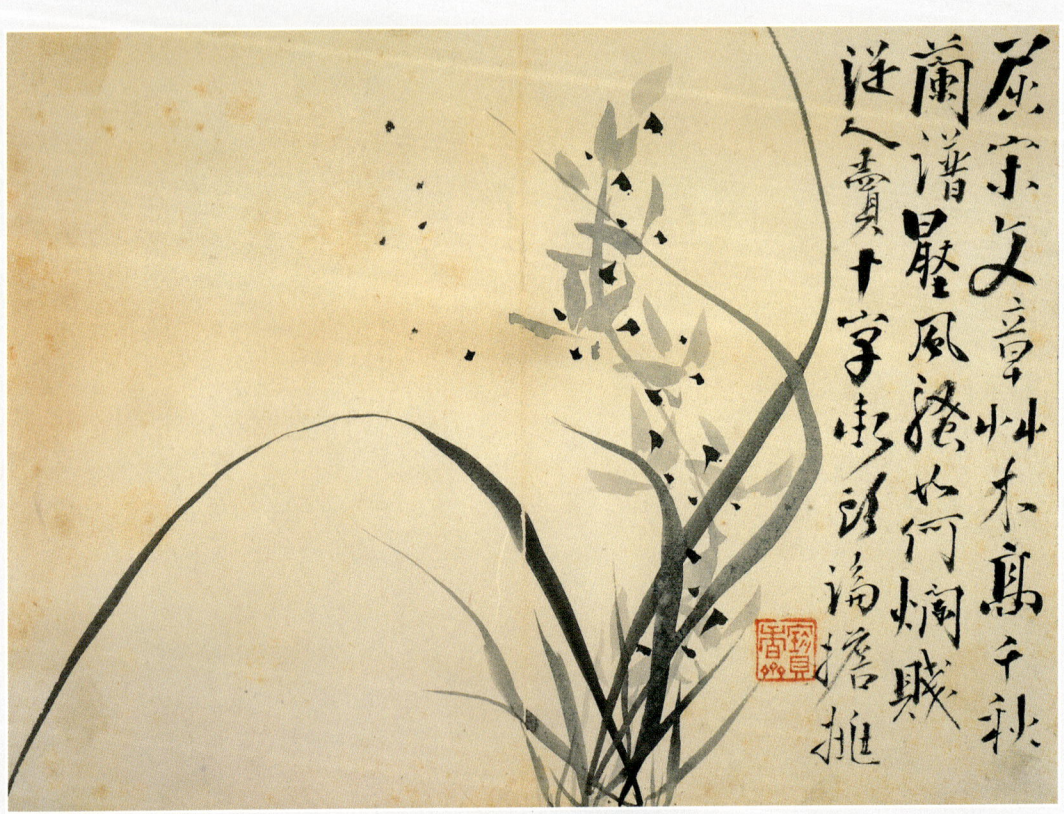

난도(蘭圖) | 조희룡(趙熙龍), 조선, 국립중앙박물관 소장 | 난초는 옛사람들이 일컫기를 '꽃 가운데 군자'라고 해 향기가 적은 소나무, 꽃이 없는 대나무, 꽃과 잎이 따로 있는 매화의 세한삼우(歲寒三友)보다 상위에 그 가치를 두었다. 또한 꽃과 잎과 향기가 함께 있는 난초는 궁벽한 산야에서 자라지만 온갖 꽃과 아름다움을 다투지 아니하고, 세상에 구차하게 이름 얻는 것을 바라지 아니한다고 해 불우한 가운데서도 고결한 인격을 잃지 않는 군자의 품성과 다름없이 보았다.

난초를 찾아가는 첫걸음

난초의 어원과 관련어 풀이

난의 어원과 명칭

우리나라에서는 '난화(蘭花)'라는 말보다는 '난초(蘭草)'라는 말로 많이 쓰인다. 매화(梅花), 국화(菊花)의 명칭과 달리 '난초'라고 일컫는 것은 '난'은 꽃과 향기도 좋지만, 그 잎이 사철 청정하고 수려한 데서 화(花)가 아니라 잎을 강조하는 초(草)를 붙여 쓰게 되었을 것이다.

'蘭'을 한자에서 찾아보면 은대(殷代)의 갑골문이나 주대(周代)의 금문에서는 나타나지 않고, 한대(漢代)의 《설문해자(說文解字)》에 비로소 나타난다. 이로써 보면 우리말의 '난초' 또는 '난'도 중국의 진대(秦代) 이후 '蘭'에서 유래된 말임을 알 수 있다.

'蘭' 자를 艸(초)와 闌(난)의 합성자로 쓴 것은 난이 식물이기 때문에 부수인 '艸(풀초)' 자를 '蘭'에 썼음을 바로 알 수 있다. '蘭'의 성부자(聲符字)를 쓴 것은 제자(制字)하기 전에 '난'이란 구어(口語)가 있어서 그 음을 나타내기 위해 쓴 것으로도 볼 수 있다. 한편 '闌'에는 문 밖을 가로막은 난간이라는 뜻이 있으므로 단순히 음만 취한 것이 아니라, 난초는 대개 화분에 심어 난간에 두고 완상하므로 '闌'(난) 자를 취해 뜻을 겸한 형성자(形聲字)로 만들었을 가능성도 생각할 수 있다. 한자의 대부분이 형성자지만 대개 뜻도 겸하고 있다.

　　　일본어에서도 '蘭'에 대한 말이 예로부터 '란(らん)'으로 쓰이고 있는데, 이 역시 한자 蘭의 음이 그대로 쓰이고 있는 것이다. 이로써 한국, 중국, 일본 모두 이른 시대부터 蘭의 음이 그대로 구어로 쓰였음을 알 수 있다.

　　　중국에서는 난을 난화(蘭花)라고 해서 국화과의 난초(蘭草)와 구별하고 있다. 그러나 우리나라에서는 난, 난초 또는 난화 모두 난과의 난을 지칭하는 것으로 통용되고 있다. 난화보다는 난초라는 용어가 더 일반화되어 있다.

　　　영국에서는 자국산의 야생란을 *orchis*라 부르고 외국산의 아름다운 재배종은 *orchid*라고 불러 구별하고 있다. 그러나 미국에서는 어느 것이나 *orchid*라고 부른다. *orchid*는 희랍어의 *orchis*(고환, 睾丸)를 그 어원으로 하고 있다. 지중해 원산의 둥근 2개의 괴근(塊根)의 모양이 고환을 닮았기 때문이다. 보통의 난은 2개의 괴근 가운데 큰 것이 먼저 꽃을 피우고 작은 쪽이 다음 해에 꽃을 피운다. 이 2개의 괴근은 아담과 이브로 불리는데 물속에 넣어 가라앉는 것이 아담이고 가벼워서 뜨는 것이 이브라고 한다.

　　　서양 사람들은 동양란을 오리엔탈 오키드(Oriental orchid)라 부르지 않고, 미니 심비듐(Mini Cymbidium)이라 부른다. 심비듐이라 함은 서양란을 연상하게 되지만 그리스의 '배 모양'이라는 꽃인 '*Cymbe*'에서 파생된 단어이며, 난의 설판(舌瓣)이 배 모양으로 생긴 데서 이름이 붙었다.

국화과와 콩과 식물 다음으로 많은 종류

난은 난과에 속하는 식물의 총칭이다. 난과 식물은 열대에서 한대까지 넓게 분포되어 있을 뿐만 아니라 땅에서 자라는 것, 나무나 바위 표면에 붙어서 자라는 것, 다른 식물에 기생하는 것 등 다양하다. 난과 식물은 피자(被子) 식물 가운데 가장 큰 과의 하나로 지구상에 약 1000속(屬) 3만여 종(種)이 자생하고 있어 국화과와 콩과 식물 다음으로 종이 많다. 게다가 유전공학의 발달로 매년 수많은 새로운 교배종이 생산되어 난과의 식물군은 계속 늘어나고 있는 실정이다. 그런데 구체적으로 어떤 식물이 난과에 속하는지 구분하는 데 있어서는 그 호칭이 복잡해 혼동을 일으키기 쉽다.

　　　난이라 하면 흔히 화려한 카틀레야(cattleya)나 호접란(胡蝶蘭)을 떠올릴 사람이 많을 것이다. 혹은 모습이 청초하고 그 이름도 우아한 해오라기난초[鷺草]를 난의 첫째로 꼽을 사람도 있을 것이다. 카틀레야나 해오라기란은 난을 잘 알지 못하는 사람의 눈으로 봐서는 무척 차이가 많은 것처럼 보이지만 어느 것이나 난과의 식물이다.

팔화도(八花圖) | 전선(錢選), 원, 베이징 고궁박물원 소장 | 이 그림은 전선의 초기 작품으로 해당화, 수선화 등 8종류의 화훼를 그린 것 중 하나다. 그림에서처럼 수선화는 생김새가 난초와 무척 흡사하지만 전혀 다른 식물이다.

    강희안(姜希顏, 1417~1464)은《양화소록(養花小錄)》에서「난초는 본디 훈초(薰草) 또는 혜초(蕙草)라 하였는데 잎은 혜(蕙)이고 뿌리는 훈(薰)이라 하였다.」고 구분했다. 이는 정확히 무엇을 지적한 것인지 알 수 없다. 다만 숙종 때 홍만선(洪萬選, 1643~1715)의《산림경제》에서는「한 줄기에 한 송이의 꽃이 피어 향기가 넘치는 것이 난이요, 한 줄기에 예닐곱 송이의 꽃이 피어 향기가 약한 것이 혜이다(一幹一花而香有餘者蘭也 一幹六七花而香不足者蕙也).」라고 분명히 구분해 기록했다. 이로 미루어 보면 한·중·일 지역적인 특성으로 봐서도 난의 정의를 정확히 구분하기 쉽지 않을 것 같다.

고란초, 용설란, 군자란은 난초가 아니다

식물의 이름에 '난' 자가 붙어 있지만 문주란(文珠蘭), 군자란(君子蘭), 용설란(龍舌蘭), 고란초(皐蘭草) 등은 난과의 식물이 아니다. 화투에 그려진 5월 난초라는 것

용설란과 군자란 | 잎이 용의 혀처럼 생긴 용설란(위)과 군자란(아래)은 각기 용설란과와 수선화과의 식물로 난이란 이름이 붙었으나 난초가 아니다.

도 창포(붓꽃)로 역시 난이 아니다. 난처럼 잎이 길쭉하게 생긴 맥문동(麥門冬)도 난이 아니다.

중국에서 옥란(玉蘭) 또는 백옥란(白玉蘭)이라 함은 목본인 목련과 식물로서 난과 식물과는 너무도 거리가 멀다. 일본에도 난과 식물이 아닌데도 난(ラン)이란 이름이 붙은 것이 많다. 예를 들면 스즈란(スズラン, 은방울꽃), 야나기란(ヤナギラン, 분홍마늘꽃), 히메산란(ヒメサンラン, 주걱일엽) 등이 있다. 난과에 속하는 난과 꼭 같은 난이란 이름으로 불리면서 난과의 난이 아닌 식물이 있어 혼란을 불러일으킨다.

중국에서 옛날 '蘭'이라고 표기된 식물은 오늘날의 난과의 풀이 아니고 국화과의 식물인 향등골나물 또는 향수란(香水蘭, Fupatorium fortunei Trucz)이라고 하는 것들이다. 일본에서는 후지바카마(フジバカマ, 藤袴)라고 하는데 '가을을 상징하는 7가지 풀(秋の七草)의 하나인 후지바카마의 옛 일본 이름도 난이다.

이 식물은 한·중·일 세 나라의 토착식물인데 중국 사람들에게는 가장 잘 알려진 풀로써 오래 전부터 이 풀을 사랑해 왔다. 그것은 이 풀이 가지고 있는 향기를 사랑했기 때문이다. 이 식물은 잎과 꽃에서 강한 향기가 풍기는 향초로 액(厄)을 쫓는 데 사용됐고, 꽃을 꺾어서 구애의 선물로 주었다고 한다. 지금은 사라지고 없는 만주국의 문장(紋章)도 이 꽃을 도안화한 것이라고 한다.

따라서 중국의 옛날 서적인 《역경》, 《초사》, 《시경》, 《예기》, 《한서》 등에 등장하는 난은 모두 오늘날의 난과의 난이 아니고 국화과의 난이다. 그 후 당대(唐代)까지는 역대 문인들의 시 구절에 나오는 난도 마찬가지로 오늘날의 난이 아니다.

1578년에야 정의된 오늘날의 난

이와 같은 구분의 문제는 우리나라와 일본에서도 나타난다. 우리나라의 경우 《삼국유사》의 〈가락국기〉에서 수로왕이 아유타 국의 공주 허황옥(許黃玉) 일행에게 대접

묵란도(墨蘭圖) | 민영익(閔泳翊), 조선, 동국대학교박물관 소장 | 난의 대가로 손꼽히는 민영익의 그림으로 그의 작품 가운데 가장 뛰어난 것이다. 구도의 절묘성, 가는 잎이 힘차게 뻗친 점 또는 반전과 굴곡의 자유분방하면서도 세련된 운필의 묘가 높이 평가된다.

했다는 난초로 만든 음료나 고려 중기 문인들의 시 구절에 등장하는 난도 국화과의 난으로 봐야 할 것이다. 또 일본의 《겐지모노가타리(源氏物語)》에 나오는 난도 마찬가지다.

이상과 같이 당대 이전의 고전에 보이는 난은 국화과의 난이었으나 남송(南宋) 이래, 즉 12세기 이후 난과의 난이 크게 유행해 그 이전의 국화과의 난에서 오늘날의 난과의 난으로 이름을 빼앗은 것이다. 우리나라와 일본에서도 그 영향을 받았음은 물론이다. 우리나라에서는 고려 말기 이후 각종 문헌에 등장하는 난은 모두 오늘날의 난과의 난으로 봐도 무방할 것이다.

이 식물의 별명에는 구란(九蘭)·대택란(大澤蘭)·여란(女蘭)·수란(水蘭)·향수란(香水蘭)·도량향(都梁香)·연미향(燕尾香)·천금조(千金草)·성두초(省頭草)·해아국(孩兒菊) 등이 있다.

그러나 16세기 명대(明代)에 이르러 이시진(李時珍)은 《본초강목(本草綱目)》에서 이 2가지 식물을 완전히 구분해서 정리했다. 즉, 옛날 국화과의 난은 난초, 오늘날의 난과의 난은 난화라고 명칭을 구분하고 있다. 난초의 그룹에는 난초 외에 택란(澤蘭)과 산란(山蘭)을 포함시키고, 난화의 그룹에는 춘란(春蘭)·한란

(寒蘭)·기타 추란(秋蘭)·흑란(黑蘭)·건란(建蘭) 등으로 나누고 있다.

어쨌든 일정한 시기를 경계로 해서 그 이전의 난은 국화과의 난초이고 그 이후의 것은 난과의 난화로 단정하는 것은 어쩔 수 없이 무리가 따른다. 왜냐하면 난초에서 난화로 유행이 변모하던 그 시점의 이전과 이후에도 이 식물들은 똑같이 자라고 있었기 때문이다. 하지만 상당한 차이가 있어 보이는 2종류의 식물을 어떻게 하나의 이름으로 부르게 되었는가에 대해서는 여전히 밝히지 못하고 있다.

일설에는 서기 전 8세기까지는 한(閒)이라고 불렀는데 그 잎 모양이 마란(馬蘭)과 비슷하다고 해서 난이란 이름으로 바뀌었다가 10세기 이후에 오늘날의 난과의 난이 심비듐(Cymbidium)에게 이름을 빼앗겼다는 것이다.

난은 한자음을 그대로 부른 이름이다. 순수한 우리말로 된 이름은 없다. 일본에서도 난을 한자음 그대로 '란(らん)'이라고 한다.

난의 이칭과 의칭의 환유세계

중국에서는 난의 이명이 많다. 이러한 이명은 우리나라의 시문에서도 많이 인용됐다. 이것은 당시 관상의 대상이던 동양란에 대한 것이었음은 말할 것도 없다.

첫째로 난의 향기와 관련해 국향(國香)·향조(香祖)·왕자향(王子香)·천하제일향(天下第一香) 등이 있다. 난은 향이 강해서 고래로 방향(芳香)이 있는 꽃이나 식물의 대표격으로 되어 이와 같은 이름이 붙었다. 따라서 난의 의칭, 이칭도 난의 향기에 얽힌 유례가 많은데 품성이 뛰어난 인물, 우아한 기녀 등으로 말하는 우의(寓意) 또한 많다.

또한 향기에 있어서는 '두터운 우정'이라는 꽃말이 있다. 난에는 '평생 변하지 않는 굳은 우정'이라는 꽃말이 있는데, 난우

위에서부터 한국 춘란, 중국 춘란, 춘한란, 보세란 《난과 생활사》 제공

(蘭友)·난형(蘭兄)·난객(蘭客)·난교(蘭交)·난계(蘭契) 혹은 금란(金蘭)·금란지교(金蘭之交) 등은 모두 '깊은 우정' 또는 '군자의 교제'를 의미하는 말이 되었다. 또 난언(蘭言)은 언론을 비유한 것이고, 난장(蘭章)은 훌륭한 문장을 찬양하는 문사(文辭)를 비유한 것이다. 또 왕비의 궁전을 난전(蘭殿), 난궁(蘭宮)이라 하고, 미인의 침실을 난방(蘭房) 또는 난실(蘭室)이라 해서 난의 고귀함을 마음껏 예찬하고 있다.

둘째로 난은 군자 또는 우아한 선비〔雅士〕의 별명을 가지고 있다. 그래서 화중군자(花中君子)·군자지화(君子之花)·공곡선자(空谷仙子)·은군자(隱君子) 등으로 불린다. 난이 국화나 송·죽·매(松竹梅)같이 군자로 존칭되는 것은 속기(俗氣)를 떠나 아무도 돌보지 않는 산골짜기에서 조용히 그윽한 향기를 뿜어내는 고귀한 모습에서 유래한다.

난은 다른 군자의 식물과는 비교가 안 된다고 한다. 같은 군자라 해도 송·죽·매는 유감스럽게 완전하지 못하다는 것이다. 즉 소나무는 향기가 없고 대나무는 꽃이 없으며 매화는 꽃과 잎이 같이 있는 경우가 없다. 그러나 난은 꽃이 피면 꽃과 잎, 향기의 3박자를 갖춘다. 이렇게 꽃, 잎, 향기를 동시에 갖추는 것은 수선과 국화 이외에 난뿐이다. 그래서 난을 군자 중의 군자로 치켜세운다. 이외에 중국에서 한자로 된 난의 이명에는 백초장(百草長)·방우(芳友)·유객(幽客)·미세(媚世)·정우(靜友)·연초(燕草)·누녀(嫘女)·형열후(馨列侯) 등이 있다. 이것은 대부분 문인들이 시가에 사용한 데서 유래된 것들이다.

공자로부터 시작해 동양의 지식인들은 수천 년 동안 난초를 두고 그들의 의식대로 은유와 환유의 세계로 치닫고 있었던 것이다. 그런가 하면 난이 다른 식물과 짝을 지은 명칭으로 은유와 환유의 상징체계를 넓혀 나가고 있다.

삼향(三香)은 난·계(桂)·수선을 말하고, 사일(四逸)은 난·하(荷)·해바라기〔葵〕·상체(常棣)를, 사우(四友)는 난·대·매화·연(蓮), 사애(四愛)는 난·매화·국화·연을 말한다. 사아(四雅)

위에서부터 풍란, 석곡, 팔레놉시스, 덴드로비디움 《난과 생활사》 제공

는 국화·수선·창포·난이고, 사군자(四君子)는 가장 많이 알려진 매·난·국·죽이며, 오청(五淸)은 난·대·매·소나무·국화로 사군자에서 소나무가 추가된 것이다. 이는 개인이 처했던 환경에 따라 달라질 수도 있고, 개인의 취향에서 대상과 명칭이 달라지는 것이 많다고 보면 되겠다. 그것도 누구에 의해 불려졌는가에 따라 많은 전파력이 생기기도 했다.

향이 멀리 퍼져 나가는 난은 어떤 것인가

난초의 향기는 매우 멀리까지 퍼져 나가니 사상의학의 입장에서는 형(馨)에 속하는 것으로 보고 있다. 홍만선은 《산림경제》에서 「난초는 산골짜기에서 무리 지어 자라나는데〔叢生〕, 줄기는 자색이고 마디는 적색이며 녹색의 잎에는 광택이 있다. 한 줄기에 한 송이의 꽃이 피지만 간혹 두 송이가 피기도 한다. 꽃잎은 2~3개 달려 있으며 그윽하고 맑은 향기를 멀리서도 맡을 수 있다. 꽃에는 흰색, 자색 또는 엷은 푸른색〔淡碧〕 등 여러 종류가 있다. 꽃은 항상 초봄에 피며 서리가 내리고 얼음이 언 뒤에도 난초는 고결함이 한결같다(蘭叢生山谷 紫莖赤節 綠葉光潤 一幹一花 間有雙頭者 花兩三瓣 幽香淸遠可 花有數品 或白或紫或淡碧 花常在春初 雖霜氷之餘 高潔自如爾).」고 했다.

난초의 향기가 매우 멀리까지 퍼져 나감과 고결함을 설명한 것이다. 이는 240여 년 앞서 살았던 강희안의 《양화소록》에 나오는 문장을 그대로 인용하고 있다. 이로 보아 조선 후기에 이르기까지 양질의 난은 조금도 달라지지 않았음을 뜻한다.

춘란과 추란의 명확한 구분

난초는 꽃이 피는 시기에 따라 춘란과 추란으로 구분됐다. 당신미(唐愼微)의 《증류본초(證類本草)》에 의하면 「난초에 대한 여러 학설이 있으나 정해진 바는 없다. 잎에는 향기가 없고 오직 꽃에서만 향기가 난다. 음지와 깊은 계곡에서 많이 자라고 산이 아닌 평지나 밭에는 없다. 잎은 맥문동과 비슷하나 넓고 질기며 길이가 1~2자쯤 되는데 사철 푸르다. 꽃은 황색이고 잎 중간에는 조그만 자색점이 찍혀 있다. 봄에 꽃이 피는 것을 춘란(春蘭)이라고 하고, 빛깔이 짙고 가을에 피는 것을 추란(秋蘭)이라고 하는데 빛깔이 엷다. 추란 2개를 어렵게 구해 작은 분에 넣어 방구석에 놓으니 꽃이 필 때 향기가 온 방에 가득 차 다른 꽃의 향기와 구별된다.」고 해 난초의 향기가 매우 강하며 꽃이 피는 시기에 따라 춘란, 추란으로 구별한 것을 알 수 있다.

같은 내용이 《본초강목》에 그대로 인용되어 있는데 잎이 아닌 꽃잎에 조그만 자색점이 있다고 한 것만 다르다. 하지만 우리나라의 《산림경제》에서는 《증류본초》의 내용을 요약·인용하면서 「잎 중간에 조그만 자색점이 있다(中間葉上 有細紫點).」고 설명하고 있어 《본초강목》과 차별성을 보이고 있는 것이 다르다.

| 이상희 · 진태하 |

1
종교와 사상으로 본 난초

하나 | 한국
중·일보다 더욱 강조된 난초의 순결성

둘 | 중국
공자에 의해 최초로 알려진 난초

셋 | 일본
독특한 생명력으로 나타나는 일본 난초

1. 종교와 사상으로 본 난초

하나 | 한국

중·일보다 더욱 강조된 난초의 순결성

마야고 옷의 실오라기가 화한 풍란

동양란은 여러 가지 종류가 있다. 그 가운데서 민간에서 가장 사랑 받는 난이 풍란이다. 이 풍란은 지리산 산신의 옷자락이 흩어져 이루어진 것이라고 전한다. 지리산 산신을 성모신(聖母神)이라고 하는데, 그 실체에 대해서는 여러 설이 있다. 불교에서는 석가의 어머니인 마야 부인이라 하고, 무속에서는 마고할미라고 한다. 그래서 흔히 성모신을 마야고(摩耶姑)라고 한다. 한상수 교수는 《한국인의 신화》에서 풍란은 사랑과 질투와 한의 상징이라고 했다. 난은 결함 많은 인간의 심성을 닮아서 무척 친근하다는 것이다.

불교에서는 덕을 쌓은 선승의 모습을 상징한다. 일본에 건너간 중국 선승 난계도륭(蘭溪道隆)의 '풍란게(風蘭偈)'가 유명하다. 덕을 쌓아 그 향기가 저절로 풍겨 난다는 의미를 높이 친다. 아마도 우리네는 천왕봉의 거센 바람을 이기고 피어난 풍란의 흰 꽃에서 인간 삶의 모진 모습을 발견한 것인지 모른다. 또한 풍란은 가람 이병기(嘉藍 李秉岐, 1891~1968)의 글에 나오듯이 '방렬(芳烈) 청상(淸爽)한 향'이 두드러진다.

번성의 상징으로서의 난초

신화의 세계에서 난초는 여름의 신인 화성을 상징하며 번창의 의미를 지닌다. 따라서 난초를 기르거나 그림 그리는 것은 번창의 기원을 담은 것이다. 난초 가운데서도 손(蓀)이라는 품종은 보랏빛 꽃을 피우는데, 그 발음이 손(孫)과 같아서 자손을 뜻한다. 다른 난초들도 대개 고귀한 자손을 의미한다. 난손(蘭孫)이라고 하면 상대방의 손자에 대한 미칭으로 쓰인다. 이것도 난이 지닌 번영의 이미지와 연결되어 있다. 중국 위진(魏晉)대의《세설신어(世說新語)》〈언어(言語)〉편에 보면, 사안(謝安)은 「지란옥수(芝蘭玉樹)가 섬돌과 뜰에 자라나면 자손이 번성한다.」고 했다. 그의 말처럼 난은 옛날부터 가문의 번창을 상징했음을 짐작할 수 있다.

난초를 번성의 상징으로 보는 것은 우리나라에서도 마찬가지였다. 각종 공예미술에서 난초를 의장 소재로 삼은 예가 그렇다. 경기도 지방에는 "난초꽃이 번창하면 그 집에 식구가 는다." 는 말이 있었다고 한다. 또 충북 지방에는 "꿈에 난초가 대 위에 나면 자손이 번창하고, 난초꽃이 피면 미인을 낳는다." 는 속신이 있었다고 한다.

순수한 정신세계를 상징

이황(李滉, 1501~1570)은 〈도산십이곡(陶山十二曲)〉에서 「유란(幽蘭)이 재곡(在谷)하니 자연히 냄새가 듣기 좋구나.」 했다. 공자가 지었다고 전하는 〈의란조(倚蘭操)〉에는 불우한 심사를 한탄하는 비애의 감정이 농후했으나, 이황의 이 노래에는 그러한 비애의 감정이 없다. 만년의 이황은 도산(陶山)의 절우사(節友社)에 송(松)·죽(竹)·국(菊)·매(梅)·연(蓮) 등 오절군(五節君)을 심어 두고 그들의 고절(苦節), 청분(淸芬), 정결(淨潔)을 사랑하고 난초를 동무하지는 않았으나, 평소 난초의 고고한 덕성을 사랑한 것임이 분명하다. 그러므로 〈도산십이곡〉에서는 빈 골짝에서 제 홀로 향기를 풍기고 있는 난초의 자태를 독립특행(獨立特行)하는 군자의 상징으로 보아 예찬한 것이다.

이 땅에 중국 문화가 수용되어 지식인의 문화가 형성된 이후로 난초는 춘란, 한란, 혜란을 중심으로 군자의 순결한 지향을 표상해 왔다. 그것은 실상 중국 문화에서 난초가 표상하는 바와 그리 다르지 않았다. 그러나 우리 지식인 사회의 특성상 난초의 순결성은 중국에서보다도 더욱 절대적인 미로서 강조되었다.

생육신의 한 사람인 남효온(南孝溫, 1454~1492)은 자신의 지절(志節)을 굴원(屈原)에 가탁해 다음과 같은 오언고시(〈五月五日浮江酣暢 有懷屈原〉)를 지었는

석란도10곡병풍(石蘭圖十曲屛風) | 이하응(李昰應), 조선, 고려대학교박물관 소장 | 정연하고 조심성 있는 분위기의 이 작품은 각 화폭에 대각선을 중심으로 난초와 바위를 각기 배치하고 2폭씩 마주보거나 대칭되게 그렸다. 첫 폭과 끝 폭에 각각 발제라는 화제를 썼다.

데, 첫 부분에서 굴원의 충정을 추란(秋蘭)으로 상징했다.

> 굴원은 추란을 꿰어 차 지녔지만/ 초나라 왕은 그 충성을 알지 못했네/ 분주하던 그 혼이 제 길을 알아/ 남쪽의 달과 별을 가리켰네/ 회사부를 짓고 (바위를 끌어안고) 닷새 만에 죽어/ 한이 〈이소〉에 담겨 있도다(屈子紉秋蘭 王不知忠誠 營營魂識路 南指月與星 懷沙五日死 遺恨有離騷).

난초를 개결함의 상징으로 보는 관점은 조선시대 학자 및 문인들의 시문에서 두루 나타난다. 가장 대표적인 것으로는 김굉필(金宏弼, 1454~1504)이 자신의 스승 김종직(金宗直)에 대해 건백(建白)이 없음을 의심해서 보낸 시에서 찾아볼 수 있다. 그 시는 남효온의 《사우명행록(師友名行錄)》에 나온다. 김굉필은 김종직이 정치에 협찬(協贊)할 것을 기대했다. 그는 훈척들의 비리와 횡포를 척결하고 단종의 생모인 소릉(昭陵)을 복위해야 한다고 상소할 정도로 기백이 있었다. 33세 때 그는 이조참판으로 있던 김종직에게 시를 보내어, 도(道)란 변하지 않는 자연의 순리에 따르는 것이므로 유덕자의 조신(操身)도 초지(初志)를 잃어서는 안 된다고 넌지시 말했다.

> 도란 겨울에 갖옷 입고 여름에 얼음 먹는 것/ 개이면 다니다가 장마 들

면 멈춤을 어찌 둘 다 잘 하겠습니까/ 난초가 만일 속세를 따라 끝내 변한다면/ 누가 소는 밭 갈고 말은 탈 수 있는 것임을 믿겠습니까(道在冬裘夏飮氷 霈行潦止豈全能 蘭如從俗終當變 誰信牛耕馬可乘).

이 시에 대해 김종직은 스스로의 능력이 부족해 제자들이 원하는 개혁을 하지 못하고 조롱을 받고 있으나 그 자신은 결코 권세나 이익을 탐하지 않는다고 했다. 그는 서울로 관직을 옮긴 후부터 조정의 정치적 분규를 견뎌내면서 후진을 양성하기 위해 부심했다. 그래서 겉으로는 사장(詞章)에 더 무게를 두었을 것이다. 어쨌든 김굉필의 시에서, 난초는 초지를 변치 않는 군자의 상징으로 거론되고 있음을 잘 알 수 있다.

한편 이익(李瀷, 1681~1763)은 《해동악부(海東樂府)》의 최종편인 〈궁중류(宮中柳)〉에서, 광해군조에 척리(戚里) 유씨(柳氏)의 발호를 비판했던 임숙영(任叔英)과 권필(權韠)의 지절을 찬미하면서, 난초를 그 지절의 상징물로 이용했다. 임숙영은 대책(對策)에서 유씨를 비판했는데, 권필은 시를 지어 임숙영에 동조했다가 죄망에 걸려 곤장을 맞고 유배 가는 중에 죽었다.

(전략) 사람 마음은 물처럼 흘러가기 쉬운 법이다만/ 세도(世道)를 만회하려 봄빛을 머물러 두려한 것일세/ 아, 홀로 원한의 간장을 품었기에/ 난초 태워지고 혜초도 버려지고 말았도다/ 그대 듣지 못했나/ 서생 여장(汝章, 권필)의 노래를/ 악부에 노래되어 그 소리 양양하니/ 문장은

그저 일신에 재앙이 됨을 알았네/ 궁궐 버들이 바람에 미친 듯 나부끼는 것을 본다만/ 세모에는 서리 많이 엉길 것 아닌가(人情易逝如水忙 世道欲挽留春陽 嗟爾獨抱寃憤腸 蘭焚蕙委不可當 君不聞 書生作歌字汝章 樂府傳唱聲洋洋 文章只解爲身殃 但見宮柳風吹狂 無乃歲暮多繁霜).

이익은 광해군조의 사실을 거론하면서, 숙종조의 당쟁과 국정의 문란을 우회적으로 비판했다. 여기에서 난초와 혜초는 도가 행하지 않는 세상과는 거리를 두고 그러한 세상을 비판할 수 있는 개결한 정신으로 표상되어 있다.

숙종, 영조 때의 가객(佳客) 김수장(金壽長, 1690~?)은 〈난화(蘭花)〉라는 시에서 난초를 개결한 정신세계로 상징했다.

무성한 푸른 잎이 서로 얽혀서/ 한 줄기에 그대로 너덧 꽃이 피었네/ 우연히 옛 이름을 얻었지 이름 훔치지 않았다만/ 아홉 마장에 기특한 꽃이 적기에 계면쩍어라(猗猗綠葉互交加 一榦仍開四五花 偶得古名非添竊 還嫌九畹少奇葩).

이 시에서 김수장은 난을 가꾸듯 스스로의 정신세계를 함양하고 있기는 하지만 구원란(九畹蘭)의 고결함에 미치지 못한다고 자괴(自愧)의 심경을 토로했다.

부끄러움 없는 지식인의 이상

조선 말의 지사 이건창(李建昌, 1852~1898)은 청백의 정신과 우국문학으로 유명하다. 그는 35세 때, 종제인 난곡 이건방(蘭谷 李建芳, 1861~1939)이 진사시에 합격한 이듬해에 〈난곡 4장(蘭谷四章)〉을 지어, 조정에 나가더라도 인적 없는 골짝에서 꽃을 피우듯 아름다운 덕을 함양하라고 권면했다. 제1장과 제2장, 제4장을 보면 이러하다.

(제1장) 난초는 나라에 향을 풍겨야 하거늘/ 인적 없는 골짝에서 꽃을 피웠기에/ 성인(공자)은 한숨지었다만/ 난초야 스스로 부끄러워하지 않았네/ 화려한 옷에 채색 노리개 차고/ 조정에 오르면/ 왕자야 귀하게 여기겠지만/ 난초에게 빛을 더하진 않는다오(蘭以國香 芳于幽谷 聖人所歎 蘭非自惡 華衣采佩 升于明堂 王者攸珍 蘭不增光).

(제2장) 골짜기에 있어도 난이요/ 조정에 있어도 난이니/ 난의 본성은 오직 한결같기에/ 있는 데 따라 다름없어라/ 난의 본성은 어떠한가/ 향기롭고 무성하여/ 향기를 스스로 풍길 뿐/ 골짜기이든 조정이든 관계없다오(在谷亦蘭 在國亦蘭 蘭性惟一 居不異觀 蘭性伊何 芬芬郁郁 自香其香 無谷無國).

(제4장) 너의 신령한 뿌리에 물을 대어/ 너의 아름다운 싹을 빼어나게 하라/ 혜초도 오히려 이만 못 하거니/ 쑥이나 다북쑥이야 더 말해 무엇 하랴/ 봄바람이 때맞춰 불어오면/ 나라에서 자네를 사랑하게 되리라만/ 자네 덕(德)을 보면/ 지금 골짜기에 있을 때와 같으리(沃爾靈根 秀爾嘉苗 蕙猶斯下 況艾與蕭 春風時至 國將媚汝 視汝之德 如今谷處).

앞서 말했듯이 〈의란조〉에는 불우함을 한탄하는 비애의 감정이 농후하다. 하지만 이건창의 이 시는 그러한 심적 태도를 단호하게 거부했다. 난초의 본성이 골짝에서나 조정에서나 변함없듯이 지식인의 본성과 존재방식도 세간의 영욕에 휘둘림이 없어야 한다고 했다. 지식인의 이상을 더욱 절대화한 것이다.

근현대의 지성 정인보(鄭寅普, 1893~?)는 한용운을 위한 조시(弔詩)에서 지사의 풍모를 풍란화의 매운 향내에 비유했다.

풍란화(風蘭花) 매운 향내 당신에야 견줄손가/ 이날에 님 계시면 별도 아니 빛날런가/ 불토(佛土)가 이외 없으니 혼(魂)아 돌아오소서.

정인보는 일제 강점기에 우리 민족에 가해진 시련을 극복할

석란도(石蘭圖) | 정학교(丁學敎), 조선, 국립중앙박물관 소장 | 이 그림은 담백하면서도 개성적인 필치로 괴석의 기이한 형상과 질감이 효과적으로 잘 표현됐다.

종교와 사상으로 본 난초 053

전형으로서 한용운을 찬미하고, 그의 개결한 풍모를 풍란화에 비유한 것이다. 난초는 이렇게 우리 지성사에서 개결한 풍모와 순수한 정신세계를 상징하는 표상으로 대단히 친숙하게 노래되어 왔다. 이병기도 시조 〈난초〉에서 「본래 그 마음은 깨끗함을 즐겨 하여, 미진도 가까이 않고 우로 받아 사느니라.」라고 난초의 맑디맑은 정신세계를 노래했다.

자연 혹은 자연스러움의 상징

윤선도(尹善道, 1587~1671)의 〈어부사시사(漁父四時詞)〉 춘사(春詞) 제7곡에 보면 난초와 지초의 심상이 함께 나온다.

석파석란 | 우리나라에서의 난초는 깊은 산중 골짜기에서 제 홀로 향기를 풍기는 그 자태로 말미암아 군자의 순결한 마음과 뜻을 표상해 왔다. (가회박물관 제공)

방초(芳草)를 보라보며 난지(蘭芷)도 쓰더보쟈

일엽편주(一葉扁舟)에 시른 거시 무스것고

두어라 갈제는 내쑨이오 올제는 둘쑨이로다

이것도 《초사》의 발상을 계승한 것이지만, 난초·지초를 방초와 격절시키지 않고 병렬시킨 것에 주목할 필요가 있다. 난초는 뭇 풀과 본성을 달리하는 것이 아니라 방초와 어우러져 자연의 세계를 구성한다. 곧 난초·지초를 방초의 곁에 나란히 둠으로써 자연의 조화로운 세계를 표상해냈다. 따라서 이 시조에서 난초는 《초사》의 개결한 상징과는 취향이 다르다. 그것은 자연 그 자체의 표상이다.

조선 후기 역관 출신 시인 이상적(李尙迪, 1804~1865)은 〈논시절구(論詩絶

句)〉 5수의 한 수에서, 인위성을 거부하고 자연스러움의 미학을 강조하기 위해 꾀꼬리의 맑은 소리와 함께 난초의 향기를 병렬시켜 거론했다.

> 꽃이라면 모란의 부귀를 치고/ 새라면 공작과 비취의 무늬가 으뜸이라고/ 하늘이 꽃과 새를 내었건만 대부분 편벽되이 노래하누나/ 꾀꼬리엔 맑은 소리 있고 난초엔 향기 있거늘(花數牧丹惟富貴 鳥稱孔翠最文章 天生花鳥多偏賦 鶯有淸音蘭有香).

난은 부귀의 형상이고 공작과 비취는 무늬가 아름답지만 그것들은 감각기관을 마비시키는 과장된 형상이요, 현란한 무늬다. 실제로 우리가 그 아름다움을 온전하게 경험할 수 있는 것은 꾀꼬리의 맑은 소리와 난초의 향기라고 했다. 화려함보다는 차라리 담박함을 추구하겠다는 논리다. 여기에서 난초의 향기는 꾀꼬리의 맑은 소리와 마찬가지로 과장과 수식이 없는 사물의 자연스런 본성을 상징한다.

추사 김정희(秋史 金正喜, 1786~1856)는 학문과 예술을 겸비한 명인인데, 해동의 유마거사(維摩居士)로 일컬어질 만큼 불교에도 깊었다. 말년에는 수도 정진에 힘쓰다가 입적하기 일 년 전에 구족계를 받았다. 그는 난초 그림에 쓴 제화시(題蘭詩)에서, 난초의 천성을 자연히 드러내는 것이 곧 불이선(不二禪)과 같은 경지라고 했다.

> 난화를 안 그린 지 하마 스무 핸데/ 우연히 흥이 솟아 천성을 나타냈네/ 문 걸고 들앉아서 찾고 또 찾은 곳이/ 바로 유마거사의 불이선(不作蘭花二十年 偶然寫出性中天 閉門覓覓尋尋處 此是維摩不二禪).

《유마경(維摩經)》의 〈불이법문품(不二法門品)〉에 보면, 모든 보살이 선열에 들어가는 상황을 설명했지만 유마는 아무런 말도 하지 않았다고 한다. 불이는 아드바야(advaya)의 번역어로 둘의 대립이 없음을 의미한다. 유마힐은 '보살이 불이의 법문에 들어가는 방법'을 묻게 되는데, 법자재보살(法自在菩薩)로부터 악실보살(樂實菩薩)에 이르기까지 31보살이 '二' 란 무엇인가 갖가지로 설명하고 '二' 를 부정·초월하는 것이 불이법문에 들어가는 길이라고 대답했다. 그런데 문수보살(文殊菩薩)은 31보살의 거론 내용을 포괄하는 법을 언어로 표현할 수 없다고 보는 것이 불이법문에 들어가는 일이라고 했다. 그러고서 문수보살은 유마힐에게 질문을 했는데, 유마힐은 한 마디도 답하지 않았다. 불교에서는 주관이 객관에서 분리되어 객관을 대상화해 인식하게 되면 주관이 객관에 집착해서 번뇌가 발생한다고 보고, 주관과 객관의 분열을 초월한 궁극의 경지인 근본무분별지(根本無分別智)에 도달하라고 가르친다.

바위와 난초(민화) | 날렵하고 청초한 난초는 묵직하고 말없는 바위 곁에서 독특한 분위기를 자아내고 있다. 난초꽃의 은은한 화려함에 봄의 정경이 전해 온다. (가회박물관 제공)

이 시에서도 김정희는 오도(悟道)의 경지란 작위(作爲)를 벗어나고 언설(言說)을 초월한 데서 개시되어 온다고 했다. 우연히 흥이 솟아 난초를 친 것이 바로 난초의 천성을 나타내는 것과 같다. 김정희에게 선과 교, 선과 예술, 선과 생활은 서로 차별적이지 않았다. 그는 물 흐르듯 자연스런 자연의 법리를 직시하고자 했으며, 진리를 추구하는 구도의 열정을 예술의 혼으로 드러냈다.

고독한 예술혼의 상징으로서의 난초

박제가는 〈양봉이 대나무와 난초를 그린 그림에 쓴 두 수(題兩峰畵竹蘭草二首)〉에서 대와 난의 곧은 절개와 맑은 정신을 찬양했다. 이 제화시는 시와 그림에 능했던 청나라 문인화가 나빙(羅聘, 兩峯은 字)의 〈죽란도(竹蘭圖)〉에 제한 두 편의 시다. 그 제2수는 빈 골짝에 홀로 핀 난의 모습을 이렇게 노래했다.

> 캐는 사람 없다고 말하지 말고/ 너의 향기 없음에 괘념하지 말아라/ 장차 외로운 꽃 한 송이가/ 환한 웃음으로 봄빛에 답하리니(莫說無人采 非關爾不香 聊將一孤蕚 含笑答春光).

이 시 역시 공곡(空谷)에 홀로 핀 유란(幽蘭)을 노래한 것이다. 더구나 이 유란은 향기가 나지 않기에 남들이 알아주지 않는다. 하지만 시인은 향기 없음에 괘념치

말라고 했다. 스스로의 지조를 지키면서 외로운 꽃을 한 송이 피우게 되면, 그 꽃이 미소로 봄빛에 화답하게 될 것이라고 했다. 이 유란은 벼슬 한 번 하지 못했던 나빙이라는 화가를 상징한다고도 볼 수 있다. 하지만 특정한 인물을 떠나서 불우한 재자가인(才子佳人)이나 현자(賢者) 일반을 가리킨다고도 볼 수 있다. 아무리 불우하더라도 자기만의 난화를 피우라고 했다. 여기에서 난화는 세상을 구원할 지사의 형상이 아니다. 자신만의 세계를 만들어 낸 예술혼을 상징한다.

선계의 구성요소로서의 난초

중국과 우리나라에서 난초는 대개 고결한 인품이나 자연의 본성 자체를 상징했다. 한편 중국 문학에서는 여성의 아름다움을 상징하기도 했다. 그런데 우리나라의 시문에서는 난초가 아름다움을 상징하는 예가 드물다. 오히려 난초는 선계(仙界)의 구성요소로서 표상된 일이 있다. 소설헌 허경란(小雪軒 許景蘭)의 시가 그렇다. 허경란은 선조 때 한 역관이 명나라 여자와의 사이에서 낳은 딸이라고 하는데, 허난설헌 시에 차운(次韻)해 시집을 남겼다. 즉, 소설헌은 허난설헌의 〈유선사(遊仙詞)〉 87수 가운데 74수에 차운을 했는데, 제11수에서 선계의 밤풍경을 다음과 같이 형상화했다.

> 은촛대 촛불과 옥구슬 평상의 빛은 맑은 하늘을 깨뜨리고/ 달은 난초 물가를 굽어보며 아득히 높이 떠 있구나/ 뜰에 향기로운 안개가 촉촉이 물기를 머금었을 때/ 깊숙이 통방에 들어가 옥통소를 부노라(銀燭瓊床破沉瀏 月臨蘭渚共迢迢 一庭香霧濛濛濕 深入洞房吹玉簫).

선계는 맑은 이미지와 화려한 이미지가 겹쳐 있다. 달이 난초 물가를 비추는 광경 또한 맑은 이미지와 화려한 이미지가 겹쳐 있다. 그러나 이렇게 난초의 이미지를 선계와 결합시킨 예는 우리나라의 다른 시문에서는 잘 발견되지 않는다. | 심경호 |

1. 종교와 사상으로 본 난초

둘 | 중국

공자에 의해 최초로 알려진 난초

난초는 공자가 먼저 발견했다

난초는 공자가 위나라에서 노나라로 넘어오던 중 어느 외진 골짜기에서 발견됨으로써 세상에 널리 알려지게 된다. 외진 골짜기에서 문득 맑은 향기를 내는 풀 한 포기를 발견하고 공자가 탄식하며 "너는 왕자의 향기를 지녔건만 어찌 이름도 없이 잡초 속에 묻혀 있느냐?(夫蘭當爲王者香 今乃獨茂 與衆草爲伍)"고 한 말에서 비롯된 것이다.

이때 공자는 많은 제자를 데리고 10여 년 동안 중원 천하를 주유하면서 뜻을 펴고자 했지만 기회를 얻지 못했다. 무성한 잡초 속에 묻혀 맑은 향기를 뿜고 있는 한 떨기 난초는 때를 만나지 못한 공자 자신을 비유한 것이라고 봐도 무리가 없다. 이때부터 난초는 때를 만나지 못한 '불우한 군자'의 상징이 된다.

난초는 결코 뛰어나지 않으면서도 빼어난 기품이 있고, 화려하지 않으면서도 눈길을 머물게 한다. 하잘것없는 잡초와 더불어 외롭게 피어 있는 것 같아도 그 향기가 궁벽한 골짜기에 가득히 번져 나가 불우한 군자의 모습을 연상하게 한다. 이러한 난초의 품성을 읽어낸 공자의 말은 후대에 많은 영향을 끼쳐서 "난초는 마땅히 왕자의 향기를 지녀야 한다(蘭當爲王者香)."고 알려지게 된 것이다.

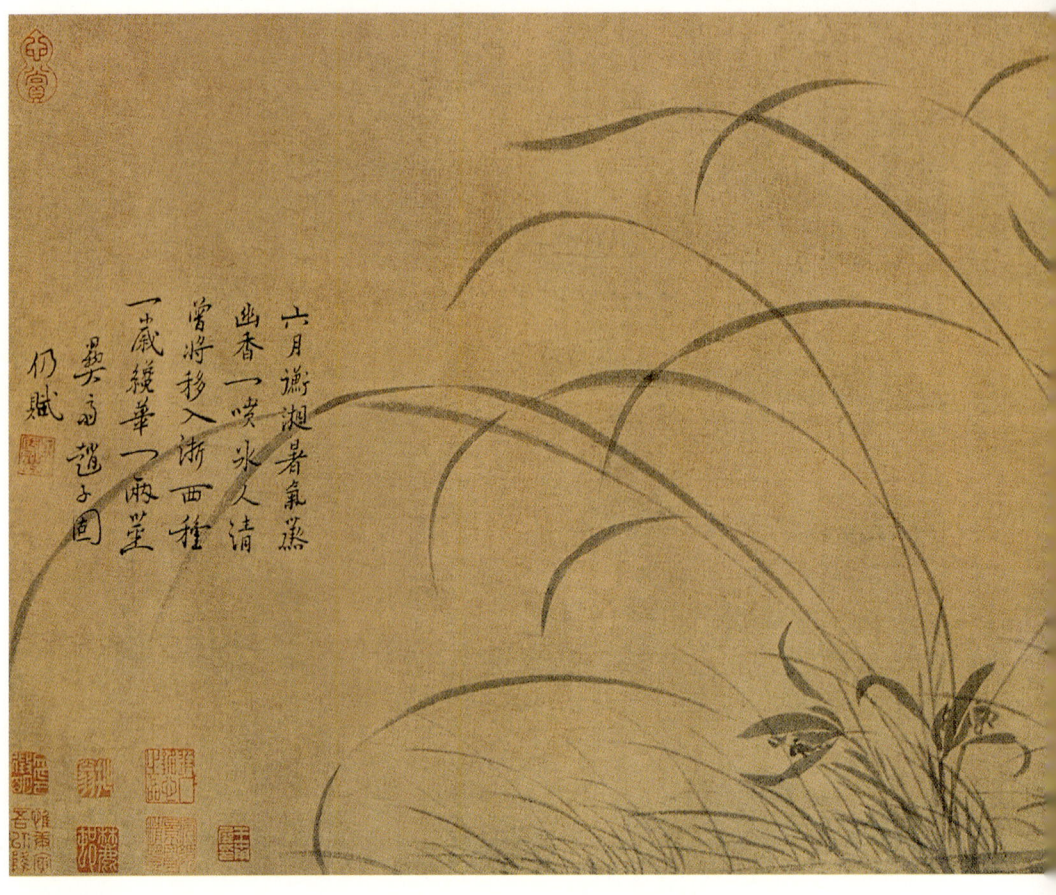

묵란도(墨蘭圖) | 조맹견(趙孟堅), 남송(南宋), 타이페이 고궁박물원 소장 | 이 난초 그림은 잎을 매우 길게 끌어당겨 잎의 끝부분이 가볍게 처리됐다. 생기를 부드럽게 표현해 유연하고 아름다운 정취가 나타나 있다. 난잎들은 맑고 청량한 골짜기의 바람에 흔들리는것 같다. 이 그림은 빈 골짜기에 유란이 가득하다는 시구를 화의로 삼아 우리들의 눈앞에 펼쳐진 것이다.

난초는 높고 깨끗한 인격과 그윽한 정절을 상징한다. 또한 좋은 향기를 지녀도 적막함을 달게 견디며, 궁벽한 산야에서 자라지만 온갖 꽃과 아름다움을 다투지 않고 세상에 구차하게 이름 얻는 것을 바라지 않는다. 옛사람들이 고상한 품성을 갖춘 인물을 군자라고 했듯이, 난초의 품성은 바로 불우한 가운데서도 고결한 인격을 잃지 않는 군자의 품성과 다를 바 없다. 그래서 공자는 난초를 좋아했다. 난초의 자연적 속성에서 유교의 이상적 인격을 찾아내 도덕적 품성을 갖춘 군자의 상징으로 소중히 여긴 것이다.

난초는 유학사상 고유의 상징

전국시대 초나라의 굴원(屈原, BC 343~289)은 〈이소(離騷)〉에서, 「가을 난초를 꿰어 패물로 찬다(紉秋蘭以爲佩).」고 했다. 난초를 가까이 하면 상서롭지 못한 일이 생기지

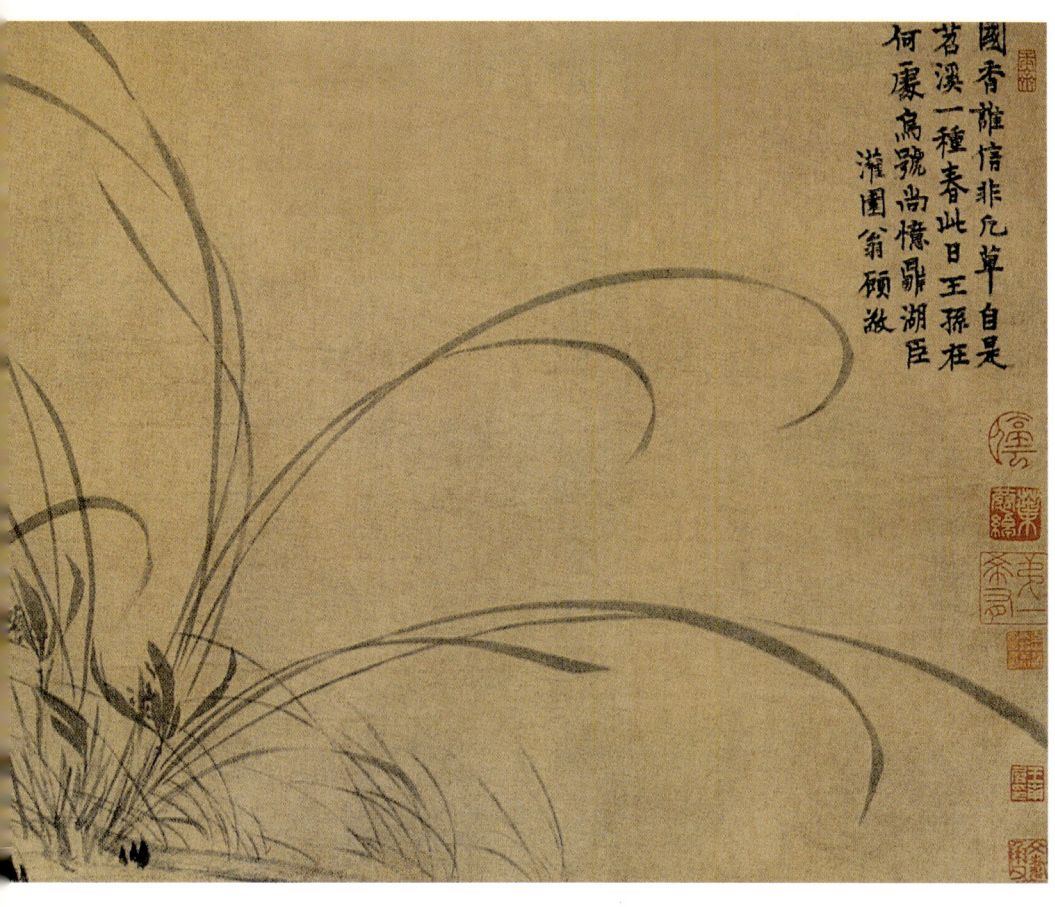

않고, 잎을 달여 먹으면 해독 작용을 하며, 오래도록 마시면 몸이 가볍고 늙음을 물리친다고도 한다. 이러한 난초는 예사로 뻗은 것 같지만 뽐냄이 없는 곡선으로 우아함을 나타내며, 허세와 가식도 없는 가운데 함부로 대하기 어려운 기품을 지녀서 고귀한 그 무엇을 상징하는 것으로 예전부터 사용됐다고 하는 것은 그리 놀라운 일이 아니다.

그러나 난초가 유학의 전통 가운데 인격을 갖추는 것과 밀접한 관련이 있음에 비해, 중국 불교와 도교에서 난초가 종교적 상징으로 사용된 예를 찾기란 강물에 빠뜨린 바늘을 찾는 것보다 더 힘들다. 매·난·국·죽과 같은 사군자의 배경 사상으로 흔히 유·불·선 사상을 들고 있지만, 그 상징의 비중은 각 종교적 특색에 따라 조금씩 다르게 나타난다. 매화의 상징은 도교에서 드물게 나타나며, 국화의 상징은 불교에서 드물게 나타나고, 대나무는 각 종교에 고르게 나타난다. 그러나 난초만큼은 불교나 도교에서 사용된 예를 찾을 수 없는 것으로 보아 유교 고유의 상징이라 하겠다.

군자의 기품을 지닌 난초

공자 이후 많은 유학자가 난초를 빈천한 가운데서도 뜻을 잃지 않는 군자의 표상으로 인식한다. 《논어》에서 군자의 정의를 「남들이 나를 알아주지 않아도 화를 내지 않는다면 군자가 아니겠는가(人不知而不慍不亦君子乎).」했다. 깊은 산중에서 홀로 향기를 뿜고 있는 난초의 형상을 통해, 지조를 지키며 안분자족(安分自足)하는 군자가 나아가야 할 길을 암시한다.

공자가 평소에 한 말과 행동을 모아 기록한 《공자가어(孔子家語)》라는 책에서, 「지초(芝草)와 난초는 깊은 숲에서 자라지만, 사람이 없어도 꽃을 피우며, 군자는 덕을 닦고 도를 세우는 데 있어서 곤궁함을 이유로 절개를 바꾸지 않는다(芝蘭生於深林 不以無人而不芳 君子修德立道 不爲困窮而改節).」고 했다. 공자가 언급한, 사람이 없어도 꽃을 피운다는 미덕의 경지는 선진(先秦)시대 유가의 공통된 상식이다. 일찍이 순자(荀子)도 「지초와 난초가 깊은 숲 속에서 자라지만 사람이 없다고 하여 꽃을 피우지 않는 바가 아니며, 군자의 학문은 현달함에 있는 것이 아니니 궁해도 고달프게 여기지 않고 근심해도 뜻을 무너뜨리지 않는다(未芷蘭生放深林 非以無人而不芳 君子之學 非爲通也 爲窮而不困 憂而意不衰也).」고 했다. 후대 난초를 읊는 시에서도 이러한 정신을 계승해 주희(朱熹)는 「맑은 바람이 푸른 개울을 스치고/ 난초는 시들어도 날로 의연하네// 한 해가 다 가도록 캐 가는 사람 없지만/ 고결한 향기는 저 홀로 알 뿐이라(光風浮碧澗 蘭杜日猗猗 竟歲無人采 含薰祇自知).」고 해 난초의 이러한 성품은 세상이 몰라줘도 말없이 도덕적 이상을 지향하는 군자의 그것으로서 비유된다.

난초는 옛사람들이 일컫기를 '꽃 가운데 군자'라고 해 소나무, 대나무, 매화의 세한삼우보다 상위에 그 가치를 매기는 데 어느 누구도 반대하지 않는다.

대나무는 절개가 있지만 꽃이 없고, 매화는 꽃은 있지만 잎이 없다. 소나무는 잎은 있지만 꽃향기가 없다. 오직 난초만이 잎과 꽃이 있고 향기가 있다. 난초는 잎을 감상하는 즐거움이 꽃을 보는 기쁨보다 크다. 물론 난초의 꽃은 소박하면서도 천박하지 않고, 아름답지만 요염하지 않아 오래 곁에 두어도 싫증나지 않는다. 난초의 잎은 시원하면서도 애틋한 그 무엇이 있다. 일 년 내내 푸르고 작위적인 데가 없는 그 자태를 바라보는 것만으로도 수양이 될 뿐만 아니라, 매끄러운 잎을 공들여 닦는 일도 마음을 정화시켜 준다. 난초의 향기는 '천하제일의 향'이라 일컬을 만큼 그 무엇과도 견줄 수 없다. 난초꽃 하나만 두어도 고아한 향기가 방 전체에 그득하다. 그러한 이유로 유교에서는 군자가 입신하고 처세함에 있어서 난초의 향기처럼 고아한 기품을 지닐 것을 요구한다.

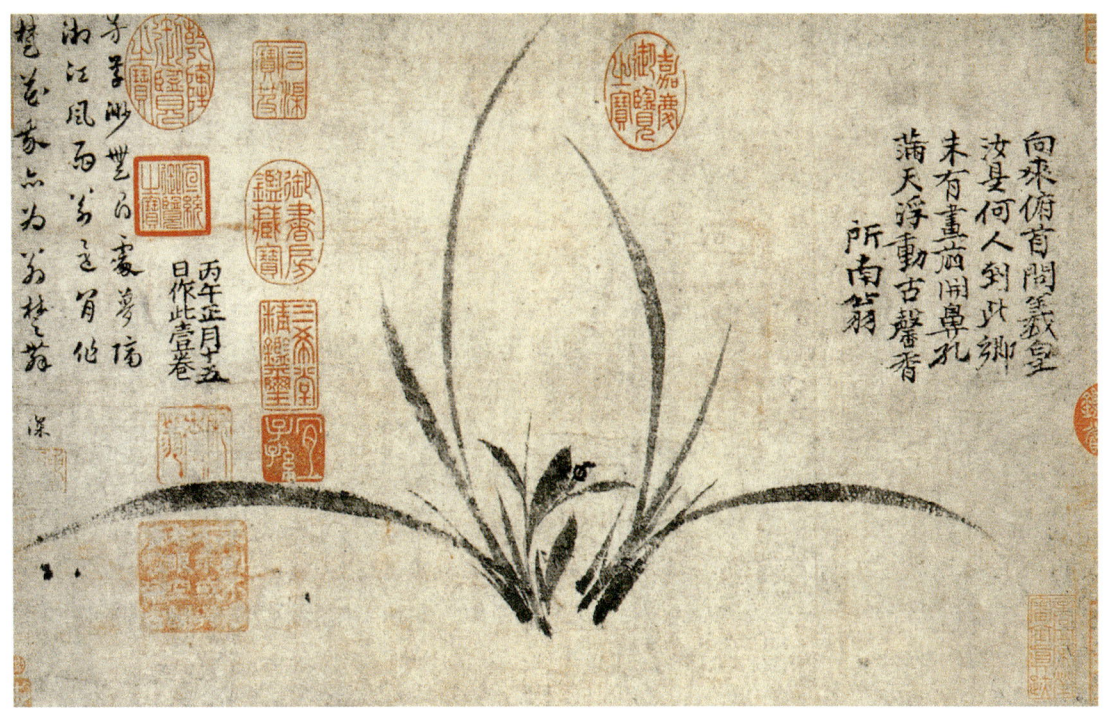

묵란도(墨蘭圖) | 정사초(鄭思肖), 남송(南宋), 일본 오사카 시립미술관 소장 | 꽃은 따버리고 잎을 간단하게 그려 난초의 형태와 정신에 대해서는 더 이상 언급의 여지가 없는 이 그림의 난초는 뿌리가 없다. 즉 '땅은 이민족이 빼앗아갔다'는 것으로 화론화(畵論畵)다. 작가의 망국의 설움이 그대로 드러난 그림이다.

난초는 사군자의 우두머리

난초의 향기는 은은해 난초 화분을 놓아 둔 방에 오래도록 앉아 있으면 마음이 가라앉고 종내는 향기가 나는 줄도 모른다.《공자가어》에서「착한 사람과 같이 있는 것은 지초와 난초가 있는 방에 들어간 것과 같으니 오래 있으면 그 향기를 맡을 수 없지만 향기는 몸에 밴다. 착하지 않은 사람과 같이 있는 것은 생선 가게에 들어선 것과 같으니 오래 있으면 비린내를 느낄 수 없지만 그 냄새가 몸에 배는 것과 같다(與善人居 如入芝蘭之室 久而不聞其香 卽與之化矣 與不善人居 如入鮑魚之肆 久而不聞其臭 亦與之化矣).」고 한 것도 난초의 은은한 품성을 이른 것이라 하겠다. 이러한 말은 지초와 난초의 향기로 군자의 아름다운 덕을 비유해 도덕적 감화 작용을 강조했을 뿐만 아니라,《주역》에서「같은 마음을 가진 사람의 말은 난초와 같이 향기롭다.」고 한 것처럼 유학의 사회적 기능까지 난초의 상징으로 체현한 것이라 할 수 있다. 맑고 멀리 퍼져 가는 난초의 그윽한 향기는 세상의 흐름에 휩쓸리지 않은 고결한 군자의 덕행과 일치한다.

송나라 문인 소동파(蘇東坡, 1036~1101)는 춘란을 두고 읊은 시에서,「춘란은 미인과 같아서/ 캐지 않아도 향기로 몸을 드러내는구나// 바람결에 이슬 머금은 향기가 묻어오지만/ 쑥대 속 깊이 묻혀 보이지 않네(春蘭如美人 不採羞自獻 時聞風露香 蓬艾深不見).」라고 했다. 미인이 자신의 아름다움을 자랑하지 않아도 은은하게 그 아름다움이 드러나는 것을 난초에 빗대어 표현했다. 겉으로 드러내지 않고 은근한 내면의 멋을 풍기는 군자의 덕을 난초에 비유한 것이다.

중국의 문인들 가운데 십중팔구가 난초를 좋아한다는 것은 그리 과장되지 않은 진실이다.

망국의 한, 뿌리 없는 난초

유교는 중국 전통문화의 주류를 이루는데, 사회가 발전하는 과정에 있어서 인근 종교인 불교나 도교와 교류하면서 유교적 존재 가치를 끊임없이 생성해 현실세계에 대응해 갔다. 이러한 가운데 유교 문화의 최대 위기는 강산의 주인이 바뀌는 경우에 발생한다. 더욱이 외적에 의해 나라가 망하는 처지에 있어서 유교에서 늘 표방하던 가치관인 절개와 지조는 그 개성을 더욱 뚜렷하게 드러낼 수밖에 없었다.

난세의 정신을 난초로 구현한 대표적인 인물이 정사초(鄭思肖, 1241~1318)다. 그는 본래 유학자지만 원나라에 의해 송이 멸망하자 벼슬길을 포기하고 강남지방을 떠돌며 유랑생활을 했다. 도교와 선(禪)에 심취하기도 했으며, 《태극제련내법(太極祭鍊內法)》과 같은 도교 경전을 저술해 도교의 은둔사상을 비판하는 한편, 가을 국화를 보며 「차라리 가지 끝에 향기를 머금은 채 죽을지언정 어찌 북풍에 휘말려 꽃잎을 떨구겠는가(寧可枝頭抱香死 何曾吹墮北風中).」 하는 비분강개한 시를 쓴 애국시인이기도 하다.

그는 송나라가 망한 뒤에 쑤저우(蘇州)에 은거하며 이름을 사초(思肖)라고 고쳤다. 송나라 왕가(王家)의 성(姓)인 '조(趙)'에서 '초(肖)'를 취해 송나라에 대한 충성심을 끝까지 이어가겠다는 의지를 나타낸 것이다. 자호인 소남(所南)의 숨은 뜻도 자리에 앉거나 누울 적에도 반드시 원나라가 점령해 있는 북쪽을 늘 등지겠다는 결연한 의지를 나타낸 것으로 알려져 있다.

정사초는 묵란(墨蘭)을 잘 쳤는데 난초의 뿌리는 그리지 않았다. 어떤 이가 그 까닭을 물으니, "국토가 남에게 빼앗기고 말았는데 뿌리내릴 곳이 어디 있는가?"라고 대꾸했다고 한다.

그가 그린 난초는 의지할 곳 없이 바람에 흩날리고 있는 망국의 설움을 상징해 사람의 눈을 놀라게 한다. 뿌리를 그리지 않은 것은 뿌리를 내릴 흙이 없다는 것이고,

흙이 없다는 것은 국토가 이미 외적에 의해 강탈당했다는 숨은 뜻을 나타낸 것이다. 즉, 나라를 잃은 사람은 뿌리 없는 난초와 같이 비바람에 시달리지 않아도 시들고 만다는 생각을 난초 그림에 담은 것이다. 그는 뿌리 없는 난초를 그릴 만큼 망국의 깊은 슬픔을 금하기가 어려웠던 것 같다.

　　난초는 전통적으로 유교의 이상적 인격의 상징으로 사용됐다. 그러나 정사초의 손에 의해 뿌리를 덮은 흙이 제거됨으로써 난초는 '망국의 설움'이라는 새로운 문화 상징으로 바뀐다. 정사초의 난초는 전통적인 유교의 인습에서 벗어나 조국에 대한 뜨거운 사랑을 차가운 현실인식으로 담금질해 이루어졌다. 그래서 독특한 분위기가 감도는 그의 난초 그림은 나라 잃은 시대의 지식인이 가져야 할 사명감을 일깨워 그 시대를 대표하는 명작으로 남겨졌다.

| 안동준 |

1. 종교와 사상으로 본 난초

셋 | 일본

독특한 생명력으로 나타나는 일본의 난초

바다를 건너 꽃피운 금란사상

일본의 인기 대중 소설가 야마모토 슈고로(山本周五郞, 1903~1967)의 〈난〉이라는 단편소설이 있다. 1948년 8월 잡지《이에노히카리(家の光)》에 게재된 작품으로 젊은 청년의 영혼을 아름다운 한란(寒蘭)에 실어 표현하고 있다.

    에도(江戶) 시대. 계절은 가을, 주인공 이쿠노스케(生乃助)는 류큐(琉球)에서 전해진 희귀한 한란(寒蘭)을 3년 동안 키우지만 꽃이 피지 않는다. 그에게는 죽마고우가 있었는데, 둘은 한슈(藩主)의 총애를 받는 장래가 촉망되는 무사로서 한 여성을 사랑하고 있었다. 어느 날, 한슈는 둘 중 한 사람에게 에도에 부임토록 명했다. 이쿠노스케는 한(藩)의 장래를 맡길 수 있는 인물로 그의 벗을 추천했다. 그런데 그의 벗은 한의 질서를 어지럽히는 유력자의 아들과 충돌해 결투를 약속해 버린다. 이쿠노스케는 교섭으로 일을 무마하겠다고 벗을 설득해 에도로 출발시키고는 자신이 그 결투의 대역을 맡는다. 그는 결투 바로 전날 한란이 어느 틈에 한 송이의 짙은 보랏빛 꽃을 피운 것을 발견한다. 난초의 뿌리 부근에는 선명한 주홍색의 점이 있었다. 얼마 후 에도에 부임해 있는 벗에게 이쿠노스케가 한의 장래를 위협하는 무뢰한를 베고 자해했다는 부고가 전해진다. 부음과 함께 건네받은 유품 후미바코(文箱)를 열자 고아한 향기가 풍기며 한 송이의 난꽃이 정갈하게 담겨 있었다. 이쿠노스케는 벗에게 고귀한 우정과 사랑을 남기고 한의 장래를 위해 일신을 바친 것이다.

이 짧은 이야기에는 일본인의 종교성이 난꽃을 통해 투영되어 있다. 한란은 목숨을 바친 주인공이 뜻을 이룬 것만을 은유해서 그려진 것은 아니다. 어쩌면 야마모토는 주인공의 생명이 한란의 꽃으로, 그 고상한 향기로 구현되었다고 말하고 싶은 것은 아닐까. 사람이 주인공이지만 또 하나의 숨겨진 주역으로 난을 그리고 있는 것이다. 이렇듯 인간과 자연이 계절 속에서 만나 녹아든 듯한 감각은, 예부터 일본인의 몸에 배어 있었던 것으로 생각된다.

또 하나 전혀 취향이 다른 작가, 나카가미 겐지(中上健次, 1946~1992)의 작품에 〈란노스이코(蘭の崇高)〉가 있다. 이것은 1988년 가을, 어느 출판사의 의뢰로 집필을 시작했으나 그가 급사하는 바람에 중단된 미완의 소설이다. 예로부터 일본의 성지로 유명한 기이 반도(紀伊半島) 남부 일대의 구마노(熊野)가 무대다. 19세의 청년 와타루는 벼랑의 중턱에 피는 아름다운 우접란(羽蝶蘭)을 발견하게 되고, 야마노카미(山の神)에게 이중 삼중으로 보호받고 있는 듯한 그 꽃을 그는 사랑하게 된다. 알고 지내는 체육 교사가 다니는 중학교 온실에서 화려한 서양란도 보았지만, 와타루는 깊은 산속의 습기 많은 벼랑에서 자생하는 우접란 이외는 눈에 들어오지 않는다. 그 고장에는 벌목 등의 막일을 하는 사내들이 야마노카미(山の神, 일본 민간 신앙에서 산을 지배하는 신)에게 소원을 빌면서 자신의 성기를 보이는 색다른 신앙이 있었다. 와타루도 난을 구하고 싶어 야마노카미를 향해 자신의 바지를 내려 건강한 나체를 드러낸다.

소설에는 체육 교사와의 동성애적인 미묘한 관계도 그려져 있는데, 인위적으로 신체를 단련해 온 체육 교사에게서는 서양란이, 체육 교사의 권유를 거절하고 자유로이 살아가려고 하는 와타루에게서는 일본란이 생각나도록 하는 구성이다. 나카가미는 이 작품에서 그의 고향인 구마노의 사상을 탐구하려 했지만, 상징적으로 그려지는 우접란의 생명력이 인상적이다. 그것은 물과 양분을 뿌리로 얻으며, 빛과 바람을 잎으로 받아 환희하는 존재다. 만년의 나카가미가 구마노의 가능성을 점치며 자생란을 모티프로 한 것이 흥미롭다.

구마노는 예로부터 자연과의 일체화를 통한, 즉신성불(卽身成佛)을 중시한 슈켄도(修驗道)의 땅이고, 구마노혼구다이샤(熊野本宮大社)를 비롯한 구마노산사(熊野三社)로 유명하다. 헤이안 시대에는 아미다(阿彌陀) 신앙이 깊어지면서 정토(淨土)로 간주된 삼림이다. 천황을 퇴위한 역대 상황이 참배해 온 불가사의한 생명력이 넘쳐나는 풍토다. 나카가미가 시도한 소설 세계에서는 야마노카미를 통해서 난과 인간의 생명이 녹아내려 섞이는 듯한 이미지가 엿보인다.

향으로 전승되는 일본의 동양란

그리스 신화에서는 산의 정령 산체로스의 아들 오르키스가 여관(女官)을 덮친 벌로 갈갈이 찢겨 죽어 난으로 다시 태어났다고 한다. 난은 뿌리에 남성기의 고환을 닮은 2개의 덩어리가 생기는 종자가 있어, 속된 말로 물에 넣어서 가라앉는 쪽이 아담, 가벼워서 뜨는 쪽이 이브라 해서 서양에서는 최음제나 정력제로 사용되어 왔다. 열대산의 서양란이 처음 유럽에 전해진 것은 18세기 영국이지만, 이 신화는 자생종에 근거를 두고 있어 사람이 식물로 다시 태어나거나 자연의 생명력을 테마로 하는 것으로 보아 야마모토 슈고로와 나카가미 겐지의 작품에도 통하는 무언가를 느낄 수 있다.

《만요슈(万葉集)》의 가인(歌人) 야마노우에노 오쿠라(山上憶良, 660~733경)는 〈아키노 나나쿠사(秋の七草)〉를 읊고 있는데, 그 안에 국화과의 후지바카마가 들어 있다. 후지바카마는 옛날에는 난(蘭) 자로 표기된 경우가 많았다. 가을에 꽃을 피우는 7종류의 식물을 열거한 것으로, 나나쿠사(七草)를 응시하고 있는 오쿠라가 눈앞에 있는 듯한 인상을 주는 노래다. 그리고 마츠오 바쇼(松尾芭蕉, 1644~1694)는 「난의 향기여 나비의 나래 위에 향내 피우리(蘭の香やてふの翅にたき物す)」라고 읊었지만, 이 고도로 농축된 시구(句)에도 자연과 인간이 녹아내려 하나가 되는 듯한 광경이 떠오른다.

난의 글자나 난에 얽힌 문화가 중국에서 전해지기 이전부터 열도에 사는 사람들은 단순한 식물로서 자생하고 있는 여러 종류의 난를 보며 즐겨왔던 것이다. 그러므로 중국에서 난문화가 밀려 올 때마다, 그것을 이해하고 즐길 수 있는 소지가 있었다.

난이라는 글자는 사용되지 않았지만 《이즈모노쿠니후도키(出雲國風土記)》(733)에는 자란(紫蘭)이나 석곡(石斛) 등 난과의 식물이 게재되어 있다. 석곡은 약용으로 사용된 것 같다. 그러나 난초를 왕자의 향기로 칭한 공자의 고사성어 등을 금방이라도 끄집어 낼 수 있는 중국과 달리, 일본에는 난초를 논할 때 근거로 삼을 수 있는 고전은 없다. 《일본서기(日本書記)》(720)에 난이라는 글자가 등장하지만, 이것은 후지바카마를 의미한다. 《만요슈》에는 앞에 나오는 야마노우에노 오쿠라의 시〔歌〕 외에도 두 군데에 춘란으로 생각되는 용례가 있지만, 양쪽 다 시가 아니고 해설문에 나오는 말이다. 그렇기 때문에 비교적 자유로이 난초를 접해 왔다고 할 수 있다.

란쟈타이(蘭奢待) | 도다이지(東大寺) 쇼쇼인(正倉院) 소장 | 길이 150센티, 무게 11.6킬로의 거대한 침향(沈香)으로 현재 일본 국보다. 일본에서 가장 유명한 향목으로 아시카가 요시마사(足利義政), 무장 오다 노부나가(織田信長), 메이지 천황(明治天皇) 3명이 이 향목의 일부를 떼어 내고 그곳에 부전(付箋)을 붙여 놓은 것으로도 유명하다.

중국 문화의 영향을 받으면서도 그 배후에는 자연 그대로의 난을 응시해 온 열도 사람의 숨결이 담겨 있는 것을 잊어서는 안 될 것이다.

난을 바라보는 일본인의 눈

난과 식물이면서 난으로 명명되지 않은 것에는 《헤이케모노가타리(平家物語)》에 나오는 미안(美顔)의 소년 무장(武將)으로 젊어서 목숨을 잃은 타이라노 아츠모리(平敦盛)의 이름이 붙여진 아츠모리초(敦盛草)가 있다. 석곡, 원예화로 인기가 높은 에비네(海老根) 외에 메추리, 사기, 따오기, 물떼새, 방울벌레, 잠자리의 이름에 기인한 것이 있다. 이렇듯 난의 형태에 시선을 보내는 일본인의 자연 관찰안이 잘 나타나 있다.

난이란 글자는 중국의 고전 《설문해자》에 있는 바와 같이, 본래부터 향기가 있는 식물을 가리켰다. 일본에서도 그 전통은 답습되었다. 예를 들면 나라(奈良)에 있는 도다이지(東大寺) 쇼쇼인(正倉院)에 전해지는 국보 란쟈타이(蘭奢待)라는 향목(香木)이 있다. 인도차이나 반도가 원산지인 이 나무는 길이 150센티, 무게 11.6킬로의 거대한 침향(沈香)으로, 중국에서 전해졌다고 하며 현재 일본 국보로 지정되어 있다. 무로마치(室町)시대에 히가시야마(東山) 문화를 쌓은 아시카가 요시마사(足利義政), 센고쿠(戰國) 시대의 무장 오다 노부나가(織田信長), 메이지 천황(明治天皇) 3명이 이 향목의 일부를 떼어 내고는 그곳에 부전(付箋)을 붙여 놓은 것으로도 유명하다. 난(蘭), 사(奢), 대(待)의 세 글자 속에 각각 동(東), 대(大), 사(寺)의 문자가 보이는 것, 동쪽(東)의 사치스런[奢] 사무라이[侍]로도 읽을 수 있어 권력자를 야유하고 있다는 해석도 있다. 향목을 정밀분석한 결과, 1200년 전의 방향(芳香)을

종교와 사상으로 본 난초 069

굴원(屈原) | 요코야마 다이칸(橫山大觀), 이츠쿠시마(嚴島) 신사 소장 | 중국 전국시대 초(楚)나라의 고결한 선비가 결백을 상징하는 난꽃을 오른손에 쥐고 역풍에 맞서는 모습으로 황야에 서 있는 이 그림은 굴원을 모델로 한 작품이다. 근대 일본 미술의 획을 그은 이 대작은 당시 도쿄 미술학교 교장직을 쫓겨난 작가의 스승 오카쿠라 덴신(岡倉天心)의 이미지로 완성한 것이다.

유지하고 있다는 것이 증명됐다. 바로 그 향기처럼, 란쟈타이는 오늘에 이르기까지 향도(香道) 관계자의 관심을 끌며 난이라는 글자가 향초라는 의미로 쓰이고 전승되고 있는 흥미 있는 사례다.

그리고 무로마치 시대 후기에 성립돼온 향도를 에도 시대 향인(香人) 스즈카 슈사이(鈴鹿周齋)가 집대성한 《고도란노엔(香道蘭之園)》이라는 서적이 황실에 전해졌는데, 최근 복간됐다. 이 책도 난이라는 글자를 향기에 연관시킨 사례이다. 《겐지모노가타리》 등의 고전 문학작품에 유래하는 향목으로 편성된 200종의 향을 제조하는 양식(組香)이 도안과 함께 수록되었다. 이 책은 쓸데없이 변형하는 조향을 경계하고, 고전작품에 근거를 둔 고법을 지키는 것을 특색으로 하고 있다. 동양란의 세계에 있어서 자연의 돌연변이종을 존중해, 서양란과 같이 인간의 손에 의한 품종개량을 금하는 것과 상통하는 정신이 담겨 있다.

난을 사랑한 일본인

동양란을 일본에서 원예로 재배하게 된 것은, 가마쿠라 시대에서 무로마치 시대로 추정되며, 호사이란(報歲蘭)이나 소신란(素心蘭) 등이 승려나 무역상에 의해 중국에서 건너왔다. 많지는 않지만 승려에 의해 서화(書畵)도 전해 오고 있다. 겐닌지(建仁寺)나 난젠지(南禪寺)의 주지를 맡은 무로마치 시대의 승려 교쿠엔 봄포(玉畹元梵

芳, 1348~1424)는, 북송(北宋) 말의 문인화의 영향을 받아 난초를 고결한 덕목에 빗대어 묵란도를 잘 그렸다. 그리고 죠도신슈(淨土眞宗) 히가시혼간지(東本願寺)의 고승으로 에도 시대에 활약했던 운게(雲華, 1773~1850)는 난을 사랑해 시가(詩歌)나 서(書) 또는 수묵화에 즐겨 차용했다.

이러한 난은 매난국죽(梅蘭菊竹)의 고결함과 아름다움을 사군자에 비유한 대륙 문화의 영향 속에서 그려져 왔다. 일본에서는 불단을 집 안에 모시고 가족의 위패나 불상에 예배하는 습관이 있어 불단의 장식으로 사군자를 사용하곤 한다. 일본의 불교에 사군자가 받아들여진 현대적인 흔적일 것이다.

또한 사군자는 호텔 연회장의 명칭 등으로도 많이 사용되고 있다. 2005년 11월 천황가의 장녀 노리노미야 사야코(紀宮淸子) 씨와 도쿄도(東京都) 직원 구로다 요시키(黑田慶樹) 씨의 신젠(神前) 결혼식이 이세신궁(伊勢神宮)의 다이구지(大宮司)에 의해 거행된 곳은 제국호텔의 '란노마(蘭の間)'이며, 소박한 느낌의 식장이 두 사람에게 어울린다며 화제가 되었다.

난초를 즐겼던 사람들은 학승(學僧)만이 아니다. 특히 에도 시대에는 일본산의 춘란, 한란, 풍란, 석곡 등으로도 눈을 돌려, 황족(미야케 公家), 다이묘(大名), 대상인(豪商)뿐만 아니라 일반 풍류인(數寄者)과 농가에서도 원예품으로 즐겨 재배했다. 바쇼가 난초의 시구를 읊었던 것은 에도 전기지만, 이미 서민에게까지 친근한 존재가 돼 있었던 것이다. 또 가츠시카 호쿠사이(葛飾北斎)나 우타가와 쿠니요시(歌川國芳) 등의 우키요에시(浮世繪師)도 난초를 그린 작품이 보인다. 뿐만 아니라 교호 연간(享保年間, 1716~1736)부터 덴메이 연간(天明年間)에 걸쳐 크게 유행해 많은 출판물에도 등장한다. 그 번창함이란 덴포 개혁(天保改革, 1841~1843)에서 값비싼 하치우에소(鉢植草)의 금지 포고령이 내릴 때까지 계속될 정도였다.

메이지 시대에는 황실, 정치가, 부호들이 서양란의 본격적인 배양에 주력하고, 덴포 개혁으로 쇠퇴했던 동양란 재배도 서양란에 자극되어 발전한다. 근대 일본화의 거장 요코야마 다이칸(橫山大觀, 1868~1958)이 1898년에 일본 미술원의 제1회전에 출품했던 '굴원(屈原)'을 모델로 한 작품이 있다. 중국 전국시대 초나라의 고결한 선비가 결백을 상징하는 난꽃을 오른손에 쥐고 역풍에 맞서는 모습으로 황야에 서 있다. 참언으로 나라에서 쫓겨난 굴원을 당시 도쿄 미술학교 교장직을 쫓겨난 스승 오카쿠라 덴신(岡倉天心)의 이미지로 완성한 것이다. 근대 일본 미술의 획을 그은 이 대작은 현재, 히로시마의 이츠쿠시마(嚴島) 신사가 소유하고 있다. 다이칸의 대작은 메이지 시대의 동양란 붐을 생각하는 데 있어서 시사적인 작품이다. 정치가인 카츠 카이슈(勝海舟)나 와세다 대학을 만든 오오쿠마 시게노부(大隈重信)도 동양란 애

만주국의 100위안, 5위안 지폐와 만주국 문장 | 만주국의 국화(國花)는 난으로 지폐 중앙 상부에 만주국 문장(확대한 사진 오른쪽 원 안)이 장식되어 있다. 5개의 꽃잎은 일본, 만주, 중국, 조선, 몽고의 5족을 나타낸 것이다.

호가였다고 한다. 다이쇼(大正) 쇼와(昭和) 시대에는 에도 시대처럼 특권 계급에서 대중에 이르기까지 난 취미가 퍼져 종교에 빠졌다고 표현할 정도로 열광적이었으며 투기적으로 매매되었다고 한다.

산업화 시대에 나타난 난의 아이러니

근대 이후의 난 붐은 경제 발전과 분리해서 생각하기 어렵다. 많은 희귀난이 매매되고 중국에서도 들여와 소개됐다. 오늘날 대만에서 인기 있는 보세란(報歲蘭)도 많은 변종이 수입되고 있다. 서양란은 서양 각국의 해외 진출에 의해 열대에서 들여온 것이 발단이지만, 전전(戰前)의 동양란에 관해서도 식민지 지배와의 관계 안에서 재고할 필요가 있다.

일본이 중국 동북 지방에 세운 만주국의 국화(國花)는 난이었다. 당시의 지폐에는 유교의 성현과 신이 각각 배치되어, 100위안에는 공자, 10위안에는 재신(財神), 5위안에는 맹자가 등장했고, 국장(國章)으로서 디자인 된 난이 중앙 상부에 장식됐다. 그 난은 5개의 꽃잎을 가지고 있는데 일본, 만주, 중국, 조선, 몽고의 5족을 나타낸 것이라 한다. 황제 푸이(溥儀)가 난초를 사랑해 국화로 정해졌다고 하는데 괴뢰 정권의 상징으로 난이 사용된 것은 역사의 아이러니다.

전후 일본에서는 경제의 고도 성장과 함께 동양란, 서양란이 함께 한층 더 대중

화됐다. 1971년의 오사카 만국박람회 이후, 전람회도 수없이 개최되고 있고, 도쿄돔에서 열리는 '世界蘭展'에는 매년 40만 명 이상의 애호가가 방문하고 있다. 화초와 향기, 화분 모두를 즐기며 자연의 섭리로 생겨나는 자생 변종이 존중되어 온 동양란과 꽃의 시각적인 화려함을 추구하며 인위적으로 배양되어 온 서양란이 같은 공간에 전시됐다. 그 위에 미얀마 등 동남 아시아의 난 특별 부스가 마련되어 있는 것을 보고 있으면 오늘날 하나의 틀에 끼워서 난문화를 논하기가 얼마나 어려운가를 느끼게 한다. 동양란의 세계만 해도 그 문화적 배경을 서로 어떻게 이해하고 공유할 수 있는지 재배 관계자들의 사이에 아직 공통 인식이 자리 잡지 못하고 있다.

근대 과학을 탄생시킨 서양의 기독교 문화에 의해 개발된 서양란에 대항해서, 동양란의 미를 선(禪)에 접목시켜 설명하는 경우를 종종 볼 수 있다. 그러나 가마쿠라나 무로마치 시대의 승려에 의한 수묵화 등의 전통이 참조되는 경우는 거의 없다. 또 일본에서는 한반도의 난에 대해서 논한 글도 거의 없다. 사전 등에 소개되는 동양란에 대한 기술도 한국과의 문화적 교류에 관한 흔적도 드물다. 이러한 차이가 앞으로의 연구나 문화 교류에 의해 어떻게 변화해 나갈지 주목된다.

난이라는 꽃 그 자체 그리고 그 꽃을 사랑한 옛사람이 가꾸어 온 문화의 매력은 대단하다. 일본의 역사를 더듬으면, 자생하는 난과 식물이나 국화과의 후지바카마는 《일본서기》나 《풍토기(風土記)》가 만들어져 《만요슈》가 성립하기 훨씬 이전부터 알려져 있었을 것이다. 그리고 중국의 고전과 함께 향초(香草)를 나타내는 난이라는 글자와 거기에 얽힌 고사가 전해져 가마쿠라, 무로마치, 에도를 거치면서, 원예종으로서 발전해 온 것이 분명하다.

근대 이후 일본인이 애매한 '동양적 가치'를 안이하게 이용할 때 발생하는 위기의 곡절을 거쳤지만, 경제발전과 더불어 대중화된 난은 바이오테크날리지에의 대응이나 야생종 보호 등의 환경 문제와도 얽혀 관계자와 애호가 사이에서 그 위상에 관한 모색이 계속되고 있다. 이와 같은 흐름에 따라 일본인의 종교성이라는 관점에서 난을 알려면 역시 계절의 변화를 느끼며 자연 속에서 난의 독특한 생명력을 관찰해 온 옛사람들의 총체적인 경험을 상상해 볼 수밖에 없다. 그것은 사람과 난의 생명을 연속 선상에서 보는 감각이며, 어쩌면 일본의 난문화 속에서 시대를 초월해 발견할 수 있는 지하 수맥일지도 모른다.

반도나 대륙의 난 문화 그리고 동남 아시아, 나아가 세계 난과의 교류를 생각해야 할 것이다. 그러기 위해서는 대화와 눈에 띄지는 않지만 향기를 뿜어내는 마음의 자원을 열어주는 통로가 활발하게 이어져야 한다.

| 하마다 요(濱田 陽) |

2 문학 속의 난초

하나 | 한국 | 시가문학에 나타난 난초
고귀한 인품의 절대적인 표상

둘 | 중국 | 시가문학에 나타난 난초
지고지순한 인품과 난초의 덕목

셋 | 일본 | 시가문학에 나타난 난초
일본에서는 사군자의 난이 아니다

넷 | 일본 | 서사문학에 나타난 난초
난꽃이 된 두 중세의 영웅

2. 문학 속의 난초

하나 | 한국 | 시가문학에 나타난 난초

고귀한 인품의 절대적인 표상

군자와 군자의 벗으로의 난초

난초는 꽃이 피면 꽃의 향기가 좋고, 잎만이 성성하게 푸르렀을 때 또한 그 독특한 생명의 향이 있어 더욱 돋보인다. 그래서 사군자 중에서도 우두머리의 자리에 앉는 식물이며, 그래서 꽃과 잎과 줄기를 가리지 않고 통칭 난초라고 부르는지도 모른다.

현재로는 우리 시가문학작품 속에서 난초를 소재로 지어진 가장 오래된 작품은 《동문선(東文選)》에 실려 있는 고려 중기의 김극기(金克己, 1150경~1204경)의 〈유감(有感)〉이란 시가 아닌가 한다.

> (전략) 그윽한 난초가 이미 시들었으니／ 저무는 해에 누구와 벗할까// 오히려 길가의 갈대를 따르려면／ 차라리 염소와 소에 밟히리라// 구속받지 아니하는 선비가／ 어찌 속류와 달리 홀로 서리(후략)(……幽蘭已枯瘁 歲晚誰與儔 寧隨道傍葦 踐履羊與牛 何殊不羈士 獨立違俗流……).

〈유감〉이란 시의 일부지만 난초에 대한 지극한 사랑이 여실히 나타난 작품이다. 김극기는 고려 중기 명종 때 농민시의 개척자로, 같은 시대의 대문장가였던 이인

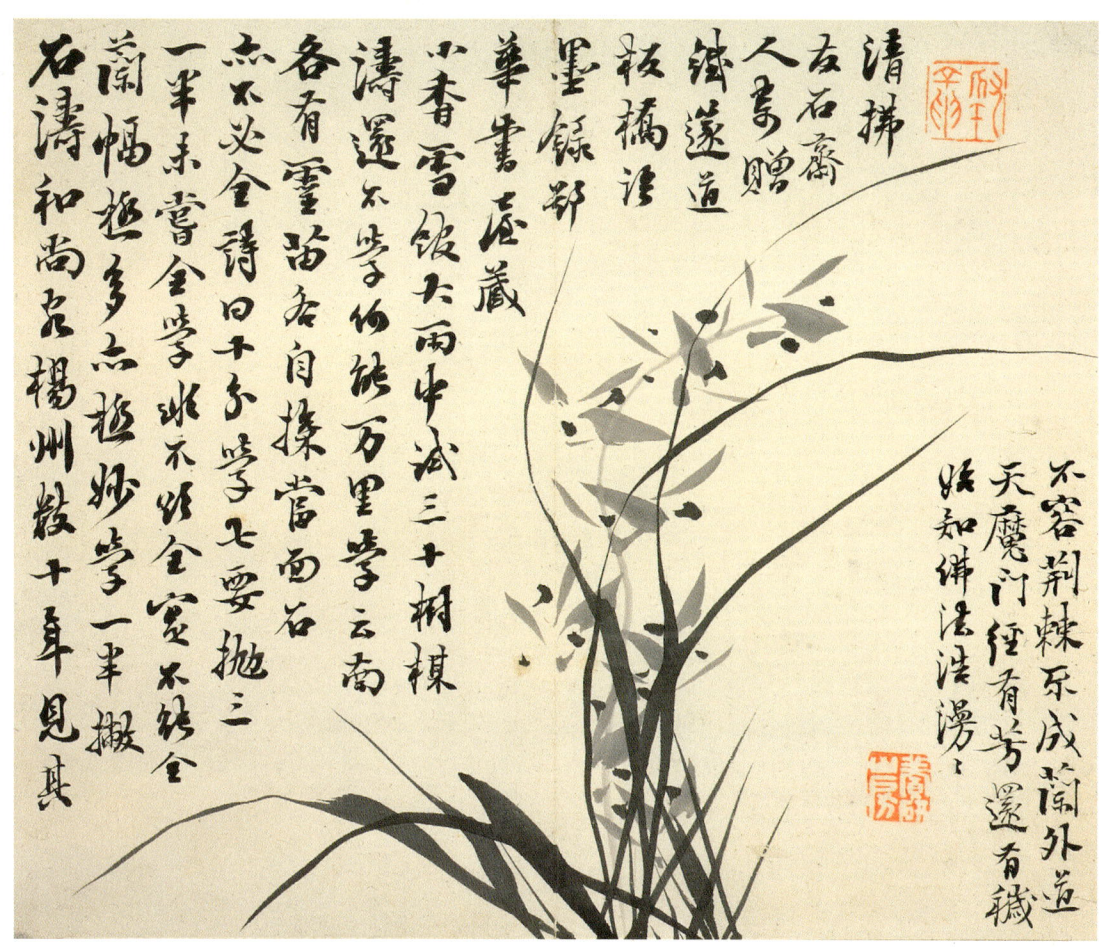

난도(蘭圖) | 조희룡(趙熙龍), 조선, 국립중앙박물관 소장 | 김정희는 조희룡의 난초 그림이 서법에 의한 문인화답지 않게 화법만을 중시하는 태도를 면하지 못했다고 낮게 평가했지만, 그의 묵란화들은 절제 있고 힘찬 필선으로 된 우수한 작품들이 많다. 하지만 그의 그림에는 항상 추사체 글씨의 화제(畵題)를 곁들여 묵인화다운 운치를 더욱 북돋았다.

로(李仁老, 1152~1220)에 의하여 난새나 봉황 같은 인물이라는 칭송을 받은 사람이다. 일찍이 환로(宦路)에 나갔다가 물러나 다시는 벼슬길에 나아가지 않고 산림에 묻혀 고고하게 살면서 관념이나 경치를 노래하지 않았다. 다만 서민들의 어려움에 대한 글을 주로 남겼으므로, 이 시 또한 일체의 관념성이 배제된 작품으로 볼 수밖에 없다.

김극기보다 160여 년 후지만 같은 고려 말의 시대를 대표하는 지식인인 이제현(李齊賢, 1287~1367)도《역옹패설(櫟翁稗說)》에서「손님을 대접하고 더불어 이야기하고 있을 때는 몰랐다가 손님이 돌아가고 밤이 깊고 밝은 달이 창가에 비치니 난화의 향기가 코를 찌른다.」고 난초에 대하여 언급하고 있다.

보는 이에 따라서는 근본적으로 해석이 다를 수 있으나 이 역시 현상적인 향기에

묵란도(墨蘭圖) | 황용하(黃庸河), 일제강점기, 고려대학교박물관 소장 | 이 부채 그림은 난초와 국화에 뛰어났던 개성 작가 황용하의 1927년 작품이다. 오른쪽에 난초를 그리고 왼쪽에 글씨를 썼는데, 글의 내용은 다음과 같다. 「도가 있는 자의 담담한 기상이 있으니/ 그 기상을 배우는 자 대체로 몇 사람이나 될까(澹澹然有有道者氣象 學之者 凡幾人). 정묘년 여름에 유남(박재표) 선생 법락을 위하여(丁卯夏 爲唯南先生法樂) - 美山(미산)」

대한 상찬이라고 할 수 있다. 상대방을 대접하며 대화에 열중하고 있을 때는 당연히 향기를 의식하지 못하다가 손이 돌아가고 달이 높이 솟은 깊은 밤이 되어서야 자연히 난향이 찾아오기 마련이지 아니한가. 이제현이 난이 시들고 나서 함께할 벗이 없어졌음을 안타까워한 시어의 의미를 알게 되는 대목이다. 난초는 앞에서 부닐지 아니하고 잡초에 가리어 있어도 고운 자태를 보여 주고 향기를 보내 위로해 주는 진정한 벗이 아닐 수 없으니 군자와 군자의 우정은 바로 그런 것이다.

그러나 조선조에 들어서면서 관념적인 사유세계가 나타나기 시작한다. 성삼문(成三問, 1418~1456)은 〈오설란(傲雪蘭)〉이란 시에서 유학의 관념세계에 천착하고 있음을 볼 수 있다.

> 공자는 거문고로 난의 곡을 타셨고/ 대부는 난초를 수놓은 띠를 맺네/
> 난초가 열 가지 향기와 맞먹으니/ 그래서 거듭거듭 보며 사랑하네(彈入
> 宣尼操 紉爲大夫佩 十薰當一蘭 所以復見愛).

공자가 천하를 주유하다가 수풀 속에 숨어 향기를 뿜고 있는 난초를 발견하고 그

의연한 자태를 상찬하며 거문고를 탄주하여 곡을 붙였다는 〈의란조〉와 굴원의 시에 의탁하여 성삼문은 자신의 의지를 난초의 상징성으로 비유했다.

퇴계 이황은 〈유란가(幽蘭歌)〉에서 난초의 의칭을 등장시켜 이미 단순한 시정이 아니라 관념의 일단을 서술하고 있다.

> 유란이 재곡하니/ 자연히 듣기 좋고/ 백운이 재산하니/ 자연히 보기 좋네/ 이중에/ 피미 일인을 더욱 잊지 못하네.(《도산육곡지일(陶山六曲之一)》6-4)

여기에서 "유란"은 깊은 산 속에 나서 자라는 난초를 가리킨 것으로 난초의 별칭이기도 하다. "듣기 좋고"는 '향내가 좋고'의 뜻이며, "피미 일인(彼美一人)"은 유란이 자라고 있는 환경과 흡사한 서민들의 발자취가 적은 구중궁궐(九重宮闕) 속에서 살며 왕화(王化)의 향내를 조선 팔도에 널리 펴는 임금을 가리킨 것이다. 그러므로 이 작품에서의 난향은 왕화로 상징화되었다고 풀이할 수 있다.

덕인의 자세로서의 난

조선 중기 당시로서는 획기적이라 할 수 있는 세계백과사전《지봉유설(芝峰類說)》을 저작하여 천주교와 교황에 이르기까지 기술한 이수광(李睟光, 1563~1628)의 난초를 보는 안목은 남달랐다. 이수광은 난이 한 줄기에 한 송이 꽃만을 피우는 것을 기이하게 보았다. 그윽한 향이 다른 초목들의 기(氣)를 죽이는 큰 위엄이 있음에도 같은 초목이기 때문에 그들을 포용해 함께 살아갈 것을 바라는 유덕군자(有德君子)로 본 것이다.

> 옥분에 심은 난초/ 일간 일화 기이하다/ 향풍 건듯 이는 곳에 십 리 초목 무안색을/ 두어라!/ 동심지인이니 채채 백년하리라.(《가곡원류(歌曲源流)》일석본 714))

이 작품에서 "일간 일화(一幹一花)"는 하나의 줄기에 한 송이 꽃을 피운다는 뜻이고, "십 리 초목 무안색(十里草木無顏色)"은 10리에 걸쳐 뻗어 있는 초목들이 난의 향기에 기가 죽어 얼굴을 들지 못한다는 의미이다. "동심지인(同心之人)이니 채채 백년(采采百年)하리라"는 마음을 같이하는 사람이니 천천히 오래오래 이웃하여 살고 싶다는 뜻이다. 여기에서 우리는 난이 덕 또는 포용력이 있는 군자로 상징화한 것을 알 수 있다.

조선 중기의 택당 이식(澤堂 李植, 1584~1647) 또한 〈난(蘭)〉이란 시에서 난초의 깨끗함과 청초함, 고고함을 읊었다.

> 인간이 속세에 물드는 것을 부끄럽게 여겨/ 바위 골짜기의 물가에 살고 있네/ 비록 교태롭거나 색기는 없지만/ 절로 향기 그윽하여 덕인을 닮았구나(如愧人間 被俗塵 叢生岩谷澗之濱 雖有令色如嬌女 自有幽香似德人).

택당은 조선 중기에 활약한 대문장가로 모든 글을 시로써 표현했던 특이한 인물이다. 지인들의 행장이나 서간문, 심지어 공문서에 이르기까지 시로 표현했다.

그는 난초를 세속의 티끌을 묻히는 것을 싫어해서 산중 골짜기의 물가에 홀로 피어난다고 생각한 것이다. 그러나 청초한 자태로 향기를 뿜는 것 자체가 남이 알아주기를 바라지 않는 고고한 군자와 덕인이 아니면 불가능한 자세로 보았다.

난과 미인은 하나인가

조선 말엽 호방한 풍류 가객으로 왕의 생부인 흥선대원군의 총애를 받아 전국을 돌아다니며 노래를 잘 부르거나, 춤을 잘 추거나, 미모가 뛰어난 기녀들을 발굴해서 연희하도록 주선한 주옹 안민영(周翁 安玟英)은 40여 명이나 되는 명성이 드높은 기생들 중에서도 평양기생 혜란(蕙蘭)을 으뜸으로 평했다. 그래서 주옹은 혜란을 두고 아래

묵란도(墨蘭圖) | 윤영기(尹永基), 조선, 고려대학교박물관 소장 | 옥경(玉磬) 윤영기는 난초를 잘 그려 흥선대원군의 집인 운현궁(雲峴宮)을 자주 드나들었고, 정치에 바쁜 대원군을 대신해 난초 그림을 많이 그려주었다고도 전해진다. 윤영기의 난엽은 추사나 석파의 난엽보다 더 가늘고 반전이 심해 작위적이고 변덕스러워 보이는 것이 특징이다. 흙도 바위도 그리지 않고 3무더기의 난초만 그린 이 그림의 오른쪽 위에는 「82살의 늙은이 옥경산인이 그리다(玉磬山人八十二翁試毫).」라는 글씨가 써 있다.

와 같은 노래를 지어 기리었다.

> 이슬에 눌린 꽃과/ 바람에 부친 잎이/ 춘재(春齋) 옥계상(玉階上)에 향기 놓는 혜란(蕙蘭)이라 밤중만/ 월명정반(月明庭畔)에 너만 사랑 하노라.(《금옥총부(金玉叢部)》161)

여기에서의 첫째, 둘째 장(章)은 혜란의 겉모습을 그린 것이고, 셋째 장은 춘재(春齋)의 화려한 층계 위에 향기를 풍기는 주인이 혜란임을 밝히고, 넷째와 다섯째 장에서는 밤이 되면 달 밝은 뜰 가에 있는 혜란을 사랑한다는 자기의 심정을 고백한 것이다. 주옹이 사랑하는 미인은 단순한 여색이 아니라 높은 이상으로 교양화된 정신세계의 소유자인 것이다. 이 노래가 실려 있는 《금옥총부》에 기녀 혜란에 관해 외모가 아름다울 뿐 아니라, 난을 잘 그리고 노래와 거문고 연주에도 뛰어나 서북 지방에서는 단연 으뜸이었다고 주옹은 밝히고 있다.

난과 절사

책읽기를 좋아한 나머지 '한 마리 좀벌레〔一蠹〕'라는 호를 스스로 만들어 사용한 정여창(鄭汝昌, 1450~1504)은 김종직의 제자라는 이유만으로 무오사화 때 죄를 입고 종성(鐘城)에 유배되었다가 죽었다. 명종 21년 유생 33인의 소두(疏頭)로 있던 개암 강익(介庵 姜翼, 1523~1567)이 무오사화에 목숨을 잃은 정여창의 억울함을 풀어 달라고 유생들을 대표해서 나라에 상소를 올리고서 그 당시의 상황을 풍유(諷諭)하여 시를 지었다.

> 지란을 가꾸려 하여/ 호미를 둘러메고/ 전원(田園)을 돌아보니 반이 넘게 형극(荊棘)이라/ 아이야/ 이 김을 못다 매어 해 저물까 하노라.(《개암집(介庵集)》단가 3절)

영지와 난초를 묶어서 이르는 말로 지란(芝蘭)이라고 한다. 여기에서 지란은 절의를 숭상하고 실천하는 선비, 곧 절사(節士)를 상징한다. 그 절사들을 양성하고자 호미를 둘러메고 상소를 올려 전원(田園, 정치권)을 살펴보니 반이 넘게 가시밭이다. 가시밭은 황무지란 뜻이기도 하지만, 죄를 입어 유배된 사람들이 많다는 은유이기도 하다. 아이야! 해가 지기 전에 못다 맬 것 같아서 걱정이라는 풍자적 비유로 노래한 것이다. 또한 금년 안 또는 내 목숨 다할 때까지 의가 실천되지 못할 것을 걱정한다는 이야기이다. 아마도 난초를 절사에 상징화한 우리나라 시가 작품으로는 이것이 가장 오래된 것인 듯하다.

난은 최고 지위의 인물을 지칭

또 지은이의 이름이 알려지지 않은 다음의 단가 작품에 나타난 난초는 귀공자를 상징한 것으로 풀이된다.

> 나도 이럴망정/ 옥계 난초(玉階蘭草)로다/ 추상(秋霜)에 병이 들어 낙엽에 묻혔다/ 어느 때/ 동풍을 만나 다시 순(笋)이 나올까 보냐?(《악부(樂府)》고려대학본 409)

여기에서 지은이인 "나"는 '옥계의 난초'이다. "옥계"는 '대궐 안의 섬뜰'을 뜻한다. 따라서 옥계의 난초라면 이는 왕실의 귀공자임을 상징한다. 그리고 "다시 순 나올까 보냐?"는 곧 재기 또는 부흥의 염원을 은유한 것이다. 이 작품은 어느 때 누구의 것인지는 알 수 없지만, 왕실의 귀공자로 정권을 잡을 만했는데 추상이라는 정치적 된서리를 맞아 병(病, 유배)이 들어 낙엽(몰락한 정치인들)에 묻혀 지내며 언젠가는 다시 일어나 권력을 잡을 수 있기를 기대하는 마음을 표출한 것으로 풀이된다.

|최강현|

2. 문학 속의 난초

둘 | 중국 | 시가문학에 나타난 난초

지고지순한 인품과 난초의 덕목

화중군자로서 애호된 난초

난(蘭)은 중국이나 우리나라 사람들이 가장 사랑하는 꽃 가운데 하나다. 난의 줄기는 자색, 잎은 녹색이며 사철 푸르다. 향기, 꽃, 잎의 3가지 아름다움이 합해 하나의 온전한 아름다움을 구성하고 있다. 수선, 국화, 창포와 더불어 4가지 우아한 화초를 이룬다.

난은 문아(文雅)의 풍채(風采)를 상징해 왔다. 따라서 난은 매·국·죽과 함께 사군자의 하나로 꼽힌다. 그래서 사대부 문인들이 즐겨 시와 그림의 소재로 삼았고, 문아의 여성들도 난을 사랑했다. 원나라 때 오흥공자(吳興公子) 조맹부(趙孟頫, ?~1322)는 글씨로 유명한데, 그 아내 관도승(管道昇, 1262~1319)은 수묵으로 죽·매·난을 자유자재로 그릴 줄 알아서 사람들이 관부인(管夫人)이라 불렀다고 한다.

난초 혹은 난화가 들어간 숙어는 대개 미칭이다. 난언(蘭言)은 서로 뜻이 맞고 마음이 통하는 말을 가리키고, 척란(尺蘭)이나 난신(蘭訊)은 남의 서신을 뜻한다. 또 난손(蘭孫)이라고 하면 상대방의 손자에 대한 미칭이다. 《세설신어》〈언어〉편의 사안과 사현의 고사에 이 말이 나온다. 또 향초의 한 가지인 지란(芝蘭)은 남의 우수한 자제를 비유한다.

난초의 향기는 자극적이지 않고 담담해 진작부터 사랑을 받았다. 《주역》〈계사전(繫辭傳)〉에 보면 「마음을 같이하는 친우의 말은 그 향기가 난과 같다(同心之言 其臭如蘭).」고 했다. 다만 후한 시대 유안(劉安, BC 179~122)이 여러 인사를 모아 엮은 《회남자(淮南子)》라는 책에는 남성이 난초를 심으면 아름답게 자라기는 하지만 향기를 풍기지 않는다고 해서 난초를 여성의 꽃으로 보았다. 하지만 후대의 사람들이 쓴 문학작품에서는 남자가 기른 난초에 향내가 없다는 이야기가 없다. 오히려 지식인이 재배한 난초의 향기는 군자의 덕을 상징한다고 예찬해 왔다. 북송의 사마광(司馬光, 1019~1086)은 〈난(蘭)〉이란 시의 제3-6구에서 봄날 난이 피고 가을에 잎이 지는 모습의 청결함을 노래하면서 난의 향기도 다음과 같이 예찬했다.

심어 두었더니 나날이 자라나서/ 물씬 향기가 때때로 자리에 들어오네/ 푸르디푸르게 봄날 싹이 뽑혀 나고/ 맑디맑게 가을꽃이 떨어지누나(芸植日繁滋 芬芬時入座 靑蔥春茹擢 皎潔秋英墮).

한편 난초가 피어 있는 물가는 지식인들이 몸과 마음을 정화하는 장소가 되었다. 저장 성 사오싱(紹興) 현의 난저(蘭渚)란 곳에 있던 난정(蘭亭)은 진나라 영화(永和) 9년(353) 3월 3일에 당시의 명사 41명이 불계(祓禊 : 부정한 것을 떨어버리는 의식)를 한 뒤 곡수(曲水)에 잔을 띄워 계연(禊宴)을 베풀었던 일로 유명하다. 왕희지가 그 시첩에 서문을 써서 그 경위를 적었으니, 그것이 곧 〈난정집서(蘭亭集序)〉다.

고결함의 상징

위의 사마광의 시에서도 알 수 있듯이 난초는 고결함을 상징한다. 이미 굴원의 〈이소〉에 보면, 「나는 이 아홉 마장의 밭에 난을 키우고, 다시 일백 무 너비의 밭에 혜초를 심노라(余旣玆九腕之蘭兮 又樹蕙之百畝)」고 했다. 이른바 구원란(九畹蘭)의 성어가 나온 구절이다. '원(畹)'은 밭의 면적을 일컫는 단위로, 12무(畝) 혹은 30무에 해당한다. 굴원은 같은 〈이소〉에서, 「(내 몸의 치장은) 향나무의 뿌리를 취하여 구리때를 묶고, 벽여의 떨어진 잎을 꿰고는, 굽은 균계를 펴서 난초에 이어, 호승(향초)을 끈으로 삼아 아름답게 흔들리게 한다네(擥木根以結茝兮 貫薜荔之落蘂 矯菌桂以蕙〔蘭〕兮 索胡繩之纚纚).」라고 했다. 난초가 향나무, 구리때, 벽여, 균계 등과 함께 고결한 정신을 상징하는 식물로서 나와 있다.

난초는 이렇게 고결함을 상징하므로, 때때로 남이 알아주지 않는 정신세계를 뜻하기도 한다. 굴원은 〈이소〉에서, 「남들은 집집마다 쑥을 허리춤에 가득 차고 다니면서 유란은 허리에 찰 것이 못 된다고 한다네(戶服艾以盈腰兮 謂幽蘭其不可佩).」라고 했다. 당나라 때 대숙륜(戴叔倫, 732~789)의 시 〈주방의 죽음을 슬퍼함(哭朱放)〉에도 「몇 년이나 호해에서 꽃을 피웠던가, 그렇거늘 하룻밤 서리에 난초가 꺾일 줄 누가 알았으랴(幾年湖海 餘芳 豈料蘭一夜霜).」라는 구절이 있다.

한편 공자가 지었다고 전하고 '유란조(幽蘭操)'라고도 하는 〈의란조〉의 금곡(琴曲)도 있다. 이 곡은 공자가 위(衛)나라에서 노(魯)나라로 돌아오다가, 골짝에 홀로 자란 향란(香蘭)을 보고 탄식하면서, 「난초의 향기는 왕천하(王天下)할 사람을 위해 향기를 뿜거늘, 이제 홀로 아름다워 뭇 풀들과 섞여 있다니!」라고 했다. 그러고는 수레를 멈추고 때를 만나지 못했음을 가슴 아파하며 향란에 뜻을 가탁해 이 노래를 지었다고 한다. 이 노래를 과연 공자가 지었는지는 알 수 없으나, 훗날 많은 문인들이 이 곡조에 의작(擬作)해 자신의 불우한 심사를 달랬다. 중국은 물론, 우리나라에서도 마찬가지다. 그 곡조를 소개하면 다음과 같다.

> 살랑살랑 골짝에 바람이 일어/ 흐리다가는 이내 비가 내리는데/ 아리따운 사람이 시집을 가니/ 멀리 들판에서 전송하누나/ 하지만 어이하여 저 푸른 하늘은/ 나로 하여금 제자리를 찾게 하지 못하여/ 구주(천하)를 떠돌아다녀/ 정처 없이 만들었던가/ 세상 사람들이 어둡고 막혀서/ 어

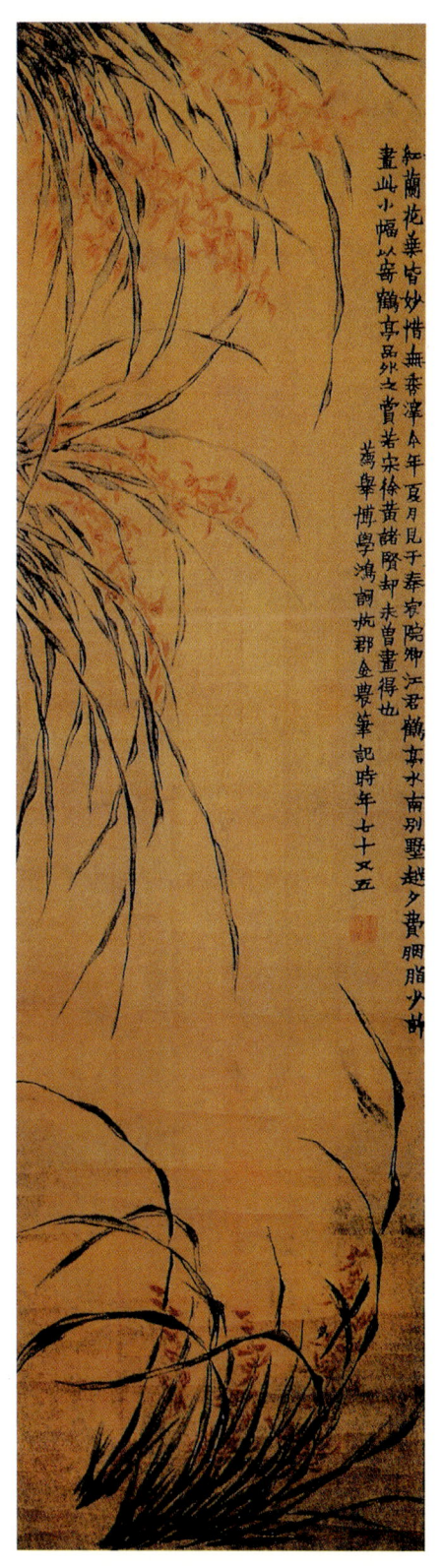

난화도(蘭花圖) | 김농(金農), 청(淸), 난징 박물관 소장 | 이 그림은 구도가 새롭고 독특하다. 고개를 숙인 두 무더기의 난초와 평지에 핀 난초 더미가 서로 호응을 이루고 있다. 호방하면서도 자유자재한 필치로 그렸으며, 꽃은 색을 써서 가볍게 글을 쓰듯 하여 선명하고 아름답긴 하나 속되지 않다.

난죽도(蘭竹圖) | 장정석(蔣廷錫), 청(淸), 난징 박물관 소장 | 이 그림은 유란과 성기게 난 대나무가 바위에 함께 자란 것을 그린 것이다. 절개 높은 선비를 상징하는 대나무와 속인이 범접할 수 없는 고결한 정신 세계를 상징하는 난초가 만나 출세를 초월한 뜻을 나타냈다.

진 이를 몰라보기에/ 세월은 빠르게 흘러가고/ 이 한 몸은 늙어 가누나
(習習谷風 以陰以雨 之子于歸 遠送于野 何彼蒼天 不得其所 逍遙
九州 無所定處 時人闇蔽 不知賢者 年紀逝邁 一身將老).

남송 말의 지사이자 묵란을 잘 친 정사초는 늦가을의 한국(寒菊)을 두고 쓴 시에서 「차라리 가지 머리에서 향을 끌어안고 죽어 갈지언정, 어찌 북풍 속에 날려 떨어진 적이 있던가(寧可枝頭抱香死 何曾吹落北風中).」라고 했다. 이민족인 원나라 조정에 나아가지 않겠다는 뜻을 분명히 한 것이다.

이러한 예들은 모두 난초가 고결한 정신세계를 상징한다는 사실을 잘 말해 준다. 그런데 그러한 정신세계는 자연과의 친화 속에서 이루어져 왔다. 따라서 난을 사랑하는 마음은 자연과의 친화를 의미하며 작위적, 가식적 태도와는 거리가 멀다.

원나라 때 4대 시인의 한 사람으로 꼽히는 게혜사(揭傒斯, 1274~1344)는 〈신상인이 그린 춘란에 쓰다(題信上人春蘭)〉에서 빈 골짜기의 난초가 인간의 손에서 멀리 벗어나 고고함과 개결함을 견지하는 것을 예찬했다.

깊은 골짜기에 따스한 봄 구름이 날고/ 첩첩 바위 아래 꽃이 피어난다/
나무하는 사람이 일러 주지 않는다면/ 외인이 어찌 알랴(深谷暖雲飛 重
巖花發時 非因采樵者 那得外人知).

난초의 고결함은 사람의 손에 키워지는 경우에도 변함이 없다. 명나라 문인으로 시·서·화에 능했던 문징명(文徵明, 1470~1559)은 난초 그림에 난(蘭)과 혜(蕙)를 같이 그렸다. 혜도 난의 일종이다. 흔히 꽃대 하나에 꽃이 하나 피는 것[一莖一花]을 난이라 하고, 꽃대 하나에 꽃이 여러 개 피는 것[一莖多花]을 혜라고 한다. 그는 난초 그림에 쓴 제화시 〈제화란(題畵蘭)〉에서 난초의 빼어난 모습과 은은한 향을 부각시켰다.

손수 난과 혜를 두세 분에 심었더니/ 날 따스하고 바람 잔잔하여 차례로
피어났네/ 한참 있자니 모르는 사이에 향이 방 안에 가득해서/ 창문 밀어
젖히자 나비가 날아드네(手培蘭蕙兩三栽 日暖風微次第開 坐久不知
香在室 推窓時有蝶飛來).

봄이 되어 난과 혜가 차례로 피어나고, 모르는 사이에 향이 방 안에 가득해 창문을 열자 나비가 그 향을 따라 들어왔다고 했다. 난을 기르는 것은 인위의 세계이지만, 그것이 계절 따라 피어나고 그 향이 나비를 불러들이는 것은 인위를 떠난 세계다. 난

수선도(水仙圖) | 조맹견(趙孟堅), 송(宋), 텐진 박물관 소장 | 남송의 조맹견은 수선·매화·난·죽석에 뛰어났다고 한다. 난초를 닮은 수선화는 사군자와 더불어 종종 그림의 소재가 돼왔다. 이 그림은 문인화의 대표적인 그림으로 작자는 꽃잎을 구륵법을 써서 세부적으로 묘사했으며, 담묵과 농묵으로 잎의 앞면과 뒷면을 표현했다. 꽃잎은 서로 교차해 층차감이 분명하고 간격을 두어 밀집해 있긴 하나 어지럽지 않다.

은 이처럼 인간에 의해 재배되지만, 그 자태는 자연의 모습을 그대로 지닌다고 표상된다.

표일한 미인의 상징

중국 시에서 난초는 본래 국화와 더불어 아름다움을 상징했다. 난심혜성(蘭心蕙性)이라고 하면 여성의 고결함을 상징하는 말이다.

이미 한나라 무제(武帝)가 지은 〈추풍사(秋風辭)〉에 「난초 빼어나고 국화도 아름다워라, 가인을 사모하여 잊을 수가 없도다(蘭有秀兮菊有芳 懷佳人兮不能忘).」라는 구절이 있다. 여기에서 "가인"은 신하를 가리킨다고 보는 것이 통설이지만, 실은 신녀(神女)를 가리킨다고도 해석된다. 난초를 선녀의 이미지로 삼았을 것이다. 그렇다면 이 노래에서도 국화는 여신을 연상시킬 정도로 아름다운 여인의 자태를 상징하는 셈이다.

당나라 말기의 시인 이하(李賀, 791~817)는 음산한 세계를 시로 그려내길 좋아해 귀계의 시인이라고 일컬어진다. 또 이미지가 선명한 악부체 시들을 남긴 것으로도 유명하다. 그 가운데 5세기 말 전당(錢塘), 곧 지금의 저장 성 항저우(杭州)에 살았다고 하는 가희(歌姬)를 소재로 지은 〈소소소가(蘇小小歌)〉를 보면, 난초에 맺힌 이슬을 여인의 눈망울에 비유했다. 난초 자체가 정결한 아름다움의 상징이었기에 그러한 표현이 가능했다.

그윽한 난초의 이슬은/ 눈물을 글썽이는 그녀의 눈/ 동심을 맺어줄 것이라곤 없고/ 석양에 잠긴 꽃은 잘라 보내질 못하겠네/ 풀은 방석 같고/ 솔은 덮개 같아라/ 바람 소리는 비단치마 끄는 소리/ 물소리는 옥패 울리는 소리/ 푸른 덮개의 화려한 수레는/ 언제까지고 기다리네/ 차가운 푸른빛의 등잔불/ 광채도 지쳤구나/ 서릉교 부근은/ 비바람에 어둠침침한데 (幽蘭露 如啼眼 無物結同心 煙花不堪翦 草如茵 松如蓋 風爲裳 水

爲覔油壁車 久相待 冷翠燭 勞光彩 西陵下 風雨晦).

서릉교에 화려한 수레를 세워 두고 소소소가 정인을 기다리며 눈물을 글썽이는 모습을 또렷하게 묘사했는데, 그 여인을 바로 난초로 상징화했다.

난초는 미인의 상징이기에 때때로 비련의 주인공과 연결되기도 한다. 일본 도쿄 박물관에는 명나라 신종(神宗) 때 진회(秦淮) 지역의 명기 마상란(馬湘蘭, 1548~1604)이 그린 〈묵란도〉가 소장되어 있다. 마상란은 그림에 다음과 같은 시를 적어 두었다.

> 어디서 바람이 불어와 난초 향기가 풍겨오나/ 주렴 앞에 잠깐 서서 봄추위를 견뎌 본다/ 주머니 비었다 해도 거리맡에서 웃음을 팔 수 없기에/ 그윽한 향내 머금은 난초를 종이에 그려 두고 보노라/ 우연히 붓을 놀려 그윽한 자태를 베껴 내었다만/ 누구에게 주어 잘 보호해 달라고 부탁하랴/ 한번 뿌리를 옮기게 되면 모름지기 스스로를 애석히 여기리라/ 산을 나가면 산에 있을 때와는 비교하기 어렵기에(何處風來氣似蘭 簾前小立耐春寒 囊空難向街頭買 自寫幽香紙上看 偶然拈筆寫幽姿 付與何人解護持 一到移根須自惜 出山難比在山時).

마상란의 본명은 마수진(馬守眞)인데, 할아버지의 관적이 상남(湘南)이었고, 자신은 난을 혹애했으므로 늘 화폭에다가 '상란자(湘蘭子)'라고 서명했다. 시집도 《상란집(湘蘭集)》이라고 이름했다. 마상란은 진회 강가에 작은 누대를 사서 난을 가득 채우고는 그 이름을 '유란관(幽蘭館)'이라 했다. 그러다가 장저우(長洲)의 수재 왕치등(王稚登)을 사랑했으나 그와 혼인할 수 없었다. 그녀는 빈 골짝의 유란과 같은 고고한 존재로 살아가고자 하여 그 뜻을 이 그림에 실었다. 왕치등은 뒤에 고소(姑蘇)에서 살았는데, 70살 수탄(壽誕) 때 마상란이 병든 몸을 이끌고 가서, 30년 동안 사모하던 마음을 〈왕랑고가(王郞高歌)〉라는 곡에 실어 표현했다. 왕치등은 노래를 들으면서 눈물을 흘렸다. 그 뒤 마상란은 유란관에 돌아와 57세의 삶을 마감했다고 전한다. 그녀가 그린 난 그림은 대만의 고궁박물관에도 있다. 그녀의 난은 모두 탈속한 표일(飄逸)의 기상과 야성의 아취가 있다. 그녀에게 난은 여성의 표일한 아름다움을 상징한다고 할 것이다.

개결한 미인은 또한 군자를 상징한다. 따라서 난초가 미인의 상징이라는 것은 그것이 군자의 상징이라는 말과 같은 뜻일 수 있다. 북송의 시인 소동파가 지은 〈양차공의 춘란에 쓰다(題楊次公春蘭)〉라는 제목의 제화시에서 그 점을 엿볼 수 있다. 오언

율시인데, 두련과 함련만 보면 이러하다.

> 춘란은 미인과도 같아/ 캐오지 않는다면야 스스로 몸 바치길 부끄러워하네/ 때때로 이슬 머금은 바람에 향내를 느끼되/ 쑥 덤불 사이에 깊이 있어 그 모습 보이지 않네(春蘭如美人 不採羞自獻 時聞風露香 蓬艾深不見).

쑥 덤불 속에 모습을 감추고 때때로 바람결에 향내를 보내는 난초의 개결한 아름다움은 자신을 과시하지 않고도 덕(德)이 저절로 전파되는 군자의 모습과 같다.

난고점등의 화려한 이미지

동양의 난은 종류가 매우 많다. 난의 일종인 택란(澤蘭)은 그 열매를 태워 유지(油脂)를 만들어서 점등에 사용했다. 그것을 난고(蘭膏)라고 한다. 《초사(楚辭)》가운데 송옥(宋玉)의 〈초혼(招魂)〉에 「난고의 밝은 등촉이 비추고, 아름다운 여인이 나란히 늘어섰네(蘭膏明燭 華容備些).」라고 했다. 《통석(通釋)》에 따르면, 난고는 기름 냄새를 없애기 위해 난초를 고(膏)로 정련(精煉)한 것이라고 한다.

난연(蘭烟)이라는 것도 방향의 연기를 말한다. 남조 진(陳)나라 부재(傅縡, 530~585)의 《박산향로부(博山香爐賦)》에 보면 「사향 불꽃은 붉은 빛을 감추고/ 난향의 연기는 검게 되었구나(麝火埋朱 蘭煙毀黑).」라고 했다.

난고와 난연은 화려한 이미지로서 후대에도 계승되었다. 명나라 말기의 개성주의 시인 원굉도(袁宏道, 1568~1610)의 시에도 난고의 표현이 자주 나온다. 그가 1596년

난죽방향도(蘭竹芳香圖) | 정섭(鄭燮), 청(淸), 난징 박물관 소장 | 빈 골짜기의 고고한 존재인 난초는 표일의 기상과 야성의 아취가 있다. 이 그림은 마주보고 있는 두 산의 깎아지른 듯한 절벽에 난초와 대나무 무리가 자라는 것을 좌우 호응되게 그린 것이다.

문학 속의 난초 091

(만력 24년 병신)에 지은 〈세모에 시사(時事)를 두고 느낀 바 있어서(歲暮卽事)〉라는 시를 보면 이러하다.

> 난고 연기는 등잔에 짙고/ 꽃빛깔은 한밤에 붉게 무리졌는데/ 비단 가지와 옥 가위 한가롭고/ 금 주련과 병풍이 차가워라/ 벼슬 살 뜻은 이슬 맞은 풀처럼 시들고/ 귀향의 마음은 저녁 기러기에 꺾이누나/ 누가 능히 소녀를 배워/ 눈썹 그림이 유행의 경지에 들 듯하랴(蘭焰添燈重 花光簇夜紅 綵枝閑玉剪 金帖冷屏風 宦意如霜草 鄕心折晚鴻 誰能學少女 眉畵入時工).

금 주련과 병풍을 둘러친 방 안, 비단을 세공해 만든 장식용 나뭇가지 앞에 옥으로 만든 전지가 놓여 있는 모습은 매우 화려하다. 그 방 안에 난고의 등잔을 태우고 있는 광경이므로 더욱 화려하다. 원굉도는 벼슬살이의 세속기를 벗어나기 위해 이러한 화려한 이미지를 추구했다.

원굉도는 또 1608년에 지은 〈소잠부(소유림, 蘇惟霖) 시어가 북경의 첩을 얻었기에 그를 위해 합환시를 짓는다(蘇潛夫侍御買燕姬, 爲賦合歡詩)〉라는 시에서 방란(목란을 가리키는 듯함)과 난고를 화려한 이미지로 사용했다.

난석도(蘭石圖) | 이방응(李方膺), 청(淸), 베이징 고궁박물원 소장 | 중국 문학에서의 난초는 주로 난향에 의지해 군자의 미덕, 고결함, 여인의 아름다움 등을 노래했다.

푸른 눈썹 미인의 향기가 혜문관(惠文冠)에 배어들어/ 청상(青霜)의 철면어사(鐵面御史) 한기를 죄다 없앴네/ 흡사 강남의 화조 그리는 화가가/ 산초, 대추나무를 난초 곁에 그린 것 같군/ 밤 깊도록 귀고리도 아직 풀지 않고서/ 어이하여 신음하나 늙은 맹광(孟光)이여/ 난향 기름 등불 어두워지고 옷도 하나하나 푸는데/ 꽃무늬 소매는 귤 향기를 살짝 띠었도다(黛螺香裏惠文冠 消盡青霜鐵面寒 恰似江南花鳥手 畫將椒棘傍芳蘭 夜深猶未解明璫 爭奈呻吟老孟光 蘭火漸昏衣漸緩 袖花微帶橘陳香).

혜문관은 모자의 하나로, 본래 조(趙)나라 무령왕(武靈王)이 호복(胡服)에 의거해 만든 관모를 토대로 다시 후대에 개량해 만든 것이다. 무령왕의 아들 혜문왕의 이름을 땄다. 관의 무늬가 매미 날개와 비슷하기 때문에 혜(惠)는 혜(蟪)라고도 적는다. 무관(武官)이 쓰는 모자여서 한나라 때는 무변(武弁) 혹은 대관(大冠)이라고도 했다. 거기에 황금당(黃金璫)을 더하고 매미를 붙여 초미(貂尾)를 끼워 장식해 시중(侍中), 상시(常侍)의 관으로 삼았다. 곧 초선(貂蟬)이라고 하는 모자다. 철면어사는 본래 송나라 조변(趙抃)이 전중시어사(殿中侍御史)로 있으면서 권세를 두려워하지 않은 점을 칭송해서 한 말로, 공평하고 강직한 사람을 뜻한다. 여기에서는 소잠부를 가리킨 말이다.

또 하나의 난, 목란

난이라고 하면 난초, 곧 풀의 일종을 연상하지만, 실은 난에는 나무에 속하는 목란(木蘭)이 있다. 이것을 두란(杜蘭)이라고도 한다. 향목이다. 고악부(古樂府) 가운데 〈목란시(木蘭詩)〉는 목란(뮬란)이라는 여성이 늙은 아버지 대신 남장을 하고 12년 동안 종군한 사실을 기록한 내용의 가사로 유명하다. 그 여성의 이름인 목란은 나무의 이름이다. 또한 화려한 배를 '난주(蘭舟)'라고 하는데 이것도 목란으로 만든 배를 말한다. 목난주(木蘭舟)의 준말이다. 일설에 목란으로 만든 상앗대로 젓기 때문에 목란주라고 하기도 한다. 목란의 상앗대를 난즙(蘭楫)이라고 한다. 소동파의 〈적벽부(赤壁賦)〉에 보면, 「그래서 술을 마시고 매우 유쾌하게 되어, 뱃전을 두드리면서 박자에 맞추어 노래를 하였다. '계수나무 노와 목란의 상앗대로, 달빛에 빛나는 강물을 치면서 수면에 흐르는 달빛 속을 거슬러 오르노라. 아득히 멀리 생각하여, 하늘 저 켠에 있는 미인을 바라보노라'(於是飲酒樂甚 扣舷而歌之 歌曰 桂棹兮蘭漿 擊空

明兮泝流光 渺渺兮余懷 望美人兮天一方).」하는 유명한 구절이 있다. 이 노래에 나오는 '난장'이 곧 난즙이다.

　　목란의 꽃은 봄날의 화려한 이미지를 상징한다. 그래서 당나라 교방곡에 '목란화(木蘭花)'가 있다. 후대에는 사패(詞牌)로 사용됐다. 대개 시 속에서 목란을 전혀 언급하지 않고 봄날의 화려한 이미지를 노래하면서 인생의 단촉함을 대비시켜 비애감을 증폭시켰다. 전유연(錢惟演, 962~1034)의 〈목란화(木蘭花)〉나 송기(宋祁, 998~1061)의 〈목란화〉는 대표적인 예다. 전유연의 시는 다음과 같다.

　　　　성 위 봄빛 속에 꾀꼬리 소리 어지럽고/ 성 밑 안개 낀 봄 물결은 언덕을
　　　　때린다/ 푸른 버들 아름다운 꽃은 언제 다하려나/ 눈물 글썽이며 수심
　　　　찬 애간장이 먼저 끊어지누나/ 마음속으론 점차 늙어 쇠약해 가는 걸 느
　　　　끼고/ 거울 속 홍안이 어느덧 변한 것에 놀란다/ 지난날은 병이 많아 술
　　　　을 멀리했건만/ 오늘은 술잔에 술이 적을까 봐 두렵구나(城上風光鶯語
　　　　亂 城下煙波春拍岸 綠楊芳草幾時休 淚眼愁腸先已斷 情懷漸覺成
　　　　衰晚 鸞鏡朱顏驚暗換 昔年多病厭芳尊 今日芳尊惟恐淺).

　　송기의 시도 역시 목란화를 언급하지 않고 봄날의 화려한 이미지를 부각시키고 인간의 쇠락을 대비시켜 비애의 감정을 노래했다.

　　　　동성의 풍경은 갈수록 좋아지고/ 고운 파문은 나그네 배를 맞이하네/ 푸
　　　　른 버들가지 안개 낀 밖에 새벽 구름 가볍고/ 붉은 살구가지 끝엔 봄기운
　　　　무르익었도다/ 우리네 뜬 인생은 한 많고 기쁨 적거늘/ 어찌 천금 아껴
　　　　고운 미소 가벼이 할까/ 그대 위해 술잔 잡아 석양에 권하노니/ 저 꽃 사
　　　　이에서 저녁노을을 머물러 두세(東城漸覺風光好 穀皺波紋迎客棹 綠
　　　　楊煙外曉雲輕 紅杏枝頭春意鬧 浮生長恨歡娛少 肯愛千金輕一笑
　　　　爲君持酒勸斜陽 且向花間留晚照).

　　한편 목란(두난)의 향은 화려한 이미지를 지니고 있다. 선녀 가운데 두난향(杜蘭香)이 있다. 그녀는 본래 후한 때 상강(湘江) 동정(洞庭)의 기슭에서 한 어부가 주워 길렀는데, 10살이 되자 자태가 아름다운 천인이 되었다. 승천할 때에 자신은 선녀 두난향이라고 밝혔으며, 뒤에 동정의 장석(張碩) 집에 하강해 장석에게 도를 전수하고 사라졌다고 한다. 조비(曹毗)라는 인물이 지은 〈두난향전(杜蘭香傳)〉이 있다.

구도의 이미지

난도 매화, 국화, 대나무와 마찬가지로 구도의 정신과 연결되기도 했다.

금나라 때 어느 선사가 난을 아주 사랑해서 불경을 강론하는 여가에 난을 기르기 위해 많은 시간을 쏟았다. 하루는 운유(雲遊)를 나가면서, 제자에게 난을 잘 돌보라고 당부했다. 제자가 하루는 물을 주다가 난의 분을 넘어뜨리고 말았다. 선사는 돌아와서 제자를 야단치기는커녕, "내가 난을 심은 것은 부처에게 바치고 또 절간을 아름답게 꾸미기 위한 것이지 화를 내려고 심은 것이 아니다." 라고 했다. 난이 있고 없고는 마음에 아무 영향도 미치지 않는 경지에 이른 것이었다. 선사에게는 이미 난이 불심이었고 바로 반야의 세계였던 것이다.

|심경호|

《서양인의 눈으로 본 난(蘭)》

중국에서는 난(orchid) 이외에 백합(lily), 붓꽃(iris)도 난이라고 한다.

광동 지방의 장족은 딸들을 소녀조직인 금란계에 가입시켰다. 마땅한 신랑감이 나오면 부모는 지체 없이 시집을 보내곤 했는데 남편과 살기 싫어진 딸은 금란계원으로 되돌아가도 무방했다(W. 에버하르트). 자태와 꽃이 풍기는 향이 환기하는 환유, 은유의 세계에서 같은 이름이 되고 만 다양한 동아시아의 난들은 식물분류법에 의한 라틴어 학명이 도입되기 전부터 그곳 사람들이 그렇게 알고 부른 이름의 꽃이요 식물이다.

상징연구학자 J. C. 쿠퍼는 서양에서 위대함, 자비로운 선물, 호의 또는 사치를 의미하는 난이 중국에서는 완벽한 사람, 조화로움, 세련됨, 애정, 아름다움, 여성의 매력, 은둔한 학자를 뜻한다고 그의 상징사전에 기재하고 있다. 책 트레시더는 중국에서도 다산을 상징해 온 난은 불임을 일으키는 역신을 막는 역할을 하고, 항아리에 그려 넣는 난초는 가족의 화목을 뜻한다고 했다.

2. 문학 속의 난초

셋 | 일본 | 시가문학에 나타난 난초

일본에서는 사군자의 난이 아니다

난은 보이지 않고 향만 있었다

수묵화의 세계에서는 예로부터 난죽(蘭竹)이라 해서 난의 곡선에 대의 직선을 조화시킨 모습을 종종 화폭에 담았다. 그러나 일본의 시가문학 속에서의 난초의 용례를 살펴보면, 아름답고 기품 있는 외양보다는 그것이 내는 은은한 향기에 시인들의 관심이 쏠리고 있음을 알 수 있다.

　　난수국방(蘭秀菊芳)이라 해서 향기를 내는 화초로서 국화와 함께 대표격으로 꼽히는 난초에는 종류가 100가지가 넘는다고 한다. 동양란뿐만 아니라 서양란까지 합해서 그리 된다는 얘긴데, 한 화초의 종류로서는 실로 엄청나게 많은 수다. 종류가 많은 만큼 문학 속에서의 등장 빈도도 높을 것 같지만 일본의 고전 운문 속에서 난초를 소재로 한 작품은 그리 많지 않다.

　　우선 일본 고전에서의 전반적인 용례를 살펴보면 '난'이라는 명칭은 '난(蘭)', '후지바카마(藤袴)', '아라라기(蘭)'라는 제각기 서로 다른 별개의 식물에 대한 공통적 호칭으로 사용됐음을 알 수 있다. 이 중 사군자의 난을 가리키는 것은 역시 '난'이고, '후지바카마'는 등골나무, '아라라기'는 산달래를 가리키는 명칭이다. 옛 일본인들은 이 3가지 식물을 엄밀하게 구분 짓지 않고 뭉뚱그려서 '난'이라고 표기했던 것이다. 이와 같은 표기의 혼용은, 옛 일본 시가문학 속에 등장하는 난초의 모습을 찾아보려는 시선을 더욱 혼란스럽게 만들고 있다. 옛 일본인들의 의식에는 별 구분 없이, 그저 향기가 좋은 화초를 널리 난초라 칭했던 듯하다.

이와 같은 혼용 양상은 중국에서도 대동소이했던 모양이다. 중국에서도 그 호칭이 한동안 일정치 않다가, 송나라 때에 와서야 비로소 오늘날의 난과의 난초에 대한 호칭으로 쓰이게 되었다고 한다. 그리고 명나라 때 《본초강목》에서 '난(등골나물)'와 '난화(蘭花, 난)'의 구별을 정리함으로써 그 구분이 보다 명확해졌다. 이 《본초강목》이 1607년 일본에 들어오게 되자, 일본어에서의 '난'이란 말도 비로소 제자리를 잡아 오늘날의 난초를 지칭하는 말로 국한되어 쓰이게 됐다.

이런 사정이 있어, 1607년 이전의 일본 고전 속에서 오늘날 일반적으로 이야기되는 난초의 용례를 '후지바카마', '아라라기' 등과 확실히 구분 지어 찾아낸다는 것은 거의 불가능에 가깝다. 이를테면, 〈고토바가키(詞書, 와카의 앞에 산문으로 씌어진 설명문)〉에는 '蘭'이라 적혀 있는데 와카(和歌) 그 자체에는 '후지바카마'라 적혀 있는 식이니, 어느 쪽을 노래하려 한 작품인지 식별할 수가 없다.

그러나 이러한 표기의 난맥상에도 불구하고, '난(蘭)'이라는 용어의 역사는 우선 더듬어 보고 넘어갈 필요가 있다.

이 표기가 일본의 문헌에 처음 등장한 것은 《일본서기》다. 여기에서의 용례에 관해서도 의견이 분분하나 오늘날의 난초는 아니고 등골나물 또는 산란(山蘭) 등으로 불리는 후지바카마를 가리킨 말이라는 설이 유력하다. 이 후지바카마라는 것은 가을의 대표적 화초 7가지에 들었으며, 향기가 좋아 중국에서는 향초, 향수란 등으로 불렸다고 한다. 운문에서는 《만요슈》에 단 한 곳의 용례가 보일 뿐이고, 《고킨슈(古今集)》 이후에 많이 읊어졌다. 주로 향기와 관련된 소재로 와카 속에 읊어졌으며, 헤이안(平安) 귀족 문화 시대에는 난보다 후지바카마 쪽의 용례가 거의 대부분을 차지한다. 이는 후지바카마라는 말이 와카의 기본 음수율(5 7 5 7 7)의 다섯 음 부분에 적합한 때문이었는지, 노랫말로서 가인(歌人)들에게 좀 더 강하게 의식됐던 탓으로 보인다.

하이쿠의 대가인 바쇼 역시 향만을

《본초강목》의 영향으로 일본어에서의 '난'이 오늘날의 난초를 지칭하는 말로 쓰이게 된 17세기 초 이후에도 난초를 노래한 운문 작품은 그리 많지 않다. 당시 한창 유행하던 하이쿠(俳句)에서도 겨우 몇몇 용초가 눈에 띌 정도다. 우선 당시에 활약하던 일본

하이쿠의 대성자 바쇼의 작품 속에서의 예를 살펴보면 다음과 같은 작품이 보인다.

> 난의 향기네/ 나비의 나래 위에/ 향내 쐬는 듯(蘭の香や 蝶の翅に たき物す).

이 작품을 이해하기 위해서는 이 구(句)의 전문(前文)을 읽어봐야 한다. 전문의 내용은 그날의 귀로에 어느 찻집에 들렀더니, '나비'라는 이름의 여인이 "제 이름을 넣어서 하이쿠를 지어 주세요."라고 하면서 하얀 옷을 내밀기에 한 수 읊었다는 것이다. 찻집 여주인의 이름이 '나비'인데, 자기 이름을 넣은 하이쿠 한 수를 지어 주기를 청하며 하얀 옷을 내밀었다는 것이다. 옷에다 직접 써 달라는 뜻이다. 전문을 토대로 위의 하이쿠를 해석해 보면, 「향기가 그윽한 난꽃 위에 나비가 앉아 있네. 그 모습이 흡사 아름답고도 요염한 자태를 뽐내는 나비의 나래 위에다 난의 명향(名香)을 스며들게 하고 있는 듯하다.」라고 풀이할 수 있겠다. 옛 일본의 여인들에게는 옷에다 명향을 쐬어 그 향기가 옷에 스미도록 하는 풍습이 있었다. 작자 바쇼는 그러한 풍습에다 찻집 어딘가에서 은은한 향기를 풍기고 있던 난을 교묘히 결부시켜 읊고 있다. 게다가 여인의 이름이 마침 '나비'라고 하니, 나비가 난의 꽃에 앉아 나래에 향기를 쐬는 양으로 여인의 난 취미를 비유해 읊은 것이다. 취미의 고상함과 아리따운 외모를 아울러서 치켜세우고 있어 그녀로서는 최고의 찬사를 받은 셈이다. 난은 외모의 비유로써가 아니라 향기가 좋다는 의미에서 읊어졌다.

난을 읊은 바쇼의 하이쿠 작품은 의외로 많지 않다. 위의 작품 외에 한두 작품 정도가 더 눈에 띨 뿐이다. 다음은 어느 절에 들러 읊은 작품이다.

> 문 안에 드니/ 소철에서 난 향기/ 나는 듯하네(門に入れば 蘇鐵に蘭の にほひ哉).

이 하이쿠의 뜻을 풀이를 해보면, 사찰의 문 안에 들어서니 소철나무가 우뚝 서 있고 어디선가 난 향기가 그윽하게 풍겨 왔는데, 소철나무의 모습이 하도 기품 있어 보여 마치 난의 향내가 소철에서 나는 듯하다는 의미다. 난과 소철의 하모니를 통해 사찰 경내의 한적하고도 청정한 분위기를 간접적으로 칭송하는 데 주된 의미를 둔 작품이라 하겠다. 바쇼 직후에 활약한 하이쿠 작가 부손(蕪村, 1716~1784)의 작품에도 난을 노래한 작품이 발견된다.

> 밤의 난초는/ 향기에 가려선지/ 꽃이 하얗네(夜の蘭 香にかくれてや 花白し).

부손은 남화도 잘 그려 하이쿠와 수묵화를 함께 남긴 경우가 많다. 위의 작품도 다분히 회화적이어서, 그의 그러한 면모를 엿볼 수 있게 한다. 그러나 꽃의 시각적 아름다움보다는 난의 그윽한 향기를 기리는 것에 무게중심이 놓여 있다.

꽃의 시각적 아름다움보다 그것이 풍기는 향내를 더 기리는 것은 일본보다는 중국 쪽의 취향이라고 한다. 중국인들은 꽃의 향기를 그 꽃이 가진 마음의 표출이라 보고, 향기를 내지 않는 꽃은 마음이 없는 꽃이라고 해서 격하시켰다고 한다. 그에 비해 일본인들은 꽃이 가지는 시각적 아름다움에 더 관심을 두었던 듯하다. 좋은 예를 벚꽃에서 찾을 수 있다. 중국인들은 향기를 거의 내지 않는 벚꽃을 그리 좋아하지 않는다. 그에 비해 일본인들은 한껏 흐드러지게 피었다가 깨끗하고 덧없이 져 가는 벚꽃의 외양에서 그들 나름의 아름다움의 극치를 느꼈고, 심지어는 국화(國花)로서 존중하기까지 한다.

사군자의 하나로서 문(文)적인 곡선미를 자랑하는 난초의 외양은 무(武)적인 문화가 한동안 팽배했던 세계 속의 일본인들에게는 그리 주목을 끌지 못했던 탓일까. 앞에서 살펴본 바와 같이, 일본의 시가문학 속에서의 난초는, 향기를 그다지 뽐내지 않는 다소곳한 모습으로 몇몇 작품에서만 그 존재를 알리고 있을 뿐이다. |김충영|

2. 문학 속의 난초

넷 | 일본 | 서사문학에 나타난 난초

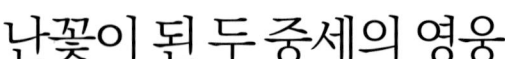

난꽃이 된 두 중세의 영웅

구마가이소와 아츠모리소

상징적인 사고는 때때로 역사상의 인물을 꽃으로 바꿔 놓기도 한다. 황제의 판단력을 마비시키고 '나라를 기울게 만든 미인' 양귀비는 한국에 들어와서 '양귀비꽃[柳氏物名三 草]'이 되었다. 일본에서는 중세의 두 영웅 구마가이 나오자네(熊谷直實)와 다히라노 아츠모리(平敦盛)가 비슷한 두 종류의 일본 난꽃이 되었다. 말을 달릴 때 이들 무사의 투구 위에서 펄럭이던 위협적인 호로(母衣, 전투용 망토)가 난초의 입술꽃잎을 닮았다고 해서 붙인 이름이다. 구마가이소[草]는 봄에 먼저 핀다. 바람을 팽팽히 받은 호로 같은 흰 꽃이 탐스럽다. 아츠모리소는 5~6월 깊은 산 속에 자홍색 자태를 드러내는데 관상용으로 재배하기도 한다.

《헤이케모노가타리》〈아츠모리의 최후〉에 두 사람의 숙명적인 대결 장면이 소개된다. 적장의 목에 막대한 보상이 걸린 것을 안 관동무사(關東武士) 구마가이는 바닷가로 말을 달리다가 물속으로 말을 몰아넣은 장수 하나를 발견했다. 학 무늬를 수놓은 무가(武家)의 전형적인 비단 상의(히다다레) 위에 청황색 갑옷을 입고 있었다. 양쪽에 뿔을 세운 투구를 쓰고 황금 장식이 있는 큰 칼을 찬 그는 기리우(切斑, 독수리 깃털에 갈색 반문이 박힌) 화살, 시게도(滋藤, 검게 칠한 활의 줌통 위쪽을 휜 히키토(引藤)로 여러 벌 감은) 활을 멘 모습이었다. 짙은 갈색, 검은 반점이 박힌 백마를 몰아 5, 60미터쯤 앞서 헤엄쳐 나가고 있었다.

"거기 계신 분! 비겁하게 적에게 등을 보이면 안 되죠. 어서 말머리를 돌리세요." 부채를 들고 손짓하니 말머리를 돌렸다. 대장군이었다. 물가에 막 그가 오르려는 찰나 말을 한데 밀어붙이며 같이 떨어졌다. 갑옷을 확 젖히고 보니까, 나이는 열예닐곱쯤 됐을까. 엷은 화장을 한 소년이 검게 칠한 치아를 드러내고 있었다. 아들 고지로 또래의 얼굴이 너무 아름다워 구마가이는 순간 어디에다 칼을 꽂아야 할지 망설였다.

"대체 당신은 누구요. 이름을 밝히면 도와드리리다." 하고 구마가이가 말하니, '너는 누구냐' 하고 묻는다. "무사시나라(武藏國)에 사는 구마가이지로 나오자네(熊谷次郎直實)입니다." "그렇다면 자네에게 내 이름을 크게 외칠 필요 없겠군. 자네 자신을 위해서는 좋은 적수일세. 이름은 안 밝혔지만 목을 따서 사람에게 물어보라."고 한다. 구마가이는 '이 사람 하나 죽이든 안 죽이든 승패에는 영향이 없지. 아들의 가벼운 상처에도 속이 상하는데 이분의 아버지가 아들이 칼에 맞아 죽었다는 소리를 들으면 얼마나 슬퍼할까……' 하고 생각했다. 그러다가 뒤를 돌아다보니 가지하라(梶原景高) 등 겐지(源氏) 부대소속 기마병 50여 기가 달려오고 있었다. "도와드리고는 싶지만 우리 군 병사들이 구름 떼처럼 몰려오고 있습니다. 도망갈 수가 없겠네요. 차라리 이 나오자네의 손을 빌리시지요. 내세의 복을 비는 공양을 제가 맡겠습니다." 하고 소년의 목을 베었다. 갑옷 상의를 떼 내어 목을 싸려고 하는데 피리를 넣은 비단주머니를 허리춤에 차고 있는 것이 보였다. 그는 다름 아닌 새벽 성 안에 울려 퍼진 피리 소리의 주인이었다.

피리는 도바(鳥羽) 천황이 준 것이었다. 구마가이 손에 죽은 장수는 다이라노 쯔네모리(平經盛)의 아들 아츠모리(敦盛)로 17세였다. 이 피리의 명인은 고시라카와(後白河) 천황의 '씨'이므로 천황 자리를 계승할 수 있는 최고사령관인 셈이었다. 헤이케[平家]의 멸망을 예견한 쯔네모리는 아들의 거처를 황실로 옮기도록 진언했지만 아츠모리는 아버지 대신 이치노타니(一谷) 진지에서 싸우다가 죽을 각오였다. 《헤이케모노가타리》는 〈아츠모리의 최후〉의 장을 이렇게 끝맺고 있다. 「…… 나오자네 같은 무골이 피리가 인연이 되어 불문에 들어선 것은 참으로 애틋한 사연이 아닐 수 없네.」

적군의 사기를 뒤흔든 무기요, 아군에게는 마지막 희망의 불길이 된 피리. 그 소리가 멎은 자리에서 오직 '명예와 현상금'이라는 코드에 맞춰 움직인 칼잡이의 생각이 바

박다지관세수두약문양견의(薄茶地觀世水杜若文樣肩衣) | 후쿠시마(福島) 현 난고손(南鄕村) 교육위원회 소장 | 색이 짙게 그려진 기본형의 물의 무늬에 비해, 디자인화한 하얀 제비붓꽃이 선명하게 빛나고 있다.

뀌는 것이다. 머리를 깎고 호넨(法然)의 제자가 된 렌세이(蓮生, 구마가이)는 아츠모리를 위해서 하루에 6만 번 염불을 올렸으리라는 전설적인 승려로 거듭나게 된다.

13세기의 《헤이케모노가타리》가 겐페이전(源平合戰, 1184년)을 근거로 두 사람의 긴장관계를 재구성했다면 뒤를 이어 나온 헤이케물(平家物)들은 바다에서 사라진 헤이케 일가를 동정하는 경향이 강해지고 패전의 장수들을 가까이하는 데 기여하고 있다. 그런 전통의 영향을 받은 18세기 작가 나미키 소스케(並木宗輔)는 《이치노타니후타바군키(一谷嫩軍記)》에서 패자부활전 같은 허구의 세계를 그린다.

구마가이의 손에 아들이 죽었다는 소식을 듣고 달려온 아츠모리의 어머니 후지노카다와 아들 고지로를 보려고 남편을 찾아온 사가미는 구마가이의 진지에서 만나게 된다. 두 아들의 어머니는 구마가이가 헤이케 소속의 무사일 때 가까운 사이였다.

이들이 보는 앞에서 구마가이는 절차에 따라 구비오케(首桶)에 담아 온 적장의 머리를 사령관 요시츠네에게 내보인다. 그러나 그것은 사가미가 낳은 아들 고지로의 목이었다. 벚꽃을 사랑하는 요시츠네의 취향에 따라 사령관의 보디가드 벤케이가 써 붙인, "일지(一枝, 한 가지)를 끊으면 일지(一指, 손가락 하나)를 끊겠다."는 협박성 포고문을 구마가이는 '일자(一子)를 자르면 일자(一子)를 잘라야 한다' 는 소리로 들었다. 벚꽃이 핀 가지 하나를 사람으로 보고 '법황의 아들(아츠모리)을 네가 참했다면 네 아들 고지로도 참해야 한다' 는 뜻으로 해석한 것이다.

지(枝, 指), 자(子) 세 한자를 일본어로 읽으면 모두 '시, し' 가 된다. 일본어에 흔한 동음이의어(同音異意語)의 기호연쇄(記號連鎖)가 수수께끼로 둔갑해 마침내 착각을 낳게 만들었다. 나미키 소스케의 이야기를 따라가면 두 가문의 눈부신 '두 새싹(후타바, 눈, 嫩)' 은 함께 져야 할 운명의 꽃, '죽음(死, し)' 과 연결된다. 구마가이는 아들을 죽일 수밖에 없었다. 살생을 정화하는 의식과 기도의 제물은 언제나 꽃이었고, 고귀한 사람의 피는 재가 되어도 그 재를 뿌리는 순간 붉은 꽃으로 다시 피어났다는 전설이 있는 일본에서 '구마가이 사쿠라' 는 주검 위에 활짝 피는 벚꽃이다. 중세의 전투방식을 송두리째 바꿔 놓은 오다 노부나가(織田信長)는 출전에 앞서 이렇게 노래하며 춤을 추었다. "한 번 생을 얻어 멸하지 않은 자 있던가!"

중국의 초목성불론을 일찍이 받아들이고, 곤파루 젠치쿠(金春禪竹, 1405~1470)의 〈요곡(謠曲)〉 등으로 '풀 포기 하나도 부처님' 이라는 감성을 다듬어 낸 일본인들은 식물의 각 부위와 인체 부위를 '영혼이 담긴 언어' 로 통합시키려고 했다. 그리고 그들이 좋아하는 두 영웅을 꽃으로 모셨다. 모든 나무의 눈(메, め, 嫩, 새싹)이 곧 사람과 동물의 눈(메, め, 眼)이 되고, 모든 꽃(하나, はな, 花)을 동물의 코(하나, はな, 鼻)와 일치시킨 상상력은 자연 그대로 성불한 난초에서 사생관이 뚜렷한 위인의 모습을 보는 것이다.

중국에서는 신비로운 난이 성인(聖人)을 의미하는 보이지 않는 향기가 됐고, 일본에서는 승부의 피비린내 나는 대결을 초월한 무사정신의 선명한 부활을 일본 난초에 의탁했다. 구마가이소의 흰색, 아츠모리소의 자홍(紫紅)은 서로 잘 어울리는 고귀한 빛이면서도 지상의 원(怨)을 풀지 않고서는 결코 어울릴 수 없는 하늘의 평화, 위대한 인간의 상징이라고 한다. 사족을 달자면 미나모토 요시츠네, 오다 노부나가와 같은 천재적인 실전(實戰)의 게이머들, 일본 역사상 최고의 전쟁영웅으로 일컬어지는 그들은 아직 꽃으로 환생하지 못하고 있다.

|박석기|

3
미술로 본 난초

하나 | 한국 | 회화로 본 난초
얽매이지 않은 변화무쌍한 묵란도

둘 | 한국 | 묵란사로 본 난초
역경을 극복하는 선비의 몸부림

셋 | 중국 | 회화로 본 난초
실사의 묵란도에서 찾은 이상향

넷 | 한·중 | 묵란도의 경계선
그림의 난초다움과 난초의 그림다움

다섯 | 일본 | 회화로 본 난초
묵란의 전통은 일본에도 살아 있다

여섯 | 한국 | 도자 문양에 나타난 난초
18세기 전반에 나타난 한국형 난초 문양

일곱 | 중국 | 도자 문양에 나타난 난초
현실 기형에 옮겨 온 사유의 세계

여덟 | 일본 | 도자 문양에 나타난 난초
단순 문양에서 새롭게 시문되는 난초

아홉 | 한국 | 민화로 본 난초
소박한 민초들의 소망

3. 미술로 본 난초

하나 | 한국 | 회화로 본 난초

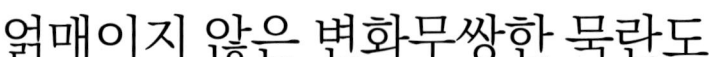

얽매이지 않은 변화무쌍한 묵란도

농묵·담묵의 조화로 창조되는 묵란도

사철 푸른 잎과 맑고 은은한 향기를 가진 난(蘭)은 군자에 비유되기도 하고, 중용의 덕에 비유되기도 하면서 오랜 세월 동안 문인들의 사랑을 받았다. 문인들은 여가를 틈 타 난 그리는 것을 즐겼는데, 난 그림은 산수나 인물 등과 달리 서예의 기법을 적용시켜 큰 부담없이 그릴 수 있기 때문에 문인들 사이에서 크게 환영을 받았다.

한국에서 난화가 처음 그려지기 시작한 시기는 고려 때라고 믿어지지만 당시의 유작이 남아 있지 않아 그 진면목을 살펴보기 어렵다. 그러나 《고려사》 또는 당시의 문집에 수록된 기록을 통해 묵란이 고려의 왕공 사대부 사이에 널리 유행했다는 사실을 확인할 수 있다. 15, 16세기 조선시대부터는 백자(청화 진사 철사백자 등)에 매, 죽 그리고 좀 늦게 난, 국 등의 그림이 표면 장식으로 나타나는데 사군자화(四君子畵)의 발달과 밀접한 관계가 있다고 볼 수 있다. 조선 전반기에 그려진 묵란도의 경우도 기록으로는 많이 전해지지만 실제 남아 있는 작품은 거의 없는 실정이다.

현존하는 작품 중에 본격적인 묵란도로서 비교적 오래된 작품은 국립중앙박물관에 소장된 이징(李澄, 1581~?)의 〈묵란도〉이다. 이 그림은 다른 그림들과 함께 화첩

묵란도(墨蘭圖) | 이징(李澄), 조선, 국립중앙박물관 소장 | 이 작품은 왼쪽 하단에 간략하고 거친 터치로 지면을 표현하고 그 위로 대각선으로 뻗어나간 난엽은 변각 구도를 이루고 있다. 뒤틀린 난잎들은 묵의 농도를 달리해 변화를 주고 있다. 꽃대는 엷은 담묵으로 짧게 표현했다. 이징의 초년작으로 여겨지는데 구도, 화법 면에서 이정의 영향을 받은 것으로 보인다.

속에 들어 있는 작품인데 변각 구도를 택하고 있다. 뿌리 부분에 지면을 간략하게 묘사하고, 농묵과 담묵을 적절하게 구사해 화면에 공간감을 불어넣었고, 꽃대와 꽃잎을 옅은 묵색으로 은근하게 표현했다. 난초의 잎은 삼전(三轉) 법칙에 따라 빠른 필세로 삐쳐 나갔는데, 그 힘찬 기세에는 강건하고 냉철한 기운이 어려 있다. 이와 같은 필세가 화면에 생기를 불어넣고 있으나 이징의 화원이라는 신분상 제약 때문인지 화면에서 문자향을 느끼기에는 다소 아쉬움이 있다.

조선 후기의 선비화가인 강세황은 난초와 대나무를 채색으로 그리거나 매난국죽(梅蘭菊竹)을 한 벌로 그리는 등 다분히 실험적인 작품을 보여 주었다. 그의 〈묵란도〉(부산 개인 소장)는 사군자 8폭 병풍 중의 하나로서 농묵과 담묵을 오묘하게 배합해 그린 문기(文氣) 짙은 그림이다. 세련되고 정갈한 필선으로 난초의 고상한 품위를 유감없이 그려냈는데, 이징의 〈묵란도〉와 비교해 보면 그 차이가 스스로 드러난다. 시원한 느낌을 주는 적절한 여백의 배치와 꽃잎 등에서 볼 수 있는 맑고 속기 없는 표현은 정신적 순수성과 능숙하고 절제된 필선의 간결함에 의해 얻어진 결과라 할 수 있을 것이다.

실로 난 그림은 서법의 연장선상에 있다. 문인들이 난초를 그리는 것은 물론 그것이 가지고 있는 군자적 상징성 때문이라 할 수 있겠으나, 일상에서 글씨를 쓰던 붓과 먹으로 운필(運筆)을 통해 약간의 형사(形似)를 가하게 되면 난초 그림이 되고 또한 감상할 수 있는 묵란도가 되는 것이다. 따라서 강세황의 난초 그림은 당연히 그의 문자향 짙은 서법의 연장선상에 있다고 볼 수 있다.

강세황이 살던 시대에 발간된 《어제첩(御製帖)》(1759)에 수록되어 있는 선조대왕의 난초 목판화는 가늘고 날렵한 느낌을 주는 여러 개의 난초 잎과 3송이의 꽃을 그린 것이다. 꽃이 원추리 꽃을 닮은 것 같기도 하지만, 원본을 목판에 옮길 때 일부 변형된 결과가 아닌가 생각된다. 대나무와 같은 화면 속에 그려진 난도(蘭圖)는 죽도(竹圖)와 달리 지면에 뿌리를 박고 있는 모습을 묘사하고 있으며, 넓은 여백을 배경으로 하고 있는 이 그림의 필선에서 고아한 품격을 느낄 수 있다.

이들의 뒤를 이어 추사 김정희, 석파 이하응(石坡 李昰應, 1820~1898), 운미 민영익(芸楣 閔泳翊, 1860~1914), 소호 김응원(小湖 金應元, 1855~1921) 등 묵란화 대가들은 조선시대 난초 그림의 품격을 높였다. 특히 추사는 그 가운데서 대표적인 인물이다.

추사 서법으로 태어난 〈부작난도〉

김정희는 독특한 서법으로 천하에 알려졌고 또 예법(隸法)으로 문자향(文字香), 서

권기(書卷氣) 넘치는 그림을 그린 것으로 유명하다. 그는 난초 그림을 많이 그렸는데 대표 작품은 〈부작난도(不作蘭圖)〉(서울 개인 소장)다.「不作蘭花二十年……」이라는 화제의 '不作蘭' 만을 따서 〈부작난도〉라고 이름 붙여진 이 그림은, 추사가 그린 〈세한도〉와 더불어 심오한 정신미와 그의 독보적인 화법의 경지를 보여 준다.

담묵의 몇 안 되는 필선으로 그린 〈부작난도〉는 한 포기의 난을 소재로 했는데, 옅은 묵색의 갈필로 친 난잎의 필선은 그림의 선(線)이라기보다는 오히려 글씨의 획에 가깝다. 난잎의 묘사를 보면 뿌리에서부터 뻗어나가던 꽃대와 잎이 돌연 몇 번 꺾이는데, 이것이 소위 절엽난화법(折葉蘭畵法)이라는 것이다. 유연한 곡선과 절묘한 반전으로 난의 품격을 표현하려는 데 뜻을 두고 있는 종래의 그림들과 달리 먹의 농담과 윤갈(潤渴, 먹의 농담, 속도에 의해 나타나는 필획이 윤택하거나 마른 느낌), 구부러짐과 꺾임을 주저 없이 구사하고 있다.

난 주위의 여백에는 추사 특유의 강건 활달한 필체로 쓴 화제가 있다. 추사는 서법과 화법을 구별하지 않고 예서 쓰는 법으로 난초를 그렸다. 그렇기 때문에 〈부작난도〉는 서(書)의 연장선에서 해석돼야 할 그림이라 해도 과언이 아니다. 그림은 그 속성상 자연물의 외형적 묘사의 한계를 벗어날 수 없기 때문에 표현하고자 하는 심회나 사상을 명료하게 드러내기에는 부족함이 있다. 그래서 추사는 시·서·화(詩書畵) 일체의 경지에서 자신의 사상과 심회를 화제를 통해 표현하려 했다.

〈부작난도〉의 화면 위쪽에 써 있는 화제의 내용을 살펴보자.

> 난 그림을 그리지 않은지 20년/ 우연히 하늘의 본성을 그려냈구나/ 문을 닫고 깊이깊이 찾아드니/ 이 경지가 바로 유마의 불이선일세/ 어떤 사람이 그 이유를 설명하라고 강요한다면/ 마땅히 비야리성(毘耶離城)에 살던 유마가 아무 말도 하지 않았던 것 같이 사절하겠다/ 만향(不作蘭花二十年 偶然寫出性中天 閉門覓覓尋尋處 此是維摩不二禪 若有人强要爲口實 又當以毘耶 無言謝之 曼香).

화면의 오른쪽에서 왼쪽으로 내려 쓴 화제는 「초서와 예서, 기이한 글자를 쓰는 법으로써 그렸으니/ 세상 사람들이 어찌 알 수 있으며/ 어찌 좋아할 수 있으랴/ 구경이 또 쓰다(以草隸奇字之法爲之 世人那得知 那得好之也 謳竟又題).」라는 내용을 담고 있다.

화면 왼쪽 아래에 왼쪽에서 오른쪽으로 내려 쓴 화제는 「처음에는 달준에게 주려고 그린 것이다/ 다만 하나가 있을 뿐이지/ 둘은 있을 수 없다/ 선객노인(始爲達俊放筆 只可有一 不可有二 仙客老人).」이다.

마지막으로 「오소산이 이 그림을 보고/ 얼른 빼앗아 가려는 것을 보니 우습도다

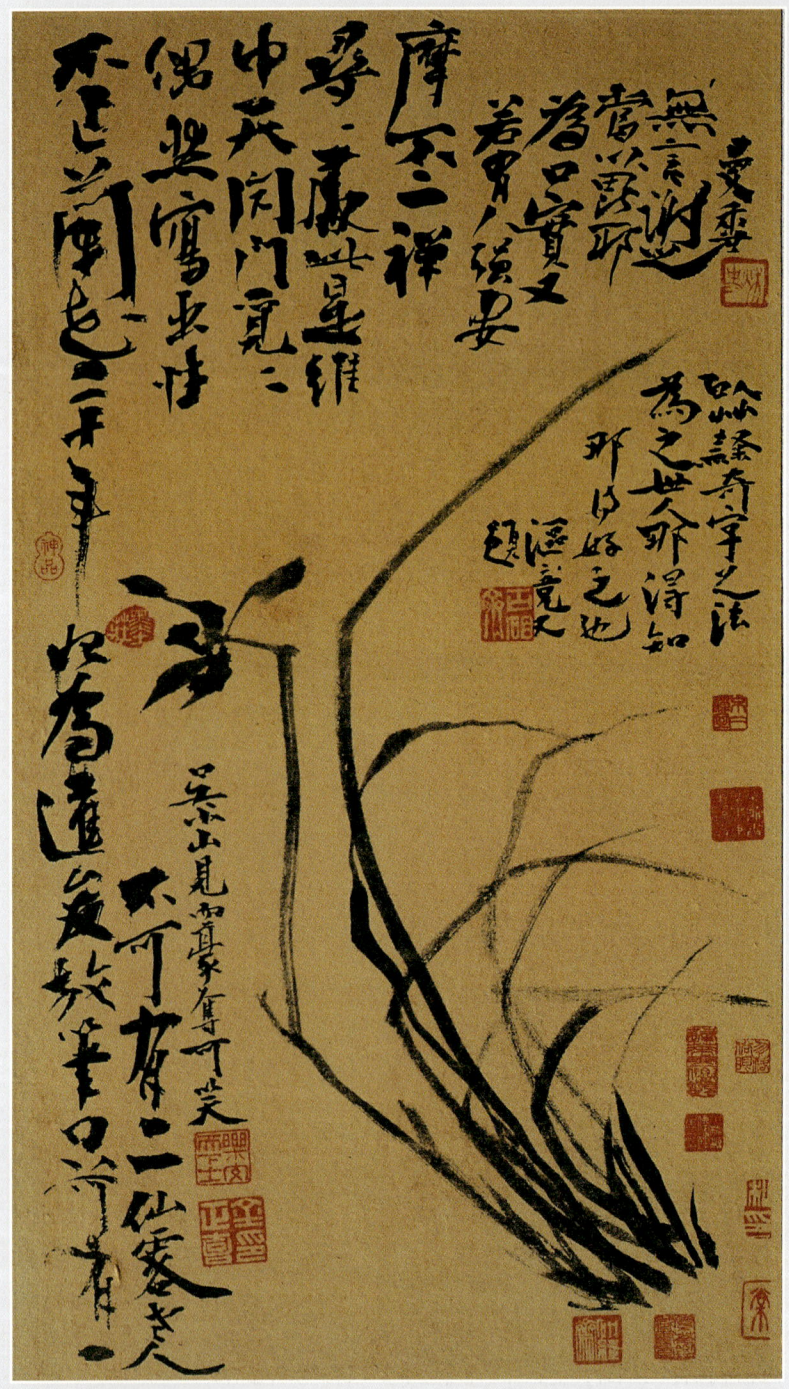

부작난도(不作蘭圖) | 김정희(金正喜), 조선, 개인 소장 | 이 그림은 김정희의 전형적인 난 그림과 글씨체를 동시에 잘 드러내 보여 주는 작품이다. 바람을 받은 듯 오른쪽 구석에서부터 꿈틀대며 힘차게 솟아 굽어진 난초를 화면의 중앙에 그려 넣고 그 주변의 여백에 제시(題詩)을 써넣었다. 활짝 핀 난꽃에 있는 화심(花心)은 그림인지 글씨인지 구별이 잘 가지 않는다. 추사는 제주 한란을 아꼈던 것으로도 유명하다. 글씨는 굵고 가는 획들이 서로 엇갈려 몹시 거칠면서도 힘차다. 난초의 굴곡진 모습이 마치 그의 글씨를 보는 듯하며, 그의 명성만큼이나 많은 도장이 찍혀 있다.

(吳小山見而 豪奪可笑).」하면서 붓을 놓았다. 그림의 본뜻을 이해하지 못하면서 그림만 탐내어 가져가려는 미련함에 웃음을 짓는다고 말한 것이다.

호방하고 가식 없는 묘법으로 표현된 난초와 강건 활달한 필체의 화제를 통해 김정희가 표현하려고 했던 것은 '불이'나 '유마의 침묵'과 같은 인간의 정신적 순수성과 도덕적 성실성이었다. 그래서 〈부작난도〉는 여기화가(餘技畵家)의 예술 의지와 '회사후소(繪事後素)'와 '서화일체'의 경지를 극명하게 보여 주는 조선시대 문인화의 표본이다.

대원군과 민영익의 난초

난초 그림은 추사의 시대인 18세기를 지나 19세기에 성행했고, 그 가운데서 대원군과 민영익이 쌍벽을 이뤘다. 석파는 추사의 문하에 자주 드나들며 추사의 글씨를 전수 받아서 특히 예서와 난(蘭)에 뛰어났는데,《완당선생전집 제6권》에 보면 추사는 석파의 난을 보고 다음과 같이 칭찬을 아끼지 않았다.

> 석파는 난을 치는 것에 깊은 경지에 들어가 있는데 대개 그 타고난 기틀이 맑고 신묘하여 그 묘처에 가까이 가 있는 바가 있기 때문이다. 그래서 진보할 수 있는 것은 오직 이 일분의 공력(工力)일 뿐이다. 나는 배우려고 심히 노력하였으나 지금은 또한 남김없이 할 마음을 잃어버려서 이리저리 떠돌면서 그리지 않은 것이 이미 이십여 년이나 되었다. 사람들이 혹시 와서 요구하지만 일체 하지 못하는 것으로 사절하여 고목나무나 찬 잿더미에서 다시 싹이 나 불길이 나오지 않는 것같이 되었다. 그런데 석파가 친 것을 보니 하남(河南)에서 사냥하는 것을 보는 (예전의 하던 일의 재미에 자기도 모르게 끌려 들어가 기쁨을 느끼는) 것 같은 생각이 들어서, 비록 내 스스로 치지는 못한다 하더라도 옛날에 알던 것으로서 대강 이와 같이 제(題)하여 석파에게 붙인다. 모름지기 뜻과 힘을 한 가지로 쏟으면 다시 이 물러앉은 늙은이로 하여금 억지로 하지 못할 것을 강요하지 않게 할 것이다. 내가 손수 치는 것보다 낫기 때문이다. 사람들이 내게서 구하고자 하는 것이라면 모두 석파에게 그것을 구하는 것이 좋겠다.

석파는 난초 두세 포기를 화폭의 아래위에 배치하되 이들이 절벽이나 바위에 붙어 자라는 모습을 많이 그렸다. 특히 난초의 잎이 아래쪽으로 반전하는 모습을 절묘하게 표현했다. 이런 묘법은 수직에 가까운 바위나 절벽에서 자라는 난초의 실제 모습을

묵란도(墨蘭圖) | 김응원(金應元), 조선, 진주국립박물관 소장 | 김응원의 난법(蘭法)은 김정희, 이하응의 필법을 충실히 따르면서도 자신만의 청아한 필선과 기품으로 독자적인 경지를 만들었다. 하지만 추사와 석파의 벽을 뛰어넘지는 못했다.

관찰한 결과 터득한 것으로 보인다. 석파의 난은 섬세하면서도 동세가 강해서 다소의 신경질적인 예리함이 엿보인다. 잎을 묘사한 필선은 뿌리에서 굵고 힘차게 시작하지만 붓질에 속도가 붙으면서 갑자기 가늘어지고 끝부분에 이르면 길고 예리하게 쭉 뻗어나간다. 많은 난초의 잎을 단숨에 끊어 치는 필선과 농묵과 담묵의 강한 대비에서 그의 강직하고 날카로운 성품을 읽을 수 있다.

민영익은 조선 말기의 문신·개화사상가·예술인으로서 명성황후의 친정 조카다. 격동기를 살면서 많은 어려움과 고초를 겪은 민영익은 1894년에는 중국으로 망명해 그곳의 문인화가들과 함께 사군자를 그리며 말년을 보내면서 난초 그림으로 일가를 이루었다. 그의 난 그림은 당시 유행하던 이하응의 석파란과는 달리, 짙은 먹을 써서 난잎의 끝을 뭉툭하게 뽑아내는 것이 큰 특징이다. 그는 노근란(露根蘭)을 많이 그렸는데, 그 이유는 나라를 잃으면 난을 그리되 뿌리가 묻혀 있어야 할 땅은 그리지 않는다는 중국 남송 말의 화가 정사초의 고사와 관련되어 있는 것으로 보인다.

그의 난초 그림은 대체로 여백이 적은 편이다. 그러나 모두 그런 것은 아니고, 호암미술관에 소장된 〈묵란도〉같이 투명하고 시원한 느낌의 여백을 지닌 작품도 있다. 이 〈묵란도〉를 보면, 필선의 성격이 석파의 난초 그림에 비해 농묵과 담묵의 대비가 강하지 않으며, 전체적으로 부드럽고 안정된 느낌을 준다. 한두 개의 난초 잎을 비교적 길게 쳐나가다가 직각에 가깝게 한 번 꺾는 기법은 민영익 난초 그림의 특징이라 할 수 있다. 그는 주로 붓끝이 획의 가운데에 위치해 필획의 모양이 둥근감이 나고 두께가 거의 일정한 장봉획(藏鋒劃)을 구사했는데, 그런 결과 석파와는 전혀 다른 난화를 창조해 내게 된 것이다.

근대를 살았던 김응원은 출신배경이 전혀 알려져 있지 않으며, 다만 흥선대원군 이하응의 하인이었다는 설이 전한다. 1911년에 근대적 미술학원으로 서화미술회 강습소가 개설될 때에 조석진(趙錫晉)·안중식(安仲植)과 함께 지도 교사진에 들어 묵란법을 가르쳤다. 1918년 민족사회의 전통적 서화가들과 신미술 개척자들이 서화협회를 창립할 때에도 조석진·안중식 등과 함께 13인의 발기인으로 참여했다. 글씨는 행서와 예서를 잘 썼고 그림은 묵란이 전문이었

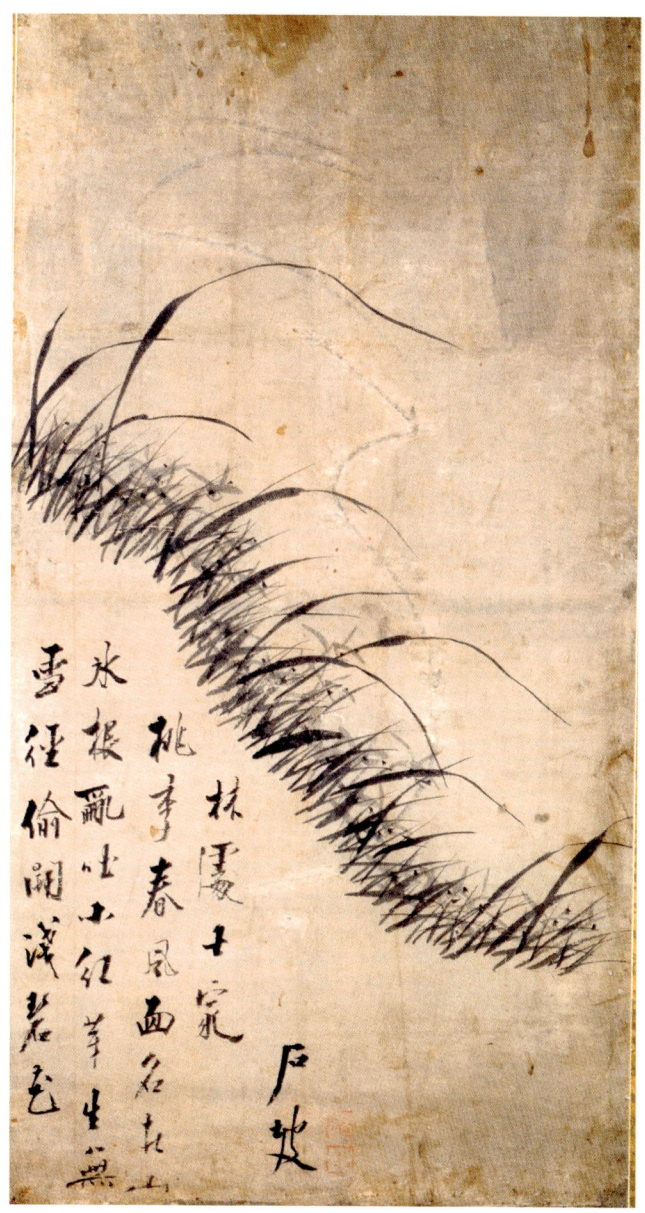

묵란도(墨蘭圖) | 이하응(李昰應), 조선, 고려대학교박물관 소장 | 이 그림은 난엽(蘭葉)을 왼쪽에서 오른쪽으로 쳤는데 한결같이 춤추듯이 했고 꽃은 짧다. 언덕에 잔뜩 핀 총난화(叢蘭畵)다. 화면의 왼쪽 아래에는 긴 제시(題詩)와 석파(石坡)라는 관지(款識)가 있다.

다. 그의 묵란들은 이하응의 필법을 충실히 따르면서도 독자적인 경지를 이루었다. 대표적인 작품으로 창덕궁 소장인 웅장하고 환상적인 구도의 대작 〈석란도〉가 있다.

조선시대의 묵란도는 중기 이후부터 많은 화가가 배출돼 양식적 전통이 수립됐다. 그리고 후기·말기가 되면 한편으로는 중국 사군자화의 영향을 수용하면서 다른 한

편으로는 이를 극복하며 독자적인 양식을 창조해 냈다. 한국 묵란도의 특징은 화가의 개성에 따라서 다소 차이가 있으나 전체적으로 볼 때 화법에 얽매이지 않는 대담하고 자유로운 화면구성과 추상미를 느끼게 하는 필치를 구사하고 있다는 점일 것이다. 특히 자유롭고 풍요로운 여백을 배경으로 하면서 획과 공간 사이에 변화무쌍한 변화를 보이는 묘법은 사실성과 형식을 중시하는 중국 난화의 묘법과 비교되는 점이라 할 수 있다.

| 허균 |

《고등 식물 난초》
과거에는 가장 진화된 식물로 국화과를 들었으나 최근에는 난과 식물을 꼽고 있다. 국화꽃은 방사상(放射狀)의 꾸밈새이며, 두상화(頭狀花)라 하여 200~300개의 꽃잎이 뭉쳐서 하나의 꽃처럼 보인다. 씨는 송이당 대략 100~300개를 얻을 수 있다.
이에 반해 난꽃은 일반 식물에서는 쉽게 볼 수 없는 좌우대칭의 꾸밈새며 하나의 굵은 암술을 지녔다. 작은 기둥처럼 생긴 암술의 중간부에 굵게 뭉친 2개의 꽃가루 덩이가 붙어 있다. 벌과 나비 등이 암술의 미동에서 분비되는 꿀을 먹기 위해 머리를 깊숙이 들이밀 때 꽃가루가 등에 묻게 되며, 이들이 빠져 나가면서 꽃가루가 암술머리에 닿아 수정이 이루어진다. 이렇게 수정 되면 한 송이의 꽃에서 10만 개가 넘는 엄청난 씨를 만들어낸다. 이런 몇 가지 요소가 난이 국화보다 고등한 식물이라는 근거가 된다.

3. 미술로 본 난초

둘 | 한국 | 묵란사로 본 난초

역경을 극복하는 선비의 몸부림

울분을 분출하듯 묵란도를 친다

참을 인(忍) 자를 풀어보면 '刀+心', 곧 날카로운 칼날로 마음을 억누르고 있는 뜻 모음 글자다. 이처럼 칼날로 꼼짝 못 하게 울분을 물리적으로 참아내기도 하지만 정신적으로 마음속에서 삭혀 이를 산산이 뿜어내는 방편으로 난을 치기도 했다. 난초를 그릴 때 난심(蘭心)에서 분출이라도 하듯 잎을 방사시키면서 억하심정을 방출했을지도 모른다.

  난화는 그린다 하지 않고 친다고 한다. 친다는 것은 눈보라가 세게 몰아붙인다 할 때 또는 소리나게 세게 때리거나 두드릴 때, 떡메로 내려 짓이길 때 친다고 한다. 곧 동적인 역학동사를 정적인 예술행위와 동일시해 난을 친다고 하는 데는 저의가 깃들어 있음직하다. 난을 그린다 할 때 마음속의 응어리를 밖으로라도 내뿜는 운필로 시종되기에 난을 그리고 나면 마음속의 그늘지고 분한 울화가 희석됐을 것이고, 불평불만을 바가지 긁어 해소하고 강아지 배때기 차 깨갱거리게 해서 해소하듯 품위 높은 해소 수단으로 난을 쳤던 것이다.

  18세기 한국 묵란사(墨蘭史)의 징검다리인 이인상(李麟祥, 1710~1760)은 서자 출신으로 신분 때문에 벼슬인생을 중도에서 좌절당해 평생을 울적하게 살았던 시

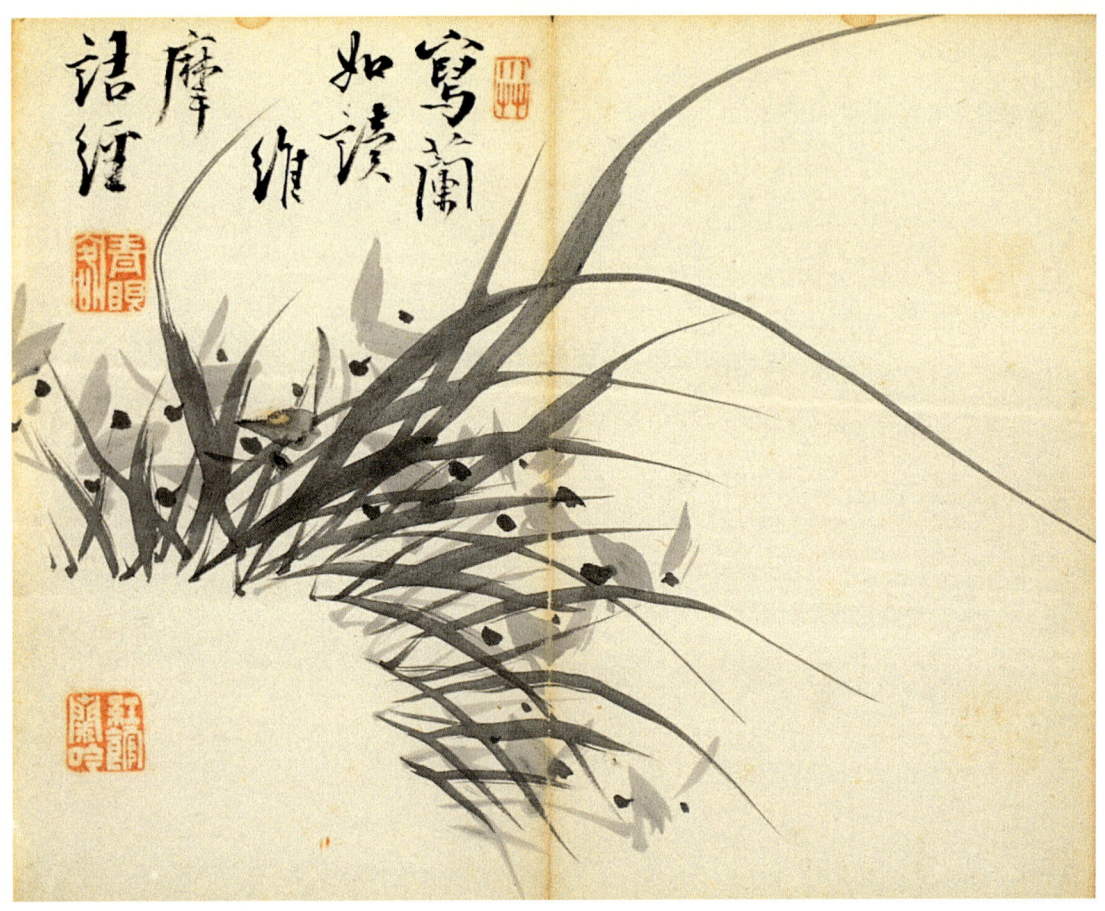

묵란(墨蘭) | 조희룡(趙熙龍), 조선, 간송미술관 소장 | 떨기 난으로 짧고 많은 잎을 좌우 방향으로 겹쳐 그리고 가운데에서 두 줄기 긴 잎과 몇 줄기 중간 길이의 잎을 적절히 배치한 다음, 사이사이로 많은 꽃을 피워냈다. 왼쪽 아래에 공간을 두고 위와 오른쪽으로 잎을 삼전법(三傳法)에 따라 전개해 나갔다. 왼쪽 위에 적힌 화제는 다음과 같다.「난을 치는 것은 유마경을 읽는 것과 같다(寫蘭, 如讀維摩詰經).」

·서·화 삼절이다. 그는 어느 그림의 화제(畵題)에서 이렇게 한탄하고 있다.

> 세상이 혼탁해서 나를 알아주지 않으니 / 얻고 잃는 것이 아침저녁이 다르도다 / 천하에 끝이 있으므로 한탄하노니 / 태초와 더불어 이웃이 되고 싶다.

그의 묵란도의 특색을 찾아보면 뿌리를 상징하는 한 작은 점에서 헤아릴 수 없이 많은 이파리와 난꽃을 분출시키고 있다. 곧 작은 구멍에서 방사선상으로 솟구쳐 오르는 이 분수(噴水)난초를 그의 일상적인 심정과 부합해서 볼 때 한 응어리로부터의 분출임을 직감케 하는 화풍이다.

앞서 화제(畵題)의 시에서 태초와 이웃하고 싶다 한 것도 사회적 차별 같은 군더더기 없는 원시, 곧 태초의 원점으로의 복귀를 선망했음도 같은 차원이다.

묵란의 대가 조희룡(趙熙龍, 1797~1859)도 귀양 가 유배지 생활에서 난의 걸작을 탄생시켰다. 그의 말대로 성난 기(氣)로 대를 그리고 기쁜 기로 난을 그렸으며, 야생의 난만을 그린 저의도 소외감의 표출이다. 「어지럽게 널린 돌 사이에서 무리 지어 피어 있는 난초를 보고 지쳤지만 거리낌 없는 붓을 휘둘러 먹이 빗발처럼 튀고 돌은 흐트러진 구름처럼 난초는 엎어진 풀처럼 그려낸다.」 했으니 소외된 심정이 묵란에 고스란히 투영되었음을 감지할 수 있다.

추사의 불이선란, 대원군의 속인과 운인

19세기 묵란의 대가 김정희의 대표작 〈부작난도〉가 말해 주듯 묵란을 통해 유교의 정신세계로 입문해 선경(禪境)에 이른 것은 9년에 걸친 제주도 유배생활에서였다. 추사가 선에 이끌려 제주도 산방산(山房山)에 머물 때 그린 추란(秋蘭)을 보고 문인 권돈인(權敦仁, 1783~1859)은 「난초는 꽃이 되어 산방에 있건만/ 가을바람 어디쯤에서 사람의 애를 끊나니/ 풍상 앞에 쉽사리 꺾인다 할양이면/ 어떻게 오래도록 향기를 풍길까.」 했다.

흥선대원군이 정치가로 풍운을 일으켰을 때는 그의 묵란(墨蘭)에 있어 하향기나 침묵기요, 잦았던 정변으로 이를 악물고 은퇴해 있거나 중국 보정부(保定府)에 유폐돼 있을 때 난을 즐겨 쳤던 것만 미뤄 봐도 스트레스 발산 수단으로서 묵란이 어떻게 탄생되는가 이해를 돕는다.

흥선대원군의 보정부 유폐 시절에 관해 동시대 사람인 황현(黃玹, 1855~1910)의 《매천야록(梅泉野錄)》에서 「유폐지에서 아무 할 일이 없었기에 난초 그림을 그리며 세월을 보냈다.」 했고, 당시 한국에서 활동했던 일본 신문기자 기구치 겐조(菊池謙讓)는 〈이태공(李太公)전〉에서 「보정부에서 보낸 4년여 동안 흥선대원군은 난을 치고 지냈으며 정원에 나무를 심거나 풍류객들을 불러 조용히 지냈다.」고 했다.

이 시절에 그린 묵란으로 15살 성년을 맞는 손자를 위해 묵란 병풍을 그려 보냈는데 마지막 장에 쓴 화제(畵題)는 이렇다.

> 내 나이는 65세이고 손자의 나이는 15세다. 나는 이미 쇠약하고 늙었지만 손자는 젊고 건강하다. 지금 늙은 팔로 그려서 주노니 무릇 난초란 무리 지어 피어나서 오래 살고 복도 많을 뿐 아니라 자손이 많은 징조로 여기는 것이므로 너는 모름지기 허리에 차고서 경계로 삼아야 할 것이다. 갑신년 가을 7월 초하루에 쓰다.

조선주재 대사를 했고 후에 중국 대통령을 거쳐 황제까지 등극했던 위안스카이(袁世凱, 1859~1916)에게도 한 폭의 난을 선물했는데 보정부 시절에 그린 묵란도였다.

정계에서 대권을 흔들었을 때의 자신을 속인(俗人)이라 하고, 은퇴해 난과 친근했을 때의 자신을 운인(韻人)이라 해 묵란을 운인(韻人)과 속인으로 현명하게 구별한다 했다. 「나는 그림을 배운 지 40년이 되었지만 간혹 구하는 자에게 응하여 그려준 일이 많았다. 운인이 구했을 때 그려 준 그림에는 정취가 절로 우러났으나 속인이 와서 구할 때는 붓끝이 부끄러웠는지 그려 놓고 보면 난심(蘭心)이 드러나지 않는다.」고 했다. 곧 대원군은 정치적 울분기에 난으로 달랬음을 알 수 있으며, 울분을 토로하는 매체로서의 묵란을 증명했다.

|이규태|

3. 미술로 본 난초

셋 | 중국 | 회화로 본 난초

실사의 묵란도에서 찾은 이상향

묵란도로 그려지는 망국의 한

난초의 향기와 고귀함에 대한 찬미는 전국시대(戰國時代) 초나라의 시인 굴원으로부터 시작되었다. 그의 시 〈이소〉에 그가 난초의 향기를 즐겨 넓은 지역에 이 꽃을 가득 심었다는 구절이 보인다.

　난초를 애호하는 마음은 후에 필묵으로 난을 그리는 묵희(墨戱)로 발전해 흉중일기(胸中逸氣)를 표현하는 방편으로 문인들 사이에서 유행했다. 이러한 풍조는 북송대(北宋代)의 소동파에 의해 고취됐으며 시·서·화 일체사상과 더불어 문인화론의 근간을 이루었다. 한편, 남송이 망하고 나라가 몽고족의 지배에 놓이게 되자, 지조와 절개를 지키며 은둔 생활을 한 문인들이 많이 생겨났다. 이때까지 대부(大夫)가 되어 나라를 다스리는 것을 목표로 학문을 연마해 왔던 사대부들은 원의 과거제 폐지로 정치를 떠나 시와 서화의 세계에 몰입하면서 망국의 한을 달랬던 것이다. 그 대표적인 예가 정사초와 그의 묵란도다.

　그가 그린 〈묵란도〉는 뿌리를 드러낸 난초〔露根蘭〕의 잎과 꽃을 간일한 필치로 그린 그림이다. 중앙의 꽃을 중심으로 잎이 양쪽으로 뻗어나가는 대칭 구도를 보이고 있으며, 좌우 여백에는 화제가 써 있다. 서화를 심화(心畵)라고 한다면, 물(物)을 빌어 마음을 그리는 것이기에 반드시 그 물(物)의 실상에 얽매일 필요는 없다. 정사초가 난초를 그릴 때 지면을 그리지 않은 것은 화의(畵意)가 난초의 실상 표현에 있었던 것이 아니라 망국한의 환유세계를 난초를 통해 표현하려는 데 있었기 때문이다.

　　소나무, 대나무, 매화를 삼청(三淸)으로 꼽아 그림 그린 것으로 유명한 남송의 조맹견(趙孟堅, 1199~1264)도 난초를 잘 그렸다. 고궁박물원에 소장된 그의 〈묵란도〉는 세로 34.5센티, 가로 90.2센티 규모의 대작에 속하는데, 중심부에 화면 가득히 난을 그려 놓았다. 잎은 방사형으로 뻗어 나가다가 끝 부분에서 안으로 말려드는 형태로 묘사되어 있으며, 아랫부분에는 꽃대가 짧은 4~5개의 꽃이 그려져 있다. 난초를 화면 중앙에 배치하고, 우측 상단과 좌측 중간 여백에 화제를 써넣은 결과, 여백의 미가 줄어들었다. 노근란이 아닌 풀 덮인 지면에 뿌리박고 자라는 난을 그렸다는 점에서 정사초의 난 그림과 화의가 다르다고 할 수 있다.

　　명대(明代)의 구영(仇英)은 정확한 골법(骨法)과 세련된 색조를 구사한 화가로 유명하다. 고궁박물원에 소장된 그의 〈쌍구난화도(雙句蘭花圖)〉는 극히 사실적인 수법으로 그린 그림이다. 구륵법(鉤勒法)을 구사해 벌레 먹은 잎이나 시든 잎사귀 모양을 실제와 똑같이 그리려고 노력했고, 음양의 향배는 훈염(暈染) 기법으로 표시했다. 난초의 외형을 사실적으로 묘사하는 데 주력한 결과, 난초를 빌어 세속을 벗어나려는 흉중을 표현하는 문인화의 정신과는 거리를 두게 되었다.

속진을 멀리하고픈 의식인의 소망

고궁박물원에 소장되어 있는 명나라 화가 주천구(周天球, 1514~1595)의 〈묵란도축〉을 보면, 용필(用筆)이 소쇄유창하고 화풍이 맑고 그윽하며 전아하다. 한 포기의 난을 그렸는데, 전체적으로 좌우대칭의 구도를 이루고 있다. 꽃의 경우도 예외가 아니어서 중앙의 꽃을 중심으로 좌우에 각각 한 송이씩 배치했다. 지면을 묘사했고 화면 위에 장문의 화제를 질서정연하게 배치했다. 좌우대칭 구도는 정사초의 〈묵란도〉나 조맹견의 〈묵란도〉에서도 이미 봐온 바다.

　　주천구의 또 다른 난초 그림이 상하이 박물관에 소장되어 있다. 〈난화도축〉이라 이른 이 그림은 위에서 살펴본 〈묵란도〉와는 다른 구도를 보여 준다. 두 포기의 난초를 그렸는데, 한 포기는 땅에 뿌리를 박고 자라는 모습을 그렸고, 다른 한 포기는 잎이 화면의 바깥쪽에서 안으로 나타나는 형식을 택했다. 이와 같은 구도로 말미암아 화면은 주어진 프레임의 범위를 넘어 확대되는 효과를 얻고 있으며, 그 결과 문인화적 의취가

난석도(蘭石圖) | 조맹부(趙孟頫), 원(元), 상하이 박물관 소장 | 서화동원(書畵同源)의 전범이 되는 작품이다. 바위는 초서 필법을 써서 붓자국을 남겨 바위의 굴곡을 표현했으며, 난초의 잎과 풀들은 행초서 필법을 써서 표일한 정경을 나타냈다. 그리고 예서 필법을 써서 대나무 잎을 치듯이 그려 두껍고 무거운 느낌을 나타냈다. 전체적으로 고아하면서도 힘이 있고 간략하고 조솔하다. 또한 속되지 않고 새로우며 초탈한 듯 독특한 정취를 지니고 있다.

미술로 본 난초 121

난죽책(蘭竹冊) | 정섭(鄭燮), 청(淸), 톈진 시예술박물관 소장 | 이 그림은 두 그루의 난초를 그린 것으로 잎과 꽃이 빽빽하다. 오른쪽 구석에 치우쳐 전체적으로 위쪽부터 보게 되는 구도로 일종의 역동적인 아름다움을 나타낸다.

살아나고 있다.

우시 시(無錫市)박물관에 소장된 〈화훼도권(花卉圖卷)〉에는 임설(林雪), 왕예매(王蕊梅) 등의 매화, 대나무 그림과 함께 마수진(馬守眞)이 그린 〈묵란도〉가 수록되어 있다. 마수진의 난초 그림은 수석, 영지를 함께 그린 작품으로, 색채가 담담하고 고아하며 묘사가 거짓이 없어 전체적으로 깔끔한 인상을 준다. 이 그림의 난초는 한 개의 꽃대에 꽃 한 송이가 달린 춘란이 아니라, 꽃대 하나에 꽃이 5~6개 정도 달리는 혜(蕙)다. 수석과 영지는 장생의 상징물인데, 이와 관련해서 볼 때 이 그림의 난초는 장생의 상징형으로 그려진 것으로 생각된다. 지린(吉林) 성박물관에 소장되어 있는 마수진의 또 다른 난초 그림인 〈난화도(蘭花圖)〉는 무근란(無根蘭) 한 포기를 소재로 한 작품이다. 이 작품도 혜를 그린 것인데, 운필이 서도(書道)에 합치하고 필치가 맑고 야일하며, 굽고 꺾임과 향배에 아취가 있다. 사실적인 묘법과 깔끔하게 정돈된 화면 구성, 난초를 화면 중앙에 배치하는 수법 등이 중국 난화의 특징을 보여 준다. 같은 박물관에 소장되어 있는 마수진의 〈난죽도축〉을 보면 괴석, 대나무와 함께 난을 그렸는데, 각 소재들이 화면을 가득 채우고 있다. 이런 구도의 난초 그림은 한국에서는 거의 찾아보기 어렵다.

상하이 박물관에 소장된 진원소(陳元素)의 〈묵란전겸익서유란부권(墨蘭錢謙益書幽蘭賦卷)〉이란 긴 이름을 가진 이 작품은 세로 30.9센티, 가로 412.6센티의 규모가 큰 그림이다. 절벽 낭떠러지에 매달려 자라는 난초와 지표에서 자라는 난초 등 여러 종류의 난을 그렸는데, 모두 실상에 충실한 묘법을 구사하고 있으며, 자유로운 잎사귀와 꽃의 표현은 서로 엉키지 않는 모습을 보이고 있다.

그의 또 다른 작품인 〈화란서란장전후서합권(畵蘭書蘭章前後序合卷)〉은 원래 서·화 합권으로 되어 있었으나 현재는 그림 부분만 따로 분리되어 있다. 필획의 유전(流轉)이 유창해 잎사귀가 하늘을 날아오르는 듯하고, 맑고 굳세고 날카로운 필치는 속진을 떠난 초연한 경지를 보는 듯하다. 커다란 괴석이 제법 넓은 공간을 차지하고 있는 경우는 중국식 난초 그림에서 흔히 볼 수 있다. 고궁박물원이 소장하고 있는 진원소의 〈난석도축〉은 일기(逸氣) 충만한 그림이다. 약간 경사진 지면 위에 자라는 난초를 그렸는데, 용필이 강건하고 날카로우며 쓰러져 있거나 우러러 있는 잎사귀에서 서법의 의취를 느낄 수 있다.

서법으로 완상시킨 은일자의 표상

명대 말기 화파(畵派: 浙派)의 마지막 화가인 남영(藍瑛, 1585~1664)은 산수화에 뛰어났으며, 황공망(黃公望)을 연구해 남화풍에 기울었다가 후에 남북을 절충해서 일가를 이룬 화가다. 만년의 필력은 더욱더 예리해 사람들은 심석전(沈石田: 沈周, 1427~1509)과 비슷하다고 했다. 산수화 이외에도 인물·화조·난석(蘭石)을 잘 그렸는데, 난징(南京) 시박물관에 소장되어 있는 〈난석도축〉이 그의 대표적인 난초 그림으로 알려져 있다. 암석 위에 자라는 몇 포기의 난초가 맑은 바람을 따라 가볍게 흔들리는 듯하고, 그 자태가 아양부리는 아리따운 여인을 닮았다. 그 위쪽에 몇 개의 가지를 가진 대나무가 그늘을 드리우고 있으며, 암석에 가해진 용필의 꺾이고 깨짐은 강한 바위의 속성을 잘 표현하고 있다.

정섭(鄭燮, 1693~1765)은 시·서·화에서 모두 특색 있는 작풍을 보인 것으로 널리 알려져 있다. 그의 시는 체제에 구애받음이 없었고 행해(行楷)에 전예(篆隷)를 섞었는데, 그 사이에 화법도 넣어서 전통에 얽매이지 않는 독자적 서풍을 창시했다. 화훼와 목석을 잘 그렸으며, 특히 상쾌한 느낌을 주는 난초와 대나무 그림에 뛰어난 작품이 많다.

양저우(揚州) 시박물관 소장된 그의 〈난죽석도축〉이 그의 작풍(作風)을 잘 보여 주고 있는데, 좌하에서 우상(右上) 방향으로 놓인 큰 바위 위에서 한데 어울려 자라는 대나무와 난초의 모습을 그리고 있다. 바위는 담묵을, 난초는 농묵을 사용해 그렸는데, 그 필치가 마치 글씨를 쓴 것처럼 유려하다. 주된 경물의 배치나 화제의 위치 등 완벽한 구도를 이루고 있으나, 여백이 비교적 적은 편이어서 세속에 얽매이지 않는 은일적 표현에 모자람이 있다.

그의 또 다른 작품인 〈현애난죽도축(懸崖蘭竹圖軸)〉은 화면 안으로 기울어진 바위 절벽에 자라는 난초와 대나무를 그렸다. 담묵으로 솟아오르는 듯한 바위를 그리고, 그 위에 농묵으로 몇 포기의 대나무를 초서의 필치로 간략하게 그렸다. 강건하고 수려한 필치에 문인의 아취가 배어 있다. 정섭은 이 그림에 쓴 화제에서 「굳세기는 대나무와 같고, 맑기는 난초와 같고, 견고하기는 돌과 같다(其勁如竹 其淸如蘭 其堅如石).」 했는데, 이것은 난죽도를 그리는 화의의 참뜻을 밝힌 것이다.

이상에서 살펴본 바와 같이 중국 난화의 특징은 대체적으로 좌우대칭 구도를 선호하고 있다. 또한 여백이 비교적 적은 편이며, 화제나 여백을 배치함에 있어서도 어떤 정해진 형식을 따르는 것 같은 느낌을 준다. 화가에 따라 수준의 차이가 있음을 감안하더라도 서법을 바탕으로 이루어지는 난화인 까닭에 잎사귀나 꽃 등의 세부적 표현은 높은 수준의 필력 못지않은 매우 능숙하고 세련된 경지를 보여 주고 있다.

| 허균 |

3. 미술로 본 난초

넷 | 한·중 | 묵란도의 경계선

그림의 난초다움과 난초의 그림다움

생취와 의취 사이를 오가다

화가는 뜻에 따라 대상을 선택한다. 제 뜻에 맞는 대상을 고르고 나서 그린다. 뜻이 먼저고 대상은 뒤다. 이것이 의재필선(意在筆先)이다. 뜻을 세운 뒤 붓을 쥐라는 것이다. 설혹 아름다운 풍경에 감동한 뒤 붓을 들었다 치자, 그렇다고 대상인 풍경이 뜻보다 먼저 있었다고 말할 수 있을까. 아니다. 풍경이 뜻을 촉발했겠지만 그 뜻에 따라 풍경은 다르게 나타난다. 그림 속의 풍경은 자연 속의 풍경과 같지 않다. 사군자인 매·난·국·죽은 뜻 모르고는 붓을 들 수 없는 화목이다. 아니, 그림이 되기 전에 뜻이 정해져 있다. 이는 문인화에 보이는 특수한 예다. 기품, 고결, 정절, 지조 등의 상징이 사군자 속에 함축돼 있다. 화가는 그 상징을 다루되 독창적인 표현을 고민한다.

난초 그림은 '그림의 난초다움'과 '난초의 그림다움' 사이를 오간다. 난초다움에 치우치면 사생화(寫生畵)가 되고, 그림다움에 기울면 사의화(寫意畵)가 된다. 청대 나빙(羅聘, 1733~1799)이 그린 〈심곡유란도(深谷幽蘭圖)〉를 보자. 깎아지른 절벽에 수백 촉의 난이 드리워져 있다. 이른바 총란도(叢蘭圖)다. 총란도는 중국에서는 흔하지만 조선에서는 드물다. 한두 포기의 난초 그림에 익숙한 눈으로 보자면 이는 당혹

스런 올 오버 페인팅(all over painting)이다.

　난초가 압도하는 화면에서 나빙이 노린 것은 무엇일까. 그는 자연 속에 자생하는 난을 그렸다. 자생난의 생취(生趣)를 그리며 그림에서 난초다움을 찾은 것이다. 이것이 사생화다.

　구한말의 윤용구(尹用求, 1853~1939)는 〈석란도〉를 남겼다. 절벽 아래 드리운 몇 포기의 난초가 보인다. 나빙의 그림과 비슷한 구상이지만, 윤용구는 화제를 통해 심회를 굳이 밝힌다.

> 깎아지른 절벽은 3천 자/ 난초는 푸른 하늘에 있네/ 그 아래 나무꾼이 있어/ 손을 들어보지만 꺾지 못하네.

　나무꾼 따위가 무슨 난향이나 알겠는가 하는 심사다. 난초를 그렸지만 의취(意趣)를 드러내는 것이 먼저인 이 그림은 사의화다. 윤용구의 난초는 그림이 되고픈 난초다. 난초에서 그림다움을 구하는 것이 사의화의 목표다.

고법에 바탕을 둔 조형성 드러내기

생취와 의취가 한국과 중국의 난 그림에서 무 토막처럼 나뉘는 것은 아니다. 모든 난초 그림이 생취와 의취로 갈라지는 것은 아니지만, 난초 그림을 보는 이가 흔히 생취와 의취를 구별하고자 한다. 화가는 이 경계를 넘나들거나 때로는 하나의 경지로 포획하려 한다. 그림의 난초다움과 난초의 그림다움을 통합하려는 시도가 그것이다.

　원대 화가로 조맹부의 아들인 조옹(趙雍, 1289~?)

심곡유란도(深谷幽蘭圖) | 나빙(羅聘), 베이징 고궁박물원 소장 | 나빙은 '양주팔괴(揚州八怪)'의 한 사람으로 양주팔괴는 김농(金農)·황신(黃愼)·이선·왕사신(汪士愼)·고상(高翔)·정섭(鄭燮)·이방응(李方膺)·나빙을 가리킨다. 나빙은 그중 김농의 수제자였다. 이 그림은 자생란에서 난초다움을 찾은 그림으로 깎아지른 절벽에 무더기로 나 있는 난을 그린 것이다. 이런 총란도는 우리나라에서는 보기 드문 그림이다.

의 〈청영홍심도(靑影紅心圖)〉를 살펴보자. 그림에는 난초와 대나무와 괴석과 가시나무가 뒤섞여 있다. 가시나무와 난초는 거침과 부드러움의 대비로 보인다. 변함 없는 괴석과 그 틈을 비집고 자라난 대나무도 화가의 작의를 반영한다. 몸은 비록 휘었지만 대나무의 억센 생명력은 청록의 잎사귀에 넘치도록 묘사됐다. 그 몸통과 잎은 전서와 팔자(八字)의 옛 법식을 따랐다. 난잎은 3번 꺾이는 삼전법을 따랐다. 잎 가운데를 사마귀 배처럼 그리고 잎과 잎이 교차하는 곳에 봉황의 눈을 적실하게 드러내면서 그 끝은 쥐꼬리처럼 날렵하게 처리하는 등 난법의 고식을 그대로 좇았다. 난잎에 숨은 필의는 행초서다. 문인의 의취를 고스란히 간직하면서 회화적 조형성 역시 두드러진 그림이다. 여러 소재를 포치하면서도 각기 특성을 한 화면 안에 녹여낸 화가는 풍성한 미적 감흥을 자아내고 있다.

　비슷한 구도로 그려진 조선 후기 심사정의 〈난석(蘭石)〉도 회화의 미적 자장(磁場) 안에 의취와 생취를 융합한 그림이다. 가시나무와 괴석을 난초와 병치한 의도는 조옹의 그림과 마찬가지다. 심사정은 붓의 농담으로 문인화적 흥취를 연출한다. 난잎에서 진한 먹을, 괴석에서 연한 먹을 구사한다. 소재가 가지는 성격을 정반대로 묘출한 것이다. 화면 아래 잡풀에 담청색을 입혔지만 정작 붉은 꽃술은 먹으로만 그렸다. 전체적으로 풍기는 간담소연(簡淡疎然)한 느낌은 먹빛의 조절에 힘입은 바 크다. 희밀(稀密)과 층차(層次)의 공교로운 표현이 능수다운데다 왼쪽으로 삐쳐 나간 난초의 잎들을 보다 못해 오른쪽으로 꺾이는 단 하나의 잎으로 구성상의 불균형을 잡아 주는 솜씨는 회화의 기본을 터득하지 않으면 어려운 경지다. 조옹과 심사정은 난 그림에서 생취와 의취를 회화적으로 융합한 표본을 보여 준다.

형상의 바깥에서 기이함을 얻다

사군자는 다른 장르에 비해 전형성을 띤다. 난초는 간혹 파격적인 경지를 보여 주기도 한다. 이때의 파격은 생취를 통한 전신론(傳神論)과 의취를 통한 전신론의 구획을 뛰어넘는다. 청대의 정섭은 난을 그리면서 꽃봉오리 하나만 달랑 그렸다. 난향을 육화하려는 의도다. 그런가 하면 원 왕조에 저항한 정사초는 뿌리가 드러난 난초를 그렸다. 망국의 한을 곱씹으려는 의도다. 김정희의 〈부작난도〉는 조선조에서 가장 파격적인 그림이다. 농탕한 난 그림으로 18세기를 풍미한 화가 임희지(林熙之, 1765~?)는 "나의 병통은 난꽃을 크게 그리는 것이다."라고 고백했지만, 김정희는 "나는 크고 작고 부드럽고 강하고를 따지지 않고 오직 내 취향대로 그릴 뿐이다." 했다. 김정희는 난초 그리는 화보적 법식에 구속되지 않으면서 강퍅한 추상의 경지에

《난맹첩(蘭盟帖)》 중 〈묵란화(墨蘭花)〉 | 김정희(金正喜), 조선, 간송미술관 소장 | 이 그림은 추사의 전에 볼 수 없던 구도로, 난잎을 중복해 그려 변화를 주었다. 얼핏 무질서한 느낌을 주나 난잎의 이미지를 대담하게 표출했다. 비교적 짧은 난잎들을 밀집되게 그리고 윗부분은 넓은 여백으로 남겨 구도상으로 화면 하단에 중량을 두었다. 꽃과 난잎의 다양한 형태와 생동감과 긴장감이 감도는 운필의 아름다움은 추사의 필세가 강한 해서적인 조형 감각과 유사하다.

오른 사람이다.

　　김정희는 《난맹첩(蘭盟帖)》에 들어 있는 난 그림 하나에 화제를 이렇게 부쳤다. 「쌓인 눈은 산에 가득, 얼어붙은 강이 난간을 이루지만 손가락 끝에 봄바람 부니, 이로서 하늘의 뜻을 본다(積雪滿山江冰欄干 指下春風乃見天心).」 이 그림에서 그는 갓 피어난 난촉을 위주로 그렸다. 공간을 가르는 난잎의 간드러짐은 보이지 않는다. 그러니 잎과 잎이 교차하면서 이루는 곡선의 연미한 맛은 찾을 수 없다. 물론 난꽃의 요염함도 없다. 장단(長短)과 비수(肥瘦)와 건습(乾濕)의 효과를 별로 고려하지 않은 그림이다. 손가락 끝에 이는 봄바람이란 붓을 쥔 김정희의 화흥(畵興)을 가리키는 말이다. 그는 겨울에서 봄으로 넘어가는 하늘의 섭리를 어린 난들의 움틈에서 찾았다. 난이 움트는 기운을 그는 오로지 필획에 의지해 표현한다. 날것의 생명력을 붓끝의 뜻으로 되살려 낸 이 그림은 파격이 그저 묘사의 변용으로만 이뤄지는 것이 아니란 점을 깨우친다.

양주팔괴의 일원인 청대 이방응(李方膺, 1695~1754)의 〈전도춘풍도(顚倒春風圖)〉는 추상적 의경에 다가가려는 수묵화의 몸부림이다. 형태의 파격에 힘입은 이방응의 난초 그림은 서양의 액션 페인팅(Action Painting)과 흡사하다. '봄바람에 뒤집히다'라는 제목 그대로 화가는 바로 선 난초 한 그루와 뒤집힌 난초 한 그루를 한 화면에 배치한다. 잎은 농묵으로 그리되 신속한 운필이 아니라 질질 끄는 둔필이다. 꽃대와 꽃잎은 담묵으로 처리하면서 그림자 진 것처럼 보이게 했다. 재현이나 표현의 기능을 계산하지 않은 그의 그림은 공한 맛보다 졸한 맛을 물씬 풍긴다. 왜 뒤집힌 난을 그려야 했을까. 화가의 심회를 헤아릴 단서는 그림 어느 구석에도 없다. 보인다면 묵희(墨戲)와 같은 몸부림이 보인다. 그래서 이 그림은 파격이 추구한 상외기득(象外奇得)이다. 형상의 바깥에서 기이함을 얻은 것이다. 뜻이 붓 앞에 있었겠지만 붓은 법을 넘어섰다. 이를 일러 마음 내키는 대로 하되 일정함이 없는 일격이라 부를 수 있지 않을까.

난을 그리는 자세와 기법을 강조한 옛글은 삼엄하다.

> 먹은 정품을 쓰고 물은 갓 길어온 샘물을 써라. 벼루는 묵은 찌꺼기를 버리고 붓은 굳은 것이 아닌 순수한 털을 사용하라. 난꽃에 꽃술을 그리는 것은 미인의 눈을 그리는 것이니 곧 급소나 마찬가지다. 꽃술의 세 점은 뫼산 자의 초서처럼 치고 다섯 꽃잎에 꽃망울은 세 개만 그려라.

난화(蘭畵)의 야전교범(野戰敎範)이나 다를 바 없는 이런 수칙들은 결국 그림의 난초다움과 난초의 그림다움 안에서 포섭되기 마련이다. 그 가운데 독창적 파격을 만나는 즐거움은 망외의 소득이라 할 것이다.

|손철주|

3. 미술로 본 난초

다섯 | 일본 | 회화로 본 난초

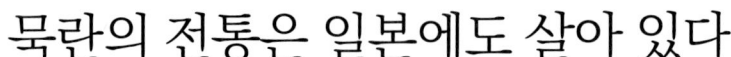

묵란의 전통은 일본에도 살아 있다

원대의 영향에서 출발한 묵란도

일본 미술에서 난초가 중요한 모티프로 등장하게 된 것은 중세 남북조시대인 14세기부터였다. 이 시기의 그림에는 쵸운 레이호(頂雲靈峰)와 뎃슈 도쿠사이(鐵舟德濟)가 수묵으로 그린 〈난죽도(蘭竹石圖)〉가 전하며 이는 중국 원나라 선종 승려인 설창으로부터 직접 영향을 받은 것이다. 가시나무 사이에서 자라는 난초 및 대나무라는 화제는 조맹부 이래 설창이 즐겨 그리던 것으로 여기에서 가시는 소인을 나타낸다. 그리고 이와 같은 그림은 일본의 남북조시대 선종사원을 중심으로 자주 그려졌으며 일본의 초기 수묵화의 발달과 관련해서도 매우 중요하다.

바위 옆에 자라고 있는 난초와 대나무 그리고 가시나무를 그린 뎃슈 도쿠사이의 그림은 일견 사실적인 묘사를 보이는 것 같지만, 일본의 수묵화 발달이 아직 초보적인 수준에 있을 당시의 특징이 그대로 드러나 있다. 그 점은 특히 대나무와 난초의 비례 그리고 난초 잎의 묘사에서 두드러진다. 즉, 오른쪽으로 뻗은 난초 잎의 경우 같은 중심에서 그은 동심의 곡선을 이루고 있고, 바위 뒤에서 왼쪽 방향으로 뻗은 긴 난초 잎은 오른쪽의 가는 잎과 좌우대칭에 가까운 형태를 이루고 있다.

같은 화제는 무로마치 시대 교쿠엔 봄포의 〈난석도〉에서 찾아볼 수 있다. 이 그림에서는 바위 뒤에서 부드러운 곡선을 그리며 길게 뻗어 강조된 난초의 긴 잎을 비롯해 동적인 필선의 구사가 두드러져 있다. 길게 자란 잎들 뿐만 아니라, 짧은 잎들과 꽃, 가늘게 자란 가시, 간략하게 그려진 바위에 이르기까지 리드미컬하고 빠른 곡선에 의한 묘사가 두드러져 있다.

주로 수묵으로 그려진 묵란도의 형태로 그려지던 난초 그림이 채색화로 변화한 것은 에도 시대에 들어선 후의 일이다. 18세기 전반에 활약한 남화가 야나기사와 기엔(柳澤淇園, 1706~1758)의 〈남중협란도(籃中挾蘭圖)〉는 채색화조화의 한 예로서 녹색조로 그려진 난초와 오렌지색 꽃은 이 그림이 중국의 직업화가들의 그림, 즉 북종화의 전통을 이은 것임을 말해 준다.

기엔이 그린 또 다른 난초 그림인 〈난석도〉에서도 마찬가지의 묘사를 볼 수 있는데, 가는 필선으로 잎맥을 그린 점이나 잎의 앞뒷면을 구별해 그린 점 등 그 묘사태도에서는 사실성이 고려된 것을 알 수 있으나 묵란도에서 볼 수 있는 생기 그리고 상징성과 연관된 묘사가 약화되어 있다. 이를 통해 일본 에도 시대의 남화가 소위 잡종성을 드러내는 복합적인 성격을 갖고 있었음을 알 수 있다.

이와 같은 그림들은 나가사키(長崎)를 통해 전해진 중국의 명나라나 청나라 그림들 혹은 중국의 화보의 영향을 받아 그려진 그림들이다.

남중협란도(籃中挾蘭圖) | 야나기사와 기엔(柳澤淇園), 에도 시대 | 에도 시대 들어 수묵으로 그려지던 난초 그림이 채색화로 변화되었다. 이 작품도 그 예로서 중국 직업화가들의 그림의 전통을 이은 것이다.

18세기 후반 이후에 그려진 난초 그림들도 대부분이 남화가들에 의해 그려졌으며, 와타나베 가잔(渡邊華山, 1793~1841)이나 다노무라 지쿠덴(田能村竹田, 1777~1861)이 그 예들에 해당한다. 지쿠덴이 그린 난초 그림으로는 〈난도〉와 〈분란호석도〉가 알려져 있다. 무리를 지어 자라는 난초를 대각선 방향을 기본으로 해서 리듬감 있게 배치해 그린 〈난도〉는 힘 있는 필치로 그려진 잎이 인상적이다. 이와 같은 특징은 이 그림을 그리기 일 년 전에 공직을 그만둔 그의 결의가 반영되어 있는 것으로 평가되기도 한다.

땅에 뿌리를 내리고 자라는 난초를 그린 〈난도〉와는 달리 〈분란호석도〉는 화분에서 자라는 난초

와 호석을 그림으로써 한층 강한 문인적인 취향을 드러내고 있다. 지그재그 방향으로 뻗은 호석은 단속적인 필선으로 거친 질감을 살려 그린 반면, 화분 안에서 무성하게 자란 난초의 잎과 꽃은 가는 필선으로 자세하게 묘사해 전체 화면이 정갈한 느낌을 준다. 교토 소린지(雙林寺)에 살던 화승 겟포 상인(月峰上人)에게 준 그림으로 지쿠덴의 문인지향성이 잘 드러난 그림이다.

19세기 중반에 활약한 남화가인 와타나베 가잔의 〈난죽도(蘭竹圖)〉 역시 사실성을 바탕으로 한 난초 그림이다. 난초와 대나무, 가시나무, 바위 등의 모티프를 그린 점으로 보아 중국 원나라 이래 선승이나 문인화가들 사이에서 자주 그려졌던 난죽석도의 전통을 이은 그림임을 말해 준다. 난초 잎의 묘사에서 동어반복적인 필선이 구사되어 있는 점은 조형적인 문제점으로 지적할 수 있으나, 유연한 필선으로 전통적인 화제를 다루면서도 지면의 묘사에 비중을 둔 점 등은 그의 그림에서 차지하는 산수의 중요성을 간접적으로 나타내 준다.

카키츠바다즈(燕子花圖) | 오가타 고린(尾形光琳), 에도 시대, 도쿄 네즈(根津) 미술관 소장 | 이 그림은 6첩 한 쌍으로 된 병풍인데, 고린 작품의 특징은 이 그림에서처럼 자연에서 한 가지 주제를 빌어 그것을 단순화시켜 반복함으로써 표면적 문양의 효과를 나타내는 것이다. 즉, 밝고 단순한 색채의 배합과 더불어 이차원적 화면구성에 뛰어난 조형감각을 표현한 일본 회화의 특성을 잘 살렸다. 땅이 되는 금병풍에 녹색과 청색의 암회구(岩繪具, 광물을 갈아서 만드는 繪具)만으로 그린 심플하면서도 추상적인 작품으로 국보로 지정되어 있다. 위조지폐 방지를 위해 2004년 11월 1일에 발행된 5000엔 권 새 지폐(뒷면)의 도안이기도 하다. 이 병풍의 그림은 우리가 흔히 난초와 혼동하는 제비붓꽃이다.

　　에도 시대 말기인 19세기 후반에 그려진 난초 그림 역시 야마모토 바이이쓰(山本梅逸, 1783~1856)나 다노무라 쵸쿠뉴(田能村直入, 1814~1907)의 예에서 보는 바와 같이 남화계열 화가들이 그린 예들이 중심을 이루고 있으며, 계절꽃으로 그려지는 경우는 점차 제비붓꽃으로 옮겨 가는 경향을 보였다.

　　근대에 그려진 그림 가운데 난초가 등장하는 대표적인 예는 요코야마 다이칸(橫山大觀, 1868~1958)이 그린 〈굴원〉이다. 뿌리가 뽑힌 난초를 들고 있는 굴원은 오카쿠라 덴신(岡倉天心, 1862~1913)과 동일시되어 그려진 인물로서 모함에 의해 도쿄 미술학교를 사직해야만 했던 덴신의 처지를 굴원의 모습에 비유해 그린 것이다. 덴신이 중요시하던 역사화 속의 부속적인 모티프로 그려진 난초는 문헌기록에 따른 것임을 알 수 있다.

| 김용철 |

3. 미술로 본 난초

여섯 | 한국 | 도자 문양에 나타난 난초

18세기 전반에 나타난 한국형 난초 문양

난 문양이 나오는 15세기 청화백자

우리나라 도자기 문양으로 난초가 제대로 등장하는 것은 18세기 전반기다. 그러나 난엽과 비슷한 잎사귀에 꽃은 들국화인 경우가 15세기 말경 청화백자에서 나타난다. 그 대표적인 예가 〈청화백자망우대(忘憂臺)명초충문접시〉다. 국화는 고려시대에 상당히 많이 청자상감 문양으로 꽃과 잎이 사실적으로 표현됐는데, 왜 15세기 말경 국화의 잎을 난엽(蘭葉)과 흡사하게 표현했는지 의문으로 남는다.

15세기를 지나 16세기 말 17세기 전반까지 우리나라의 도자산업은 임진, 병자의 양대 국난으로 피폐일로를 걷다가 17세기 중엽부터 점차 회복기에 접어든다.

난초 문양은 17세기 중후반경 명기에 조금 등장한다. 이때에도 연꽃과 국화꽃에 난엽이 곁들여졌는데 15세기 말경과 달리 온전한 연꽃, 연잎과 국화꽃에 국화잎이 있고 난엽이 있다. 이때도 난엽의 등장은 일시적이고 그 예도 매우 드물다. 이외에 아주 드물게 백자철화국화절지문항아리가 있는데, 꽃과 국화잎에 난엽을 국화잎보다 더 많이 곁들인 예가 있다. 회화에서는 이때 이미 사군자의 하나로서 또는 독자적으로 난(묵란도)이 그려지고 있을 때다. 그래서 난엽은 15세기 말 도자기에도 약간은 어설

청화백자망우대명초충문(青華白磁忘憂臺草蟲文銘)접시 | 조선, 15세기, 개인 소장 / **청화백자초충문쌍이편병(青畵白磁草蟲文雙耳扁甁)** | 18세기 후반, 국립중앙박물관 소장

프게 난엽이 표현되기 시작해 유연한 운치와 함께 국향이 어우러지게 상징적으로 표현된 것이 아닌가 한다.

본격적으로 난초가 등장하는 것은 18세기 전반부터다. 이때에는 난엽에 측면관(側面觀)의 난초꽃을 그려 난초의 본모습을 그린 것이 있는가 하면, 난엽에 난초꽃 대신 으아리꽃[仙人草]이나 쑥부쟁이나 패랭이꽃을 그려 넣은 예가 많다. 난엽에 난초꽃을 그린 예는 난엽을 몰골법으로 그린 것과 구륵법으로 그린 것이 있다. 다만 구륵법으로 그린 예는 마른 꽃대를 위로 뻗쳐 그린 것이 특색이다. 난엽에 으아리꽃을 그린 것은 모두 몰골법인데 난초꽃과 흡사하며 벌이 꽃으로 날아드는 예가 있어 으아리꽃의 향이 난향보다 좀 더 진한 것으로 표현한 것이 아닌가 한다.

난엽에 쑥부쟁이꽃을 그려 넣은 것도 몰골법인데 난엽이 여리고 가냘픈 예가 많고 꽃도 아주 간결하게 그려 사의성 짙게 처리한 것도 있다. 난엽에 패랭이꽃을 그린 예도 많은데 패랭이꽃이 만개한 것을 위에서 본 것과 측면에서 바라본 예가 있으며, 거의 몰골법으로 그렸는가 하면 더러 구륵법으로 그린 예도 있다. 이외에 패랭이의 줄기와 꽃을 제대로 그리고 거기에 가는 난엽을 곁들인 예가 있는 것을 보면 난초가 주 문양이 아닌 것은 분명하다.

18세기 전반에 이와 같이 많은 난초 문양이 등장한 것은 이 시대의 특징이다. 그 이유는 18세기의 모든 미술이 준수하고 간결하며 가장 한국적인 정서와 조형 역량을 나타내기 위해 깊이 모색한 결과 얻어진 결실일 것이다. 당시의 사람들이 이미 난초

미술로 본 난초 135

백자청화난초문각병(白磁靑畵蘭草文角瓶) | 조선, 17세기, 국립중앙박물관 소장/ **백자청화국죽문각병(白磁靑畵菊竹文角瓶)** | 조선, 17세기, 국립중앙박물관 소장/ **백자청화난초문각병(白磁靑畵蘭草文角瓶)** | 조선, 17세기, 국립중앙박물관 소장

의 준수한 모습과 유연하고 섬세한 난엽의 선과 고매한 향기를 높이 평가한 것으로 봐야 할 것이다. 그러면서도 쑥부쟁이와 같은 들꽃과 난초를 동시에 문양으로 채택한 것은 무슨 까닭일까? 그것은 너무나도 여리면서 은은한 난향보다는 조금이라도 색다르고 진한 향기를 나타내기 위해 우리 들꽃을 대입함으로써, 우리 꽃의 아름다움을 선비들의 전유물이라 할 수 있는 난초보다 상위에 놓고 난초꽃보다 아름다우면서 간결하게 표현한 당대의 사람들이 갖고 있는 높은 안목의 소산이었을 것이다.

단독 문양으로 나타난 난초

18세기 전반의 연장선상에 있는 18세기 중엽에는 난초가 독립적으로 등장한 예가 있다. 난초가 비로소 사군자 중의 하나로 등장하는데 난엽과 꽃을 구륵법으로 처리한 예가 있다. 네모로 각이 진 각병의 네 면에 꽃이 핀 난엽과 으아리꽃, 쑥부쟁이꽃, 패랭이꽃 4가지를 그린 것이다. 이들 난초를 괴석과 함께 화분에 담은 예도 있고, 화분을 소반형 탁자위에 올려놓은 것도 있다. 이때의 난엽은 세장(細長)하지만 형식화된 느낌이 있다. 그러나 여러 가지 소재의 문양이 섞여 준수하고 유연하고 유려한 난엽의 아름다움이나 고매한 난향의 상징성은 별로 보이지 않는다. 다만 은은한 난향에 세장한 난엽이 지니는 약간의 운치가 남아 있을 뿐이다. 이 또한 전통적인 난초의 이미지보다는 우리의 땅에 지천으로 자라는 들꽃의 아름다움을 보다 높이 받아들인 결과일 것이다.

그러나 이때에 비로소 매·난·국·죽의 사군자가 본격적으로 등장한다. 또한 국화꽃과 국화잎에 난엽이 곁들여지는 예가 나오는데 17세기 이후에 다시 나타난 예가 있다. 15세기 말경 국화꽃에 이파리를 짤막한 난엽선으로 표시한 예와 함께 국화와 난을 함께 어우러지게 한 것이다.

백자청화난초문필통(白磁靑畵蘭草文筆筒) | 조선, 19세기, 국립중앙박물관 소장

18세기 전반에는 간결한 필치로 준수하고 유려하게 그린 난초가 병·항아리 등의 주제로 크게 그려지고 난·죽 또는 사군자가 동격으로 등장하고 있다. 18세기 중엽에는 사군자의 하나로 등장하기도 하지만, 난엽에 난초꽃과 으아리꽃을 대입시켜 그릇 사면에 나타낸 것은 여전하다. 하지만 난초는 역시 형식적 난향에 난엽의 운치만 약간 남아 있을 뿐이다. 18세기 후반에는 난초가 주제로 나오는 경우가 드물고 꽃대가 나타난 예도 있다. 그러나 필치가 점차 굵어져서 고매하고 유연한 품격이 많이 떨어질 뿐만 아니라 국화에 곁들여지고 있다. 사군자 중 하나로 나타날 때도 난의 기품과 운치가 떨어진다. 난엽에 패랭이꽃을 대입시킨 예도 계속되나 연적 등 작은 기명에 그린 것으로 문양으로서의 수준이 떨어진다. 이외에 그릇 양면 중 한 면에는 굵은 선으로 난엽만 나타나고 다른 면에는 국화에 난엽을 곁들인 것이 있다. 난엽이 사군자 중에서도 국화에만 곁들여지고 있어서 난초의 준수함과 고매한 향기를 상징하던 18세기 전반은 물론이고 18세기 중엽보다도 사뭇 다른 모습이다. 다만 난엽의 필선이 조금은 유연한 모습으로 국향을 함께 상징적으로 표현한 전대부터의 전통이 계속되고 있음을 보여 준다.

투박하고 치졸한 19세기 난초 문양

조선시대 도자기의 난초 그림은 15~17세기까지 난엽이 국화꽃과 함께 등장하면서 난엽의 청초하고 유연함에 국향이 함께 어우러져 우아하고 청초한 모습을 상징적으로 표현했다. 18세기 전반기에는 난초의 청초하고 준수한 모습과 고매한 향기를 유감없이 도자 문양에 나타냈다. 뿐만 아니라 난엽에 우리의 아름다운 토착 야생꽃의 향을 대입시켜 한국적 정서를 더 효율적으로 상징했다. 이러한 현상이 18세기 중엽까지 어느 정도 이어지지만 후반기부터 19세기 들어 난초가 독자적으로 등장한 예가 아주 드물 뿐 아니라, 난엽의 표현이나 꽃의 표현이 매우 치졸해서 자세히 살펴보지 않고서는 난초라고 하기 어려울 정도다. 잎은 선이 굵고 유연한 흐름이 거의 없어 난초의 청초함이나 준수함과 고매한 난향은 어디에서도 찾아볼 수 없다. 그저 형식적으로 난엽이 국화꽃에 곁들여진 경우가 간혹 있다. 난초꽃과 대립 문양으로 도입된 들꽃들마저도 그 표현 기법이 미숙하다.

이로 미루어 보면 문양뿐 아니라 도형과 같은 도자문화 전체의 쇠락기에 접어든 것으로 볼 수밖에 없다. 그러나 이때에도 국화와 함께 난엽이 등장하는 것을 보면 선인들이 왜 난과 국화를 함께 어울러서 생각하게 됐는지는 알 길이 없다.

또한 매·국·죽과 달리 난초는 독립문양으로서의 그 상징성을 오래 지니지 못한 것은 무슨 까닭일까? 그것은 난엽의 준수한 모습을 취하면서도 국화의 향기를 난향보다 즐겼으며, 우리 들꽃의 청초한 아름다움을 난초꽃보다 높이 평가했기 때문이었을 것이다.

| 정양모 |

백자청화난초문표형병(白磁靑畵蘭草文筆筒) | 조선, 국립중앙박물관 소장

3. 미술로 본 난초

일곱 | 중국 | 도자 문양에 나타난 난초

현실 기형에 옮겨 온 사유의 세계

사군자 중에서도 가장 늦게 시문되는 난

사군자의 하나로 칭송되는 난초는 다른 사군자의 부류인 대나무나 매화, 국화가 어떤 형태로든 일찌감치 각종 예술 작품에 등장하는 것과 달리 상당히 뒤늦게 등장한다.

    도자기의 문양에 있어 난초는 원말명초(元末明初)까지 소나무·대나무·매화라는 삼우의 배경으로 작게 그려졌을 뿐이다. 이때에는 그 모양이 오히려 초화문(草花文)에 가까워 아직 난초를 그렸다고 보기 어렵다. 따라서 그 상징 의미 역시 송·죽·매에 묻혀 보조적인 역할을 한 것에 지나지 않는다.

    사실 '사군자' 라는 명칭 아래 매화·난초·국화·대나무가 통합되는 명대까지 각 소재는 시차를 두고 발전해 오고 있었다. 그 중 묵죽이 그림의 소재로서 가장 먼저 독립했다면, 묵란과 묵국은 원대에 가서야 비로소 문인화 속에 뚜렷이 등장하기 시작한다. 특히 난초는 회화의 경우 국화보다 이른 원대 초기 정사초에 의해 문인화의 소재로 확립됐다. 따라서 도자기 문양으로는 당시까지 회화에서 압도적으로 많이 그려지던 대나무와 매화가 먼저 유행할 수밖에 없었으며, 난초가 그 위에 개별적으로 등장해 표현되기까지는 어느 정도 시간이 필요했다. 국화의 경우도 일찌감치 도자 문양으

오채용문장방합자(五彩龍文長方盒子) | 명(明) 만력(萬曆), 19.6×26.8cm, 일본 梅澤記念館 소장

로 나타난 것을 감안하면 난초가 이 중 가장 늦게 문양으로 등장한 것이다.

이와 같이 회화에서나 자기 문양으로서 그 출현이 다소 늦은 난초는 명·청대에 출간된 몇 편의 사군자 화보들에 힘입어 도자기의 시문 대상으로 편입될 수 있었다. 명대에는 만력연간(1573~1619)에 제작된 〈오채용문장방합자(五彩龍文長方盒子)〉의 합 내부 문양 중에서 그 존재를 확인할 수 있다. 합의 내부 측면에 대나무와 매화 등이 함께 표현된 것으로 보아 이 시기 난초의 표현이 군자의 품성을 비유한 사군자의 일부였음을 알 수 있다. 동시에 오조룡(五爪龍)이 시문된 합자의 뚜껑을 통해 이러한 문인적 가치관과 상징이 황실 기물에도 통용되고 있음을 확인하게 된다. 즉, 황제의 문인 지향적 취향과 난초의 상징성이 부합되면서 황실 기명의 문양에 나타난 것이다.

비로소 등장하는 군자와 충절의 상징

이후에는 그릇 생산의 절대적 후원자인 황제들이나 여러 관료의 문인 취향에 더욱 부합하려는 듯 난초가 시문된 문양은 훨씬 문인산수화풍의 형식을 갖추게 된다. 동양화에서 그림을 그리는 소재와 뜻과 흥취를 설명하는 제발(題跋)과 같은 성격의 시문(詩文)과 함께 봄의 정취와 풍류를 나타내는 소재로 난초가 등장하는 것이다. 그 상징 의미는 대체로 산수화를 표현한 전체 문양의 상징성과 궤를 같이하는데, 길상적 성격보다는 산수 경물의 하나로 은은한 아름다움을 상징하거나 군자의 고귀한 품성을 드러내는 것으로 여겨진다.

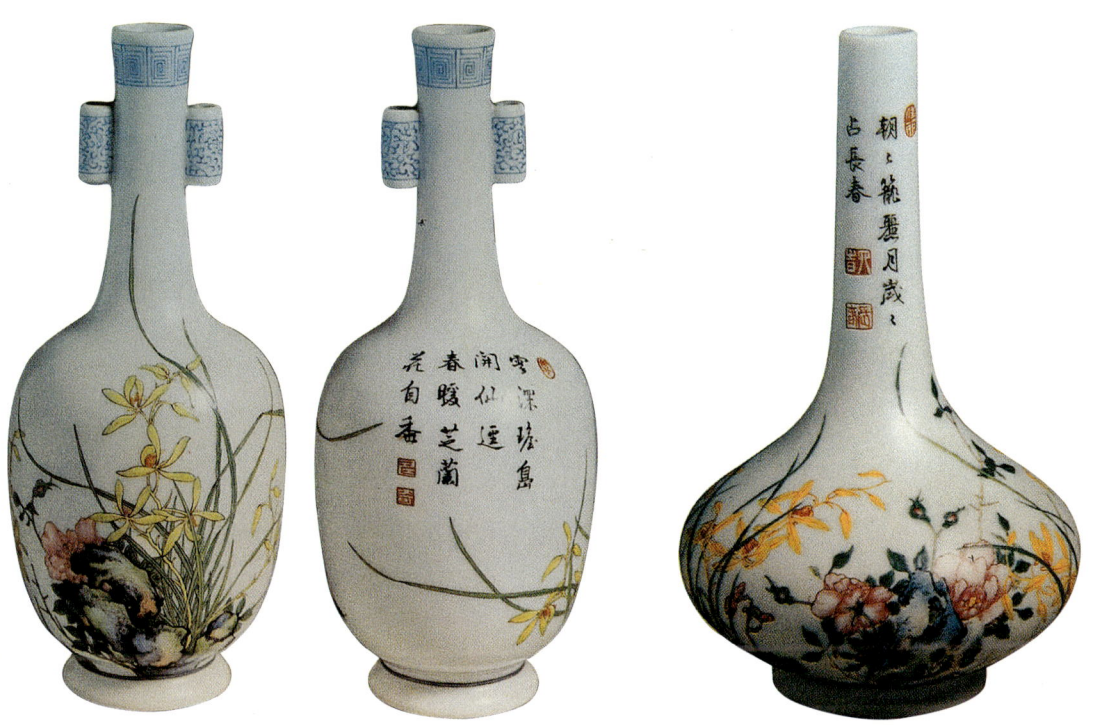

분채난석문관이병(粉彩蘭石文管耳瓶) | 높이 14.3cm, 영국 런던 Percival David Foundation of Chinese Art 소장 / **분채백자화훼문병(粉彩花卉文瓶)** | 청(淸) 건륭(乾隆), 높이 14cm, 영국 런던 Percival David Foundation of Chinese Art 소장

예를 들어 청대의 화려한 취향을 반영하는 〈분채난석문관이병(粉彩蘭石文管耳瓶)〉의 경우, 정면에는 난초가 화려하게 만발해 있고 뒷면에는 다음과 같은 시가 적혀 있다.

눈 깊은 요도에 지름길 열리니/ 봄 따사로워 지란(芝蘭)이 절로 향기롭구나(雪深瑤島開仙迳 春暖芝蘭花自香).

이 시에서처럼 아직 눈이 채 녹지 않은 산길이 선도(仙島)로 향하는 길처럼 아름다운 것은 봄날이 따뜻해 지란(芝蘭)의 향이 절로 퍼지기 때문일 것이다. 이 시에서 난초의 향은 깊은 산골짜기에서 홀로 향을 퍼뜨리는 군자의 품성을 비유한 상징물이기도 하지만, 봄날의 선경을 이루는 경물의 하나로서도 인식되고 있다. 이는 그릇을 바라보는 관찰자에 따라 그 상징 의미가 어느 쪽으로도 기울어질 수 있음을 암시하는 것이다. 그릇의 장식성에 주안을 둔다면 이는 바위와 결합해 산수화의 일부 구성 요소의 하나로 인식될 테지만, 난초의 향을 칭송한 시의 내용에 감상의 주안점을 더 둔다면 이는 확실히 군자의 품성을 상징하는 것이다.

청나라 4대 황제 강희제(康熙帝, 재위 1661~1722) 때에 제작된 〈청화백자난

청화백자난문배(青畵白磁蘭文盃) | 청(清) 강희(康熙), 구경 6.4cm, 프랑스 주네브 Collections Baur 소장

문배(青畵白磁蘭文盃)〉나 6대 황제 건륭제(乾隆帝, 1735~1796) 시기에 만들어진 〈분채화훼문병(粉彩花卉文瓶)〉에서도 마치 문인 산수화를 연상시키는 인장(印章)과 시문(詩文) 그리고 난초문의 결합을 찾아볼 수 있다. 이러한 회화적 표현을 모방하려는 경향은 청대 관요 운영에 있어 황제 개인과 화원의 개입 등 다양한 요소가 반영된 결과였을 것이다. 이들에 나타난 난초는 그릇의 장식요소로서의 아름다움뿐 아니라 문인의 향기를 상징하는 것으로 여겨진다.

난의 전통적 환유세계는 사라지고

결론적으로 18세기 중반까지 회화와의 밀접한 관련 속에서 시문된 난초 문양이지만 그 구도나 배치는 도자기의 경우, 병과 같은 굴곡진 기형의 변화에 알맞게 적절히 왜곡되어 그려지고 있으며 장식적 요소를 감안한다 하더라도 본래 의미에서 크게 벗어나지는 특징을 보여 준다.

그러나 대체로 18세기 말부터는 영지, 수석 등과 어울려 시문되는 경우가 자주 눈에 띈다. 이때는 난초의 본래 의미인 군자와 충성과 절개의 의미보다는 장생을 상징하는 영지나 수석과 함께 수고(壽古)와 가려(佳麗), 향청(香淸), 즉 장수와 고귀함을 상징하기도 한다. 18세기 전반까지 산수화의 경물로 인식되거나 문인 취향을 반영하는 상징 의미에서 점차 다른 도상과의 결합을 통해 장식성이 우선되거나 길상적 의미로의 전이가 이루어진 것이다. 이러한 경향은 도자기나 일부 회화 작품에서 공통적으로 나타나는 것으로 부귀 장생을 염원하던 시대상을 그대로 반영하는 것이다.

| 방병선 |

3. 미술로 본 난초

여덟 | 일본 | 도자 문양에 나타난 난초

단순 문양에서 새롭게 시문되는 난

17세기 자기시대로부터 시문되는 난

일본 도자 문양에 있어 난초는 초화문이나 추초문(秋草文)의 형태로 이른 시기부터 도기에 시문됐다. 그러나 사실적인 표현이라기보다는 간결한 선문(線紋)에 기본적인 형태만을 보여 주고 있어서 그 상징의미를 부여하기는 어렵다. 이러한 상황은 이후에도 얼마간 지속된다. 일본 도자에서 난초의 형태를 제대로 갖추고 자기에 시문되기 시작하는 것은 17세기 일본 도자가 도기시대를 마감하고 자기시대로 탈바꿈한 격동의 시기부터다.

일반적으로 일본 도자에 시문된 난초는 상징 의미에 있어 시대적, 지역적 특성을 드러낸다. 도기시대 단순한 장식의장의 하나에 불과한 난초는 자기시대가 되면 지역에 따라 난초의 본래 의미인 충성과 절개와 같은 문인 취향의 상징 의미를 내포하거나, 한편으로는 미감을 증대시키기 위한 하나의 장식요소로 그 역할을 다한 것으로도 보인다. 이러한 상황을 대변하는 것으로 상품자기를 주로 생산했던 아리타 지역의 생산 자기와 개성 있는 작가들이 활약했던 교토 지역 자기 등을 들 수 있다.

에도 시대 일본 최초의 자기 생산지였던 규슈의 아리타(有田) 지역 이마리(伊万

里) 자기는 중국 경덕진요의 청화자기를 제작기술과 기형의 모태로 삼았지만, 문양의 경우는 오히려 중국의 회화에 더 영향을 받았다. 당시 일본 자기 문양에 중국의 회화가 직접적으로 영향을 미칠 수 있었던 것은 일본에 전래된 중국의 판화 덕택이었다.

일본에 전래된 대표적인 판화책이나 화보의 예를 들면 명 만력(萬曆) 35년(1607)에 채여좌(蔡汝佐)가 그린 《도회종이(圖繪宗彛)》와 천계(天啓) 연간(1621~1627)에 출간된 《팔종화보(八種畵譜)》 등을 들 수 있다. 이들 화보에 등장하는 많은 모티프는 일본 도자 문양의 주요 주제로 채용되었다. 산수와 화훼, 인물, 사군자 등이 대표적인 것으로 일본 회화뿐 아니라 공예 의장 전반에 많은 영향을 미쳤다. 따라서 중국의 회화로부터 영향을 받은 일본 도자기의 시문 경향을 염두에 두고 볼 때, 명 말청초에 이르러 난초가 도자기 위에 개별적으로 채택되는 전개 상황이 일본에도 영향을 준 것으로 보인다.

장식 효과가 뛰어난 채색화로 꽃피운 난

그런데 흥미로운 것은 당시 규슈의 나베시마에서 생산된 〈오채백란문접시(五彩白蘭文皿)〉는 일본 도자의 문양이 전적으로 중국 회화 화보만을 참고하지 않았음을 보여준다. 나베시마 자기의 제작배경을 잠시 살펴보면, 사가(佐賀) 현 나베시마(鍋島)의 영주인 나베시마 나오시게(鍋島直茂)는 임진왜란 당시 조선인 장인들을 납치한 인물이다. 특히 납치된 장인들 중 조선인 이삼평(李參平)은 1616년 아리타 부근의 이즈미야마(泉山)에서 백토광산을 발견해 일본 최초의 자기를 만들어내는 데 커다란 공헌을 했다. 일본이 지금도 이삼평을 자기 생산의 원조로 추앙하는 데는 이러한 배경이 있다. 이를 계기로 1637년경부터 나베시마 나오시게는 자기산업에 적극적으로 개입하기 시작해 막부 헌상용 나베시마 자기를 생산하기에 이르렀다. 판매를 목적으로 하지 않고 다이묘(大名)와 막부에 헌상하거나 나베시마 번주가 식기로 사용하는 등 고급자기로 제작됐기 때문에 규격이나 품질이 엄격하게 정제되고 통일됐다는 특징을 보인다.

〈오채백란문접시〉도 그러한 고급 자기의 하나로 제작됐으며, 암석 위에 난초가 핀 모습은 회화적 주제와도 상통한다. 그러나 푸른 바탕에 백란(白蘭)이 묘사된 것은 중국의 채색자기와 그 양상을 달리하며, 회화적 표현 양상과도 다르다. 마치 플라스틱 모형 같은 하단의 바위와 그릇 전면에 원근이 완전히 무시되어 방사선 형태로 무시무시하게 크게

도기철화청화완(陶器鐵畵靑畵碗) | 오가타 겐잔(尾形乾山), 18세기, 높이 10.1cm, 개인 소장

오채백란문접시(五彩白蘭文皿) | 나베시마(鍋島), 17세기 후반~18세기 초, 구경 31cm, 개인 소장

그려진 백란은 화려한 기모노를 펼쳐 놓은 느낌이다. 바탕의 푸른색은 백란의 백색과 어울려 장식 효과를 극대화하고 있다. 따라서 난초의 상징 역시 그릇의 장식 효과에 파묻혀 본래의 의미를 찾아보기 힘들다. 화려한 채색화를 선호하던 당시 일본의 지배계층의 욕구에 맞추기 위해 그릇의 장식 효과 증대에 모든 노력을 기울였고 문양도 회화성보다는 장식성이 우선시됐다.

상징성의 난초가 살아난 겐잔 자기

이와 달리 문인 취향의 상징 의미를 지닌 난초가 유행했던 교토 지역의 상황은 다르게 나타난다. 에도 시대 교야키(京燒)의 한 흐름을 형성했던 오가타 겐잔(尾形乾山,

상감난문연병(象嵌蘭文硯屛) | 야쓰시로(八代), 18세기, 높이 15.5cm, 개인 소장

1663~1743)은 백색분장과 유하색회(釉下色繪) 등의 기법을 사용해 회화성을 갖춘 개성 있는 도기를 만들어냈다. 그의 도기 문양 중에는 형인 화가 오가타 고린(尾形光琳, 1658~1716)의 영향이 엿보이는 부분도 있다. 겐잔의 〈도기철화청화완(陶器鐵畵靑畵碗)〉에는 먹으로 친 듯한 난초 문양이 그릇 바깥과 안쪽에 개성적인 필치로 시문된 것을 찾아볼 수 있다. 거친 질감을 연상시키는 통형의 잔에 일필휘지로 그려 나간 난초는 마치 한 폭의 선종화(禪宗畵)를 연상시킨다

대체로 규슈 지역의 그릇들에 나타난 난초가 도식적이고 장식적인 느낌이라면, 겐잔의 도기는 당시 일본의 화단 중 린파(琳派)의 화풍을 철화, 오채 및 청화 등으로 표현하고, 한시(漢詩)를 가미하는 등 함축미와 문기를 느끼게 한다. 난초의 상징 의미 또한 규슈 지역에서 장식의 구성요소로 기능한 길상적 의미와 달리 겐잔 그릇의 난초는 사군자로서의 의미가 강하다. 겐잔 도기에는 이러한 시대 및 지역배경 외에 교토(京都) 특유의 문화인식 그리고 그로부터 영향을 받은 겐잔 본인의 문인적 취향 등이 복합적으로 작용했을 것이다.

이처럼 교토 지역 개성파 도예가들이 생산한 그릇에서는 난초가 다른 주제들보다 사군자로서의 상징성을 가장 순수하게 유지했다. 이러한 전통은 18세기 야쓰시로(八代)가 제작한 〈상감난문연병(象嵌蘭文硯屛)〉에서도 찾아볼 수 있다. 갈색 바탕의 태토에 백상감으로 처리한 난초는 측면의 바위와 짝을 이뤄 한 폭의 수묵화를 연상시킨다.

결국 일본 도자의 난초 문양은 두 종류의 상징 의미가 지역별, 제작자별로 독립적으로 존속하면서 변화했음을 알 수 있다.

| 방병선 |

3. 미술로 본 난초

아홉 | 한국 | 민화로 본 난초

소박한 민초들의 소망

강인한 생명력, 고결한 인품

책가도는 민화 속의 단골 손님이다. 난초 또한 민화 소재의 단골 메뉴로 등장한다. 선비의 방이나 글 읽는 사람의 방을 장식함으로써 그 인물의 됨됨이와는 관계없이 방 주인의 인품을 돋보이게 하는 제재가 되기 때문이다. 그래서 난초는 고고한 선비정신의 자리에서 한 번도 비켜 앉은 일이 없다. 한 폭의 그림이라도 좋고 8폭 또는 12폭 병풍에 난초가 살아 있으면 학문과 덕인으로서 자기 현시의 가장 좋은 매체로 삼았던 것이다.

    병풍에는 높게 쌓아 올린 책 더미가 그려지고 그 위에는 먹음직스럽게 잘 익은 유자나 찻잔 등의 장식물과 함께 난초를 그리는 것이 보통이다. 그런가 하면 현실에서는 보기 드문 진귀한 수반이 놓이기도 한다. 네 발 달린 안정된 받침이 있는 것으로 어깨가 둥글며, 넓고 굽 낮은 수반을 배치해 구름이나 희(囍) 자 문양을 교차해 그린다. 그 그릇 위에는 당연히 상상의 세계에서나 있음직한 희귀한 물건이 담기기도 한다. 자줏빛 수정 괴석을 중심으로 두텁고 윤기 나는 굳센 힘이 넘치는 풍란이 건강하게 자란다. 잎이 앞뒤로 뒤틀린 듯 질서 있게 뻗어 있는 난초 그림이다. 때로는 삼전법

책가도(冊架圖) 부분(민화) | 향이 좋아 관상 가치가 높은 풍란을 소재로 한 이 책가도 그림은 선비들이 머무는 방에 걸어두어 그들의 성품과 인품을 대변하게 했다. (가회박물관 제공)

의 전통기법으로 그리기도 하고, 무시해도 크게 흠이 되지 않는 것이 민화에서의 난 그림이다. 그러나 난초는 기품이 있어야 하고 건강해야 한다. 그래야만 주인의 고아한 품성과 꿋꿋한 선비의 풍모를 잘 보여 준다고 생각한 것이다.

대체로 그림 속의 난은 길게 뻐치고 굿고, 꺾어지고 교차되어 가늘고 부드러운 듯한 잎과 먹의 농담을 적절히 살려 그려낸다. 담담하고 소박함이 있어야 제대로 된 그림이다. 일반적인 난 그림에 비해 수반 위의 풍란은 꽃을 생략했다. 자수정의 괴석과 젊고 건장한 힘이 넘치는 연한 초록 난을 조화롭게 그려냈다. 난보다는 주변 장식이 수다스러운 것이 특징이다.

원래 풍란은 서남해안 도서지방에서 자생하는 종류인데 배양하기에 성품이 까다롭기로 유명하다. 그러나 깊은 향이 일품이라 관상 가치가 높으며 선비들의 성품과 인품이 비교되는 난의 일종이다.

필법과 기법보다 장생 사상을 담은 난초 그림

때로는 붉은 뿔이 달린 사슴 한 쌍이 생동감 넘치는 자세로 그림의 중심을 이루고 있다. 좌우의 청태(靑苔) 낀 바위틈엔 물이 흐르고 쌍으로 이루어진 불로초가 소나무처럼 과장되어 크게 그려져 원근법이 무시되어 있는 전형적인 채색화이다. 그림 우측 상단 바위 위에는 들판의 야생풀처럼 흐드러지게 자란 한 무리의 무성한 난이 자줏빛 꽃을 활짝 피우고 있다. 그것은 붓꽃이나 나리꽃 같은 화초일 수도 있다. 그래서 민화에서는 선비정신을 바탕으로 계승·발전된 전통 문인화와는 거리가 있게 마련이다.

더우기 민화의 속성과 어울리는 기층문화 속에서는 전통적인 난초 그림은 유난히 찾아보기 어렵다. 더구나 독립화재로 나타난 난 그림을 민화 속에서 찾기란 더욱 어렵다. 흔히들 사군자 그림 가운데 낙관이 없거나 치졸해 보이는 그림은 모두 민화라고 한다. 그러나 수묵화의 근본 화풍은 작품의 수준 고하를 떠나 민화와는 달리 분류돼야 한다.

민화 속에 등장하는 꽃이나 모든 사물은 반드시 생활 속에 필요한 상징성을 내포하고 있어 감상을 위한 문인화와는

장생도(長生圖)(민화) | 민화는 감상을 위주로 하는 문인화와 달리 다양한 상징의미를 지닌다. 사슴, 바위, 불로초, 물 등의 수명 장수를 기원하는 십장생류와 같이 그려져 이 그림 속의 난초 역시 장수를 의미하는 것임을 알 수 있다. (가회박물관 제공)

치마와 난초 | 묵향과 풍류를 즐길 줄 아는 사람 사이에서 오고 갔음직한 치마폭의 난초 그림은 문인화 못지않은 나름의 운치가 있다. (가회박물관 제공)

근본적으로 다르다. 흔히 난초를 즐겨 그리는 뜻은 군자, 은자, 고아한 선비, 깨끗함, 청초함, 고고함, 우정, 자손 번창 등 다양할 수밖에 없다. 그러나 사슴, 바위, 불로초, 물과 같은 십장생류와 함께 그려지는 것은 역시 장수를 상징해 그린 것임을 알 수 있다. 난초가 갖고 있는 모든 길상의 상징성을 필법이나 기법과는 관계없이 소박한 마음만으로 장생도와 함께 그려 수명장수를 염원했을 것이다. 난초는 그렇게 해서 민화 속에서 자연스럽게 어울리고 살아 있는 것이다.

치마폭에 난을 치는 선비의 풍류

쪽진 머리에 한복을 곱게 차려입고 곱상한 자태와 여유 있는 품위를 보이는 여인, 묵향과 풍류를 즐기며 격조와 절조가 있는 기방의 주인이 있다. 천한 신분의 기생이지만 장안의 한다 하는 한량의 표적이 되고 있으나 그녀는 아무나 들이지 않는다. 풍류를 깊이 이해하고 즐길 줄 아는 기품 있는 한량을 기다리는 것이다. 가난한 한량이 있다면 흰 치맛자락을 펼쳐 준비해 둔 먹물 듬뿍 붓에 적셔 묵란을 치게 해 화대를 대신하기도 하지만 언제든 반기는 손님이 되는 것이다.

인조 바탕의 흰 속치마를 넓게 펼쳐 놓고 석란을 친다. 치마의 넓은 하단에 먹의 농담을 적절히 살려 괴석을 그리고 거침없이 뻗어 올리는 손짓에 힘찬 난초의 잎이 살아난다. 뻗어 오르던 손길이 멈추었다 다시 내려 그으면 묵란이 조화롭게 생명을 얻는다. 그러다 흥이 나면 난꽃으로 화면의 중심공간을 채워 난향으로 방 안을 취하게 하는 조화를 부리기도 한다. 덤으로 시 한 수가 먹물로 살아난다. 여기에 등장하는 주인공은 당연히 붓 한 자루로 먹물을 찍어 사군자를 자유자재로 그릴 수 있는 높은 경지의 선비인 것이다. 세속 명리에서 벗어나 가난하지만 기개나마 잃지 않으려는 몸부림으로 사는 풍류 선비임이 분명하다.

그는 기본 필법이나 기법쯤은 벗어버린 지 이미 오래고 자신의 내면 깊숙이 자리

잡은 의식세계를 그린다. 필법이나 기법은 도움이 되지 않는다. 떨리는 두 손으로 치맛자락을 조심스럽게 잡고 있는 기녀나 선비는 의식의 합일을 이루는 통과의례를 치르는 것이다. 그들은 이미 전통 묵란도와 민초들의 손재주로 그린다는 민화와의 구별에 아무런 의미를 두지 않는다. 다만 사람과 사람만의 교감이 묵란도를 통해 은유의 세계를 노닐 뿐이다.

|윤열수|

《일본 난 명칭의 변화》
일본어사전《고지엔(廣辭苑)》5판은 난을 다음과 같이 정의한다.「난과 식물의 총칭으로 본래는 하나의 화경(花莖)에 한 개의 꽃이 달리는 것이 동양란이다. 일본에서 자생하는 난에는 한란, 춘란, 구마가이소(熊谷草) 등이 있다. 후지바카마(藤袴)의 옛 이름도 난이다.」 후지바카마는 일본 자생설과 도래설이 맞서고 있는 것으로 헤이안 시대 중기의 소설《겐지모노가타리》에 자주 등장한다.
에도 시대에 출간된《중정 본초강목(重訂 本草綱目)》을 인용한《일본국어대사전》(小學館)에서 구마가이소는 「초여름에 약 15센티의 화경에 짙은 자색 무늬가 박힌 담황색 꽃 한 송이를 피우는 것이 일본 난초」라고 했다. 이 일본 난초의 순변(脣弁)이 구마가이 나오자네(熊谷直實)라는 인물의 무사복장 위에 펄럭이는 호로(母衣, 큰 천)를 닮았다는 데서 붙인 이름이다.

4

생활 속의 난초

하나 | 한국 | 여인들의 장신구와 애완품에 나타난 난초
여인의 보랏빛 난초의 꿈

둘 | 한국 | 문방사우와 사랑방 가구로 본 난초
목판에 난을 새겨 닮으려는 마음

셋 | 한국 | 의식 속의 난초
선비들에게 난초는 무엇인가

넷 | 중국 | 난심으로 본 중국인
2500년을 지배한 정신적인 지주

다섯 | 한·중·일 | 설화와 속신과 속설
한·중·일의 서로 다른 난초 보기

여섯 | 한·중·일 | 동양3국의 서로 다른 난의 인식
한국은 화품, 중국은 화향, 일본은 화태

일곱 | 한·중·일 | 벽사의 기능으로 본 난초
난을 몸에 지니는 패란의 효과

여덟 | 한·중 | 식용과 약용으로서의 난초
약은 약이나 독이 될 수도 있다

아홉 | 일본 | 문장으로 본 난초
흔치 않은 난초 문양

열 | 한국 | 민요로 본 난초
노랫가락에 묻어난 난초의 덕목

열하나 | 한·중·일 | 속담과 관련어 풀이
아름다운 만남과 이별

4. 생활 속의 난초

하나 | 한국 | 여인들의 장신구와 애완품에 나타난 난초

여인의 보랏빛 난초의 꿈

귀녀의 탄생을 그리는 그윽한 난향

돌 사진을 찍기 위해 아기는 난생 처음 조바위를 썼다. 여아(女兒)가 쓰는 조바위는 호사용으로 금사 은사로 꽃을 수놓은 것이나, 금박 은박을 찍는 등 어른 것에 비해 화려하고 귀여운 것이 특징이다. 조바위는 여성의 방한모의 하나로 조선 후기에 널리 사용된 것이나, 이후 방한보다는 장식적인 면이 강조되어 여아의 돌이나 특별한 날에 흔히 착용했다.

이 조바위는 여자 어린이용으로 앞뒤에 색동 술이 달린 천도 모양의 도금 장식을 달고, 이마 양편에는 도금된 학이 비상하고 있다. 조바위 주위를 돌아가며 국화 문양을 금박 은박 했다. 모자 중심에는 사각형 안에 복(福) 자가 거꾸로 찍힌 은박 난초 문양이 눈길을 끈다. 희(囍) 자 금박이 찍힌 아래 위에는 은제 꽃 광주리가 붙어 있는 붉은 댕기가 깜찍하다.

흔하지 않은 이 난초 문양은 난초를 키우듯이 부정(不淨)을 멀리하며 청순하게 딸을 기르면 귀녀가 된다는 뜻에서 채택된 것 같다.

난향 속의 신부의 꽃단장

수많은 비녀들이 유물로 남아 있지만 도금가란잠(鍍金加蘭簪)은 지극히 드문 유물이며 어쩌면 유일한 유물일지도 모른다. 난초꽃을 사실적으로 묘사한 가란잠으로 놋쇠[豆錫]에 도금을 한 것도 드문 일일 것이다. 도금한 것으로는 질이 좋은 것은 못 되나 크고 긴 것으로 보아 의식용(儀式用)인 것을 알 수 있다. 의식에는 가체(加髢)를 써서 화려하게 꾸몄던 관계로 몸체가 길다. 난초는 자손의 번창과 관련이 있는 것이므로 혼례용 비녀로 추정된다.

진홍색 명주 바탕에 사군자가 아니고 오군자가 수놓여 있다. 중앙에는 치자색 겹국화가 자리를 잡고 중심을 세웠으며, 시계 방향으로 매화, 대나무, 난초 그리고 소나무 순으로 수놓여 있다. 이들 머리맡에는 이름 모를 새들이 낮게 날고 있다. 아래에는 색동 봉술이 3군데 장식으로 달려 있다. 이것은 신부의 차면보(遮面褓)인데 신부의 얼굴을 가리는 것이라고 한다. 사군자를 공예품에 그려 넣을 때 사(四: 死) 자를 싫어하는 탓에 소나무를 더 넣어 오군자로 그리기도 했다는데 그 예로 볼 수 있다.

난초가 금박된 댕기는 앞댕기와 도투락댕기가 있다. 신부의 어여쁜 앞모습을 꾸며 주는 앞댕기에는 쌍동자 문양 다음에 난초 문양이 찍혀 있고, 댕기 끝에는 산호주(珊瑚珠)와 진주로 장식돼 있다. 호화로운 도투락댕기는 신부의 뒷모습을 한껏 돋보이게 하는데 박쥐, 감귤문[佛手柑紋], 모란 다음에 난초 문양의 금박이 찍혀 있다. 금박 위로는 온갖 색실로 꾸미고 옥판과 파란의 장식을 붙여 마무리했다.

이상에서 볼 수 있는 신부의 예장(禮狀)에 그려진 난초 문양은 신부의 깨끗함과 청초함을 나타내기도 하지만 사악(邪惡)을 쫓는 벽사의 기능도 보이며, 특히 자손의 번창과 귀인(貴人) 탄생의 염원이 담겨 있다.

춤추는 난초의 명월패

보라색 불로초 한 송이가 아래에서 지켜보는 가운데 3송이 보라색 난초꽃이 손을 잡고 둥글게 원을 그리며 돌아가고 있다. 쌍으로 된 딸기술이 장식으로 아래에 달려 있다. 명월패(明月牌)라고 하는데, 사용 예가 불

앞댕기 | 조선, 이화여자대학교 담인복식미술관 소장

도투락댕기 | 조선, 이화여자대학교 담인복식미술관 소장

조바위 | 조선, 이화여자대학교 담인복식미술관 소장

신부차면보(新婦遮面褓) | 조선, 이화여자대학교 담인복식미술관 소장

도금가란잠(鍍金加蘭簪) | 조선, 석주선기념박물관 소장

분명하다. 《공자가어》에서 「지초와 난초는 숲 속에서 자라나, 사람이 찾아오지 않는 다고 향기를 풍기지 않는 일이 없고, 군자는 도를 닦고 도를 세우는 데 있어서 곤궁함을 이유로 절개나 지조를 바꾸는 일이 없다.」고 했다. 유교의 가르침을 중시하는 선비의 애장품인 것 같다.

난향을 품은 향집노리개와 각낭

크고 투박한 은노리개는 서북 지방의 혼례 때 신부가 착용하는 노리개다. 투호, 장도, 방아다리, 향집으로 구성됐는데, 이 가운데 향집노리개 문양 중에는 난초문이 압도적으로 많다.

난은 꽃이 적고 향기가 많으니 문향십리(聞香十里)라 하고, 난화를 향조(香祖) 또는 제일향(第一香)이라고 해서 난초의 향기를 꽃 중에서 가장 뛰어난 향기로 표현한 것으로 보아 노리개 향집에 난초 문양은 적절한 선택이라 생각된다.

각낭은 밑이 둥근 두루주머니와 달리 양 귀가 각이 진 일명 귀주머니다. 주머니

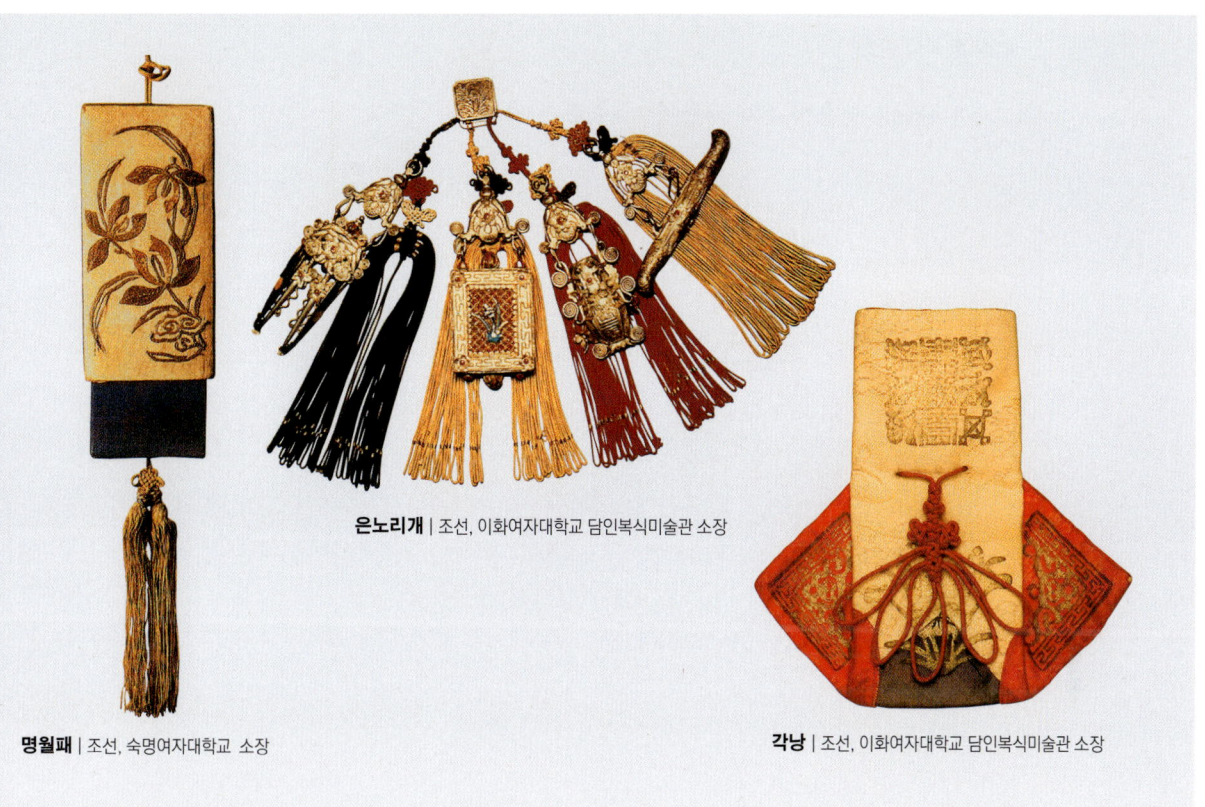

명월패 | 조선, 숙명여자대학교 소장
은노리개 | 조선, 이화여자대학교 담인복식미술관 소장
각낭 | 조선, 이화여자대학교 담인복식미술관 소장

에 얽힌 소중한 추억 중의 하나가 할머니가 설날에 손자에게 세뱃돈을 주려고 치마를 걷고 속곳 속에서 주머니를 꺼내는 모습일 것이다. 한복에는 소지품을 넣을 만한 공간이 없어 일찍부터 주머니를 만들어 찼다. 주머니 속에는 엽전은 물론이고 먼 길을 떠날 때에는 비상약을 넣기도 했다. 이 밖에도 주머니는 남녀노소 다양하게 사용했는데 '젊어서는 파란 주머니에 은돈이 열 냥, 늙어서는 빨간 주머니에 금돈이 열 냥'이라는 말처럼 주머니는 우리에게 친근하고 쓰임새가 요긴했다.

연분홍 양 귀에는 뇌문(雷紋) 안에 금박 박쥐가 서로 마주보고 있고, 미색의 입주름에는 칠보문(七寶紋)을 금박했다. 이 주머니는 궁낭으로 육모 주름을 잡고 뒤에서 끈을 뺀 다음 진분홍 잠자리 매듭을 맸다. 잠자리 매듭 아래의 난초 금박문은 '난초 꽃이 번창하면 그 집에 식구가 는다'는 속담처럼 자손창성(子孫昌盛)과 사악함을 물리치려는 벽사의 뜻이 담긴 문양이다.

| 장숙환 |

4. 생활 속의 난초

> 둘 | 한국 | 문방사우와 사랑방 가구로 본 난초

목판에 난을 새겨 닮으려는 마음

장수와 자손 번창의 기원을 담아

난초는 깊은 골짜기에서 홀로 고고하게 향기를 품고 있는 모습이 세속의 이욕과 공명에 초연했던 고결한 선비의 마음과 같다고 해서 유곡가인(幽谷佳人)·유곡 또는 향조·군자향 등으로 불렸다. 깊은 산중에서 은은한 향기를 멀리까지 퍼뜨리는 난초는 절제와 검절을 최우선으로 삼아 소담하고 청정하게 조성했던 사랑방 꾸밈새에서 다양하게 나타난다. 사랑방은 주인의 안목과 격조가 거기에 놓인 세간들을 통해서 고스란히 드러날 수밖에 없는 탓에, 은자·군자·지조·청초함·고고함·깨끗함을 상징하는 난초는 빠질 수 없는 사랑방 공예의 단골 의장(意匠)이었다.

국립민속박물관에 소장되어 있는 의걸이장에 난초 그림이 그려져 있다. 옷을 걸어두는 의걸이장은 나무로 골격을 짠 후 종이를 발라 벽과 상판을 완성시킨 지장(紙欌)이다. 문짝과 하단에 난초가 각각 그려져 있다. 문짝의 난은 괴석과 함께 그려져 있다. 또한 양 측면에는 대나무 그림도 각 1장씩 붙어 있어 연로한 사랑방 주인의 가구임을 알 수 있다. 특히 괴석과 난초 문양은 자손이 귀히 되는 것을 보며 오래 살기를 바란다는 뜻이다. 난초는 자손을, 바위는 장수를 상징한다. 이 의걸이장은 가구이면

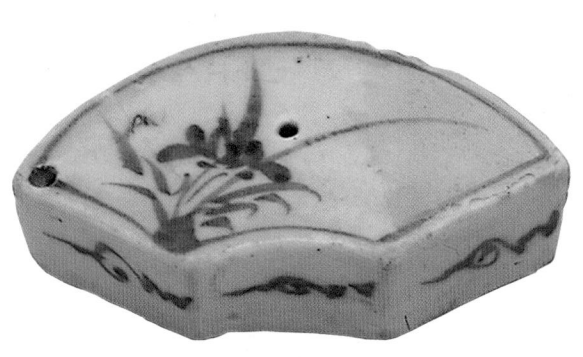

청화백자난초문연적(靑華白磁蘭草文硯滴) | 조선, 7.5cm×1.5cm, 국립민속박물관 소장

청화백자난초문연적(靑華白磁蘭草文硯滴) | 조선, 2.1cm×5.7cm, 국립민속박물관 소장

서 동시에 난 그림[石蘭圖]으로 일석이조의 장식이다.

충남 개인 소장으로 난초를 포함한 사군자를 멋들어지게 장식한 의걸이장이 있다. 1800년경에 제작된 것으로 추정되는데 소장자의 선조부가 사용했던 장이라고 한다. 불로 그을려 나뭇결의 질감을 살리는 낙동법으로 오동나무를 가공해 제작했다. 1층의 문판에는 난초와 국화를 음각하고, 그 위에 채색을 해 문양을 장식했다. 또한 2층의 문판에는 대나무와 매화가 동일한 방법으로 제작돼 화려한 느낌을 준다. 2층의 문판 내부에는 여러 가지 종류의 횃대가 달려 있고 상부에는 촉을 달아 옷이나 천 등을 걸 수 있도록 한 사랑방 의걸이장이다.

국립민속박물관이 소장하고 있는 나전칠기연상에는 다양한 길상 화초문과 함께 양 측면에 난초가 청초하게 시문되어 있다.

사랑방 문방구에도 다양하게 난초가 등장한다. 보물 제1059호로 지정된 개인 소장의 〈청화백자난초문지통(靑華白磁蘭草文紙筒)〉에 능숙하게 그려진 난초문이 있다. 조선 후기의 백자지통으로 높이 16센티, 입지름 13.1센티, 밑지름 12.6센티인데, 입 부분과 바닥 부분이 약간 벌어진 원통형의 몸체를 가진 지통으로, 외양이 간결하면서도 당당한 양감을 보인다. 몸체 아랫도리 굽 위에 한 줄의 청화선(靑華線)을 지문(地文)으로 두르고, 이 위로 돌아가며 3곳에 활짝 핀 난초 한 포기씩을 소박하고 세련된 필치로 그려 놓았다. 윤곽선을 그리지 않고 직접 대상을 그리는 몰골(沒骨) 화법으로 능숙하게 그려진 난초 문양은 밝은 청화색으로 더욱 청초한 느낌을 준다.

난을 치듯이 마음속에 난을 기르고

국립민속박물관에 소장된 〈나전칠기삼형제필통〉(조선후기, 높이 17.4센티)에 난초

나전칠기연상 | 조선 후기, 41cm×29.2cm×26.7cm, 국립민속박물관 소장

난초 무늬 시전지 (가회박물관 제공)

를 포함한 다양한 길상문이 있다. 이 필통은 키가 다른 3개의 통을 붙여 만들었다. 제일 키가 큰형의 통에는 산수문이, 중간의 작은형 통에는 석류를 포함한 다양한 화초문이, 키가 제일 작은 막내동생 통에는 사군자가 나전으로 예쁘장하게 그려져 있다.

청화로 난초를 그린 백자연적은 그 예가 많다. 국립민속박물관이 소장하고 있는 〈청화백자난초문연적(靑華白磁蘭草文硯滴)〉은 두 예가 있다. 하나는 부채꼴 모양이고, 또 다른 하나는 육각형이다. 모두 연적 위쪽에 난 그림을 그려 넣었다.

호암미술관에 소장된 〈청화백자난초문묵호(靑華白磁蘭草文墨壺)〉에도 난 그림이 있다. 묵호는 먹을 담는 작은 그릇이다. 개인 소장으로 〈난초문 서판〉이 있다. 서판은 글자를 쓰는 연습을 하는 요즘의 종이에 해당되는데, 사각의 목판에 음각으로 난초를 새겼다.

영남대학교박물관에는 시전지 원판이 수십 장 소장돼 있다. 그 중에는 분매(盆梅), 분국(盆菊), 분란국(盆蘭菊), 국화와 파초, 국화꽃절지, 매화절지, 나뭇가지 위의 새, 석류, 난초, 대나무, 괴석과 난초, 연꽃 한 송이, 사슴, 매조(梅鳥) 등이 보인다. 난 그림의 대가 흥선대원군의 간찰 중에는 자신이 그린 무늬에 낙관까지 목판에 새겨 전용 시전지를 만들어 사용한 편지가 있는데, 여러 종류가 남아 있다. 그중 대표적인 것이 난초 무늬 시전지다. 간찰에 난초 무늬 시전지를 쓴 연유는 자신을 알아주는 좋은 친구, '난우(蘭友)'와도 연관된다. 《역경(易經)》에서는 「두 사람이 마음을 함께 하면 그 예리함이 쇠를 자를 수 있고 같은 마음에서 우러나온 말은 그 냄새가 난초와 같다.」고 했다. 이른바 의기투합이다. 후세 사람들은 자신을 알아주는 좋은 친구를 '난우'라고 불렀는데 그 전거가 모두 여기에서 유래한 것이다.

그림의 주된 소재가 된 사군자를 그리되, 그 과정을 '그린다'라고 하지 않고 '친다'라고 한다. 친다는 말에는 기른다(養育)·봉양(奉養)한다는 뜻이 담겨 있다. 곧 선인들은 사군자의 외형적인 형태를 그리는 것이 아니라, 사군자가 가지고 있는 내용이나 정신을 표현함으로써 자신의 사상이나 심성을 닦고 기르고자 했다.

난을 그리는 일은 매우 어렵다고 한다. 사군자를 계절 순서로 말하면 매·난·국·죽이지만 그림으로 배울 때는 난·국·매·죽의 순으로 배운다. 즉 난 그림을 맨 처음 배우게 되는 것이다. 그것은 난의 생김새가 한자의 서체(書體)와 닮은 점이 많고 서화동원(書畵同源)이라는 데서 연유한 것으로 보인다. 필통, 연적, 묵호, 서판, 시전지 등 문방구에서 난초 문양이 많이 나타나는 것은 이와 관련이 있다.

난초는 우리나라에도 오래 전부터 자생해 시인묵객의 사랑을 받았고, 여러 가지 상징성을 내포

의걸이장 | 20세기 초, 130.5cm×39.5cm×69cm, 국립민속박물관 소장

하고 있다. 그윽하게 자란 난초는 속된 세상에서 벗어난 지조 높은 선비의 상징이었다. 난초를 본질적으로 탈속한 존재로 삼아 세속을 멀리하고 고아하게 숨어사는 은자(隱者)였고 군자였다. 난초는 아름다운 것, 아름다운 여인의 상징으로 삼았다. 난초의 향기는 꽃 중에서 가장 뛰어나고, 꽃 한 송이가 수정처럼 투명해 진루(塵累)를 벗은 듯이 고고하다. 한 줄기 난초의 잎은 너무나 청초해서 소박한 자질을 지녔다.

난을 가꾸는 일, 난을 치는 일은 난의 아름다움만을 감상하는 것이 아니라, 난을 바라볼 때 그 운치와 정서를 함께 느끼는 것이니 사랑방에 들어앉을 수 있는 당당한 사랑방 손님이었다.

| 이종철 |

4. 생활 속의 난초

셋 | 한국 | 의식 속의 난초

선비들에게 난초는 무엇인가

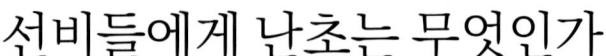

난향은 덕향이다

진(晋)나라의 나함(羅含)이라는 사람은 인덕이 고매하고 덕행(德行)이 미치지 않은 데가 없어 항상 그가 다니는 길에는 100가지 온갖 새들이 뒤따르더니, 그가 벼슬을 마치고 집에 오니 마당에 전에 없던 향기가 진한 난초가 피어났다는 것이다. 이 이야기는 조선시대 관리사회에 널리 알려진 이야기로, 곧 난향은 덕향(德香)이라는 사고 방식이 한국 선비사회를 지배하기도 했다.

집에 난을 심으면 돋아나기는 하는데 향이 있고 없고, 향이 있기는 있되 엷고 진하기로 심은 사람의 인덕이 표출되는 것으로 알았다. 그래서 덕이 없는 사람은 아예 난초 심는 것을 두려워해 기피하거나 사양했다. 인덕의 질과 양을 난향으로 측량했으니 대단한 민족이다.

따라서 난초의 향을 돋우기 위해 고관대작의 집에서는 난동(蘭童)으로 불리는 난 기르는 머슴을 따로 두어 난을 길렀으며, 중국에 사신으로 따라 가면 중국의 향기 짙은 소문난 난초를 구해 숨겨 들여와 상전에게 바치는 것이 비싼 뇌물이 되기도 했다.

묵란도(墨蘭圖) | 이징(李澄), 조선, 국립중앙박물관 소장 | 난초는 실물보다 정신을 소중히 여겨 선비정신과 동일화했다. 특히 유교 정신과 융합해 한국의 선비사회를 지배하기도 했다.

선비나 인재에 대한 최대의 의칭은 난심

난이라는 실물보다 난이 내포한 그 정신에 투철했다는 차원에서 한국의 난문화를 특징지을 수 있을 것이다. 옛날 우리 선비들 자신이 거처하는 사랑방의 당호(堂號)로 가장 선호했던 것이 백란당(百蘭堂)이었음도 이 난심 문화와 무관하지 않다. 100분의 난꽃이 들어 있는 방이 아니라 난의 정신, 곧 난심(蘭心)의 질적 크기를 나타내고 그에 동일화하려는 선비정신의 나타냄이었다.

《조선왕조실록》에 수록된 상소문이나 인재 발탁을 위한 추천문에 난이 수시로 등장한다. 옥석(玉石)이 섞여 있음을 비유할 때 「난과 쑥이 섞여 있다.」했고 발탁되지 못한 인재를 「깊은 산골 개울가에서 늙어 가는 난초 한 그루」로 비유했다. 또한 「심어도 꽃 피우기 힘든 난초」에서 숨어 있는 인재를 비유하고, 기필코 큰 일을 이룩할 것이라는 대망을 품은 인재를 「언제 꽃 피울지 모르지만 반드시 피고 마는 난초」에 비유했다. 이로 미루어 난이 유교정신을 타고 저변화 되어 있어 그 위상을 가늠할 수 있다.

난의 저항정신 이징의 묵란도와 조광조

묵란도의 저항정신은 우리나라에도 도입돼 묵란이 울분을 결집시킨 구심체가 되기도 했다. 16세기 후반의 사군자 화가 이징은 대나무와 난초를 그린 다음, 도학정치를 실현하려다가 순교한 조광조(趙光祖)의 시를 써넣었다. 그것은 우연히 그린 그림이 아닌 것으로 미수 허목(許穆, 1595~1682)에 의해 그 사연이 밝혀지게 됐다.

> 조광조의 증손 며느리 유씨가 손수 비단을 짜고 당세 명화가인 이징에게 의뢰해 그림을 그리게 하고 정암(靜庵)의 시를 그 윗부분에 시를 써 넣었으니 참으로 장한 일이다. 훌륭한 이의 후대에 훌륭한 아낙이 있어 옛일을 이렇게 없어지지않게 아로새겨 놓았다.

또한 병풍에 다음과 같은 제발(題跋)을 쓴 정온(鄭溫, 1569~1641)의 글에 「이 병풍에서 난으로써만 난을 보지 말고 선생(趙光祖)의 향기로운 덕을 생각할 것이다.」라고 했으니 노근란(露根蘭) 정신을 잘 구현하고 있는 것이다.

조광조 증손부의 병풍과는 관계가 없지만 조광조를 흠모하다가 유배당한 신진사상을 품은 박공달(朴公達), 박수량(朴遂良) 등 제자들이 난계(蘭契)를 맺어 난을 가꿔 그 품성을 견주는 모임을 가지기도 했다. 그 모임의 구심으로 역시 난초가 선택된 데에도 난초의 저항정신과 무관하지 않을 것이다.

지금도 달라지지 않은 난초의 재배법

조선조 세종 때 지은 강희안의 《양화소록》에도 호남 연해에서 나는 것들은 품종이 아름답다 하고, 서리가 온 뒤에 뿌리를 다치지 않게 제자리흙으로 싸주고 옛 법을 따라 화분에 심음이 좋다고 했다.

우리나라에서 현존하는 문헌 가운데 난초 재배법에 관한 기록으로는 《양화소록》이 처음이라고 알려져 있다. 「분난법(分蘭法)에서는 난을 나누기 전에 모래를 파다가 자갈과 검불을 골라내고 인분(人糞)을 섞어 햇볕에 말려 한 달 정도 갈무리해 둔다. 한로(寒露)가 지난 다음, 원래의 화분을 깨서 벗긴 뒤 조심조심 엉긴 뿌리를 풀어 간다. 오래된 뿌리에서 나는 싹은 버리고 3년 된 촉〔穎〕은 남겨 둔다. 한 분에 3~4개의 촉을 심되 오래된 촉은 안쪽에, 새로 난 촉은 바깥쪽에 둔다. 화분이 크고 높아도 시간이 오래되면 뿌리가 화분 밖으로 뻗어 나가며, 지나치게 낮을 경우에는 뿌리가 막혀서 뻗어 나가지 못한다. 굵은 모래를 넣어 성기게 하면 통풍은 잘 되지만 비가 자주 와도 뿌리를 적시지 못하고, 가는 모래를 넣어 촘촘하게 하면 젖어 있기는 하지만 불볕에도 잘 마르지 않는다. 햇볕을 적당히 차단하고 이슬을 맞히고 거름을 알맞게 주면 살아난다.」고 했다. 또한 죽은 나무등걸〔花木宜忌〕에 난이나 혜를 붙여 심을 때에는 물이나 술을 주어서는 안 된다고 한 내용이 《산림경제》에서도 인용되면서 난초를 분재하는 방법을 일찍부터 제시하고 있다. 이 난초 재배 방법은 오늘날에도 유효하다.

난초든 혜초든 자연 생태 그대로가 좋다

《양화소록》에서 강희안은 난초를 분재화하는 것보다 자연 그대로 두고 보는 것이 최상의 길이라 했다. 「우리나라에는 난혜(蘭蕙, 난초와 혜초)의 품종은 많지 않을 뿐 아니라, 화분에 옮겨 심으면 잎이 점점 작아지고 향기도 적어져 국향(國香)의 의의를 완전히 잃어버린다. 그러므로 꽃을 감상하는 사람은 높이 평가하지 않는다.」고 해서 인간이 자신의 욕심을 채우기 위해 함부로 자연의 존엄성을 훼손하는 것에 대한 경고의 메시지를 남기기도 했다.

이어 「그러나 호남 연해의 여러 산에서 자라는 것은 품종이 좋다. 서리가 내린 후 뿌리가 상하지 않도록 원래의 흙이 떨어지지 않게 캐어 옛 방식대로 화분에 옮겨 심는 것이 좋다. 이른 봄 꽃이 필 때 등불을 켜고 책상머리에 두면 벽에 비친 잎의 아름다운 그림자를 즐길 수 있고 책을 읽는 동안 졸음을 없앨 수 있다. 설창(雪

窓)의 구원춘융지도(九畹春融之圖)가 없더라도 적적함을 달랠 수 있다. 난초의 잎은 일 년 동안에 다 자라지 않고 이듬해 늦여름이 돼야 성장을 마친다. 잎이 뻗어날 때는 마르지 않게 계속 물을 주고 햇볕과 그늘이 번갈아 드는 곳에 두되 너무 건조하지 않게 한다. 안에 들여놓을 때는 너무 덥게 해서는 안 되며 사람의 손길을 타지 않도록 한다. 자기나 질그릇 화분을 사용한다.」고 했다. 훗날 홍만선도《산림경제》를 통해 이를 그대로 인용하면서 우리나라 호남 연해에서 나오는 난혜의 품종이 좋음을 설명하고 있다.

난은 그림자 또한 일품이다

난초의 꽃과 잎을 창호지나 벽지에 바른 뜻은 난에 의탁하는 벽사(辟邪), 곧 병액을 쫓는 수단도 되고 소박한 실내 장식수단으로 한국적 미감을 표출하는 하나의 행사였다. 또한 선비들이 정성 들여 가꾼 난분을 문갑 위에 올려놓고 난이 내포한 정신을 본뜨고 그로부터의 이탈을 경계했다. 또한 난을 기르는 데 얼마나 정성을 들이는가는 전통적인 양란법을 보면 알 수 있다. 난분에 담는 흙을 생각해 봐도 충분히 알 수 있다.

한문학자 이가원(李家源, 1917~2000)의《자란지(慈蘭志)》에 보면 난분의 흙이라 할 수 있는 모래[用沙]에 있어서 동래 온천이나 석굴암 주변의 누룩빛 모래를 정선해 뙤약볕에 골고루 쬐거나 참기름에 볶아서 냉기를 없애고 살균[去冷殺菌]한 뒤에야 분토로 쓸 수 있다고 했다. 그러나 그는「나의 경험으로는 우리 집 근처인 성균관 뒤나 비원 옆에서 드물게 찾아볼 수 있는 국색토(麴色土)도 난분에 쓸 수 있는 우수한 흙[利蘭沙]임을 알 수 있었다.」고 했다. 아무튼 난분에 담을 흙 한 줌을 얻는 데 들어가는 정성이 보통이 아니다. 이렇게 정성을 들일수록 꽃이나 잎의 자태나 윤택이 달라지며 난을 기르는 정성의 섬세함을 견주는 것도 고아한 풍류라고 할 수 있다.

우리나라에는 중국이나 일본의 문헌에서 찾아볼 수 없는 풍류로 영란(影蘭)을 들 수 있다.

강희안의《양화소록》에 다음과 같은 영란 이야기가 나온다.「초봄에 난꽃이 피면 등불을 켜놓고 책상 위에 그 난분을 올려놓고 이파리의 그림자가 벽에 비치어 어른거리는 것을 즐길 만하고 글을 읽을 때 졸음을 쫓을 만하다.」고 했다.

난초를 기르는 것만도 여느 다른 꽃을 기를 때보다 몇 십 배 고매한 심덕이 소요된다. 하물며 그 향을 즐기고 그 자태에 심취하는 풍류로도 모자라 그 난 이파리가 흔들리며 자아내는 그림자의 자태마저 즐겼으니 대단한 탐미욕(眈美欲)이 아닐 수 없다.

문일평이 꼽은 우리나라 진란

우리나라에는 중국의 난초같이 향내가 좋은 진란(眞蘭)은 없다고 하나 호남 연해의 명산들에는 향기가 그윽한 방란(芳蘭)이 있으며, 제주도 한라산 깊숙한 골(幽谷)에 방란이 발견되고 있고, 제주읍 서쪽으로 20리 남짓에 있는 도근촌에서 진란이 채집되고 있는데 빛깔이 하얀 것이 더욱 아름답다고 문일평(文一平, 1888~1936)은 기록하고 있다.

하지만 중국의 난향 문화의 영향 이외에 독자적인 난향 문화가 발달하지 못했음은 냄새 문화가 상대적으로 발달하지 못했던 것과도 무관하지 않은 것 같다.

한·중·일의 세시풍속의 주인공 세란

3월 3일 삼짇날 옛 정(鄭)나라에서는 처녀 총각이 물가에 모여 난초를 캐어 들고 무리 지어 노래를 겨루고 서로 어울려 논다고 〈모시(毛詩):《詩經》의 별칭〉에서 읊고 있다. 또한 송대의 이방(李昉, 925~995) 등이 편찬한 괴담신기(怪談神奇)에 대한 백과사전 《태평광기(太平廣記)》에 의하면 3월 3일 물놀이를 하는 것을 계(禊)라 하고 그 뿌리에 대해 이렇게 적고 있다.

주(周)나라 소왕(昭王) 때 동쪽 나라에서 연연(延娟)·연오(延娛) 두 미녀를 바쳤는데, 가무에 능한 것은 말할 것도 없고 먼지 위를 걸어도 먼지가 날리지 않으며 햇빛 속에서 걸어도 그림자가 생기지 않았다. 왕이 두 미녀를 데리고 강가에서 놀다가 잘못해 물에 빠져 죽었다. 애석히 여기고 강가에 사당을 지어 제사를 지냈다. 10여 년 후 고

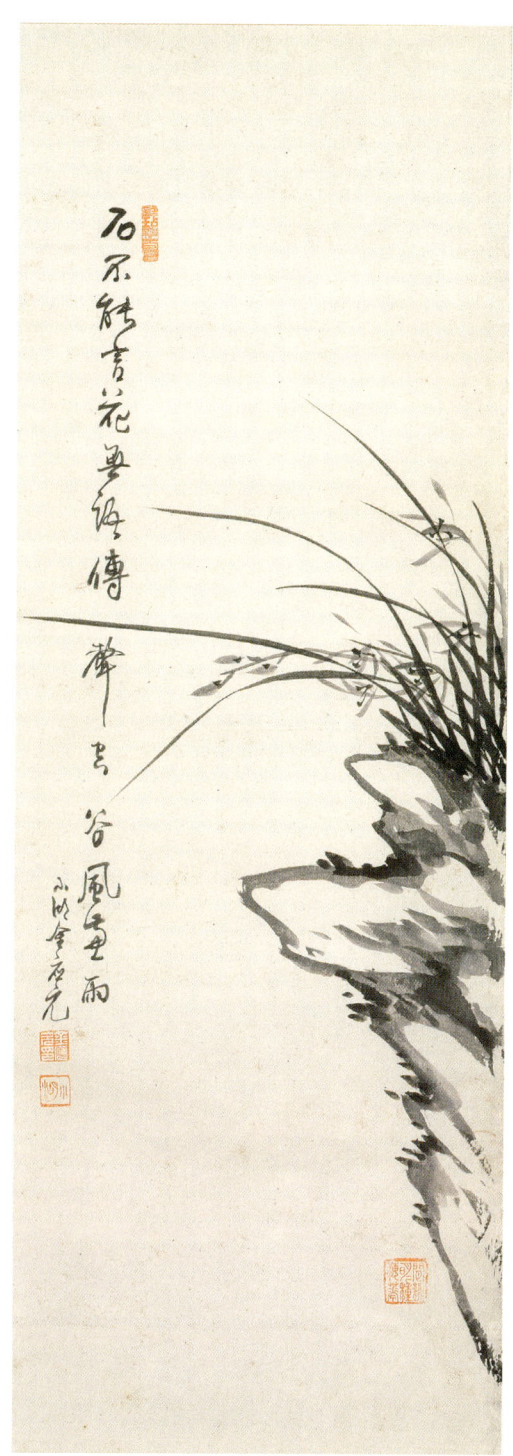

묵란도(墨蘭圖) | 김응원(金應元), 조선 후기, 진주국립박물관 소장 | 예나 지금이나 난초는 다른 식물보다 기르는 데 무척 정성을 들여야 한다. 난에게 쏟는 정성에 비해 난초에게서 얻을 수 있는 즐거움과 정신적 충족감은 더 크다.

생활 속의 난초 **167**

인이 된 임금이 두 여인을 태운 배를 타고 떠오르곤 해서 그 원혼(冤魂)을 달래고자 삼
짇날 사당에 제사를 지내고 난초잎에 떡을 싸서 강물에 던지는 습속이 계인데, 세시 민
속으로 정착했다는 것이다.

이 세시민속이 한(漢)나라에 들어와 삼짇날 동쪽으로 흐르는 물가에 모여 심신
에 묻은 때를 씻어 없애는〔洗濯拔除〕행사를 계라 일컫는다고《후한서(後漢書)》
〈예의지〉에 기록돼 있다. 삼짇날 세시민속에 난초가 등장하는 것은 이 지방에서 이 무
렵 처음 피는 꽃이 난초꽃이었다는 것과 무관하지 않은 것 같다. 3월 3일 중삼일(重三
日)은 중오일(重五日), 중구일(重九日)처럼 양수가 겹쳐 양의 기운이 왕성한 날로
불행이나 액의 온상인 음(陰)의 기운을 제압하는 무기로 이 무렵에 유일하게 피어나
는 난초에 벽사의 주력을 의탁했음직하다.

이 난초의 벽사 기능이 중오일(重五日)인 단오에도 발휘됐다.《형초세시기(荊楚
歲時記)》〈단오〉조에 보면「5월 5일을 욕란절(浴蘭節)이라 한다.」하고 이날 난초를
우려 목욕을 한 데서 비롯됐다는 것을〈대재례(大戴禮)〉를 인용해 밝혔다. 이를 다시
《초사》에서는「난탕(蘭湯)에 목욕한다.」고 했다. 그리고 같은〈세시기〉에는 단오날
행사로 창포를 몸에 지니고 이를 술에 타 마셨다는 것이다.

중국 세시행사를 연구한 그라네(M. Granet)는 그의 저서《중국 고대의 제례와
가요》에서 5월 5일 행사는 3월 3일의 물가 행사와 공통된 성격을 갖는다고 했다. 초기
에는 같았던 것이 차츰 갈라졌을 것으로 보고 벽사, 벽병(薜炳)하는 초화도 그 지역
그 시기에 피는 것으로 달라졌을 것으로 보았다. 이 가설에 준하면 3월 삼짇날의 난초
가 후대에 가면서 창포로 바뀌었을 것이다. 창포와 난초는 꽃, 색, 꽃모양 그리고 잎이
같고 또 물가에서 잘 자란다는 점에서도 같아 난의 대행으로 적격이었을 것이다.

우리나라《동국세시기》단오 행사를 옮겨 보면 이렇다.「창포탕으로 얼굴을 씻고
붉고 푸른 새 옷으로 갈아입는다. 창포 뿌리로 비녀를 만들어 꽂거나 수복(壽福)이라
는 글자를 새겨 그 끝에 연지를 칠해서 머리에 꽂음으로써 액을 쫓는데 이를 단오빔이
라 한다.」고 했다.

이 창포민속은 일본도 같으며 한국과 중국에 없는 창포 민속으로, 창포잎으로 머
리에 쓰는 관(冠)에 늘어뜨리는 장식을 들 수 있다.《속일본기(續日本記)》〈성무왕
(聖武王)〉조에 보면 태상왕 때까지 단오명절에는 중신들이 궁중에 들 때 이 창포잎을
관에 늘어뜨리지 않으면 입궁이 허락되지 않았다는 기록이 있다. 곧 창포를 몸에 지니
는 문화가 일본의 상류층에까지 침투돼 있었음을 미루어 알 수 있게 한다.　|이규태|

4. 생활 속의 난초

넷 | 중국 | 난심으로 본 중국인

2500년을 지배한 정신적인 지주

제자 평으로 본 공자의 난심

공자는 난초를 매우 좋아했다. 공자는 인간의 품격과 소양을 매우 중시하면서 난초에 깊은 감정을 의탁했다. 삼국시대 위나라 사람 왕숙(王肅)이 수집·편찬한 《공자가어》에는 공자가 난초를 칭송한 이야기가 나온다.

> 하루는 공자가 '내가 죽은 후에, 상(商)은 날마다 더해 갈 것이요, 사(賜)는 날마다 덜해 갈 것이다.' 했다. 이에 증자가 묻기를 그것은 무엇을 가리켜 하시는 말씀입니까?' 하자 이에 공자는 '상은 자기보다 나은 사람과 놀기를 좋아하고 사는 자기보다 못한 사람과 놀기를 좋아하기 때문이다. 사람은 누구나 젊은 사람을 알지 못할 때, 그 아비를 봐야 하며, 잘 모르는 사람을 알려면 그 친구를 봐야 하며, 그 임금을 알지 못할 때는 그 신하를 봐야 하며, 그 땅을 알지 못할 때는 거기에 자라는 초목을 봐야 하는 것이다. 이런 까닭에 착한 사람과 같이 거처하면 지초와 난초가 있는 방에 들어간 것과 같다. 오래되어 그 향기를 더 이상 맡을 수는 없어도 곧 그에 따라 변화

되는 것이 있으며, 착하지 못한 사람과 같이 거처하면 생선 파는 가게에 들어간 것과 같아서 오래되어 비린내는 더 이상 나지 않더라도 곧 그로 말미암아 변화가 생긴다. 왜냐 하면 단(丹)을 감춰 두면 결국은 저절로 붉어지게 마련이며, 칠(漆)을 감춰 두면 결국은 저절로 검어지게 마련이기 때문이다. 그러므로 군자는 반드시 자기가 거처하고 사귀는 데 있어서 삼가야 한다.'고 했다

여기에서 상은 공자의 제자 자하(子夏)를 가리키고, 사는 자공(子貢)을 가리킨다. 실제로 자하는 자신보다 현명한 사람과 함께 하기를 좋아했고, 자공은 자신과 비할 수 없는 사람과 어울리기를 좋아함으로써 스승 공자의 예견대로 됐다.

그래서 공자는 교우와 환경이 인간의 품성에 미치는 영향력에 대해 설명한 것이다. 지초와 난초가 있는 방[芝蘭之室]에는 언제나 향기가 있게 마련이다. 사람이 성장하는 데 가장 좋은 환경의 대명사가 된 것이다.

고난과 역경으로 본 공자의 난심

초나라 소왕(昭王)이 공자를 초빙했다. 당시 공자는 이에 응해 진(陳)나라와 채(蔡)나라를 지나야만 초나라에 갈 수 있었다. 진나라와 채나라는 비상이 걸렸다. 공자는 성현으로, 그의 경륜과 기론(奇論)은 모두가 제후들의 국가통치에 맞지 않는 것이 없다고 보았기 때문이다. 그런데 만약 초나라에서 그를 맞아 강국이 된다면 두 나라가 위태롭게 될 것은 당연했다. 이에 두 나라 대부들이 모여 상의하기를 병사를 보내 공자의 초나라행을 막기로 했다. 그들 연합세력은 길목을 지키고 있다가 중간에서 공자 일행을 붙잡아 감금하고 말았다. 공자와 그 일행은 초나라에 갈 수 없음은 물론, 7일 동안이나 음식도 얻어먹지 못하고 지쳐 쓰러지게 됐다. 그러나 공자는 더욱 강개한 낯빛으로 글을 외우고 거문고를 탔다.

이때 자로(子路)가 항의조로 물었다. "듣기에 좋은 일을 한 사람은 하늘이 복으로써 보답하고 악행을 저지른 사람은 하늘이 화로써 갚는다 했습니다. 지금 스승님께서는 덕을 쌓고 의리를 품으신 채 오랜 세월 노력하셨는데, 어째서 이렇게 곤궁한 지경에 이르셨는지요?"

이에 공자는 옛날 백이숙제(伯夷叔齊)나 왕자 비간(比干), 오자서(伍子胥) 같은 현명한 인물들이 마지막에 불행한 일을 당했음을 예로 들었다. "무릇 시대를 만나고 못 만나는 것은 운명이고, 사람으로서 어질고 어질지 못한 것은 자신의 재주에 달렸

공자성적도(孔子聖跡圖) | 초병정(焦秉貞), 청(淸), 미국 St. Louis 미술관 소장 | 초병정은 생몰년 미상으로 옹정과 건륭 년간에 활동했다. 이 그림은 공자가 여러 나라를 떠돌며 모든 왕들에 대해 이야기하는 상황을 그린 것이다. 공자는 공손하고 엄숙한 얼굴을 하고 있으며, 바닥에 앉아 있는 군왕은 웃음띤 얼굴로 공자의 이야기에 귀를 기울이고 있다. 길을 걷다 우연히 난향에 도취되어 난초를 가까이 했던 공자는 난초에 관한 많은 일화를 남기고 있다.

다. 군자가 학식이 넓고 지모가 깊다 할지라도 시대를 못 만난 자는 여럿 있다. 어찌 나 혼자뿐이겠느냐?" 했다. 그리고 다시 난초를 예로 들었다.

"지초와 난초가 깊은 산골짜기에 있어 사람이 없다 해서 그 향기가 나지 않는 법은 없다. 이와 마찬가지로 군자가 도를 닦고 덕을 세우다가 곤궁한 처지에 빠졌다고 해서 그 뜻을 바꿔서야 되겠느냐?"

흥망성쇠의 매개체 월왕 구천의 난초

기원전 494년 월나라 왕 구천(勾踐)이 오나라로 잡혀가 가진 수모를 당했다. 그는 오로지 자신이 풀려나 힘을 길러 오나라를 멸망시켜 원한을 갚아 치욕을 씻겠다는 뜻을 세우고 그 유명한 와신상담(臥薪嘗膽)으로 20여 년을 보냈다. 마침내 풀려나 자신의 나라로 돌아온 후 그는 먼저 성을 수축하고 도성을 산기슭에서 평원지대로 옮겼다.

오나라 왕 부차(夫差)는 월왕 구천을 돌려보내고 자만심에 빠져 돈과 인력을 투입해 호화판 궁정을 만들었다. 그는 오나라가 강국이라는 것을 과시라도 하려는 듯 성안에 궁원 30여 개를 건설하고 기이한 꽃들과 수목, 진귀한 동물들을 널리 구했다. 구천은 오나라 왕에 대한 충성심을 나타내기 위해, 진귀한 동물을 잡아들여 오나라에 바쳤고, 천하절색 서시(西施), 정단(鄭旦)까지 받쳤다. 저산(渚山)에는 난초 서식지를

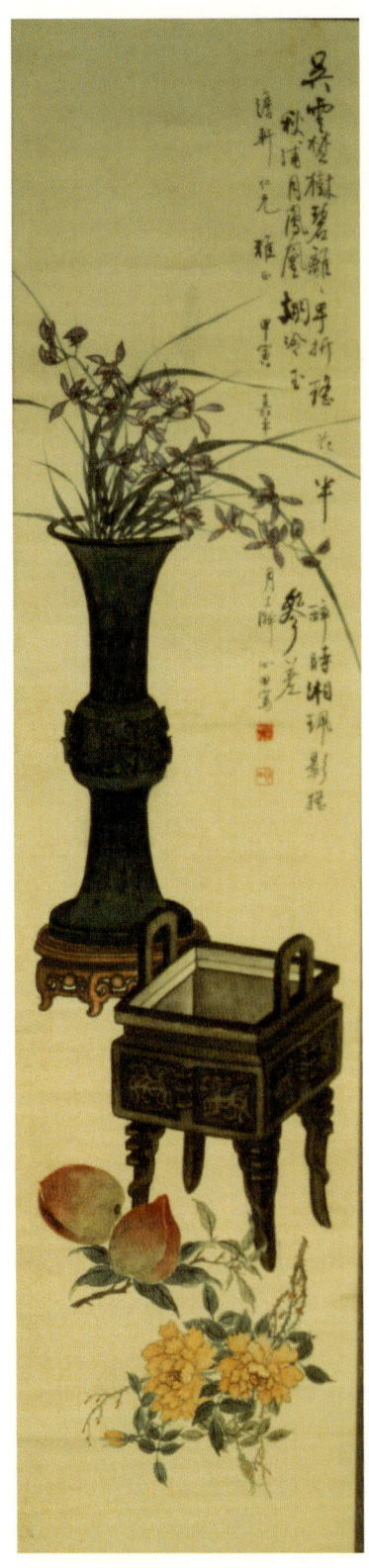

만들어 이 역시 오나라 왕에게 바쳤다. 이는 모두 부차의 마음을 흐트러뜨려 국력을 소진시키려는 작전이었다. 한편 구천은 복수를 위해 임금, 명신 범려와 함께 군신이 한 마음으로 뭉쳐 국가를 부강하게 해 기원전 473년 마침내 오나라를 멸망시킨다.

구천이 난을 심었던 땅은 성에서 25리 떨어진 난저 산(蘭渚山)으로, 남쪽으로는 작은 산들이 있고 동쪽으로는 호수가 자리하고 있었으며 서쪽으로는 회계산을 등지고 있어 난을 심기 좋은 장소였다. 이는 단순히 전하는 설화가 아니라 그 일대에서 발굴된 도자기 등 지하유물에서 오늘날 사실로 밝혀진 것이다. 2500여 년 전 당시 이미 식물 분재의 지식과 기술을 갖추고 있었다는 증거이며, 월나라 왕 구천이 저산에 난을 심었다는 기록이 사실로 드러난 셈이다.

이 외에도 난저산의 난과 구천의 이야기는 중국의 역사서와 시문에 수없이 나온다. 원나라 초에 발간된《보경속회계지(宝慶續會稽志)》(1225년) 외에도 명나라 만력년간(万歷年間)의《소흥부지(紹興府志)》에도 기재되어 있다. 특히《소흥부지》에는「난저산에 풀이 있는데 기다란 잎에 흰색 꽃으로 나라의 향기가 있다. 그 이름은 난이라 하고, 구천이 심은 것이다(蘭渚山有草焉 長葉白花 花有國馨 其名曰蘭 勾踐所樹).」또한 남송 시인 왕십붕(王十朋, 1112~1171)이나 명대의 시인 서위(徐渭, 1521~1593) 등이 한결같이 난저산의 난과 구천의 관계를 설명하고 있다.

난초를 심어 단심을 밝힌 굴원

초나라의 위대한 시인이며 고위관료였던 굴원의 주장을 듣지 않던 회왕은 진(秦)의 포로가 되었다가 살해됐다. 회왕의 아들

기명절지도(器皿折枝圖) (부분) | 안중식(安中植), 조선, 국립중앙박물관 소장 | 기명절지는 진기한 청동기, 꽃병, 화분 등의 기명(器皿)이나 문방구와 함께 꽃, 과일, 채소 등을 서로 어울리게 배치해 복(福), 수(壽), 다자(多子), 부귀(富貴), 평안(平安) 등을 희구하는 길상화(吉祥畵)의 일종이다. 이 그림의 하단의 묵서를 통해 갑인(甲寅 1914년) 가평월(嘉平月 음력 12월) 상한(上澣 상순)에 담헌인형(澹軒仁兄)에게 보낸 그림임을 알 수 있다. 다채로운 진채(眞彩)를 써서 각 정물을 세밀하게 표사함으로써 매우 화려하다. 이 작품 역시 다른 기명절지도와 마찬가지로 부귀영화를 기원하고 있다.

경양왕(頃襄王, 재위 BC 298~263)이 들어서자 굴원은 왕을 죽음으로 몰아넣은 정적을 탄핵하다가 도리어 양쯔 강(揚子江) 이남의 소택지로 유배당한다.

그는 유배지에서도 임금을 생각하고 나라를 생각하는 마음을 여러 아름다운 화초를 통해 표현했다. 그것도 간신들의 모략을 분별하지 못하고 자신을 사지로 몰아넣은 왕을 생각하고 화초를 가꾸었다. 그가 심고 가꾼 것은 단순한 난초가 아니고 자신의 충심이었다. 난초와 잡초가 무엇인지도 모르는 권력자들에 대한 분노와 궁핍한 생활에서 오는 고통을 난을 심어 가꿈으로써 희망으로 의탁하고자 했다.

그는 그 유명한 〈이소〉란 시에서「내 이미 구원(九畹)이나 되는 넓은 밭에 난초를 심었고, 또 백묘(百畝)의 밭에 혜초를 심었도다/ …… / 탐욕을 다투는 뭇 소인들은 오로지 군자의 단점을 찾는데 실증도 아니 나는지/ 오! 속으로는 자신을 속이면서 남의 흠집을 따지니 심통이 질투뿐이구나!……」그는 난을 자신을 알아주는 친구로 알았다. 이 작품은 후세 사람들이 작품성을 높이 평가해 작품명에 경(經) 자를 붙여 '이소경'이라 해서 경전의 반열에 두어 중국 시가문학의 전범으로 삼았다.

굴원은 〈이소〉의 같은 장에서「아침에는 목란에 서린 이슬을 마시고/ 저녁에는 가을 국화의 지는 꽃잎을 따 먹으니/ 참으로 마음이 차분해지고 아름다움이 가득해지니/ 오래 굶주린들 어찌 마음 아파하리요.」하고 처절하리만큼 온몸을 난에 의지하고 있다. 그는 난초의 생태적인 품성의 올곧음과 고결함을 자신의 표상으로 삼은 것이다.

그리고 굴원은 가을이 지나고 겨울이 되어 난초가 시들고 향기를 잃을까 걱정하며 안타까워한다. 그는 끝내 절망감을 이기지 못하고 〈회사(懷沙)의 부(賦)〉를 남기고 고결한 성품을 그대로 간직한 채 돌을 안고 미뤄 강(汨羅江: 지금의 汨水)에 몸을 던져 생을 마쳤다.

현명한 사람을 찾아가는 난초

《진서(晉書)》〈문원전(文苑傳)〉에는 나함(羅含, 283~369)의 이야기가 실려 있다. 나함은 동진 때 사람으로 자는 군장(君章)이고 계양(桂陽) 땅 뇌양(耒陽) 사람인데, 어린 나이에 부모가 죽어 숙모 주(朱) 씨에 의해 길러졌다. 어느 날 낮잠을 자는데 꿈에 한 마리 아름다운 새가 돌연 그의 입속으로 날아들었다. 그때부터 그는 시문에 남다른 재능을 나타냈고 남의 이목을 끄는 인물이 됐다. 이후 벼슬길에 나아가 공조(工曹)의 주부(主簿)가 됐는데 정서대장군 환온(桓溫)이 서역을 정벌하기 위해 군대를 동원하며 함께 가기를 청했다. 환온은 나함에게 사상(謝尙)이란 사람의 흠이나 부정을 조사해 오라는 명을 내렸다. 사실 사상은 매우 능력이 있었고 환온과는 사이가 매우 좋

있으나, 환온은 경쟁자로서 그를 제거하려는 것이었다.

　나함은 사상을 찾아가 환온이 시킨 일은 하지 않고, 하루 종일 사상과 더불어 즐겁게 술을 마시며 이야기하다 돌아왔다. 환온은 나함이 돌아오자 그에게 맡긴 일들의 전말을 물었다. 나함이 반문하기를 "장군은 사상이 어떤 사람이라고 생각하십니까?" 했다. 환온은 "그는 나를 능가한다."고 대답했다. 그러자 나함은 "어떻게 장군을 능가하는 사람이 나쁜 일을 할 수 있겠습니까? 그래서 전 그곳에서 어떠한 것도 묻지 않고 돌아왔습니다." 하고 말했다.

　환온은 나함의 인품과 안목에 놀라서 그를 탓하지 않았다. 후에 나함이 주의 별가(別駕) 벼슬을 맡았는데 집이 너무 시끄러워 괴로워했다. 그것을 안 환온은 성의 서쪽 연못가에 작은 집 한 채를 새로 지어 주어 조용히 살게 했다. 나함에 대한 환온의 아끼는 마음이 그만큼 컸다고 할 수 있다. 한번은 환온이 부하들과 함께 연회를 열고 호기를 부리다가 뒤에 시립하고 있는 나함을 가리키며 "자네들은 이 사람이 누군지 아는가?" 하고 물었다. 어떤 사람이 "형초(荊楚)의 인재라 할 수 있는 사람입니다." 라고 말했다.

　그 후에 나함은 나라의 재상 지위에 올랐을 뿐 아니라 많은 사람들에게 품성과 덕행으로 존경을 받는 인물이 되었다. 그가 관직에서 물러나 옛 고향집에 돌아오니 그의 집 계정(階庭)에서 난데없이 난과 국화가 떼 지어 솟아나는 기적이 일어났다. 물론 아름다운 향기가 집 안은 물론 멀리까지 퍼졌다고 한다.

난초를 알면 자손을 귀하게 한다

중국 남북조 시대의 유의경(劉義慶)이 지은 《세설신어》〈언어〉편에 동진 때의 사람 사안(謝安, 320~385)과 사현(謝玄, 343~388)의 이야기가 있다. 어느 날 태부 벼슬을 하던 사안이 여러 자제와 조카들을 모아놓고 묻길 "너희는 남의 일에 자문(諮問)하거나 관여할 때 어떻게 할 것이냐?" 하자, 모두들 말하는 자가 없었다. 그때 사현이 대답하길 "지란(芝蘭)과 옥수(玉樹)를 그들의 뜰과 섬돌 밑에서 자라날 수 있도록 하라고 일러 줄 따름입니다." 했다. 사안이 미소 지으며 자신이 바라던 말이라고 하며 사씨 집안에 지란옥수를 자라게 한다면, 집안이 대대로 영원히 쇠하지 않을 것이라고 했다.

　사안은 당대의 서성(書聖) 왕희지, 지둔(支遁) 등과 교유하며 학문을 닦다가 40세가 넘어서야 비로소 중앙정계에 투신한 인물이다. 그들은 이후 지란옥수를 심어 정성을 들여 잘 가꾸었다. 실제로도 사현이 말한 것처럼 사씨 일가는 지란옥수가 계정에서 잘 자라게 한 것은 물론, 정치적으로도 사안은 제위를 찬탈하려는 환온의 야망을 저지하는 등 백성들의 안위를 위해 많은 활약을 펼쳤다. 그 이후로도 대대로 덕인(德人)

의 향기가 끊이지 않는 문중이 되어 집안이 쇠하지 않고 번성했다.

사서에 의하면 사씨는 삼국시대 위나라 때부터 관료직에 들어섰는데, 동진 시기에 이르러 으뜸가는 명문 귀족이 됐다. 권세를 떨치는가 하면 조야(朝野) 모두의 존경을 받은 많은 인물이 배출되었다. 1975년 하오하오헝(郝昊衡)이 편찬한 《사씨세계표(謝氏世系表)》에 따르면 진(晋)대부터 오대(五代)를 거치는 200여 년 동안 가장 번창했던 문중이었음이 밝혀졌다.

당시 사현이 숙부 사안에게 답해 말한 "지란옥수가 계정에서 자라게 한다."고 한 것이 현실로 나타난 예가 된 것이다. 그래서 후대에 난계(蘭階)나 난옥(蘭玉)은 훌륭한 가문의 자제들을 비유하는 말이 됐다.

왕희지 서체 개발과 난

왕희지가 완성한 행서와 초서 등의 서체는 그의 취미와 깊은 관계가 있다. 왕희지는 첫째로는 난을 좋아했고 둘째로는 거위를 좋아했는데, 거위를 좋아하게 된 이야기의 유래는 따로 있다. 평소 왕희지의 글씨를 갖고 싶어 하던 산음(山陰)의 한 도사가 그에게 거위 한 마리씩을 매일 갖다 바쳤다. 그 정성에 감복했는지 왕희지는 도교 경전의 하나인 《황정경(黃庭經)》을 써 주었고 '거위[鵝]' 자를 써서 이웃의 집집마다 알리기 위해 돌렸다.

그 뒤 효종 영화 9년(352) 3월 초 3일에 벗들과 수계(守誡)하기 위해 회계(會稽)의 난정(蘭亭)에 모였다. 이곳에는 높은 산과 험한 봉우리와 무성한 숲과 죽림이 있었으며 맑은 냇물은 수량이 많아 급류가 바위를 치고 굽이쳐 흐르는 등 경치가 무척 아름다웠다. 뿐만 아니라 그곳은 야생란들이 무성하게 자라나 꽃이 피면 그 향기가 계곡에 진동했다. 그 수계식 자리에 함께했던 명사들은 이러한 난의 아름다움에 취해 저마다 난을 찬양하는 시구 한 구절씩을 남겼다.

> 몸을 굽혀 하얀 물결을 떨치고 우러러 꽃다운 난초를 따네(俯揮素波 仰綴芳蘭).   - 서풍지(徐豊之)

> 은미한 소리로 번갈아 읊으니 향기가 난초 같구려(微音迭泳 馥爲若蘭)
>   - 원교지(袁嶠之)

> 우러러 읊으며 남긴 향기를 당기고 정신을 화하게 하여 중연을 맛보네(仰詠把遺芳 怡神味重淵)   - 왕온지(王蘊之)

녹단난정연(綠端蘭亭硯) | 명(明) 초기, 22cm×13cm×5cm | 장방형의 이 벼루는 오래된 갱도에서 나온 녹단석으로 만든 것으로 동진(東晉) 영화(永和)년간의 서성 왕희지와 사안, 손작(孫綽) 등 문인 41명이 회계(會稽), 지금의 저장 성 사오싱에 모인 아취정결한 정경을 나타낸 것이다. 벼루에 새겨진 그림은 유상곡수(流觴曲水), 길게 자란 대나무가 무성한 숲, 화창한 날씨와 맑은 공기, 봄바람과 시원한 경치를 보여 주고 있다. 한편으로는 왕희지의 〈난정서〉의 감흥과 본뜻을 표현한 것이기도 하다 / **방명초녹단난정연(仿明初綠端蘭亭硯)** | 현대, 12.3cm×7.5cm×4.4cm | 이 벼루는 진품을 모방한 것으로 조각 상태가 진품과 조금 차이가 있는데 돌의 질, 색, 조각의 품격, 전체적인 마무리에서 진품과는 현저히 다른 시대적 분위기를 느끼게 한다.

왕희지는 필법 연구에 몰두할 때 거위를 길러 서체를 완성하는 도움을 얻었고, 난을 사랑해 서성의 경지에 도달할 수 있는 더 큰 득을 보았다. 부드러운 곡선의 거위 머리와 쭉 뻗어 긴 목, 높은 울음소리, 붉은 발바닥으로 물을 헤쳐나가는 아름답고 우아한 거위의 모습은 왕희지에게 많은 아이디어를 제공했다. 붓을 자유자재로 움직여 마음껏 필체를 구사했다.

또한 바람을 맞아 가볍게 흔들리는 난잎의 힘찬 기세에서 자유분방함과 유창함을 배웠다. 난잎은 청초하면서도 정결하며, 그 밀도가 적당하면서도 힘이 있어서 세상과 동떨어져 홀로 서 있어도 당당한 모습이다. 왕희지는 난잎의 여러 자태를 필법에 응용함으로서 막힘없이 자유자재했다. 이는 그의 필법의 구조와 운필 등이 높은 수준에 도달했음을 말한다. 그의 필법은 난과 그림의 기맥이 상통하며, 필체가 아름답고 굴곡이 자연스럽다는 이야기다. 또한 그의 글씨는 아름다움이 있고 아름다움에서 기세가 살아나는 것이 특색이다. 뿐만 아니라 그 기세를 잘 이끌어 기품이 있으면서도 생동감 넘치는 최고의 경지에 도달한 것이다.

왕희지는 난을 사랑하면서 비로소 새로운 필법구사에 눈을 뜨고, 남의 정성을 외면하지 않았던 덕인의 품성으로 거위를 길러 마침내 새로운 필법을 완성한 것이다.

루쉰과 이름난 애란 가문

루쉰(魯迅, 1881~1936) 집안에서는 몇 대에 걸쳐 난을 좋아했다. 1933년 11월 14일 루쉰은 자신의 일본인 친구 〈야마모토(山本)에게 보낸 편지〉에서 「나의 증조부는 난초를 많이 재배했는데, 이를 위해 특별히 3채의 집을 지었다.」고 했다. 루쉰의 조부와 부친 또한 난을 기른 적이 있다. 루쉰은 어릴 때부터 꽃, 벌레, 물고기, 새를 좋아해 여가 시간에 부친을 따라 화초를 채집하러 다녔다. 좀 더 큰 후에는 쭤런(作

人)과 젠런(建人) 두 동생과 함께 자주 성(省) 내의 부산(府山), 탑산(塔山)에 가서 난을 채집했다.

매년 2, 3월 난이 필 때면 3형제는 회계산(會稽山), 난저산(蘭渚山), 약산(箬山)에 소풍을 가서 난을 채집했다. 1911년 3월 18일 루쉰과 조젠런(周建人, 1888~1984), 왕허시(王鶴照)는 회계산 밑에 위치한 대우릉(大禹陵)을 여행했다. 출발 전에 루쉰은 사전에 채집한 난을 담

난초를 무척이나 아꼈던 왕희지와 루쉰

을 그릇과 삽 한 자루씩을 모두에게 가지고 오라고 일렀다. 대우릉에 도착해 우묘, 평석정(禹廟, 窆石亭)을 구경한 후, 회계산에 올라 난을 채집했다. 후에 루쉰은 그때의 경험을 《신해유록(辛亥游錄)》에 기록했다.

조젠런은 노년에 큰형 루쉰을 회상하며 회계산에서 난을 채집하던 일에 대해 이야기하기를 "큰형은 일엽난을 채집한 후, 흥분해서 내게 이야기했지요, '셋째야, 여기 온 것이 헛수고는 아니구나!' 우리는 집에 돌아와서 함께 난초를 화분에 옮겨 심었어요. 나중에 큰 형이 채위안페이(蔡元培, 1868~1940) 선생의 요청에 응해 북경으로 갈 때에도, 처음에는 난초를 가져 가려 했지만, 결국에는 길이 멀어 그렇게 하지 못했죠. 떠나기 전에, 형님은 특별히 제게 이 난을 잘 보살피라고 부탁했어요. 오래지 않아 저도 한 학교의 교수 자리를 맡게 되어 집에 갈 기회가 거의 없었는데, 나중에 보니 일엽난이 죽었더군요. 큰 형님이 가슴 아파할까 봐 줄곧 이 일을 형님에게 알리지 않았습니다."

1920년대 말, 루쉰은 상해로 이주했는데, 매년 경칩을 전후해서는 사람들이 루쉰의 집 앞을 지나칠 때면 난초의 향기가 얼굴을 스쳐 왔다고 한다. 루쉰은 말년까지도 집 안 가득 난을 심어 가꾸고 있었다.

중·일 수교, 저우언라이와 마츠무라의 금란지교

1962년 항저우의 서호에서 저우언라이(周恩來, 1898~1976) 총리와 중국을 방문한 중·일 우호인사 마츠무라 겐조(松村謙三, 1883~1971) 두 사람이 만났다. 당시 두 나라는 외교 관계가 아직 회복되지 않았을 때였다. 마츠무라는 정치인으로서 여러 번 중국을 방문했고, 저우언라이와는 의기투합해 좋은 친구가 되어 중·일 우호활동에

생전의 저우언라이

힘을 기울였다. 한편 그는 적지 않은 품종의 중국 난을 수집할 정도로 난 애호가로서 이름난 인물이었다.

저우언라이는 항저우에서의 만남을 기념해 자신의 고향인 사오싱(紹興)에서 생산되는 좋은 난을 골라 마츠무라에게 선물했다. 그 난이 바로 40여 년 전 항저우의 난 묘포장 주임이 상우대설부산(上虞大舌埠山)에서 찾아내 기른 환구하정(環球荷鼎)이란 이름의 난이다. 중국에서도 2, 3촉 밖에 없는 것이었고 당시 상해의 유력인사가 800위안에 사갔을 정도로 고가에 거래됐던 명품 난이다. 일반 직장인의 월급이 약 20위안이었던 것을 감안하면 800위안은 천문학적인 액수다. 저우언라이의 스케일이 그만큼 크다는 이야기일 수도 있다.

마츠무라는 말로만 듣던 진귀한 난을 선물 받고 말을 제대로 할 수 없을 정도로 감격했다고 한다. 그는 물론 중·일 수교를 위해 헌신해 1972년 9월 29일 마침내 두 나라는 수교국으로 발전하게 된다. 뿐만 아니라 마츠무라는 임종 시에도 환구하정을 잘 보살펴 달라고 자손들에게 유언을 남겼다. 저우언라이와의 우정을 생각하며 중·일 관계가 난처럼 푸르고 향기롭기를 바란 것이다.

난에 문외한이었던 그의 아들 마츠무라 마사나오(松村正直)는 부친의 당부를 가슴에 새기고 일본 최고의 난 전문가가 됐다. 1987년 일본에서 제3회 세계난초박람회가 열렸을 때 1983년도에 중국에 이미 난 협회가 설립된 것을 알았다. 뿐만 아니라 저우언라이의 고향 사오싱의 시화(市花)가 난 꽃이라는 것도 알게 됐다. 마사나오는 지체 없이 일본의 난애호가들을 이끌고 사오싱을 방문해 시난초협회에 저우언라이가 자신의 아버지에게 선물했던 환구하정의 후손을 증정하게 된다. 25년 만에 주인공의 후손들이 대를 이어 정성스러운 마음으로 금란지교(金蘭之交)의 고사가 살아 있음을 재현한 것이다.

| 편집부 |

4. 생활 속의 난초

다섯 | 한·중·일 | 설화와 속신과 속설

한·중·일의 서로 다른 난초 보기

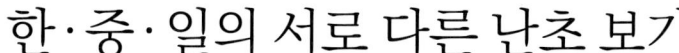

한국

난초의 탄생설화 지리산 마야고

지리산의 산신인 성모신 마야고는 사랑하는 반야(般若)를 기다리면서 나무껍질을 벗겨 실을 뽑아 베를 짰다. 그리고 그 베로 정성스럽게 반야의 옷을 만들어 지리산의 제일 높은 봉우리인 천왕봉에서 그가 돌아오기를 기다렸다. 마침내 어느 날 구름에 휩싸여 반야가 돌아오고 있었다.

그러나 반야는 마야고 앞을 지나쳐 쇠별꽃밭으로 곧장 달려갔다. 마야고가 쫓아가 잡으려 했으나 눈길 한 번 주지 않자 절망한 나머지 그를 위해 정성스럽게 만들어 들고 있던 옷을 갈가리 찢어 버렸다. 찢어진 옷자락이 바람에 날려 나뭇가지 여기저기에 걸려 깃발처럼 나부꼈다. 그래도 화가 풀리지 않은 마야고는 반야를 현혹시킨 쇠별꽃을 지리산에서는 피지 못하게 하고 천왕봉 꼭대기에서 성모신으로 변해 좌정했다.

그후 마야고가 찢어서 버린 옷의 실오라기들이 풍란으로 환생해 지리산에 서식하

지리산 마야고 전설에 의해 탄생한 풍란 | 오늘날 들어 멸종위기 1급 식물이 되었지만 최근 토종 풍란이 대량으로 복원됐다. 《난과 생활사》 제공

게 됐다고 한다. 지금도 지리산 정상 주변에는 풍란이 자라고 있고 천왕봉에는 성모신의 석상이 누군가의 손에 의해 세워져 있다.

수로왕은 난초탕을 허황후에게 바치다

난초의 그윽한 향기는 귀인(貴人)에게 더욱 적합했던 것 같다. 《삼국유사》에 의하면 가락국의 수로왕이 허황후를 처음 맞이하면서 「신하들에게 분부하기를 사람마다 방 하나씩 주어 편안히 쉬게 하고 그 아래 종속들에게는 방 하나에 5~6명씩 나뉘어 쉴 수 있도록 하라. 난초로 만든 음료(蘭液)와 혜초로 만든 술(蕙醑)을 주고 무늬가 놓인 채색 자리에서 자게 하며 의복, 비단, 보화 등도 많이 주고 군사들을 많이 모아 지키게 하라(上命有司 引媵臣夫妻曰 人各以一房安置 已下臧獲各一房五六人安置 給之以蘭液蕙醑 寢之以文茵彩薦 至於衣服疋段寶貨之類 多以軍夫遴集而護之).」고 했다.

인도 아유타국의 공주로 멀리 배를 타고 온 귀인(貴人)에게 처음으로 대접한 것이 바로 난초 음료였다. 청아한 난초의 향기는 긴 여행으로 지친 피로를 풀고 정신을 맑게 하는 효과가 있었으니 더욱 좋았을 것이다. 항상 고량진미를 먹는 귀족들에게는 가장 효과적인 음료수였을 것이다.

우리나라에서는 최초로 등장하는 난초에 대한 기록이며, 《삼국유사》에 나오는 난초로 만든 음료는 난초를 달여 만든 물인 난초탕(蘭草湯)으로 짐작된다.

일찍부터 피어난 신라의 금란사상

동해 금강산에서 해안을 따라 경주 토함산까지 내려오면서 금란현(金蘭縣), 금란굴(金蘭窟), 금란리(金蘭里), 후금란(後金蘭), 금란치(金蘭峙), 금란산(金蘭山) 등 '금란'이란 말이 들어간 지명이 연달아 있음을 알 수 있다.

이 금란이란 지명이 신라 화랑과 연관이 있음은 여러 문헌에서 완연하게 드러난다. 화랑 실례랑(失禮郎)의 이야기에 「무리를 이끌고 금란 땅에 이르렀다.」고 한 것이나 경문왕 때의 화랑이야기에 「숙종랑 등이 금란을 유람했다.」는 대목 등이 그

것이다. 금란의 출전으로 보아 화랑정신을 나타내는 데 적절하며, 이 화랑의 심신 단련도장인 원유지(遠遊地)들의 지명으로 금란이란 뜻이 남아 있음은 당연한 일이 아닐 수 없다.

이는 일찍부터 난심이 유교적 덕목과 함께 신라사회에 보편적으로 자리 잡고 있었다는 이야기이기도 하다.

중국이나 일본을 비롯해 우리나라에서 금란이 같은 뜻을 가진 사람의 모임의 대명사로 사용돼 온 보통명사라는 것을 감안하면, 금란이라는 화랑 원유지의 보통명사가 오랜 세월을 거치는 동안 고유명사화했을 것이다.

의로운 마음의 결속을 뜻하는 금란사상은 화랑뿐 아니라 신라정신의 하나로 정착했다. 이를테면 경주의 금장대(金丈臺)는 금란 의식(儀式)의 현장이었다. 이 정상에서 신라 젊은이 두 사람이 하늘에 서약하고 그 내용을 새긴 넓적한 돌멩이 하나가 발굴되었다. 그 돌멩이에는 나라가 외침을 당하면 죽음으로 충성을 다하고 3년 안에 《시경》, 《상서》, 《예기》, 《좌전》을 익힐 것을 하늘에 맹서하는 글이 남아 있다.

태몽으로서의 난초는 최고의 길몽

난은 보통 긍정적 길상의 상징으로 나타난다. 난을 태몽으로 꾸면 태중의 아이가 귀인이 된다는 예언을 받는다. 고려 말의 충신인 정몽주(鄭夢周, 1337~1392)의 어머니 이씨가 임신 중에 난초 화분을 안고 있다가 갑자기 떨어뜨리는 꿈을 꾸었다. 태몽에서 난을 안았다 해서 정몽주의 첫 이름은 몽란(夢蘭)이었다.

몽란이가 9살이 됐을 때 어머니 이씨는 낮잠을 자다가 또 꿈을 꾸게 된다. 검은 용 한 마리가 집 안뜰에 있는 배나무를 타고 오르는 꿈이었다. 깜짝 놀라 깨어 나가 보니 몽란이가 배나무를 타고 오르고 있었다.

이 용꿈을 꾼 후에 몽란은 몽룡(夢龍)으로 개명됐다. 몽주(夢周)로 다시 이름이 바뀐 것은 성인식이라 할 관례(冠禮) 때 일이다.

곧 여염에서 난초 꿈이 길몽으로 여겨졌음은 난이 상류사회뿐만이 아닌 서민사회에서도 그 위상을 유지했음을 알 수 있다.

경주 금장대의 피사 석탑

두타산 금란정과 비석

일본 사신에 선물한 난초 방석

세종대왕 때 왜(倭) 사신에게 난초 줄기로 엮은 난초 방석을 예물로 내렸는데 유교를 흠모했던 일본에서 이 방석을 대유학자에게 대대로 내려 물렸다고 한다. 곧 난은 유교의 정신적 자질의 상징임이 드러난 방석물림이 아닐 수 없다.

상소문 등 상류문화 속에서만 난초가 품격이 높았던 것이 아니라 일반 여염에서도 난은 품격이 높았다. 서당에 가서 천자문을 떼면 《몽구(蒙求)》를 가르치는데 그 첫 과목이 '충(忠)'이다. 이때 충의 사례로 벌이 난초의 꿀을 따면 맨 먼저 여왕벌에게 갖다 바친다 했다. 벌이 일반 꽃의 꿀을 딸 때는 두 뒷다리에다 묻혀 나르지만 여왕에게 바칠 난초 꿀만은 등에다 업고 나른다는 것이다. 이 이야기는 과학적인 근거는 없지만 그만큼 난의 귀중함을 벌이라는 미물까지 알고서 발이 아닌 등을 이용한다는 이야기다.

난초에는 꿀이 없지만 향기에 끌려 벌이 날아든다는 것을 안 것은 근대화 후의 일이다. 과학적 근거를 떠나 난심(蘭心)이 차지하는 우리 조상들 마음속에서의 위상을 말해 주는 사례가 아닐 수 없다.

한국에서 금란사상을 이어가는 사람들, 금란계

금란계 1 : 강원도 동해시에는 두타산(頭陀山)을 끼고 이루어진 경관이 수려한 무릉계곡이 있다. 이 계곡에 아담하고 운치 있는 금란정(金蘭亭)이란 정자가 하나 서 있다. 지난 2003년 이곳에서는 역사도 유구한 금란사상을 오늘에 뿌리내리려는 모임이 있었다. 이 고을의 뜻 있는 분들이 이곳에 숨쉬고 있는 옛 정신을 기려 금란계(金蘭

契)를 맺은 지 100년 맞이 행사를 벌인 것이다.

이곳의 금란계는 1903년 기우는 국운을 금란정신으로 버티자고 계를 묻고 한말 군대 해산으로 확산된 영동 의병운동의 온상이 되기도 했던 난심(蘭心)의 대표적인 한국적 표출인 셈이다.

당시 신망을 한 몸에 받고 있던 이 고장의 거유인 홍재문(洪在文)과 심진하(沈鎭河)가 중심이 되어 금란정신을 실현코자 했다. 이들은 갑오개혁으로 향교의 기능이 쇠퇴하게 되자 인재교육을 대신하기 위해 만들었던 양현소(養賢所)를 운영하던 사람들이다. 그것도 여의치 않게 되자 그때 모여들었던 사람들과 함께 계를 조직해 금란정신을 잇고자 했다. 설립의 주도 역할을 했던 홍재문이 창계(創契)의 계수(契首)가 되고 심진하는 아계수(亞契首)가 되었으며 항일활동의 주동적인 인물이 되어 옥고를 치르기도 했다. 총독부에서는 중추원 의관(議官)의 직위로 유혹했으나 그들은 생을 마칠 때까지 금란정신에서 벗어난 일이 한 번도 없었다.

후인들은 오늘날까지도 그때의 정신을 기리고 이어가기 위해《금란백년사(金蘭百年史)》(편찬위원장 김영기)를 편찬하는 등 금란계 100주년 맞이 행사를 격식을 갖춰 치르게 된 것이다. 현재 300여 명의 계원으로 이루어진 금란계가 활발하게 운영되고 있고 자손들이 그 계원의 자리를 대물림하는 것을 원칙으로 한다고 한다. 금란정신이 이처럼 오늘날까지도 유지되고 있는 곳은 동해시의 경우가 아마도 유일할 것이다.

금란계 2 : 조선 중종조에 경상도 개령(開寧) 현감을 지낸 이원례(李元禮)와 당시 진주목사 등이 중심이 되어 조정과 영남 일원의 시문에 능한 사람 31명이 금란계(金蘭契)라는 문계(文契)를 조직해 정기적으로 진주 촉석루에 모여 시문을 지으며 교유했다고 한다. 지금도 김일손(金馹孫)이 지은 금란계 결성의 취지와 31인의 품계와 관직, 성명, 자, 본관을 적은 현판이 촉석루 전면 우측에 걸려 있다. 임진왜란 당시 왜적을 맞아 싸우다가 진주 부민 남녀노소 전체가 처절하게 옥쇄(玉碎)하게 되는 것도 결코 우연이 아니었다.

금란계 3 : 옛 선비들이 사화에 연루되어 낙향함에 따라 울분을 더불어 토로하기 위해 같은 학풍이나 영향을 받은 선비들이 시사(詩社)나 지심계(志心契) 등 모임을 만들고 친목을 도모했다. 그러한 모임 가운데는 각기 한 마리씩의 학을 길러 한 해에 한 번 모여서 겨루는 학사(鶴社)도 있고, 각기 난 한 분씩을 길러 그 우열과 난의 깊은 맛을 겨루는 난계(蘭契)도 있었다.

비록 계를 맺지 않더라도 선비를 자처하면 난을 기르거나 난을 치는 2가지 가운데 하나를 익히는 것이 관행이 되기도 했다.

율곡과 신사임당의 묵란도에서 배우는 칠태교

딸이 시집갈 날을 받으면 이모나 고모를 불러 태교를 가르치는데 이때 전수되는 전통 태교를 칠태도(七胎道)라 일컬었다. 아이를 가지면 태중의 아이의 장래를 위해 지켜야 할 일이 7가지라서 칠태도라고 했다. 그중 하나가 이따금 산이나 들에 나가 솔바람 소리를 듣고 난초 향기를 맡아야 하는 것으로 되어 있다. 곧 인품을 고귀하게 하는 태교에 난향이 들어 있다. 그래서 친지의 며느리가 아이를 가지면 난분을 선물하는 풍조도 있었다. 그런가 하면 난초 대신 〈묵란도〉를 보내 규방에 걸어 놓도록 하기도 했다. 조선 초 변계량(卞季良,1369~1430)이 읊은 난시에 보면 「붓끝 운치가 깊어 그윽한 향기/ 난 이파리 끝에서 배어 나온다.」고 했을 만큼 묵란도에서 향기를 맡았던 우리 선조들이다.

　흥선대원군이 손자를 위해 그린 묵란의 화제(畵題)에서 난초는 많은 아들을 낳는 다산의 상징이란 뜻을 비쳤는데, 한 뿌리에서 많은 줄기가 나는 군생란(群生蘭)에서 비롯된 발상인 것 같다. 중국 문물을 흠모하는 사대사상의 여파로 조선란은 너무 촘촘해 품위가 없다고 해서 조선란 그리기를 기피하는 성향도 없지 않았다. 이 난을 다산(多産)과 동일화한 것은 이 촘촘한 조선란에서 발상됐을 것이다.

　이 태교용 난이나 난 그림에는 조건이 있다. 잎의 수가 3-5-7로 홀수라야 한다는 것과 한 이파리가 3번 뒤집히는 삼전법을 반드시 지켜야 한다는 점이다. 전통 역학(易學)에서 2-4-6 짝수는 계집아이를 뜻하고 3-5-7 짝수는 사내아이를 뜻한다. 난잎을 3개 그리는 뜻은 사내아이 낳기를 바라는 남아존중사상을 나타냄이며, 우리나라 〈묵란도〉에 3잎 난초가 상대적으로 많은 것도 이 역학사상과 무관하지 않은 것 같다.

오죽헌(烏竹軒)과 몽룡실(夢龍室) 현판 | 오죽헌은 조선 전기 민가의 별당에 해당하는 건축물이다. 조선 전기 주택을 살펴볼 수 있는 자료로서 완벽한 모습을 보여 주는 구조적 가치 외에도, 이곳 몽룡실에서 율곡 이이가 태어남으로써 더욱 유서 깊은 곳이 됐다. 1963년 1월 31일 보물 제165호로 지정됐다.

먹의 농담(濃淡)으로 이파리를 3번 뒤집어 그리는 삼전법은 김정희로부터 흥선대원군으로 전승돼 내려 온 묵란 화법이다. 그 뿌리가 멀리 중국 묵란의 대가 조맹부에서 비롯됐다고 하나 우리나라 묵란에서 철칙이 된 것은 3수 존중의 남아존중사상과 복합되어 발달한 것이다.

법도 있는 집안에서는 뱃속의 아이를 위해 산모로 하여금 난을 치게 하는 관습도 있었던 것 같다. 남아 있는 작품은 없지만 신사임당(申師任堂)도 이율곡 선생을 뱄을 때 묵란을 쳤다는 기록이 있다. 후세에 송시열(宋時烈, 1607~1689)은 신사임당이 그린 묵란을 보고 다음과 같은 글을 남겼다.

> 오행의 정수를 얻고 천지의 근본을 이루는 기운이 융화를 이루었다. 참으로 율곡 선생을 낳으심이 지극히 당연하다.

중국

난향과 양귀비의 체취와 덕향

중국 사람들은 예부터 동물계의 향으로는 사향(麝香)을, 식물계에서는 난향(蘭香)을 알아주었는데 이 동·식물성 향을 합친 난사(蘭麝)의 향이면 최고로 쳤다. 당 6대 황제 현종(玄宗, 재위 712~756)이 탐닉했던 양귀비를 미모로 찬양한 문헌은 없으며, 사랑의 라이벌인 매비(梅妃)가 양귀비를 향해 '비비(肥婢)' 곧 살찐 종년이라고 매도했을 만큼 몸매도 별 볼일 없었는데 그토록 황제를 매료시킨 것은 몸에서 풍기는 체취였다.

그 체취를 두고 그녀가 즐겨 먹었다는 과일인 여지(荔枝)의 향내라는 설이 있고, 그녀가 서역(西域) 오랑캐의 핏줄을 이어받았기에 체취에 호취(胡臭)가 섞인 때문이라는 설도 있다. 그녀의 매력을 찬양하는 글에 등장하는 난사의 체취가 단지 아름다운 말로만 꾸며낸 것이 아니라는 설도 있다.

양귀비의 전용 욕탕인 화청지(華淸池)에 오색 화향(花香)을 탔다는 기록으로 미루어 난향이 빠지지 않았음을 미루어 짐작할 수 있다. 그녀의 체취에서 풍기는 난사의 향은 실제의 향이었을 가능성이 높다. 더우기 화청지에서 버려지는 물을 받아 팔아 거부가 된 할미가 있다 했는데, 양귀비의 체취가 스민 물로 머리를 감고 얼굴을 씻으면 불행을 쫓는다는 소문이 있었던 것이다. 난초를 우려낸 물이 사기를 쫓는다

[辟邪]는 전통인식으로 미루어 양귀비의 체취는 난향일 확률이 높다.

왕비인 연길의 태몽

태몽으로써의 난이 길몽임은 중국에서도 그 사례를 찾아볼 수 있다.

정문공(鄭文公)의 첩 연길이 꿈에 천사로부터 난초 한 포기를 받았다. 그리고 천사가 말하기를 "이것으로 아들을 삼고 이것으로 국향(國香)을 삼아라." 했다. 과연 태몽대로 아들을 낳았고 그가 바로 목공(穆公)이다. 정문공은 연길을 사랑해 태몽의 값으로 난초 한 분을 주었다. 「첩이 아들을 가진 것만도 다행인데 감히 난초까지 받겠습니까?」 한 연길의 대답에서 중국 문화에서의 난초의 성격이 어떤 것인지 알 수 있다.

후에 목공이 중병에 걸려 자리에 눕게 됐을 때 사람들에게 "저 난초가 시들면 나도 죽게 될 것이다. 난초는 나의 명이기 때문이다."라고 했다. 그 뒤 난초가 시들어 죽게 되자 과연 목공 또한 죽었다고 한다.

중국의 민간사회에 전래되는 《주공해몽(周公解夢)》이라는 몽점서(夢占書)에도 「난초가 뜰에 나는 꿈을 꾸면 자손이 태어나는 징조」라고 되어 있는 것으로 보아, 난초와 자손과의 상관관계는 뿌리깊은 속설로 봐야겠다.

이상향으로 가는 통로로서의 난향

난초 향기는 사랑이나 인덕만을 표출하는 것이 아니라 이승보다 살기 좋은 이상향으로 실어다주는 수레이기도 하다. 중국 위난 성 북부에 리장(麗江)이라는 관광 마을이 있고, 그 마을에 나시 족(納西族)이라는 소수민족이 산다. 주로 농사를 짓고 사는 이들 농가는 중정(中庭) 형태로 마당에 조그마한 연못이 있으며 못 가운데 산 모양의 수석(壽石)과 못 가에 난초 몇 그루가 심어져 있다. 그 수석은 리장 인근에 솟아 있는 해발 6000미터의 위룽 산(玉龍山)을 본 뜬 것이라고 한다.

이 나시 족의 전설에 의하면 위룽 산 저편에 상춘(常春)의 나라가 있는데 오곡백과가 무진장이며 일하지 않고도 살 수 있다는 이상향이라고 한다. 이들에게 전하는 민화 또는 시, 전통 연극은 모두가 그 이상향을 그리는 것을 공통 주제로 삼고 있다. 그 나라에 가려면 아름의 나라, 바위의 나라 등 험한 고개를 넘지 않으면 안 된다. 그 험한 산을 넘어가는 것은 오로지 난초 향기뿐이라 해서 중정의 못에 난초를 심어 기른다는 것이다. 곧 난초의 향은 이승의 고통을 잊게 하고 이상향에서 살 수 있는 희망으로 살아가게 하는 생명향이기도 하다.

고귀한 사랑의 매체인 여란, 데이트 플라워

후한(後漢)의 유안이 쓴 《회남자(淮南子)》에 남자가 난을 심으면 난의 자태는 아름답지만 향내가 없고 의붓자식이 밥을 먹으면 살은 쪄도 윤택이 나지 않는다고 했다. 이 모두 진실한 정이 가지 않기 때문이다. 그래서 난을 심고 분재를 할 때는 반드시 여자의 부드럽고 잔정이 든 손길이 닿아야 한다. 난초를 일명 대녀초(待女草), 곧 여자를 기다리는 풀이라 했음은 그 때문이다.

명대의 사조제(謝肇制, 1564~?)가 엮은 작은 백과사전인 《오잡조(五雜俎)》에서 「빗질하고 기름때 묻은 여인의 손길을 좋아하는 난초의 성은 본래 음탕하다.」고까지 비하했을 정도다. 난(蘭) 자를 풀어보면 초(草)+문(門)+간(柬)으로 문 안에서 간택되기를 기다리는 귀한 집 아가씨 같은 풀(女蘭)이란 뜻 모음이다. 더구나 난초에 대해 청나라 왕지원(汪之元)은 "덕을 쌓지 못한 범인으로서는 접근은커녕 언급해서도 안 된다. 난초는 법통이 서릿발같고 덕성을 고루 갖춘 열녀와 같기 때문이다." 라고 주장했다.

난초가 고금을 통해 사랑의 촉매제였음도 여성 친화적이기 때문일 것이다. 베이징 십찰후해(什刹後海)의 북쪽 기슭에 자리잡은 순친왕부(醇親王府)의 호화주택이 있다. 청나라 때 만주족 출신으로 손꼽히는 학자요 풍류객이던 납란성덕(納蘭成德, 1655~1685)의 집이다. 고전소설 《홍루몽(紅樓夢)》의 대관원(大觀園)이 이 저택의 정원을 묘사한 것이며, 임대옥(林黛玉)의 육감적인 사랑의 무대였다는 설이 있을 정도로 낭만적인 정원이다.

베이징의 젊은 남녀들 간에 이곳에서 데이트를 하면 사랑의 소원이 이뤄진다고 해서 한동안 출입을 폐했을 때도 담을 뛰어넘는 연인들이 헤아릴 수 없을 정도였다. 한 때 이 집 주인이던 납란성덕이 자신의 이름에 걸맞게 난초를 도처에 심어 난향이 진동했으며, 그 난향이 바로 사랑을 성사시키는 접합제로 알려져 온 것이다.

쑤저우(蘇州)에 황혼이 들기 시작하면 억새로 얽은 작은 꽃바구니에 하얀 꽃을 담아 든 꽃 파는 아가씨들이 몰려나온다. 꽃 이름은 바이란호아(白蘭花)라 했다. 누가 그 많은 난초를 사가냐고 물었더니 서툰 영어로 "데이트 플라워" 라고 하는 것이다. 곧 난초 향기가 연정을 유발시키는 데 양귀비 이래의 마력을 유지해 온 것이 된다.

우정의 상징 금란보

중국에는 난초의 향기에 '두터운 우정'이란 꽃말이 있듯이 친구들과의 우정과 난초는 밀접한 관계가 있다. 친구를 사귀고 의기가 투합되면 의형제를 맺는 일이 많다. 그때 작은 책자를 만들어 서로의 성명, 생년월일, 출신지, 가계도 등을 기입하고 '비록 바닷물이 마를지라도 우리의 우정은 영원히 변치 않는다'는 맹서문을 기입해 서로 나누어 갖는다. 이때 책의 표지는 붉은 색이며 '금란보(金蘭譜 또는 金蘭簿)'라고 제목을 쓰고 난초 그림을 그리는 것이 특색이다.

선진(西晉) 초에 죽림칠현의 한 사람으로 유명한 산도(山濤, 205~283)는 혜강(嵆康), 원적(阮籍)과 한 번 만난 것만으로 금란지교를 맺었다는 이야기도 있다.

당대(唐代)의 기록에 의하면 대굉정(戴宏正)이란 사람은 친구를 한 사람 얻을 때마다 기록해서 조상의 영전에 고하고 이를 금란부(金蘭簿)라고 이름지었다고 한다. 대굉정이 어느 때 사람인지는 알 수 없으나 《주역》에 나오는 「두 사람이 마음을 함께하면 그 날카로움이 쇠를 절단하고 마음을 함께 하는 말은 그 향기로움이 난초와 같다(二人同心 其利斷金 同心之言 其臭如蘭).」는 말로 보아 금란보의 기원은 꽤 오래 전에 시작된 것이 분명하다.

난정회와 난정순장

와신상담의 주인공인 춘추전국시대의 월왕 구천은 멸망한 나라를 다시 일으켜 강국이 됨으로써 주변 모든 나라로부터 조공을 받은 인간승리의 주인공이다. 그 구천이 심었다는 회계산의 난초 이야기는 유명하다. 진(晉)나라 목종(穆宗) 때 명필 왕희지를 필두로 한 당대의 명사 41인이 이 회계산 아래 난초밭 복판에 정자를 짓고 모여 앉아 계를 맺고서 곡수에 술잔을 돌려 술을 마시고 시를 지었다. 이 모임을 난정회(蘭亭會), 이 시 묶음을 《난정첩(蘭亭帖)》이라 했다. 왕희지가 쓴 이 《난정첩》의 서문은 중국 고금의 명필로 당나라 태종이 그 글을 몹시 사랑해 유명(遺命)에 따라 당 태종의 관 속에 넣어 묻음으로써 난정순장(蘭亭殉葬)의 일화로도 유명하다. 이 난정고사를 연유로 중국에서 뜻 맞는 사람들의 모임을 난정(蘭亭)이라 하기도 했다.

일본

구애 수단이었던 난초

일본에서 난을 언급한 최초의 문헌은 《일본서기》윤공(允恭)왕 13년 기록으로 그 왕비에 관한 이야기 가운데 난초가 등장한다.

왕비로 간택 받기 전에 어머니를 따라 뒷마당을 거닐고 있는데 도오케이(鬪鷄國造)라는 사나이가 말을 타고 가다가 담 넘어 왕비를 보고 희롱했다. 아가씨가 가꾼 꽃밭이냐 묻고 난초 꽃 한 송이를 꺾어 달라고 했다. 이에 어디에 쓰려고 꺾어 달라 하느냐고 문자 사나이는 당황하면서 산에 가 날벌레를 쫓고자 한다고 했다. 왕비는 그 저의를 알아차리고 난초 한 그루를 꺾어 주었고, 말 탄 사나이는 감사해하며 잊지 않겠다고 하고 떠나갔다.

그 후 이 아가씨가 왕비로 책봉되자 이 난초를 빌었던 사나이는 땅에 머리를 조아리며 그토록 귀한 마님인 줄도 모르고 큰 죄를 지었으니 죽어 마땅하다고 고개를 들지 못했다. 이에 왕비는 용서하고 돌려보냈다. 곧 난초를 꺾어 바치는 헌화(獻花) 행위가 구애 수단이었음을 암시해 주는 고사다.

일본에서의 난초 문화가 퇴색된 이유

일본 문헌인 《동아(東雅)》에 일본에서 난초 옛 이름은 후지바카마라 했다. 그렇게 불린 본뜻은 알 수 없으나 이 꽃색이 담자색(淡紫色)으로 등나무 꽃과 그 색깔이 같은데

난 문양 보자기(부분) | 넓은 여백과 생화를 연상시키는 줄기의 구도가 동양란의 풍취를 표출하고 있다.

다, 그 꽃잎이 통처럼 둥글게 말려 있어 마치 치마를 두른 듯하다 해서 '등꽃 치마' 란 뜻으로 후지바카마로 불렀을 것으로 풀이했다.

일본에서의 난초 문화가 중국이나 한국보다 번성하지 못했음은 첫째, 야생난이 그 종류가 적고 번성하지 못했으며 기후나 토질 등 여건이 맞지 않았기 때문이다. 둘째, 일본 풍토에서 각별한 손질 없이는 꽃이 더디게 피기 때문에 꽃이 피기를 기다리다 지친다는 결함이 있어서 그렇다. 오히려 더디게 피지만 언젠가는 반드시 핀다는 그 약속 때문에 매사에 서두는 일본인의 기질을 다독거리는 상징적 교훈으로 인해 난초에 의미를 부여하는 학자도 있다. 셋째, 중국 사람들이 꽃에서 향기를 중시하고 한국 사람이 꽃에서 그 심지(心志)를 중시하듯, 일본 사람들의 꽃을 보는 통성으로 꽃 모양을 본다는 것도 난초와의 거리를 멀리한 요인이 됐음직하다. 후지바카마라는 명칭은 자태를 보는 일본인의 심성이 표출된 이름이기도 하다.

현재 일본에 유통되고 있는 동양란으로는 춘란·보세란·한란 3종류가 있다. 동양란을 감상하는 주요 포인트도 나라마다 다른데 일본에서는 꽃보다 이파리다. 이파리에 하얗게 테가 둘러 있는 것을 복륜(覆輪)이라 하고, 잎 끝이 찢어진 듯 하얗게 무늬진 것을 쓰메(爪), 세로 줄기가 하얗게 나 있는 이파리를 시마(줄기), 이파리에 노란 반점이 박혀 있는 것을 호랑이 무늬란 뜻인 호반(虎斑), 이파리가 녹색에서 황색으로 변해 있는 것을 선반(先斑), 이파리가 빳빳하게 서 있는 것을 입엽(立葉), 서 있으면서 중간에서 뒤로 쳐진 것을 반립(半立), 모두가 뒤로 쳐져 원을 그리는 것을 수엽(垂葉), 끝으로 갈수록 감겨 있는 것을 권엽(卷葉)이라 했다.

꽃 색과 꽃 모양에 가치를 두기에 그와는 거리가 있는 동양란은 소수의 애란가를 제외하고는 일본 사람들의 기억 속에서 희미해졌고 앞으로도 사라져 갈 기세다. 대신 꽃 색도 요란하고 꽃 모양도 수다스런 양란이 일본 꽃가게를 지배하고 있다.

|이규태|

4. 생활 속의 대나무

여섯 | 한·중·일 | 동양3국의 서로 다른 난의 인식

한국은 화품, 중국은 화향, 일본은 화태

한·중·일 각기 다른 난문화의 개성

난초를 두고 한·중·일의 문화권이 선호하는 분야는 조금씩 다르고 발달된 분야도 다르다. 난초가 인생에 주는 교훈이라고 할 화품(花品)을 한국이 받들어 발달시켰다면 중국에서는 난초가 풍기는 화향(花香)에, 일본에서는 난초의 꽃 모습인 화태(花態)에 중점을 두어 난문화를 개성화시켜 왔다.

문일평은 "난은 꽃이 적고 향이 많아 '문향십리'라고 함이 반드시 턱없는 한문식의 과장만은 아니라 하고 난꽃을 향내의 조상이란 뜻인 향조, 으뜸가는 향이라 하여 제일향이라 함에 어찌 이유가 없겠느냐."고 했다.

뿐만이 아니라 《본초강목》에는 향기와 연관되어 불려진 난초의 이명으로 수향(水香), 향수란, 향초, 도량산에 많이 자란다고 해서 도량향초(都梁香草), 머리를 맑게 한다고 해서 성두향초(省頭香草) 등 헤아릴 수 없이 많다. 중국에서는 비단 난초뿐 아니라 꽃에서 향내가 존중됐고 향내가 없는 꽃은 마음이 없는 꽃으로 천대했다. 아무리 꽃 색이 눈길을 끌고 자태가 요염해도 향내가 박하면 눈 밖에 났다. 중국인들이 일본을 비하할 때 일본인들이 소중히 여기는 국화(國花)인 벚꽃에 향내가

없음으로 곧잘 비유했던 것에서도 두 나라의 향내 문화의 위상을 가늠해 볼 수 있다.

《고금도서집성》의 〈진주선(珍珠船)〉편에 세상에서 대나무와 매화, 소나무를 삼우(三友)라 하여 우러렀는데, 대나무는 마디(節)는 있으나 꽃이 없고 매화는 꽃은 있으나 잎이 없으며 소나무는 잎은 있으나 향이 없지만 난초만이 이 3가지를 고루 갖추었다 했다. 역시《고금도서집성》의 왕상진(王象晉, 1561~1653)이 쓴 〈군방보(群芳譜)〉편에 보면 벌이 꽃 속에 들어가 화분을 묻히고 나올 때 여느 꽃들에서는 뒷다리에 묻히고 나오는데 오로지 난초꽃에서만 등에 묻히고 나온다 했으니 그 관찰의 사실 여부와는 관계없이 중국 사람들의 난초에 대한 인식의 정도를 말해 준다. 그것은 두말할 것 없이 고귀함의 뿌리가 향내인 것이다.

향내를 풍기는 것을 훈(薰)이라 하는데 훈육(薰育)·훈도(薰陶)·훈화(薰化)라는 말도 있듯이 어디서인지 모르게 젖어드는 향내처럼 덕을 체질화시키는 것을 이상적인 교육으로 여겼음도 향내 문화의 여파다. 난초 향기를 일과성으로 버려 두지 않고 이를 머리에 꽂거나 옷 속에 간직해 그 향내에 오래 젖어 있고 싶어 했으니, 이를 훈염(薰染)이라 했다.

청나라 강희제(康熙帝) 때 나온《비전화경(祕傳花鏡)》이란 문헌에 꽃향기를 길게 보존하는 비법이란 항목이 있다. 그 한 실례를 들면 난초나 창포 또는 매화 등 향내가 좋은 꽃의 꽃 봉우리가 갓 피어나려 할 때 대칼[竹刀]로 봉오리를 잘라내 밀랍(蜜蠟)에 적셔 단지 속에 담가 두었다가 여름철에 꺼내 거품을 일군 물그릇에 꽂으면 꽃이 살아 있을 때처럼 피어나고 향내는 몇 곱절 진하게 풍긴다 했다. 난초가 피어날 때 풍기는 난향을 계절까지 연장시키는 화향의 나라다운 난꽃 공작(工作)인 것이다.

난심이 천심으로 동양 삼국을 넘나든다

난은 다른 꽃들처럼 아름답지도 않고 요염하지도 않으며 꽃색이 야단스럽지도 않다. 그런데도 빼어난 네 꽃이란 뜻인 사일(四逸)의 으뜸으로 치고, 가까이 두고 싶은 사우(四友) 가운데 하나임이 분명하다. 그런가 하면 사랑스런 네 꽃 사애(四愛) 가운데 하나이며, 청아한 다섯 꽃이란 뜻인 오청(五淸) 가운데 하나로 꼽힌다. 곧 난초는 외모보다 보이지도 잡히지도 않은 내심(內心)에서 동양 사람을 매혹시켜 왔다.

옛 선비들 자신의 정신적 수범이요, 흩어지지 말아야 할 그 정신의 감시자로 방 안에 난초 화분이나 난초를 그린 묵란도를 걸어 놓는 것이 관례였다. 곧 난이 지닌 정신에 자신을 동일화(同一化)하기 위해서다. 난이 사군자(四君子) 가운데 으뜸이요, 속칭 군자란(君子蘭)으로 불린 데서 알 수 있듯이 바로 군자의 표상이다.

석란도(石蘭圖) | 윤용구(尹用求), 조선, 개인 소장 | 난초는 한·중·일 3국 모두 좋아했으나 각기 다른 면을 숭상해 왔다. 한국은 난초가 주는 교훈을, 중국은 난초의 향기를, 일본은 난초의 모습을 중시해 왔다. 이 작품은 조선시대 문신이며 서화가인 윤용구의 그림으로 시화는 다음과 같다.「깎아지른 절벽은 1천 자/ 난초는 푸른 하늘에 있네/ 그 아래 나무꾼이 있어/ 손을 들어보지만 꺾지 못하네.」

곧 난은 유교정신의 꽃이다. 특히 한·중·일 동양 삼국 가운데 유교가 질적으로나 양적으로 발달하고 저변화한 한국이, 난의 정신 곧 난심(蘭心) 수용의 문화가 다각도로 발달해 왔음을 알 수 있다.

꿀이 없어도 벌이 날아드는 난화의 비밀

조물주는 만물에게 하나의 특혜를 주었을 뿐이라는 진리를 구현이라도 하듯 난초에게 강렬한 향내를 준 대신 꿀을 주지 않았다. 꿀이 없으면 벌이 날아들지 않고 벌이 앉지 않으면 암수 촉매가 없어 번식시킬 수 없다. 한데 꿀이 없어도 벌이 날아드는 경우가 있다. 그 이유에 대해 찰스 다윈(Charles Darwin) 이래 의문을 표시해 온 사람들이 자연계의 수수께끼로 여겼다.

향내에 유인돼 오긴 하지만 날아와서 소득이 없으면 날아오지 않는 것이 자연의 섭리다. 이에 학자들은 집요한 관찰과 시행착오 끝에 난초꽃에 날아드는 벌은 수놈에 한한다는 것을 발견했다.

이 수벌이 날아와 난꽃 위에서 흥분되어 떨리는 동작에 대해 학자들은 주의를 기울여 왔다. 포겔이라는 학자는 수벌이 난초꽃에 착륙하면 신경질적으로 복부를 꽃의 표면에 비벼대는데 이것이 성행위와 흡사한지라 수놈의 유사(類似) 성행위로 보았다. 꽃 모양이 나래를 펴고 있는 암벌과 흡사하고 난초의 꽃향기가 암내 낸 암놈의 체취와 비슷하기에 수놈은 그에 유인되어 사랑의 춤을 추게 되고 그런 사이에 자신도 모르게 화분을 몸에 묻히게 된다. 그 결과 난초는 꿀 한 방울 없이 자손을 번식시키는 수분(受粉)의 목적을 다한다고 보았다.

또 오랫동안 꿀 없는 난초를 찾아드는 벌 연구에 몰두해 온 도드슨은 포겔보다 발전된 관찰을 하고 있다. 수벌은 우화(羽化, 곤충의 번데기가 변태해 성충이 되는 것) 후 벌집을 떠나 반 년 남짓 암벌과의 성교를 이루기 전에는 돌아가지 않는다.

그동안 수벌은 난초꽃을 찾아 들어가 앞다리의 털에 꽃향기를 묻혀 이 향기를 나뭇가지나 밑동에 옮겨 놓는다. 그러고는 이 난향을 묻힌 지점과 지점 사이를 날아다니며 자신의 텃세를 과시

난초 문양 주전자 | 향을 중시하는 중국에서는 자기의 문양에도 난향을 담고자 했다

청영홍심도(靑影紅心圖) | 조옹(趙雍), 원(元), 상하이 박물관 소장 | 가시나무와 난초로 거침과 부드러움의 대비를 보이는 이 그림은 문인의 의취를 고스란히 간직하면서 회화적 조형성이 두드러진 작품이다. 공자로부터 시작된 중국의 난초 사랑은 굴원, 나함, 사안과 사현, 왕희지, 루쉰, 주더, 저우언라이 등 고대에서 현대에 이르는 많은 저명한 인사들에게 이어져 그 진한 향을 발하고 있다.

한다. 물론 그 난향 지역에 다른 수벌이 날아들면 목숨을 걸고 싸운다. 그렇게 자신의 영역을 지키고 있으면 언젠가는 난향에 유인되어 암벌이 날아들고 바로 난향을 묻혀 둔 현상 인근에서 교미를 한다. 난향은 수벌의 텃세와 자신의 존재를 과시하는 중요한 요인으로 쓰였음을 알 수 있다. 따라서 난꽃이 사랑을 성사시키는 수단으로 이용된 것이다. 사람이나 곤충이나 다같이 구애의 방법으로 난꽃을 활용한 것은 고금이 다르지 않으며 그만큼 과학적 근거가 있다.

최음 효과로서의 난초

영국에서 난초를 *Orchis* 외국산 난초를 *Orchid* 라 하는데, 이 말은 고대 희랍어인 *Orkhis* 에서 비롯된 것은 이미 다 아는 사실이다. 곧 남성의 국부[睾丸]란 뜻이다. 뿌리 생김새가 둥근 구형이 2개 붙어 있어 보기에 국부와 닮았다고 해서 얻은 이름이다. 비슷하게 생긴 것끼리는 비슷한 작용을 한다는 유감주술(類感呪術)에서 비롯된 것인지 또는 실제로 효과가 있어서인지는 알 수 없으나 유럽에서는 이 난초 뿌리에 최음 효과가 있다고 해서 그 뿌리에서 짜낸 설루프(Saloop)란 음료는 창가(娼家)의 사랑의 묘약으로 이용되는 전통이 있다.

19세기 중반까지 런던에서는 이 음료를 공공연하게 팔았으며, 영국의 수필가이자 비평가인 찰스 램(Charles Lamb, 1775~1834)의 수필 가운데 커피 하우스처럼 이 음료를 전문으로 파는 '설루피언 하우스'가 나오는 것으로 미루어 꽤 보편화된 사랑의 묘약이었던 것 같다. 그래서 러스킨(Ruskin, 1819~1900)은 이 난초에 연상되게 마련인 성적 이미지를 싫어해 *Orchis* 란 말을 폐기하고 *Wreathworth*(화환이 될 만한 것)란 이름으로 부르자고 제안하기까지 했다.

난초를 둔 동양 문화권에서의 이성간(異性間) 인력(引力)이나 대녀초(待女草) 같은 별칭도 난초 뿌리의 생김새의 유감주술에서 비롯됐던 것을 성문화 비하에 여과되어 그렇게 미화되었을 가능성도 없지 않다.

|이규태|

4. 생활 속의 난초

일곱 | 한·중·일 | 벽사의 기능으로 본 난초

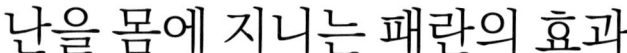

난을 몸에 지니는 패란의 효과

한국

대원군의 묵란에서 볼 수 있는 패란의 흔적

사군자 중 묵란의 대가 흥선대원군이 65세 때 손자에게 그려준 석란(石蘭) 병풍에 「너는 모름지기 난을 허리에 차고 경계를 해야 할 것이다.」라고 화제를 썼다.
　중국에서는 예부터 난을 꺾어 허리에 차는 풍습이 있었다. 그 뿌리는 굴원이 지은 〈이소〉의 다음 구절에 있다.

　　　날 적부터 고운 성품에/ 훌륭한 재주를 속에 지녀/ 겉으로는 향초를 몸에
　　　감고/ 추란(秋蘭)을 엮어 허리에 찬다.

　우리나라에서도 그 패란(佩蘭) 풍습이 있었는지 알 수 없으나 대원군이 남긴 묵란도의 화제를 통해 패란의 흔적을 찾을 수 있다.

중국

불행을 물리치는 난초

진(晉)나라 때 죽림칠현 가운데 한 사람으로 풍류로 소문난 혜강(嵆康)의《회향부(懷香賦)》는 중국 문학에서 비중이 크다. 그 문장을 간추리면 이렇다.

> 나는 정월에 역산(歷山)을 남쪽에서 올라 회향(懷香)이 수풀 속에 자라고 있는 것을 보았다. 나는 이 풀을 제왕의 정원이나 부귀공가(富貴公家)의 마당에서 본 적이 있기에 이같이 누추한 곳에 버려져 자라고 있는 것을 아쉽게 여기고 이를 파서 집 뜰에 옮겨 심었다. 그 꽃이 우아하게 곱고 그 씨앗은 향내가 별나게 좋아 책 틈에 넣어 두었다.

이 회향의 정체를 두고 이견이 분분했으나 명나라 때 이시진은《본초강목》에서「보통 사람들이 이 풀을 품에 품고 다니며 씹는다 하여 회향이라 한 것이다.」라고 했다. 또한《태평어람(太平御覽)》〈난향(蘭香)〉조에 인용된 다음과 같은 문장에서 「상서랑(尚書郞)은 회향을 손에 쥐고(懷香握蘭) 궁전의 섬돌을 오르내린다.」고 한 것으로 보아 회향이 바로 난초 향기임이 입증됐다.

이로써 한나라 때 궁중에서 문서를 들고 내왕했던 벼슬아치들은 향을 품고 난초를 손에 쥔 채 천자 앞을 드나들었음을 알 수 있다. 그 이유는 몸이나 입에서 나는 역겹고 부정한 냄새를 방지하기 위함이었음은 두말할 나위가 없다.

이는 고대 주(周)나라 때부터 일반 백성들도 향주머니를 차고 다니는 관행이 있었으며, 그 내용물은 보통 향내가 나는 나무(槐木)의 목편과 난초의 대를 잘라 넣어 만든 것이다. 천자 앞에 나갈 때에는 난초 열매를 씹기도 하고 난초의 잎과 대로 만든 가공품을 들고 대령했음을 알 수 있다.

이처럼 난초를 몸에 지니고 다녔음은 악취를 방지하는 향기 때문이었고, 그 향기가 불행의 씨앗인 재앙마저도 물리친다는 생각이 겹쳐 난초를 몸에 지니는 패란 풍습이 동양 문화권을 휩쓸기에 이르렀다.

초나라 사람들은 이 유별난 추란을 허리에 참으로 해서 덕을 과시하고 추구하는 풍조가 있었으며, 착하게 살고 덕행을 실천하겠다는 자신과의 약속을 표징했다.

고대 문헌인《예기》에「난초를 몸에 지닌다.」는 대목이 나오며《초사》에도 추란의 줄기를 몸에 지니고 다닌다 했다.《본초경》에는 집에서 난초를 기르면 집 안에 상서롭지 못한 일이 생기지 않게 막아 주고 난초의 잎을 달여 마시면 오염된 심신을 해독하

묵죽난도(墨竹蘭圖) | 정섭(鄭燮), 청(淸), 샌프란시스코 아시안 아트 박물관 소장 | 중국은 예부터 악취를 방지하고 부정을 방지하기 위해 난초를 몸에 품고 다녔다. 이는 일본에도 전해져 남녀 모두 난향을 풍겼으며, 무사들은 재앙을 물리치고 구급상비약으로서 난초를 몸에 지녔다고 한다.

생활 속의 난초 199

며 이를 오래 장복하면 늙지 않고 몸이 가벼워진다고 했다. 또한 《서경잡기(西京雜記)》에는 한나라 때 못이나 뜰에 난초를 심어 신을 내리게 했고 이를 말려 가루를 내어 이나 책 속에 넣어 두면 좀이 생기지 않는다 했다.

《본초강목》에는 「난초를 머리에 꽂으면 머리가 맑아진다.」고 해서 성두초로 불리기도 했다고 한다. 옛 오(吳)나라 지방에서는 여름철에 저자거리에서 난초를 다발로 묶어 팔았다고 한다. 그것은 난초를 우려내 술이나 기름과 섞어 먹기도 하고 몸에 지니고 다니기 위해 그만큼 거래가 활발했다는 이야기가 된다.

일본

액막이 또는 진통 효과의 난초

일본에서 난초의 옛 이름으로 후지바카마라고 한 것에 대한 해석은 에도 시대의 학자 다니가와 코토수가(谷川士淸, 1709~1776)가 정의한 「꽃색으로써 후지(花弁)라 칭하고, 그 화변(花弁)이 통처럼 생겨 바카마(袴)라 한다.」는 데 뿌리를 두고 있다. 이에 대해 별로 이론이 없다가 오늘에 이르러 시즈오카 대학 우에노 타로(上野太郎) 명예교수가 후지바카마가 아니라 '후시하카마(不時佩)'라는 이설을 내놓았다.

그 이유로 일본 전통사회에서 남녀 불문하고 옷에 난향을 풍기게 하고 무사는 갑과 투구 속에 이를 담아 시도 때도 없이 몸에 지녔다고 한다. 패란의 이유는 난향이 좋아서가 아니라 이를 몸에 지니고 다니면 재앙, 곧 불행이 접근하지 못한다는 생각이 지배하고 있었기 때문이라 했다.

일본 무사가 투구나 갑옷 속에 난초를 품고 다닌 이유에 대해서는 이설도 있다. 난초를 몸에 지니면 재앙을 막아 준다는 중국 전래의 관행과 달리 일본에서는 싸우다 다친 데 난초가 진통 효과를 가져다주는 구급약이라는 것이다. 이미 중국에서도 난초가 진통제로 쓰였던 증거가 있다. 그것은 한나라 때 분묘 마왕퇴(馬王堆)에서 난초 씨앗이 출토됐다는 것을 말한다. 매장된 주인공인 귀족 부인의 미라에 대한 병리학적 해부 결과 담도(膽道)가 파열됐음이 드러났다. 그 통증으로 심장 발작을 일으켜 죽은 것으로 결론 내렸다. 이 난초가 미라 근처에서 발굴된 것은 이 부인의 통증을 약화시키는 데 쓰인 것으로 본 것이다.

곧 난초에는 생리적 통증을 완화시켜 주는 실용적 가치가 있었고, 그 체험을 살려 부상의 빈도가 높은 무사들이 갑옷이나 투구 속에 난초를 품게 한 것으로 추리하기도 한다. 난초의 진통 효과는 유럽에서도 보편화되어 있다.

예수 그리스도와 난초

예수 그리스도가 게세마네(Gethsemane) 동산에서 고민하고 있을 때 워낙 고통의 정도가 심해 이마에서 뿜어져 나온 피에서 돋아난 풀이 난초다. 골고다의 언덕 십자가에서 고통 받는 예수의 아픔이 십자가를 타고 내려가 그 십자가가 박힌 곳에서 피어난 초화가 난초라고도 한다. 그래서 서양에서는 난초를 예수의 고통과 동일화한다. 유럽 혹은 중동 사회에서 진통의 민간약이 되어 오던 것이 예수의 고통을 덜어 준 진통의 염원과 결합했을 것이다.

《만요슈》에 나오는 가을의 칠초(七草)의 빈도를 보면 난초는 꼭 한 군데에 불과하다. 그나마도 당나라에 유당사(遺唐使)로 갔던 사람이 읊은 것으로 역사상 일본에서의 난초의 위상은 빈약했다. 또한 일본 문헌인《대화본초(大和本草)》에 진란(眞蘭)의 잎을 벽이나 창에 발라 도배를 하면 사기를 쫓는다 했고,《중수(重修) 본초강목》에서 황백색의 반점이 나 있는 난초 가운데에서 줄기나 잎을 달여 먹으면 몸 안에 든 독을 제거한다고 했다.

이처럼 난초에는 사람에게 해를 끼치는 독과 액을 예방하고 물리치는 벽사의 기능이 있다고 했는데 한·중·일이 공통적이다. 그 난초의 벽사 기능이 3월 3일 삼짇날과 5월 5일 단오의 세시민속과 접합된 데서도 한·중·일 3국의 공통점을 찾아볼 수 있다.

|이규태|

4. 생활 속의 난초

여덟 | 한·중 | 식용과 약용으로서의 난초

약은 약이나 독이 될 수도 있다

옛날의 난초와 지금의 난초는 다르다.

예전의 기록에 나오는 난초를 지금의 난초로 볼 수 있을까? 예전에도 이러한 것에 대한 의문을 가진 듯하다. 주희는 《초사변증(楚辭辯證)》에서 「대개 옛사람들이 말한 향초(香草, 난초)는 반드시 그 꽃과 잎이 모두 향기가 있고 마르거나 습기가 있거나 변함이 없기 때문에 잘라서 노리개로 차고 다닐 수 있었다. 그러나 요즘 말하는 난초와 혜초는 꽃은 비록 향기가 있지만 잎은 향기가 없다. 그리고 꽃의 향기가 비록 좋지만 바탕이 약해 쉽게 시들기 때문에 베어 노리개로 차고 다닐 수 없다. 따라서 고인(古人)들이 가리킨 바가 아님이 매우 분명하나 언제부터 이러한 오류가 있었는지는 알 수 없다(大抵古之所謂香草 必其花葉皆香 而燥濕不變 故可刈而爲佩 若今之所謂 蘭蕙 則其花雖香 而葉乃無氣 其香雖美 而質弱易萎 皆非可刈而佩者也 其非古人所指甚明 但不知自何時而誤耳).」고 해서 예전 기록에 나오는 난초와 주자가 살았던 송나라 때의 난초가 서로 다르다는 것을 지적하고 있다.

예전의 난초와 지금의 난초가 서로 다르다는 주자의 의견을 그대로 받아들이면서 명대의 이시진은 《본초강목》에서 「예전의 난초는 택란(澤蘭)과 비슷하고 혜초는 지금의 영릉향(零陵香)으로 띠[茅]와 비슷하고 꽃에는 2가지 종류가 있는데 언제부터 오류가 있었는지는 모른다.」고 했다.

노지이(盧止頤)도 《본초승아반게(本草乘雅半偈)》에서 주자의 의견을 따르면서 「지금의 난초는 꽃에 향기가 있지만 건조되면 썩은 냄새가 나고 잎은 향기가 나지 않는다. 유란을 난초로 잘못 이해한 것이 어느 때인지는 모르겠다.」고 했다. 예전의 난초가 어느 식물인지는 논란의 소지가 있지만 분명 지금의 난초만은 아닌 듯하다.

난초와 택란의 차이점을 제대로 알아야 약이 된다

난초와 택란의 차이에 대해 다음과 같이 인식했다. 난초와 택란은 2가지지만 사실상 같은 무리다. 난초는 못 두둑에서 자라며 잎은 반들반들 윤이 나고[光潤] 뿌리는 약한 자색을 띤다. 5, 6월에 채취해 음지에서 말리니, 즉 도량향(都梁香)이다. 택란은 잎 끝에 털이 약간 있으며 윤이 나지 않는다. 줄기는 모났으며 마디는 자색이다. 처음 채취하면 약간 매운맛을 띠는데 건조해도 역시 그 맛이 남는다.

예전에는 택란과 난초를 혼동했다. 이에 대해 이시진은 「택란은 물이 있는 곳에서 자라며 잎이 난과 같다. 2월에 싹이 나고 붉은 마디가 있으며 4개의 잎이 난다.」고 했다. 소택란(小澤蘭)은 「잎의 상부에 반점이 있고 뿌리의 끝이 뾰족해 피부에 찔리면 능히 피를 나게[破血] 하여 오랫동안 뭉쳐진 구적(久積)을 뚫어 준다.」고 했는데, 대택란(大澤蘭)은 난초이고 소택란은 택란을 말한 것이다. 송대 약물학자 구종석(寇宗奭)이 "택란이 땅에서 나오면 줄기와 가지가 분리되고 잎이 국화와 같으나 끝이 길다. 난잎은 맥문동과 비슷하여 서로 같지 않다."고 했는데 이는 택란을 말한 것이다.

소갈병에 사용됐던 난초

한의학 경서인 《황제내경소문(黃帝內經素問)》에 의하면 「황제께서 입 안이 단맛 나는 사람은 어떤 병이고 비단(脾癉)은 어떻게 얻은 병인가 하고 물었다. 기백(岐伯)이 답하기를 이것은 오장의 기가 넘쳐서 생긴 것으로 압니다. 오미(五味)가 입으로 들어가 위(胃)로 저장되고 비(脾)가 그 정기를 오장으로 보내게 됩니다. 그런데 진액이 비에 남게 되어 입 안이 단맛이 나게 되는 것으로 고량진미를 많이 먹어서 생기게 됩니다. 이렇게 영양 과잉이 되면 속에서 열이 나고 단맛은 사람의 속을

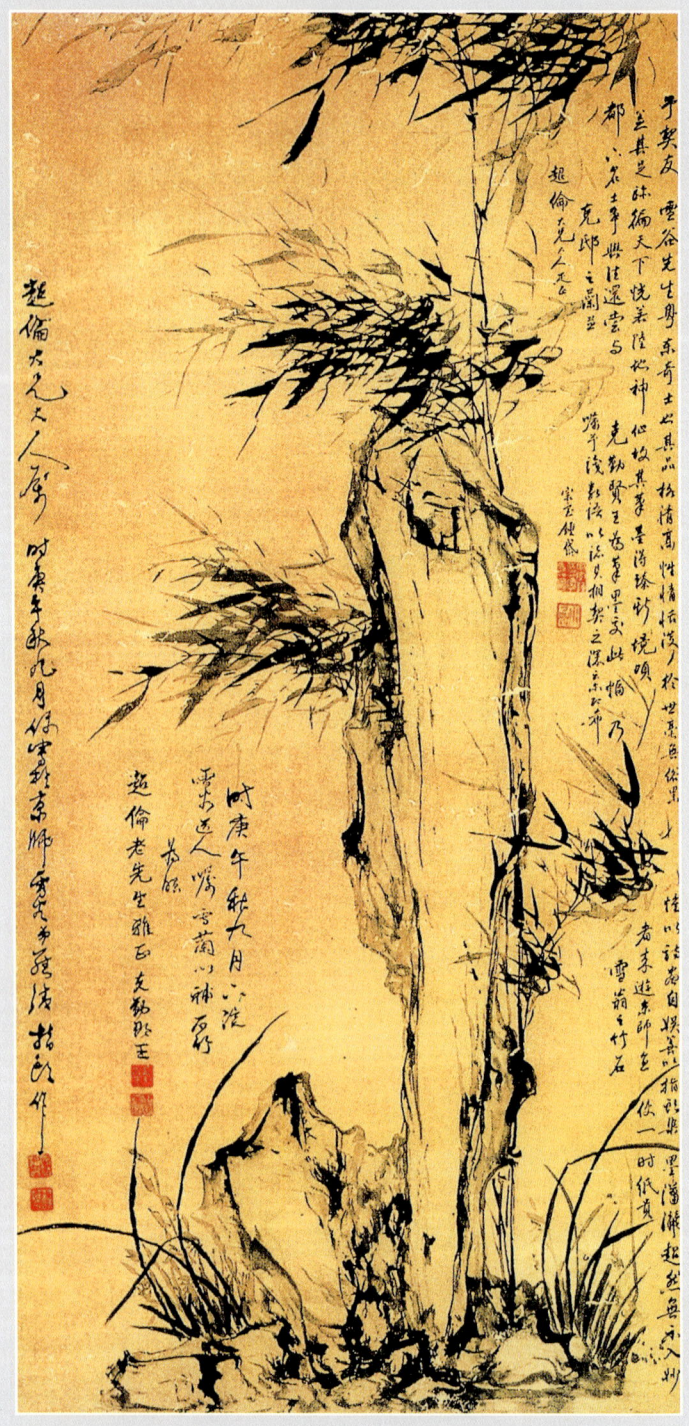

난죽석도(蘭竹石圖) | 나청(羅淸), 청(淸), 광저우 시미술관 소장 | 우리나라에서 난초를 식용이나 약용으로 이용했던 역사적 기록은 삼국시대로 거슬러 올라가야 한다. 하지만 기록이 없기 때문에 현재로서는 추측만 할 뿐이다. 《삼국유사》에 따르면 신라시대부터 이미 향기가 좋은 난초꽃으로 술을 담가 귀한 손님에게 대접했다고 한다. 오늘날에도 외국에서는 난초를 향료의 원료나 음료수로 이용하기도 한다.

그득하게 하기 때문에 그 기운이 위로 올라가 소갈(消渴, 당뇨보다 넓은 한의학 병명)이 되는 것입니다. 이때 난초를 끓여먹어 오랫동안 저장된 열기를 제거해야 합니다.」라고 해 고량진미를 많이 먹어 영양 과잉으로 생긴 소갈증에 난초를 사용한다고 했다.

금(金)나라의 이고(李杲, 1180~1251)도 난초의 효능에 대해 「난초의 기운은 맑고 향기로워 진액을 생성하고 갈증을 없애며 피부[肌肉]를 윤택하게 한다. 또 칠정내상으로 담에 습열이 몰리고 담의 기운을 막아 위로 오르게 되어 생기는 증상으로 입이 쓴 증상인 소갈과 담단(膽癉)을 치료한다.」고 해 난초를 소갈증에 사용할 수 있다고 《본초강목》에 정리되어 있다.

이에 대해 명대에 와서 이시진도 황제가 지었다는 옛 의서인 《소문(素問)》과 이고의 주장을 언급하면서 난초의 잎이 소갈증에 사용하는 근거가 된다고 했다.

청대 의학자 왕자접(王子接)은 《강설원고방선주(絳雪園古方選註)》에서 그동안 언급된 것을 정리하면서 「난초탕(蘭草湯)을 소갈에 사용함으로서 비경(脾經)의 오랫동안 몸속에 쌓였던 열을 제거할 수 있다. 난초의 맵고 차가운 성질은 뭉친 것을 풀어 주고, 대소변을 부드럽게 나가게 하고 열을 풀어 주며 갈증을 그치게 한다. 따라서 난초 하나만을 단독으로 사용해도 고량진미가 소화되지 않아 생긴 기(氣)를 남김없이 쓸어버리니 그 성질의 날카로움을 가히 알 수 있다. 그러나 고량진미를 먹어서 생긴 소갈이 아닌 경우에는 난초를 사용하지 말아야 한다.」고 했다. 즉 고량진미(영양 과잉)를 많이 먹어서 생긴 소갈에는 난초를 사용할 수 있지만 다른 경우에는 해당되지 않는다고 한 것이다.

선비는 공부하는 자리의 오른쪽에 난초를 둔다고 했다. 「난초는 금(金)과 수(水)의 기운을 타고났으며 화(火)기운도 있는 것 같다. 사람들이 난초꽃의 향기가 귀함만을 알고 난초의 잎이 약으로 사용되는 것을 알지 못한다. 난초의 잎은 오랫동안 쌓여서 뭉쳐진 기를 풀어 흩어 주는 힘이 매우 좋다. 이제 자리 오른쪽에 난을 놓는다.」고 한 것은 바로 난초가 뭉쳐진 기운을 풀어 주기 때문에 자신이 거처하는 곳의 오른쪽인 서쪽 자락에 난초를 놓았던 기록인 것이다.

머리칼을 자라게도 하고 보호도 한다

난초의 잎이 쭉쭉 뻗어 오른 빼어난 자태는 매우 시원하게 느껴진다. 이러한 난초의 잎을 5~6월에 채취한 다음, 음지에서 말려 가루를 만들어 기름에 고아 연고처럼 만들어 머리카락에 바르면 머리카락이 잘 자란다고 주숙(朱橚, 1361~1425)의 《보제방(普

濟方)》에 소개되어 있다.

　　《본초강목》에서도 「난초는 나쁜 기운〔惡氣〕을 다스리기 때문에 난초로 연고를 만들어 머리카락에 바른다.」고 해 난초가 나쁜 기운을 다스리기 때문에 사용한다고 보았다. 「강남(江南) 사람들이 집에 난초를 심고 여름에 채취해 머리털에 바르면 머리털이 끈끈하지 않게 되기 때문이다. 머리를 자주 감지 않는다는 뜻으로 성두초라 하기도 하는데 전택초(煎澤草)라는 뜻과 의미가 같다.」고 했다. 또한 난초를 삶은 물로 목욕을 하기도 했다. 「난초는 난택향초(蘭澤香草)이다. 자줏빛 꽃받침과 8월에 흰 꽃이 피는 것을 난향(蘭香)이라고 하는데 삶은 물로 목욕을 한다. 시냇물가에 자라며 일반 사람들이 가정의 연못가에 많이 심기도 한다. 전택초, 도량향이 바로 이것이다.」라고 했다.

　　또한 「이와 같이 난초를 기름에 담갔다가 머리털에 바르면 때가 제거되고 머리털에서 향기가 나면서 윤기가 나게 된다. 《사기》에 옷을 풀어 헤쳤더니 향기가 은근히 난다는 것이 바로 이것이다.」라는 이야기도 나온다.

식중독을 풀어 주기도 한다

난초는 소고기와 말고기를 먹고 일어난 식중독을 풀어 주기도 한다. 《본초강목》에 의하면 「난초는 자그마한 종기(癰腫)를 없애며 여성들의 월경을 조절한다. 물에 달여 먹으면 소고기나 말고기를 잘못 먹어 생긴 식중독을 풀어 준다(消癰腫 調月經 煎水 解中牛馬毒).」고 했고, 「소고기나 말고기를 잘못 먹고 식중독에 걸려 사람이 죽으려고 할 때 난초의 뿌리와 잎을 물에 끓여 먹으면 즉시 낫게 된다(食牛馬毒 殺人者 省頭草連根葉煎水服 卽消 唐瑤經驗方).」고 했다.

난의 일반적 효능

난초의 일반적 효능을 《본초강목》을 중심으로 살펴보면 다음과 같다. 난은 매운맛이 있다고도 보았으며 단맛과 차가운 기운이 있다고도 보았다. 소변을 잘 나가게 하며 뱀, 지네, 두꺼비의 독을 제거하고 상서롭지 못한 것을 막아 주기도 한다. 또한 오랫동안 먹으면 기운을 북돋아 주고 몸을 가볍게 하며, 늙지 않게 하고 신명(神明)을 통하게 한다. 가슴의 담(痰)과 체한 것을 풀어 주고 피를 맑게 해주고 기운을 조절해 영양소를 고르게(生血, 調氣, 養營) 하는 작용을 한다. 풍병(風病)에는 난을 삶은 물에 목욕하는 것으로 효험을 보기도 한다.

제사에의 사용

난초를 제사 때 사용하기도 했다. 《초사》에 의하면 「제사 지낼 때 봄에는 춘란을, 가을에는 국화를 사용한다. 향기가 길게 이어지듯이 예전의 도를 계승하고 끊어지지 않게 하려는 것이다(春蘭兮秋菊 長無絶兮終古 言春祠以蘭 秋祠以菊 爲芬芳長相 繼承無絶於終古之道也).」라고 해 난초의 향이 계속 이어지는 것을 보고 제사에 사용했다고 한다.

《초사보주(楚詞補注)》에서도 춘란과 추국은 봄과 가을에 있어서 가장 빼어나고 그 향기가 길게 이어지게 하며 옛 도를 끊어지지 않고 이어지게 하므로 제사에 사용한다고 했다.

|김종덕|

《소심(素心)의 의미》

소(素) 자는 보통 희다는 뜻으로 쓰이지만 더 넓게는 근본, 본바탕, 성질(타고난 바탕)이란 뜻도 갖는다. 난을 할 때도 근본이나 바탕이 바로 소이고, 이것을 기대하고 찾고 지향하는 것이 바로 우리의 마음이다. 그래서 만들어진 것이 소심(素心)이다. 즉, 난을 하는 본바탕 마음이 바로 소심이라는 말이다.

소심이란 용어는 1100여 년 전부터 중국에서 사용했다는 흔적이 있다. 그 뒤 난초 가운데 소심을 귀하게 생각해 벽취녹투(碧翠綠透, 푸르고 맑아 투명함이 더할 나위 없이 아름답다), 결백무하(潔白無瑕, 깨끗하고 하얗고 티가 없다)라고 표현했다. 송원시대의 《왕씨난보(王氏蘭譜)》와 《금장난보(金璋蘭譜)》에도 색벽여옥(色碧如玉, 소심은 색이 파래서 빛이 옥과 같다)이라고 표현했다.

중국의 청조 때에도 이미 난의 귀한 서열을 이야기했는데 「매판소 제일 수선소 제이 하화소 제삼매판 제사 수선 제오 하화 제육(梅瓣素 第一 水仙素 第二 荷花素 第三 梅瓣 第四 水仙 第五 荷花 第六)」이라고 했다. 지금도 난을 보는 눈은 같다.

4. 생활 속의 난초

아홉 | 일본 | 문장으로 본 난초

흔치 않은 난초 문양

우아함과 단아함으로 문장이 된 동양란

일본의 난초 문장(紋章)은 동양란의 꽃이나 잎을 도안화한 것이다. 동양란은 이름 그대로 일본이나 중국, 한국의 온·난대 지역에서 자생하는 난초를 가리키는 명칭이다. 잎이 크고 꽃 또한 화려한 색상과 다양한 크기와 모양으로 강렬한 향기를 발산하는 서양란과는 비교가 되지 않는다. 동양란은 잎이 작고 꽃도 작으며 색상이 단조롭고 향기마저 양란에 비해 은은할 뿐 서양란만큼 강렬하지 못한 것이 특징이다. 그러나 잎과 꽃은 우아하고 단아한 모습과 색상은 고귀함 그 자체다. 향기 또한 은은하나 멀리까지 퍼지는 신비로운 힘이 서양란에서는 찾을 볼 수 없는 것이다.

    일본에서의 난초를 가문(家紋)으로 쓰기 시작한 것은 에도 시대 중엽으로 보인다. 비교적 후기에 등장한 탓인지는 모르나 난을 가문이나 문장으로 사용한 예는 그렇게 흔치 않다. 《간세이주슈쇼카부(寬政重修諸家譜)》에 보면 미에부(三枝部) 가문의 츠지(辻)만 난을 문장으로 사용했다고 한다.

| 김문학 |

다양한 난초 문장

4. 생활 속의 난초

열 | 한국 | 민요로 본 난초

노랫가락에 묻어난 난초의 덕목

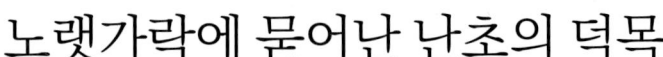

여성적인 감성으로 부드럽게 어루만지는 난초

사군자 가운데 정작 난초를 노래한 민요는 그리 많이 발견되지 않는다. 아마도 난초가 주는 고상하고 고고한 이미지가 서민 대중의 거칠고 굴곡 많은 삶과는 다소 거리가 있기 때문일 것이다.

엄동설한을 이겨내고 고목 위에 고운 자태를 뽐내는 매화, 낙목 한천에 떨고 있는 국화, 모진 된바람에도 아랑곳하지 않고 곧게 선 대나무가 가지는 인고의 상징성은 서민 대중에겐 각박하고 가난한 삶을 극복하려는 동기로 작용한다. 하지만 온난하고 비교적 포근한 계절에 꽃을 피우며 향기를 사방에 진동시키는 난초의 이미지는 화려하면서도 여린 느낌이어서 정작 서민 대중이 추구하는 삶의 강렬한 욕구를 채워 주기엔 한계가 있었던 것이다.

한편으론 난초는 동양화에서는 가장 좋은 소재가 됐을 뿐 아니라 고혹한 향기는 사대부 양반 계층뿐만 아니라 당시 예술을 담당하던 예기들과도 떼려야 뗄 수 없는 관계에 있었다. 예기들은 무용, 기악 등과 함께 난 치는 것을 필수 과목으로 배웠으며, 스승으로부터 예명을 받을 때 가장 받고 싶어 하는 글자 가운데 하나가 '蘭'이었다고 한다.

명기이자 경·서도소리의 명창이었던 한난홍에 따르면 스승들은 예기들의 특징 있는 태와 성음을 바탕으로 지어 주었다 한다.

예를 들어 키가 크고 태가 고운 예기들에게는 학(鶴)의 이미지를 연상시키는 학선(鶴仙)이라는 예명을 지어 주었으며, 목소리가 은쟁반에 옥구슬 굴러가는 것처럼 맑고 고운 예기들에게는 옥(玉)과 주(珠)를, 여성적인 태가 넘치고 자태가 뛰어난 여성에게는 난과 매(梅) 등의 글자를 넣어서 예명을 지어 주었다고 한다.

오늘날 국악계에 전설처럼 회자되는 예인 가운데에는 난향(蘭香)을 예명으로 한 이난향, 주난향, 오난향이 있고, 난홍(蘭紅)을 받은 김난홍, 전난홍, 한난홍이 있으며, 향란(香蘭)을 받은 장향란, 문향란, 김향란, 이향란이 있다. 난초(蘭草)로는 이난초, 김난초가 있고, 옥란(玉蘭), 금란(錦蘭), 계란(桂蘭) 등의 예명을 가진 소리꾼들의 명성이 지금까지 전해 온다. 난초의 그윽한 향기처럼 대중에게 다가와 한 시대를 풍미하며 스러져간 인물들이다. 이들의 소리는 다행히 오늘날 유성기 음반 혹은 LP판 등으로 남아 있는데 화사하고 수려한 미성은 때깔 고운 난초의 화려한 태를 사뭇 연상케 하는 공통점을 가지고 있다.

> 난초같이 고운머리/ 금박댕기로 너울너울/ 외씨 같은 두발 길은/ 만공중에 노니난 듯/ 휘여능청 버들가지 청실홍실 그네 메고/ 님과 나와 올려 뛰니/ 떨어질까 염려로다/ 휘여능청 버들가지를 툭툭 쳐라.

자진모리로 부르는 〈자진 휘여능청〉은 최근에 새롭게 만들어진 민요로 휘여능청 휘늘어진 버들가지에 그네를 메고 님과 함께 추천(鞦韆)하며 유희하는 흥겨움을 노래한 것인데, 그네를 뛰는 여인은 마치 〈춘향전〉에 등장하는 춘향이를 연상시킨다. 또한 한 시대를 풍미했던 난향, 난홍 같은 절세 예기들의 요염한 자태를 노래 속에서 발견할 수 있다. 이 민요는 일반 서민 대중보다는 전문예술인들이 직업적으로 부른 특징이 있으며, 특히 난초를 검고 부드러운 여성의 긴 머리카락에 비유한 것이 매우 멋스럽게 느껴진다. 남도민요 〈단오〉 노래에도 이와 유사한 구절이 나온다.

> 오월이라 단오날은 천중가절이 아니냐/ 수양청청 버들 숲에 꾀꼬리는 노래하네/ 후여능청 버들가지 저 가지를 툭툭 치자/ 난초 같은 고운 머리 금박댕기 너울너울/ 외씨 같은 두 발길로 반공중에 노닌다.

이 민요 역시 5월 단오의 정경을 노래 속에 담으면서 지극히 여성스런 태를 난초의 보드라운 잎새에 비유하고 있다. 난초가 가지는 여성스러움, 부드러움, 섬세함 등의 이미지는 서민 대중이 즐겨 부르는 노동요나 농요 등에도 등장한다.

난초 판화 | 고상과 우아함의 대명사인 난초는 한이나 애절함으로 대표되는 우리 민족의 정서와는 거리가 있다. 그래서 난초는 흥겨운 마당이나 판에서 흥을 돋우는 노래로 멋스럽게 불렸다. (가회박물관 제공)

걸고 난초로다/

(받는소리) 허허허이 히히/ 걸고 난초로다(후렴)/ 오동동추야 달도나 밝고/ 임에 생각 에루화 저절로 난다/ 달도나 떴네 별도나 떴네/ 저 구름 사이에 에루화 빵긋이 웃는다/ 저 달이 떴다 지도록/ 여기서 놀고/ 돈 실러 가세 돈 실러 가세/ 영광 법성포 에루화 돈 실러 가세/ 오늘날로는 여기서 놀고/ 내일날로는 에루화 에디가 놀게/ 마파람 불고 비 올 줄 알면/ 어떤 잡년이 빨래질 갈까/ 오동동추야 달도나 밝고/ 임의 생각 에루화 저절로 난다.

전남 화순 춘양면 일대에서는 '걸고 난초로다'로 받는 노동요 〈난초타령〉이 널리 불린다. 이 노래는 논매기 노래의 하나이며 매기고 받는 전형적인 형식으로 이뤄진다. 받는 소리를 '걸고 난초로다'라고 하기 때문에 난초타령이라 부르는데 혹자는 난초꽃이 아니라 어렵다는 의미의 난초로 사용되고 있다고 보기도 한다. 그러나 인근 능주 일대에서 불리는 논매기 소리 가운데 후렴을 '매화로구나'로 받는 〈매화타령〉이 있어, 이 〈난초타령〉 역시 〈매화타령〉처럼 아무 의미 부여 없이 장식적으로 사용된 것으로 보인다.

매화가 그렇듯 난초 역시 지극히 여성적이고 섬세하면서 화사한 느낌을 주는 단어로 그 어의(語意)만으로도 노동생산성을 높이기에 충분하다. 그래서 서민 대중은 육체적 고통을 잊기 위해 화사하고 화려한 혹은 지극히 여성적인 태를 연상시키는 꽃들을 민요의 후렴구로 차용했던 것이다.

난초꽃은 푸른 잎새 못지않게 향기가 매혹적이다. 그래서 늘 고상하고 우아한 것의 대명사로 일컬어졌는데, 이 때문에 한이나 애절함 혹은 애잔함으로 대표되는 우리 민족의 정서와는 늘 거리가 있어 왔다. 난초는 그 자체가 고상한 이미지에 슬픔이나 아픔을 승화시키는 방식이 한계가 있었기 때문에 흥겨운 마당이나 판에서 흥을 돋우는 노래로 멋스럽게 불렸다. 주로 유흥요나 놀이요 등에서 많이 차용됐는데 그 중 하나가 서민 대중의 대표적인 놀이문화인 화투와 투전이다.

〈화투노래〉는 전국적으로 수십, 수백 종의 민요가 전래되는데 그리 오래된 민요는 아니지만 어느 민요보다도 빠른 속도로 대중 속으로 파고 들었다. 많은 민요가 전국 방방곡곡으로 스며들면서 가사와 선율 그리고 장단에 많은 변화가 있었던 반면, 이 화투타령만큼은 부르는 사람의 능력에 따라 밀고 당기며 부르는 기교를 제외하면 거의 흡사한 모습으로 발견된다. 그래서 제주의 〈화투노래〉나 서울의 〈화투노래〉나 강원도 인제의 〈화투노래〉나 별반 차이가 없다.

난초는 그 향기가 절정에 달하는 시기인 5월을 대표하는 꽃으로, 보통 초단이라고 부르는 화투패의 그림이 바로 난초의 모습이다.

> 삼월 사쿠라 살자는 마음/ 사월 흑사리 춤을 춘다/ 오월 난초 나비 한 쌍/ 유월 목단에 날아들고/ 칠월 홍싸리 홀로 누워/ 팔월 공산을 바라보니/……

전북 임실, 남원, 군산, 경남 거창, 대구 등지에서 수집되는 화투 노래, 즉 화투타령은 장타령 계열의 소리가 발전된 것으로 다만 부르는 사람의 음악적 능력에 따라 자진모리, 휘모리 혹은 자진타령, 자진굿거리 등 다양한 장단으로 부른 화투타령이 발견되기도 한다. 남도 사람들은 완자걸이, 잉에걸이 같은 남도 특유의 기교를 섞어 박을 넘나들며 엇박 진행으로 화투타령을 부르기도 하며, 서울·경기 사람들은 조르는 목을 사용해 긴장감을 주기도 한다.

이 〈화투타령〉이 대유행을 할 수 있었던 것도 정형화된 모습을 가졌으면서도 그에 구속받지 않고 자신만의 독특한 시김새(골격음의 앞이나 뒤에서 그 음을 꾸며 주는 장식음)를 통해 음악적 역량을 표출하는 것을 가능하게 한, 개인의 능력을 최대한 발휘할 수 있는 음악적 탄력성 때문인데 이것이 민요의 정신인 것이다.

> 사월이로다 사월 흑싸리/ 초화전에 좋은 시절에/우리 친구 손목 잡고 임 마중 가세/ 오월이로다 오월 난초 피었다고 저기 저 산에/ 온갖 난초 만발하여 나풀거리네/ 나풀거리네/ 유월이로다 유월 목단 꽃 속에도 화중한 꽃이/ 나는 나비 떼를 찾아 나풀거리네/ 나풀거리네

전남 화순, 보성 일대에서 채록된 〈화투타령〉 역시 다른 화투타령과 큰 차이는 없으나 창자가 흥겨워 후렴구를 한 번 더 부른다는 점이 이채롭다. 산마다 피어 있는 야생 난초가 바람에 나풀거리는 모습을 노래로 표현한 것으로 생동감이 강하게 느껴진다. 이와 유사한 화투타령은 충북 지역에서도 쉽게 발견된다.

> 오월이로다 오월 난초 피었다고 가라 강산에/ 왼갖 난초 만발하여 나풀거린다 나풀거린다/ 유월이로다 유월 목단 피었다고 살아 강산에/ 왼갖 나비 떼를 지어 춤을 추노라 춤을 추노라.

마치 태 고운 난초가 산들바람에 하늘거리는 모습을 묘사해 놓은 듯한 이 〈화투타령〉은 아니리와 창을 섞어놓은 듯 나직이 읊조리는 노래로 빠른 계열의 화투타령에 비해 좀 더 느리고 은근한 멋이 느껴진다. 장타령에서 나온 〈품바타령〉에도 이와 똑같은 대목이 나온다.

> 5월이로다 오월 난초 피었다고/ 저기 산중에 온갖 난초 만발하여 피어 있구나

5월의 꽃 난초는 이들 〈화투타령〉 말고도 〈투전풀이〉와 〈띵까띵까 예예예〉 등의 민요에서도 발견된다.

> 기려 보세 기려 보세/ 투전 한 목을 기려보세/ 정월 송학 속삭인 마음/ 이월 메주에 맺어 놓고/ 삼월 사쿠라 산란한 마음/ 사월 흑사리 헤틀어 놓고/ 오월 난초 나는 나비/ 유월 목단에 날아드다/ 칠월 홍사리 홀로 앉아/ 팔월 공산아 달이 밝네

굿거리로 부르는 〈투전타령〉은 투전놀음을 할 때 부르던 소리인데 화투놀음 이전부터 서민 대중 사이에서 널리 유행하던 놀음이 바로 투전이고, 거기에서 파생된 민요가 〈투전풀이〉와 〈투전뒤풀이〉 그리고 〈투전타령〉 등이다. 동살풀이 장단으로 부르는

전래민요〈띵까띵까 예예예〉도〈투전놀음〉이나〈화투타령〉과 거의 흡사하다.

> 일월의 솔잎에 솔솔히 부는 바람/ 이월의 매주가 배 떨어진다 예예예/ 삼월의 사쿠라 사랑하는 내 님아/ 사월의 흑싸리 무정하다 예예예/ 오월의 난초에 나비가 날아들어/ 유월의 목단에 춤을 춘다 예예예/ 띵까띵까 예예예

5월을 상징하는 꽃인 난초의 향기를 찾아 날아드는 나비의 모습이 그려지고 있는데, 이들 민요는 비슷한 시기에 발생이 되어 가사만 일부 변한, 태생이 같은 민요다.

전래 민요〈동그랑땡〉을 연상시키는 민요〈팔자자랑〉은 전라도 화순 지역에서 불리는데 희고 붉은 꽃들이 무성한 가운데 드물게 피어 있는 난초의 모습을 노래로 표현했다. 난초의 청초한 멋이 한껏 느껴진다.

난초문각병 | 난초가 가지는 여성스러움, 부드러움, 섬세함 등은 서민 대중이 부르는 노동요나 농요 등에도 등장해 노동으로 인한 육체적인 고통을 잊게 해주었다. (가회박물관 제공)

> 춘삼월에 만화방창/ 일년대화가 염초냐/ 흰 백자 붉을 홍자/ 가물이 가물이 난초야/ 황새란 놈은 키 다리가 크다고/ 앞초 뒷초로 돌려라/ 돌렸냐 날렸냐 나리재기/ 컹컹 굴려라 절씨구

지란지교를 꿈꾸며

난초 못지않은 향기를 지녔을 뿐만 아니라 그 의학적 효능이 대단해 신령스런 약초로 불리는 지초는, 예부터 난초와 함께 둘도 없는 막역한 친구를 일컬을 때의 사귐에 비유되곤 했다. 옛사람이 얘기한 '芝蘭之交(金蘭之交)'의 미덕을 서민 대중은 노래에 담아냈다.

> 바람이 분다/ 바람이 불어/ 연평바다에/ 어얼싸 칼바람 분다/ 난초 지초/ 온갖 향초/ 작약 목단에/ 어얼싸 장미화로구나/ 얼싸 좋네 아 좋네 군밤이요/ 에헤라 생률 밤이로구나

서울·경기 지방의 대표적인 민요로 자진타령에 맞춰 부르는〈군밤타령〉은 19세

기 말쯤에 만들어진 민요로 알려졌다. 부르는 창법이 지방마다 조금씩 다른데 귀에 익숙한 창법의 〈군밤타령〉은 서울·경기 지역에서 자생한 민요다. 자진모리 장단으로 부르는 남도 민요 〈꽃타령〉에도 난초와 지초가 나타난다..

> 이 송이 저 송이 각 꽃송이/ 향기가 풍겨 나온다/ 이꽃 저꽃 저꽃 이꽃/ 해당화 모란꽃/ 난초 지초 온갖 행초 작약 목단의 장미화/ 꽃사시오 꽃사/ 꽃을 사시오 꽃을 사/ 사랑 사랑 사랑 사랑/ 사랑 사랑의 꽃이로구나

이 송이 저 송이 각 기화요초(琪花瑤草)를 노래한 남도 민요 〈꽃타령〉은 그리 오래된 민요가 아니라 1960년대 정부차원의 신민요 보급운동이 정책적으로 이뤄지고 있을 때 태어난 노래다. 자진모리로 몰아가면서 부르기 때문에 매우 흥겹고 경쾌하며 언젠가부터는 가야금과 함께 노래하는 가야금 병창의 대표적인 민요로 자리 매김 했다. 〈군밤타령〉의 가사와 별반 차이가 없지만 〈군밤타령〉에 비해 좀 더 흥청거리며 빠르게 몰아서 부르기 때문에 무척 흥겹고 신이 난다. 난초와 지초가 지니고 있는 화려하고 화사한 이미지와도 잘 어울린다.

난초와 지초의 고귀한 이미지는 아이 재우는 소리, 즉 자장가에도 그대로 흘러들어 갔다. 부모님이 산으로 들로 곤한 노동을 하러 나가면 집에는 한두 살배기 아이가 보자기에 싸여 백발이 성성한 할머니의 약손을 의지한 채 노곤히 잠을 청하고 있다. .

> 은자동아 금자동아/ 천지건곤 일월(日月)동아/ 만첩산중 보옥(寶玉)동아/ 형제간에 우애(友愛)동아/ 장로에게 인사동아/ 동류(同類)에게 신의(信義)동아/ 도산남전 백옥동아/ 에랑경촌 진주(珍珠)동아/ 난초 지초 향초(香草)동아/ 여중표의 취죽(翠竹)동아/ 입고 나니 금선(錦扇)동아/ 업고 보니 신성(神聖)동아/ 우리 아기 잘도 잔다

예부터 조상들은 아이들이 자랄 때 무서운 것, 더러운 것, 천한 것은 일절 접하지 못하게 금기시 했고 귀중하고 아름다운 것에만 노출시켰다. 이름 하나를 지어도 무병장수, 입신양명할 것을 바라며 몇 날 며칠을 고심하며 지었다.

경북 안동, 영주 등지에서 전하는 전래소리인 〈은자동아 금자동아〉에도 조상들의 이러한 사고가 그대로 묻어나는데, 난초와 지초는 역시 향기로운 꽃으로 묘사됐으며 그 아이가 고귀한 인품의 향초동이로 성장해 주길 바라는 마음이 간절하게 표현됐다.

> 저리 이리 그려갈제/ 천하명산승지간에 경개 보던 눈 그리고/ 기화요

초 만발한데 꽃 따먹던 입 그리고/ 난초 지초 온갖 향초 내 잘 맡은 코 그리고/ 두견앵무 지저귈 제 소리 듣던 귀 그리고/ 만학천봉 구름 속에 펄펄 뛰던 발 그리고/ 동지섣달 설한풍에 방풍하던 털 그리고/ 신농씨 백초약의 이슬 떨이든 꼬리 그려.

〈수궁가〉에 나오는 유명한 눈대목인 '토끼화상' 대목이다. 용왕이 화상을 불러 토끼를 그리는 이 대목은 중중모리로 부르는 매우 신나는 대목이다. 이 '토끼화상'은 판소리뿐만 아니라 서울·경기의 명창들이 별도의 민요로 부르기도 했다. 서울·경기 지방의 '토끼화상'은 창부타령 계통의 선율에 〈수궁가〉의 '토끼화상' 가사를 입힌 아주 독특하고 매력 있는 잡가로 일제시대만 하더라도 많은 인기를 누렸으나, 현재는 전승이 단절됐다. 이 '토끼화상'에서 난초와 지초는 역시 향기의 대명사로 묘사되고 있다.

난초 지초 시드니 그윽한 향기 가 버렸네/ 내리는 비 쓸쓸하고 구름조차 차가우니/ 세상에 누가 있어 나의 심정 알아주리

서울·경기 지방의 창 민요인 노랫가락 중 비교적 슬픈 곡조로 분류되는 〈난초지초〉는 5·8·8·5·6박의 독특한 구조를 갖는 민요로 서울·경기 소리를 잘하는 명창들이 즐겨 부르는 소리다. 이 노랫가락은 서민 대중의 노래라기보다는 이들 소리꾼들이 서민 대중의 소소한 감정을 노래로 대신 불러준 것인데, 난초를 노래한 다른 민요와 달리 애상적이고 애잔한 느낌이 진하게 풍긴다.

세상은 난초의 그윽한 향기만 알아줄 뿐, 꽃이진 후 옹색한 모습으로 비를 맞고 있는 난초의 모습은 아무도 기억해 주지 않는다. 가장 화려한 노래가 가장 화려한 향기를 지닌 꽃을 수용하는 방식은, 우리 민족의 가장 보편적인 정서인 '한'을 바탕으로 한 것이기에 노래도 아름답고 노래 속에 등장한 난초의 모습 역시 고귀하고 아름다울 수밖에 없다.

|김문성|

4. 생활 속의 난초

열하나 | 한·중·일 | 속담과 관련어 풀이

아름다운 만남과 이별

관련어 풀이

연미향(燕尾香): 난초의 잎이 제비 꼬리같이 갈라지기 때문에 연미향이라고 한다.
향수란(香水蘭): 난초 끓인 물에 목욕을 해 풍(風)을 치료하기 때문에 붙여진 이름이다.
도량향(都梁香): 도량이라는 곳의 산에서 나는 난초를 도량향이라고 한다.
영릉향초(零陵香草): 영릉 지방에 난초가 많이 나는 데서 붙여진 명칭이다.
초향(草香): 난이 상서롭지 못한 것을 없애 주기 때문에 붙여진 이름이며, 향초(香草)라고도 한다.
난택(蘭澤): 난초가 못 두둑〔澤畔〕에서 자라고 여성들이 기름에 섞어 머리에 발라 머리를 윤택하게〔澤頭〕 하기 때문에 붙여진 이름이며, 택란(澤蘭)이라고도 한다.
난조(蘭藻), 난질(蘭質): 뛰어난 문장이나 최고의 수식어가 필요한 사물을 가리키는 어휘로 쓰이는 경칭이다.
난궁(蘭宮): 최고의 귀인이 거처하는 곳을 일컫는 말로, 드물게는 여성의 상징을 표현하는 말로서 쓰이기도 했다.

성두초(省頭草) : 《본초강목》에 난초를 머리에 꽂으면 머리가 맑아진다고 해서 성두초로 불리기도 했다.

난계(蘭階) 또는 난옥(蘭玉) : 훌륭한 가문의 자제들이나 자손들을 일컫는 말이다.

수향(水香), 향수란(香水蘭), 향초(香草), 도량산에 많이 자란다고 해서 도량향초(都梁香草), 머리를 맑게 한다 해서 성두향초(省頭香草) 등 헤아릴 수 없이 많다.

난전(蘭錢) : 청대 말부터 유래된 일종의 속어로서, 청루(靑樓)에서 고담준론을 나누던 선비들이 접대한 여인들에게 준 해웃값을 점잖게 표현한 말이다.

속담

한국

- 난초에 불붙으니 혜초가 탄식한다 : 동류의 괴로움이나 슬픔을 같이한다는 뜻이다.

중국

- 쑥밭에 불붙으니 난도 같이 타는구나(蘭艾同焚) : 군자와 소인이 가깝게 하면 재난도 함께한다는 이야기다. 옥석구분(玉石俱焚)과 같은 뜻이다.
- 난이 원망하니 모과가 놀자고 한다(蘭怨桂親) : 인생에 있어서 성쇠의 시기는 따로 있다는 표현이다. 난꽃은 봄, 여름에 향기를 피우고 모과는 가을에 열매를 맺는다는 말.
- 난인서과(蘭人絮果) : 사람이 서로 만나고 헤어짐이 덧없다. 아름다운 맺음으로 시작해 헤어짐의 결과로 끝난다는 말. 주로 결혼이 원만하지 못한 것을 가리킴.
- 향기 나는 풀이 잡초가 웬말이냐(蘭芷蕭艾) : 지조를 잃은 선비나 사대부를 역겹게 일컫는 말이다. 《초사》〈이소〉에서 나온 말.
- 난최옥절(蘭摧玉折) : 난초가 꺾어지고 옥이 부서지다. 군인·재사(才士)·미인 등이 요절하는 것을 말함.
- 난훈규복(蘭薰桂馥) : 자손 가운데 인재가 나와 집안이 번영한다는 말.

| 편집부 |

5 오늘날의 난초

하나 | 한국 | 현대시로 본 난초
감각화된 아름다움과 시간성의 형상화

둘 | 한·중·일 | 분포현황으로 본 난초
서양란에 밀리는 동양란

셋 | 한·중·일 | 난초의 미래
산업 차원으로 격상되는 난초

넷 | 한·중·일 | 관광·축제로 본 난초
활발한 산업 현장에서의 난초

다섯 | 한국 | 상품으로 본 난초
실생활에 끌어들인 난초의 향과 자태

여섯 | 한·중·일 | 품종으로 본 동양란
한·중·일을 닮은 난초

일곱 | 한국 | 우표로 본 난초
우표 속의 아름다운 우리 난초

여덟 | 한국 | 지명으로 본 난초
시간 속에 묻혀진 난향의 골짜기

5. 오늘날의 난초

하나 | 한국 | 현대시로 본 난초

감각화된 아름다움과 시간성의 형상화

난초 향기와 큰 선비에 대한 그리움

난초는 전통적으로 그 은은한 향기와 고아한 자태로 선비들의 사랑을 받아왔다. 난초의 이러한 특성은 바른 길에 서며 의와 높은 품격을 가장 중요한 가치로 여기는 군자의 도와 일맥상통한다 해서 우리의 전통시가에서 칭송되어 왔으며, 현대시에 있어서도 충실히 계승된다.

> 본래 그 마음은 깨끗함을 즐겨하여/ 정한 모래 틈에 뿌리를 서려두고/
> 미진도 가까이 않고 우로받아 사느니라.
> — 이병기, 〈난초〉

> 가지를 뻗고/ 그리고 그 섭섭한 뜻이/ 스스로 꽃망울을 이루어/ 아아/
> 먼 곳에서 그윽히 향기를 머금고 싶다.
> — 박목월, 〈蘭〉

잎새의 곧음과 흰 꽃, 구슬같이 매달린 이슬에서 읽어낼 수 있는 순결하고 맑은 이미지는 객관적 자연물에 대한 묘사로서만 끝나는 것이 아니라, 선비들의 고결한 정신을 상징한다. 그윽이 향기를 머금은 난초는 일상적인 세계와 거리를 두면서 본질적으로 탈속한 존재의 상징이 되고 있다. 이는 고려시대부터 조선시대로 전해져 내려오던 전통적인 의미에서의 난초의 재현이다. 이러한 전통적인 의미에서의 난초는 후대 시인들의 시에서도 계승됨을 확인할 수 있다.

> 이른 새벽, 홀로 든 잠 깨어/ 유리창의 성에를 문지른다/ 난초의 그윽한 향기// 간밤 꿈속에서는 퇴도를 만났다/ 백발 성성, 도산으로 돌아온 그는/ 아마 한결 푸르고 눈빛 유난히 형형했다// 하지만 소나무 등걸에 기대어 서서/ 아무리 안간힘 해 보아도/ 그가 거니는 길, 그 소요의/ 깊이와 높이를 헤아릴 수 없었다// 이윽고 그는 청솔가지 하나를 내 손에/ 쥐어 주었다. 물소리가 아득해지고// 그 청량산 푸른 골짜기를 정처 없이/ 헤매다 눈을 떴다. 안동에 와서/ 홀로 기거하는 아파트. 한마음 타운/ 오늘은 그윽한 난초 향기가 가슴 저미게 한다.
>
> ―이태수, 〈난초 향기〉

〈난초 향기〉에서 시인은 이른 새벽, 유리창 너머 베란다에 놓인 난초의 향기를 통해 '눈빛 형형한 퇴도(退陶:李滉)'를 만난 기억을 되살린다. 그러고는 이내 자신이 아무리 노력해도 퇴도의 소요에는 따라갈 수 없음을 느끼게 된다. 하지만 이윽고 그가 건네 주는 푸른 솔가지는 다시금 시인이 마주하는 난초의 푸른빛과 만나 끊임없이 시인을 각성하게 만든다. 은은한 난초의 향은 비록 함께 갈 수는 없으나 품위 있고 고결한 선비 정신에 대한 그리움을 계속 기억하게 만들어 결국 시인의 가슴마저 저미게 한다. 고결한 선비의 자태와 성품을 환기하는 난초의 이미지는 성성한 백발의 큰 선비 퇴계, 푸른빛의 소나무, 솔가지, 옥빛 하늘 그리고 청량산 등의 희고 푸른 이미지와 결합되면서 우아함과 고결함을 배가시킨다. 이러한 이미지, 즉 정결하고 기품 있는 선비정신으로서의 난초의 이미지는 전통적인 한국 시로부터 계승·발전된 것이면서도, 다른 소재들을 통해 그 이미지의 강도나 의미를 섬세하게 융합·강화시킨 것이라 할 수 있다.

감각화된 이미지와 지속의 시간성

전통적인 의미에서의 난초는 후대로 이어지면서 개별 시인의 작품 속에서 감각화·개인화 되어 표현된다. 이러한 시에서는 난초에 부여돼 온 전통적인 철학적 의미와

한란 | 김병종 | 묵란도의 기법에서 벗어나 현대적으로 단순하게 재구성한 난초 그림이다.

인본주의적 입장에서 대상물을 바라보는 시각은 어느 정도 거두어져 있다고 할 수 있다.

    이병기의 시조와 이태수의 시에 나타난 난초가 하나같이 정지해 있는 난초, 타인에게 관찰되고 있는 난초라면 정지용의 시에 드러난 난초는 타인의 시선과는 상관없이 눈뜨고, 돌아눕고, 바람을 느끼는 감각적인 것이라 할 수 있다.

    난초 잎은/ 차라리 수묵색// 난초 잎에/ 엷은 안개와 꿈이 오다// 난초 잎은/ 한밤에 여는 담은 입술이 있다// 난초 잎은/ 별빛에 눈떴다 돌아 눕다// 난초 잎은/ 드러난 팔굽이를 어쩌지 못한다// 난초 잎에/ 적은 바람이 오다// 난초 잎은/ 춥다.

                                         - 정지용, 〈난초〉

    간결한 시어로 구성된 정지용의 〈난초〉에서 '수묵색'의 난초는 물과 먹이 섞여 줄기를 뻗는 수묵화를 연상시키며 그 자체가 습기를 내포한다. 더욱이, 엷게 내리는

'안개'와 '꿈'은 더더욱 몽롱한 물기를 더하며 독자로 하여금 촉각을 예민하게 긴장시킨다. 난초 잎은 촉각을 느끼는 '입술'로, '드러난 팔굽이'가 되고 '바람'과 '추위'를 느낀다. 다시 말하면, 이 시에서의 난초는 지조와 풍류를 아는 넉넉하고 고아한 전통적인 난초가 아니라, 세계와 환경의 미세한 변화에도 섬세하게 반응하는 존재, 그래서 한편으로는 섬약함마저 느끼는 존재다. 섬세함, 감각화의 이미지가 강조되고 있는 것이다.

한편, 서정주의 시에서 난초는 그의 시에서만 독특하게 발견되는 이미지와 개인적 상징성을 부각시키고 있다.

> 내 고향 아버님 산소 옆에서 캐어 온 난초에는/ 내 장래를 반도 안심 못하고 숨 거두신 아버님의/ 반도 채 다 못 감긴 두 눈이 들어 있다/ (중략) 이 난초에는 그런 내 할아버지와 증조할아버지의 눈/ 또 내 아들과 손자 증손자들의 눈도/ 그렇게 들어 있는 것이고, 들어 있을 것인가.
>
> — 서정주, 〈고향 난초〉

이 시에서 난초는 시간성과 연결되어 있다는 점에서 특징적이다. 예부터 난초는 자손 번창과 관련이 있는 것으로 생각됐는데, 아버지의 묘소에서 가져 온 난초에서 시인은 자식들을 바라보는 부모의 두 눈을 발견한다. 시인은 그 난초의 눈을 바라보며 아버지와 자신 그리고 자신의 자식들이 난초의 눈 속에서 같은 무게로 자리하는 것을 보는 것이다. 이 시에서의 난초는 흐르는 세월의 풍상과 흔적을 고스란히 떠안은 것이 된다. 과거와 현재와 미래, 세대와 세대에 걸친 지난한 삶의 깊이와 무게의 길고 긴 사슬마저 숙명처럼 안고 있다는 점에서 개인적 상징으로서의 의미를 두드러지게 보여 준다고 할 수 있다.

> 한 송이 난초꽃이 새로 필 때마다/ 돌들은 모두 金剛石빛 눈을 뜨고/ 그 눈들은 다시 날개 돋친/ 흰나비 떼가 되어/ 銀河로 銀河로 날아오른다// 草原長堤 위의 긴 永遠을 울던 뻐꾸기 소리들은/ 그렇다, 할 수 없이 그 고요의/ 바다 바닥에 가라앉는다/ 그대 반지 속의 한 톨 붉은 루비가 되어/ 가라앉는다.
>
> — 서정주, 〈밤에 핀 난초꽃〉

〈밤에 핀 난초꽃〉에서 난초의 감각적인 이미지는 '돌의 꽃', '나비 떼', 뻐꾸기 소리', '붉은 루비' 등으로 이어지면서 다양하게 변용되고 있다. 더불어 난초의 흰색 이미지가 다른 흰색의 대상, 즉 '금강석 빛 눈', '흰나비 떼'로 연결이 되면서 난초와 돌들이 동일화를 이룬다. 난초가 가진 특성을 다른 대상들과 연결시킴으로써 감각화·개인화된 모습의 극치를 보이고 있는 것이다.

이미지의 다양한 변용과 감각의 확대

난초 이미지는 전통적인 이미지로부터 출발해 감각화·개인화된 이미지에 이르기까지 각기 시인에 따라 다양하게 변용되는데, 김춘수의 시에 이르면 이 변용은 그 이미지가 '해체' 되면서 특성화된다.

> 속눈썹이 짙어졌다/ 눈망울이 덮인다// (중략) 기다리다 기다리다 눈은 이제 귀가 됐다/ 속눈썹 속의 귀/ 속눈썹들의 그 많은 귀
>
> - 김춘수, 〈난〉

김춘수의 〈난〉에서의 난은 그야말로 이전까지의 난초와는 전혀 다르다. 이전의 시들이 현대적으로 변용되면서도 난초의 향기나 잎사귀 혹은 꽃잎의 속성이 드러나고 있지만, 이 시에서는 난초의 형태상의 특징마저 전혀 나타나 있지 않다. 찾으려고 애를 써 봐야 '눈망울' 이나 '눈썹' 처럼 난초꽃이나 잎새를 떠올릴 만한 이미지 조각들을 줍는 정도다. 난초가 하나의 시선을 통해 총체적으로 경험되는 것이 아니라 상황마다 다양하게 변화되는 시인의 내면 의식을 통해 부분적·파편적으로 경험되고 있는 것이다. 이러한 경향은 시인의 개인적 상징이 전면화되고, 시인의 개성이 강해지는 시적 경향에 부응해 더욱 두드러지게 나타난다. 김춘수의 난초는 개인적이고 파편화된 시어들이 만들어내는 낯선 의미망 속에서 새롭게 구성된 난초로서 포스트모더니즘적인 대상 인식의 한 방식을 보여 주고 있는 것이다.

|김현자|

5. 오늘날의 난초

둘 | 한·중·일 | 분포 현황으로 본 난초

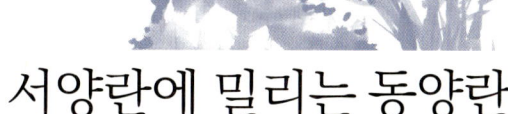

서양란에 밀리는 동양란

한국

난초 재재의 선호도는 동양란에 비해 단연 서양란이 대종을 차지한다. 심비듐, 호접란, 덴파레, 온시디움 등 서양란의 재배면적이 2003년 300헥타르인데 비해 동양란은 같은 해 겨우 37헥타르밖에 되지 않는다. 서양란이 2004년 295헥타르로 1.5퍼센트 감소한 반면, 판매량은 2003년 7700만 분 868억 5000만 원에서 2004년 8300만 분 955억 원으로 약 7.2퍼센트 증가했으며 판매금액 역시 약 9퍼센트 증가했다.

동양란의 경우 2004년 59헥타르로 약 37퍼센트 증가했다. 판매량은 2003년 400만 분 134억 9700만 원에서 2004년 500만 분 164억 2600만 원으로 판매량 약 20퍼센트, 판매금액 21.7퍼센트 증가한 것을 보면 서양란이나 동양란의 소비계층은 꾸준히 늘어난다고 보면 되겠다.

그리하여 풍란류를 포함한 동양란과 서양란의 재배면적은 2003년 347헥타르에서 2004년 362헥타르로 약 4퍼센트 증가했으며, 판매량은 2003년 8700만 분 1044억 6300만 원에서 2004년 9200만 분 1157억 1000만 원으로 판매량은 5.7퍼센트, 판매금액은 10.8퍼센트 증가했다.

난류를 재배하는 총 농가수는 1095호인데, 그 중 경기도가 490호로 44.7퍼센트를 차지해 난류를 가장 많이 재배한다. 그 다음으로는 충남 149호로 13.6퍼센트를 차지한다. 경기도가 전체 동양란 재배 농가 219호 중 99호로 45.2퍼센트를 차지해 서양란뿐 아니라 동양란도 가장 많이 재배하고 있으며 이는 서울이라는 대량 소비처와 깊은 관계가 있다고 하겠다.

중국

중국의 난 시장은 대체적으로 장쑤(江蘇)·저장(浙江)·상하이(上海)·안후이(安徽)·후베이(湖北) 지역, 광둥(廣東)·푸젠(福建)·광시(廣西)·장시(江西) 지역, 윈난(雲南)·구이저우(貴州)·쓰촨(四川)·충칭(重慶) 지역, 대만·홍콩·마카오 지역 및 북방 지역 등 5개 지역으로 구분할 수 있다. 그러나 전국적인 난 거래 규모가 얼마나 되는지에 대해서는 아직까지 정확한 통계가 없다.

중국 난 관련 잡지 등 일반 매체의 보도에 따르면 2004년 한 해 동안 광둥 성에서 수출되는 난이 약 200만 촉이 되고(대부분 한국으로 수출), 중국 내의 다른 지방과의 거래량이 약 300만 촉, 광둥 성 내의 거래량은 약 100여만 촉으로 중국 광둥 성의 총 난 판매 규모는 약 600~700만 촉이나 된다고 한다.

다양한 서양란 | 예쁘게 잘 자라고 값도 부담 없는 서양란은 재배면적과 판매량 면에서 동양란보다 월등히 높다.

일본

2003년 양란의 경우, 재배 가구는 1030호이며, 전체 288헥타르에 출하량 2410만 본으로 전년도(2002)에 비해 50만 본, 2퍼센트가 감소했다. 아이치(愛知) 현이 34퍼센트로 가장 높고, 후쿠오카(福岡) 현이 11퍼센트, 시즈오카(靜岡) 현과 미야자키(宮崎) 현이 6퍼센트 순으로 출하되고 있다.

|편집부|

5. 오늘날의 난초

셋 | 한·중·일 | 난초의 미래

산업 차원으로 격상되는 난초

한국

우리나라 사람들의 난 선호도

우리는 축하와 감사의 뜻으로 꽃을 선물하기 위해 화원을 찾는다. 화원에는 계절과 관계없이 온갖 화훼가 독특한 색깔과 향기를 뿜내며 아름다움을 다투고 있다. 사랑을 고백할 때 꽃이 피는 계절까지 기다릴 것 없이 한겨울에도 활짝 핀 장미꽃을 연인에게 바칠 수 있게 됐다. 그런가 하면 시도 때도 가릴 것 없이 하얀 국화꽃으로 조상(弔喪)의 아픔을 표시할 수 있는 것이 현실이다.

농산물 및 화훼류 소비자 구매패턴 조사분석 2002년 1월 자료에 따르면 우리나라 사람들은 축하나 감사를 표시하기 위해 꽃을 구입할 때 장미 다음으로 기타 절화류와 동양란을 구입하는 비율이 높게 나타났다. 전체 응답자 909명 중 29명에 불과하지만 감사 표시의 화훼는 난을 선호한다고 응답했다. 그 중 40대 이상이 22명으로 40대 미만 응답자인 7명에 비해 52퍼센트나 높은 수치를 보였다.

이에 전체 응답자 중 40.5퍼센트를 차지하는 장미에 비해 그 선호도가 대중적이

난 자생지 | 기후와 풍토적 특성으로 한국에는 일본이나 중국보다 춘란 자생지가 유독 많다. 한국 춘란은 그 희귀성 또는 변이성으로 인해 귀중한 자원이므로 무분별하게 해외로 반출되는 일이 없어야겠다. 《난과 생활사》 제공

지는 않지만, 연령대가 높을수록 난초를 선호한다는 것을 알 수 있다. 이 중에서도 동양란이 서양란보다 선호도가 더 높은 데 동양란(25명)이 2.8퍼센트인 반면, 서양란(4명)은 0.4퍼센트에 불과해 난초를 선호하는 사람들 중 대다수가 동양란을 구입한다는 것을 알 수 있다.

걸음마 단계의 한국의 난

한반도에 자생하는 춘란은 한서의 차이가 뚜렷한 대륙성 기후와 풍토의 특성에 적응함으로써 독특한 생태종이 됐다. 겨울의 혹독한 추위와 여름의 폭서에 적응할 수 있도록 스스로 돌연변이를 일으키며 환경에 알맞게 자생해 왔다. 그래서 일본이나 중국보다 다양한 춘란 자생지가 될 수밖에 없었을 뿐 아니라 희귀종이 많았으며, 형태와 색상이 훨씬 아름다운 것은 당연한 일이다.

이러한 사실을 생각할 때 한국 춘란은 확실히 지키고 가꾸고 발전시켜 산업화 차원까지 승화시킬 가치가 충분히 있다. 이 춘란을 지키고 발전시키려면 우선 희귀종이 될 수 있는 변이종의 선별, 향기, 꽃 모양, 빛깔, 잎의 무늬 등을 종합적으로 평가해 채집해야 한다. 춘란의 변이종이 갖고 있는 특성은 일반 난과 달리 심한 추위나 더위에 완벽하게 적응하지 못하고 고사하기가 쉽다. 그러므로 해마다 채집해 과학적으로 세심한 관리가 필요한 품종이라는 것이다.

더욱 중요한 문제는 희귀 변이종이라 하더라도 일반 춘란 자체가 없으면 변이종 자체가 생성되지 않는다는 사실을 간과해서는 안 된다. 그러므로 우선 춘란을 보호하기 위해 소나무와 같은 숲을 먼저 보존해야 한다. 왜냐 하면 춘란이 대개 그와 같은 나

무 밑에서 자생하기 때문이다. 춘란 한 뿌리를 얻기 위해, 더구나 희귀종이라 할 수 있는 변이종을 얻기 위해서 어느 것 하나 소홀히 해서는 불가능하기 때문에 더욱 귀중한 자원이 되는 것인지도 모른다.

또한 해외 반출을 억제하는 일도 필요하다. 춘란 채취면허제를 도입, 마구잡이 채취 행위를 근절시켜 귀중한 자원반출을 막는 일이 우선돼야 하겠다. 전문기관이나 단체를 결성해 재배를 위한 시설의 완비는 물론 배양기술이나 재배인력을 확충하는 것이 절실하게 요구된다. 그렇게 함으로써 보급, 가격형성 등 산업화 체계를 갖추었을 때 가장 우수한 한국 춘란이 세계적으로 인정받는 길이 열릴 것이다.

이미 일부 지방자치단체에서 구체적인 프로그램으로 난 재배 시설의 완비, 재배기술의 확보와 함께 산업화 단계에 들어간 것으로 알려졌으나 중국이나 일본에 비해 한참 뒤떨어졌음은 부인할 수 없다. 다행히 변이종 춘란과 같은 희귀종도 초기 단계의 어려움을 극복하면 배양 및 재배가 어렵지 않게 된다는 이점이 있다.

우리도 하루 속히 한반도 전역의 숲속에서 잠자고 있는 난이란 자원에 눈을 돌려 무한가치의 자산으로 바꾸어 가는 노력들이 있어야겠다.

제주 자생 새우난초 신품종 육성 연구 추진

새우난초는 전 세계적으로 180여 종이 자생하며, 제주도 한라산에는 새우란을 비롯해 한라(왕)새우란, 금새우란, 섬새우란, 여름새우란 등 5종이 자생한다. 병해가 없고 병에 강해 부작용이 없기 때문에 농가소득 작목으로 가능성이 기대되는 화훼류다.

새우난초는 화색이 다양하고 화려하며 향기가 좋아 최근 각종 새우란 전시회가 일반화되는 등 관심도가 높아지고 있어 원예적 가치가 높은 새로운 품종개발이 요구되고 있다. 이에 따라 제주도농업기술원에서는 2004년부터 연구에 착수, 교배 모본을 도입해 특성을 조사했고, 2005년부터 교배를 시작해 2010년 새로운 계통의 개화주 선발을 목표로 교배육종에 의한 신품종 육성사업을 추진하고 있다.

그러나 새우난초는 잎이 주름지고 꽃 피는 기간이 짧은 단점이 있어 품종개량으로서 단점을 보완해야 하는 부분이 관건이다. 이중 한라(왕)새우란은 동위효소분석 및

새우난초 | 새우난초는 꽃색이 화려하며 향기가 좋아 갈수록 인기가 높다. 또한 병해가 적어서 농가소득 작목으로 기대되고 있는 화훼류다. 《난과 생활사》 제공

RAPD를 이용한 유전적 근연관계 면에서, 새우란과 금새우란이 분포하는 자생지에서 자연 교잡으로 출현된 새로운 종으로 판명되어 품종개발의 가능성을 제시하고 있다.

새우란 교배 모본 90계통(새우란 33, 금새우란 20, 한라새우란 37)을 이용해 2005년 4~5월에 종간교잡 20조합, 속간교잡 34조합을 교배했다. 이로써 2011년이면 자산가치가 높은 새로운 작목으로서 새우난초 재배 및 조직배양 농가의 소득 증대에 기여할 것으로 기대된다.

중국에 세운 수출화훼기지

경남 마산시는 중국 현지 난초 재배산업에 직접 투자하고 2005년 12월 중국 싼야(三亞) 시에서 농장 준공식을 가졌다. 마산시 관계자와 중국 싼야 시 관계자 그리고 싼야·마산유한공사 및 경남해외투자영농조합법인 관계자 등 100여 명이 참석한 가운데 치른 것이다. '중국 덴파레 수출화훼기지 현지농장'이 바로 그것이다.

이날 준공식을 가진 싼야 시는 중국 수출화훼기지로 총 2억 5000만 원의 사업비를 투입해, 중국 싼야 시에 2500평 규모의 비가림 하우스와 50평 규모의 관리사 등을 세웠다. 이곳에서는 호접란과 비슷한 서양란의 일종인 덴파레를 재배해 중국을 비롯 미국과 일본 등지로 수출하는 역할을 하게 됐다.

중국

중국인의 난 사랑

2500년의 역사를 가진 중국의 난초 문화는 정부의 후원으로 나날이 발전하고 있다. 특히 과거 소수의 사람들이 배양하던 난들이 이제는 정부가 체계적으로 지원하고 있어서 일반 대중이 즐길 수 있게 됐으며, 난의 가격 또한 다양하게 형성돼 있다. 이런 난화촌에서는 부유층에게 인기가 많은 기화(奇花)와 혜란(蕙蘭, 일경구화)뿐 아니라 서민층이 비교적 저렴하게 난을 구입할 수 있게 됐다. 그럼으로써 국민들의 정서 생활에 도움이 되도록 배려한 것이다.

과거에는 난을 구경하고 구매하려면 일 년에 한 번씩 대규모로 열리는 박람회나 난 가게에 가야 했지만, 지금은 곳곳에 난화촌이 건립되어 아무 때나 자기가 원하는 때에 찾을 수 있고 구경할 수 있고 구입할 수 있다. 국민의 생활 수준이 높아짐에 따라 다양한 생활양식의 변화에 적응한 난산업계의 발 빠른 전략이 성공한 케이스라 할 수 있겠다.

난화촌 이외에도 난화묘회(蘭花廟會)와 난화의 날[蘭花節] 등이 생겨나는 추세다. 난화의 날은 구체적으로 규정되지 않았으나, 저장 성 일부 지방에서는 이미 난화의 날 행사를 대대적으로 치르고 있다. 이렇듯 정부에서 적극 후원해 주는 난화촌 전략은 중국 난계에 큰 영향을 미치고 있음은 물론 난문화 발전에 큰 역할을 하고 있다.

난의 산업화는 성공하고 있다

광둥 성은 중국 대륙에서 난을 배양하는 중심 지역이라고 할 수 있다. 그것은 이 지역의 기후나 풍토로 보아 집중적인 난의 산지이며, 애란인들 또한 많아 배양·재배 기술이 뛰어나기 때문이다. 심지어 약 160여 종에 달하는 난 품종에 10여만 분의 난을 재배하고 있는 애란인도 광둥 성에 살고 있다. 아마도 중국에서 난을 가장 많이 재배하고 있는 사람이라 하겠다. 광둥 성은 양란 무역 부분에서도 중국에서 제1로 꼽힌다.

후베이 성은 중원에 위치해 난 자원이 풍부하며 난 산업 또한 상당히 발전한 곳이다. 난 관련 산업이 이 지역 8대 지역특화산업으로 지정될 정도로 각종 우대정책을 실시해 농민들의 난 재배를 권장할 정도다. 이곳에서 재배되는 난은 약 250만 분이며, 그 중 1만 분 이상 재배하고 있는 가구가 약 80여 가구에 이른다.

상종가를 치는 난의 주식시대

2003년 상하이 난협회가 성립된 후 각종 난 전시회 개최 및 각종 난회를 통해 교류활동 등이 활발히 전개되고 있다. 난인들이 '녹색주식(綠色股票 : 株式)'이라 불러 이미 난의 주권(株券)시대가 열렸음을 의미한다.

국제적 금융도시인 상하이 지역 난 시장의 주류는 춘란과 혜란이지만, 최근에는 묵란과 사계란을 키우는 애란인이 늘어난데다 명품에 속하는 군하(郡荷), 일품매(一品梅) 등을 많은 기업가들이 수집하면서 생겨난 일들이다. 이는 상하이에서는 금융 관련 용어들이 일상생활에 그대로 통용되고 있기 때문이다. 난계 역시 예외는 아니어서 '녹색주식'이라고 볼 수 있는 희귀란 같은 것은 많은 기업가의 주목을 끌고 있다. 그만큼 희귀란의 값이 시간이 지남에 따라 오른다는 이야기다.

상하이뿐 아니라 많은 난이 생산되는 안후이 성에서도 난 협회의 활약으로 난 산업이 급속도로 성장하고 있다. 경제수치로 따져봐도 거래규모가 무려 연간 약 5조 위안에 이르고 있다는 것이다. 이 외에도 무향 춘란의 자생지인 후베이 성은 약 250만 분이 재배되며 그 중 1만 분 이상 재배하는 가구도 약 80여 가구에 이르는 등 대규모 난 산업화에 성공하고 있다.

특히 2005년 2월 선전(深圳)에서는 금변달마(金邊達摩)라 불리는 난 한 분의 값이 168만 위안, 한화로 약 2억 2000만 원에 거래됐다. 또 어떤 사람은 난 한 분을 5층짜리 아파트 한 동과 맞바꾼다는 소식도 들려오는 등 중국의 난 시장은 천문학적인 기록으로 보일 만큼 성장하고 있다는 것을 생각하면, 당연히 '녹색주식'은 상종가를 치고도 남을 것이다. 이렇듯 중국에서는 난이 상장기업의 우량주보다도 예상을 뛰어넘는 소중한 자원이요 자산이 되고 있다. 주식은 돈이 있으면 얼마든지 살 수 있지만 난은 돈이 있어도 아무리 갖고 싶어도 쉽게 구입할 수 없는 식물이기 때문이다.

중국 땅에 부는 심비듐 열풍

중국에 아름답긴 하지만 키우기가 힘든 심비듐 바람이 일기 시작한 것은 1990년대 중반 한국의 심비듐이 중국으로 수출되면서부터다. 춘제(春祭:春節)를 앞두고 1~2개월 사이에 중국에서 소비되는 심비듐은 화분 100만 개에 달한다. 이들 중 40퍼센트가 윈난의 한국 심비듐 재배단지에서 공급된다. 절반은 중국 동부 연안지방을 겨냥해 한국에서 건너오는 것들이다.

심비듐 | 꽃이 단아하고 화려해 중국에서는 심비듐이 부유층이 즐겨 선물하는 화훼로 각광받고 있다. 《난과 생활사》 제공

중국에서 심비듐이 인기를 누리는 이유는 3개월에 걸쳐 피어 있는 꽃이 단아하고 화려한데다 이를 찾는 부유층이 많기 때문이다. 한국보다 부유층이 몇 배나 많다는 중국에 상륙한 심비듐은 선물용으로 각광 받고 있다. 심비듐 화분 1개의 소매 가격은 300위안(약 4만 2000원)을 호가한다. 중국 일반 근로자의 한 달 수입이 600~1000위안 정도인 것을 감안했을 때 일반인은 쉽게 사기 힘든 꽃이다.

윈난 성 성도인 쿤밍(昆明)에 모인 한국의 심비듐 농장은 금호(錦湖)화훼와 한국화훼센터가 세운 화중(花中)원예, 창수난원, 소심난원, 금난원 등 7~8곳에 이른다.

지금은 아시아 최대 화훼시장이 일본이지만 앞으로 중국이 일본을 제치고 아시아 최대 시장으로 커질 것으로 판단하고 한국의 화훼자본이 쿤밍에 뿌리내리려 하는 것이다. 화분에 담은 꽃(분화)과 가지를 잘라 파는 꽃(절화)을 합한 중국의 꽃시장 규모는 지금도 1조 원을 넘어설 것으로 추정된다. 중국의 꽃시장은 빠른 경제성장에 따라 급속도로 커질 전망이다.

중국의 화훼자본은 쿤밍을 중심으로 대규모 자본을 투입, 개발에 나서고 있다. 쿤밍 지역에만 심비듐 재배에 나섰던 중국 화훼농장은 10여 곳에 달하는 것으로 알려져 있다. 그러나 이들은 고품질 심비듐 재배에는 모두 실패한 것으로 전해진다. 심비듐은 4년을 키워야 꽃을 팔 수 있는 만큼 실패에 따른 위험도 크다. 아직은 한국 화훼기술에 뒤지지만 중국 화훼자본이 손을 대기 시작한 만큼 심비듐에서도 한국과 중국과의 본격적인 경쟁은 시작됐다고 봐야 한다.

일본

일본은 남북으로 긴 열도로 형성되어 있다. 따라서 온대뿐 아니라 아열대에서 아한대에 이르기까지 그 풍토의 폭이 넓다. 그래서 난의 종류도 많다. 일본에서 가장 많은 난을 볼 수 있는 지역은 아마미·오키나와 지역인데, 일본 전체의 2백 수십 종 중 100종 가까운 품종이 분포하고 있는 것으로 되어 있다.

일본의 난 전성기

중국에서 한국을 거쳐 건너간 일본의 난 문화는 지금 전성기를 맞고 있다. 난을 공자와 동일시해 온 중국인들은 군자의 상징을 난초의 여러 부위에서 찾아내듯이 묵화로 표현하는 시문학적 감상이 주류를 이뤘다. 제대로 가꾸고, 꽃을 피우기 어려운 동양란은 은은한 향으로 존재감을 드러내고 튀지 않고 차분한 백옥색이라야 값을 쳐줬다.

향이 없는 양란은 공자가 싫어한 자줏빛 같은 간색(間色)이 돋보인다고 해서 전통주의 중국인의 취향에는 맞지 않는다는 것이다. 그런데 일본인들은 지금 전 세계로 연결된 서양란 동호인 네트워크의 정보교류에 힘입어 새로운 실험재배에 성공하고 있다. 3주가 지나면 향이 사라지는 중국 재래종과는 달리 꽃과 더불어 향기가 남아 있는 교배 양란 신종을 만들어냈다.

1958년에 발족한 전일본란협회(All Japan Orchid Society)의 2005년 전시회는 도쿄 도심부 선샤인시티에 1258주를 선보였다. 보는 즐거움 못지않게 맡는 즐거움을 찾아주는 꽃향기 심사를 병행한 결과다. 일본란협회의 라이벌격인 전일본란협회는 우수한 향을 지닌 난을 매월 선정, 발표하고 있다. 2005년 4월~7월에 각각 1등 향기로 뽑힌 난과 그 향기에 대한 평을 읽어보면 추세를 알 수 있다.

4월 버몬츠 그린 마운틴즈(타카하시 히로코 출품) : 이 작품은 세계란 전 일본대상(大賞) 2005년의 향기 부문상을 받은 것과 같은 종류로 침정화(沈丁花) 같은 신선한 그린 색이 감도는 로즈 자스민꽃 향기와도 같은 싱싱한 느낌을 준다.

5월 C. 노빌리오르(오이시 노부오) : 300종이 넘는 장미향 성분과 난에는 공통점이 있는데, 최근 난에서 장미처럼 화려하면서도 신선한 향기를 내뿜게 하는 성분을 발견했다.

6월 와이키키골드 그린하트(이노우에 지사부로) : 이 카틀레야 교배종은 '그린 노트'의 일본인 취향에 맞는 향이다.

7월 C. 레오폴디 오키드글레이드(쿠리하라 노리오) : 향이 강렬하다. 주성분은 왈케리아나의 주성분인 *methyl cinnamate*.

난초는 시각적 이미지에서 마침내 후각, 미각의 세계로 연대영역을 확대해 나간다. 바닐라에서 제이드 오키드(옥란)에 이르기까지 식탁에서도 감상할 수 있도록 잘 나가는 난이 늘어나고 있는 것이다. 국제화 물결을 타면 뉴욕 록펠러센터에서 한 잔에 8달러 하는 '제이드 오키드' 마티니가 서울, 도쿄, 상하이를 잇는 메뉴판에 오르는 것은 시간 문제다. 그러면 공가주(孔家酒)만 마셨다는 정설로 굳은 공자의 성격평(唯酒無量 不及亂) 또한 바뀌는 것은 아닐지. 일본 학자 유아사(湯淺廉孫)의 논어풀이처럼 "주량은 한이 없고 모자라면 화내셨다."는 것이 오히려 그분의 호방한 노래 솜씨에 잘 어울리는 대장부 모습 같아진다.

|편집부|

5. 오늘날의 난초

넷 | 한·중·일 | 관광·축제로 본 난초

활발한 산업 현장에서의 난초

최초의 난 공원, 함평자연생태공원

함평은 1980년대에 한국에 춘란 붐이 불었을 때 일약 스타 춘란 산지로 떠오른 지역이다. 1980년대 말과 1990년대 초반 거의 모든 군민이 애란인이라 할 정도로 난의 산업 가치로 인정되어 빠르게 함평 전체로 난 재배 붐이 퍼져 나갔다.

또한 함평 일대가 세계적으로 유명한 한국 춘란의 최대 분포지역임이 밝혀졌고 희귀변이종 등 다양한 종류의 우수명품이 많이 자생하고 있어 난의 성지로까지 일컬어지게 됐다.

함평 난의 특징은 서남해안의 온난한 기후와 해풍의 영향 등 제반 여건이 알맞아 색깔이 선명하며 번식력 또한 강한 우수형질로 판명되어 더욱 유명해졌다. 이에 지난 1996년 농림사업으로 '한국자생란보존육성사업'을 확정하게 됐다. 2년 후엔 6월 사업에 착수해 드디어 2005년에 '함평자연생태공원'이 문을 열었다. 그리고 2005년 3월 4일부터 6일까지 '대한민국 난명품 대제전'이란 전국 규모의 난 전시회를 개최해 국내 최초·최대의 난 공원임을 알리게 됐다.

'함평자연생태공원'은 어린이부터 학생, 일반인에 이르기까지 자연의 아름다움을 즐기며 생태학습을 체험할 수 있는 종합자연생태공원으로 자리 매김 했다. 주요 시설로는 춘란 분류관, 춘란 배양관, 동양란(혜란)관, 양란관, 풍란관, 자생란관, 난 유통센터 등이 갖춰졌다. 500평의 유리온실 7동을 비롯해 난 전시회와 각종 교육 및 회의를 할 수 있는 다목적 집회동도 마련됐다. 이 외에도 난 기자재 판매장, 자란학습장, 새우란 자연교배포장, 한국 춘란동산 등의 난 관련 시설과 나비 생태관, 나비곤충 표본전시관, 양상실, 우리 꽃 생태학습장 등을 완벽하게 갖췄다. 뿐만 아니라 부대시설로 삼림욕장, 무궁화동산, 산책로, 청소년 야영장 등을 갖춘 문화 향기 가득한 테마파크이기도 하다.

비교적 늦게 조성된 함평자연생태공원의 특징은 중국 난화촌이 중국 난에 한정되어 있는 것과는 달리 이곳은 한·중·일 3국의 모든 난을 총망라하고 있는 점이다. 이는 국내외 애란인들뿐만 아니라 일반인의 욕구는 물론, 국제적인 관심까지도 충족시키기 위한 시도다. 난이란 콘텐츠를 주로 한 테마파크인 동시엔 나아가 3국의 난 문화 허브로서의 역할을 담당할 수 있는 역량을 키우기 위함이다. 총 투자액 200억 원이 넘는 대규모 사업인 함평자연생태공원 조성은 한국 춘란의 우수성을 널리 알려 난 산업의 국제시장의 중심으로 만들겠다는 야심이다. 이를 위해 함평의 관과 민이 하나가 되어 알찬 성과를 이루어가고 있음을 엿볼 수 있다.

고양시 일산호수공원 난 전시장

고양세계꽃박람회 조직위원회와 한국난재배자협회가 공동으로 주최하는 국내 최대 규모의 난 축제가 2006년 3월 16일부터 26일까지 경기도 고양시에서 열렸다. 일산호수공원 고양꽃전시관에서 열린 '2006 대한민국 난 전시회(Korea Orchid Festival 2006)'는 500여 종의 동·서양란 2만 본, 심비듐을 비롯한 카틀레야, 온시디움 및 레오파드프린스 등 화사한 서양란과 프라그미페디룸, 싼데리아늄 등 희귀품종 20여 종이 전시됐다.

전시장은 동양란과 서양란, 난상품 공모전, 서양란 콘테스트장, 난판매장 등으로 꾸며져 기품 있는 동양란과 우아한 서양란, 석부작, 목부작 등 진귀한 작품들을 한자리에서 감상할 수 있었다.

이 외에도 난 나눠주기, 난 재배 및 관리요령강좌와 난부케웨딩쇼 및 동·서양란 콘테스트와 각종 난을 싸게 살 수 있는 판매장도 운영되어 많은 관람객이 난 향기로 가득 찬 즐거움을 느끼게 했다.

대한민국 난 전시회 정경 | 대한민국 난 전시회는 국내 최대 규모의 난 축제로, 많은 난 애호가 및 일반 관람객들이 동·서양란의 아름다움과 향기에 푹 빠졌다.

전주 세계 난 산업 박람회

또한 전라북도와 전주시, 전주대 등이 주관한 '전주세계난산업박람회'가 2005년 3월 17~20일에 열렸다. 유일한 희귀종으로 수억원 대에 이르는 춘란 '황화색설화' (등록명 황비)를 비롯해 홍화소심, 황화소심, 두화소심, 원판소심 등 국내 최고 명품을 포함해 모두 1500여 점이 전시됐다. 이 행사에는 10만여 명의 난 애호가들이 찾아 성황을 이뤘으며, 행사기간 동안에 5억 원어치의 난이 판매됐다. 경매장에서도 '사피소심'과 같은 난이 950만 원에 낙찰되어 최고가를 기록하는 등 비교적 성공한 행사로 평가됐다.

원래 전라북도는 한국 춘란의 자생지로 알려져 있다. 이 지역은 많은 명품이 채취되는 빈도수가 높아 애란인들의 관심을 모으고 있으나 어디까지나 개인 취향의 한계를 넘지 못했다. 하지만 이번 행사를 계기로 전북이 난을 산업화로 정착시키고 유통의 중심지로 발전시켜 지역경제 활성화에도 큰 도움이 될 것으로 확신하고 있다.

왼쪽부터 성룡란, 다이애나비란, 로라 부시란, 배용준란, 권양숙란

홍도 자생란 풍란전시실

다도해의 1700개나 되는 섬 중 풍광이 으뜸으로 꼽히는 홍도는 가장 짙은 향기를 내뿜는 풍란의 자생지다. 또한 홍도는 국내에서 유일하게 섬 전체가 천연기념물 170호로 지정된 곳이다. 해안 절벽을 감상하고 내려오는 길목에 홍도 자생란인 풍란전시실이 있다. 신안군 농촌지도소의 도움을 받아 멸종 위기에 놓인 홍도풍란을 살리기 위해 마련됐다.

주민들과 현지 공무원들이 제주도에서 가져온 돌과 홍도의 몽돌(파도에 쓸려 동글동글해진 자갈)에 자생풍란을 심었다. 원래 풍란은 바위 같은 곳에 의지해 생장하는 습성이 있기 때문이다. 금난초, 깽깽이풀, 참나리, 원추리 등 희귀식물을 볼 수 있다. 특히 석곡, 홍란, 금새우란, 나도풍란 등 홍도의 4대 풍란은 7월부터 꽃을 피우기 시작한다. 대엽 풍란, 새우란 등 6종 500여 점의 자생란을 관람할 수 있다.

고양세계꽃박람회에 피는 배용준란, 권양숙란

2006년 4월 28일부터 5월 10일까지 13일간 경기도 고양시 한국국제전시장(KINTEX)에서 열린 '2006 고양세계꽃박람회'에는 세계적인 명사들의 이름을 딴 난초들이 전시됐다.
싱가포르 국립 난공원이 개발한 이 난들은 영국 황태자비였던 다이애나비란, 홍콩 액션 영화배우 성룡란, 전 미국 대통령 부인 로라 부시란, 노무현 전 대통령 부인인 권양숙란, 한류스타 배용준란 등이 전시되어 관람객들의 관심과 호기심을 불러일으켰다.
이 난들은 한결같이 꽃의 모양이나 색상이 아름답고 그 이름들만큼이나 개성이

강한 것이 특색이다. 특히 배용준란은 꽃받침이 굽어져 연한 보랏빛이고 꽃잎은 짙은 보라색으로 2색의 조화가 강렬하면서도 부드러운 배용준의 이미지와 절묘하게 맞는다고 한다. 다이애나비란은 꽃받침과 꽃잎은 순백색으로 순결의 이미지이며, 권양숙란은 짙은 붉은색 꽃이 15~25송이 피어 우아한 자태를 뽐내고 있어 다같이 그 인물과 꽃의 이미지를 결부시킨 것으로 평가됐다.

중국

중국의 난화촌과 관광산업 광동성 순더

광둥 성 포산(佛山) 시의 순더(順德) 지구는 중국에서 가장 중요한 난 집산지 중의 하나다. 순더의 난 산업은 개혁개방 초기부터 시작해 현재까지 20여 년의 역사를 가지고 있다. 중국화훼협회 산하 순더 난 협회 역시 가장 먼저 생겨났다. 이렇듯 순더는 난 산업에 큰 영향을 끼치고 있으며 중국 난계에서도 4가지 특색을 통해 최고의 위치를 차지하고 있다.

첫째로 오늘날 중국 최대 규모의 난 집산지이며, 중국 난과 양란 교역액이 중국 최고다. 순더의 천춘(陣村) 난 시장은 중국 최대 규모로 220개가 넘는 점포가 있으며, 매일 중국 각지 및 홍콩, 마카오, 대만의 난 상인들과의 교역이 활발하게 이루어지고 있다.

둘째, 중국 최대의 난 수출기지다. 순더에서 수출하는 중국 난은 매년 약 200만 촉에 달하며, 수입되고 있는 양란은 금액으로 따져 5000만 위안에 이른다.

중국 난화박람회 정경

셋째, 중국에서 난 재배 가구가 가장 밀집된 지역으로, 인구 110만 중 약 6000가구가 난을 재배하고 있으며, 재배면적은 약 40만 평 정도가 된다고 한다. 또한 순더 국난협회(順德國蘭協會), 천춘 진난협회(陣村鎭蘭協會) 등 비교적 큰 규모의 난 협회 회원이 가장 많기도 하다.

넷째, 중국에서 난 기업의 최대 밀집지역이다. 순더는 약 1000여 년의 난 역사를 가지고 있으며, 개혁개방 이후 가장 먼저 난을 산업화한 곳이다. 현재 난 배양장은 약 300여 곳이며, 비교적 큰 규모의 기업이 50여 개에 달한다.

순더는 1990년 초에 부흥기를 맞이했다가 곧 침체기를 맞았으나, 지금은 기술화·규모화·산업화된 생산 라인을 통해 새로이 부상하고 있다.

베이징 중산 공원의 혜란원

중국에서 가장 유명한 난원 중 하나는 중국 수도인 베이징 난 시장이다. 지난 1970년대 말 샤오싱이라고 하는 애란인이 평소 채집한 난을 시장에 나가 팔기 시작한 데서 난 시장의 명소로 발전하게 된 것이다. 그는 자신이 애써 수집한 난과 남방의 여러 지역에서 나는 화훼와 같이 팔기 시작했고, 1980년대 말에는 허난(河南) 성의 난 재배 농민들과 상인들이 베이징으로 와서 난을 팔게 됐다. 1992년 베이징 난 연구회가 중산공원에서 '베이징 제1회 난 전람회'를 개최함으로써 매년 춘계 난 전람회를 열고 있다. 이때 현장의 전시판매대에는 애란인들의 행렬이 끊이지 않고 있어 북경 난 시장의 가장 중요한 부분이 됐다.

난 산업·난 문화의 중심지, 란시 난화촌

최근 중국 난계에는 정부에서 지원하는 난화촌이 번창하고 있다. 난을 널리 선전해 많은 사람들이 난을 접하게 하고, 난 시장과 난 공원을 만들어 많은 관광객을 유치하기 위한 난화촌 건립이 한창이다.

저장 성의 란시 시난화촌(蘭溪 市蘭花村), 윈난 성의 바오산 시난화촌(保山市蘭花村)과 다리 시난화촌(大理市蘭花村), 위시 시난화촌(玉溪市蘭花村), 광둥 성의 신펑 난화촌(新豊蘭花村) 등이 있다.

그 중에서 대규모로 발전한 곳은 란시 난화촌이다. 이곳은 중국 저장 성 중서부에 위치하고 있으며, 온화하고 습한 북아열대 기후로 난 생장에 더없이 좋은 환경을 가지고 있다. 또한 1300여 년 전 당나라 시대에 처음 건설된 곳으로 그 역사만큼이나 풍부한 난 자원과 관련 사료를 갖추고 있는 곳이기도 하다. 란시의 난이 본격적으로 발전한 것은 중국개혁개방 시기 이후이며, 특히 난을 공식 시화(市花)로 지정한 1987년부터라고 할 수 있다.

이때부터 란시에는 많은 난원과 애란인들이 생겨났고 이와 더불어 난 산업 및 관련 배양기술도 급속히 발전했다. 이 덕분에 1999년 5월 중국특성화지역 추천 및 홍보활동조직위원회(中國特生之響推薦 宣傳活動組織委員會)가 란시를 중국 '난화지향(蘭花之鄕)'이라 하여 중국 난의 고향으로 명명하고 공식증명서까지 발급했다.

그리고 1999년 8월 시정부에서는 란시 시 란인산루신(蘭陰山麓新)에다 난화촌을 건설하기로 결정했다. 2000년 10월 공식적으로 문을 연 이 난화촌은 총 12만여 평이며, 앞으로도 도시 외곽에 별도로 30여 곳의 난 기지를 건설할 계획이다. 지금은 집집마다 고대의 전통가옥 구조로 2층집을 지어 난원을 꾸미는 등 섬세한 부분까지 심혈을 기울이고 있다.

윈난 성 위시 시 난박람회

중국난화협회(中國蘭花協會)가 주최하고 중국 윈난 성 위시 시(玉溪市) 정부가 주관하는 난 박람회가 2004년에 14회를 맞이했다. 이 행사는 한 해 한 번씩 위시 시박

사오싱 난문화박람회 개막식과 사오싱의 개인 난실

물관에서 진행되는데, 2004년에는 2월 2일부터 12일까지 진행됐다. 이 박람회는 중국 난계에서는 가장 큰 행사다. 난 전시는 물론이고 난 판매와 경매를 포함한 대규모의 난박람회로 전국 각지의 애란인, 심지어 외국 애란인들까지 모여들어 인산인해를 이룬다.

위시 시는 윈난 4대 명산 중 하나인 통해수산(通海秀山)이 위치해 있고, 유명한 관광지 50여 곳이 있다. 또 식물의 왕국이라 불리는데, 식물 종류가 풍부하고 난 종류도 다양하다. 난 종류에는 연판란, 춘란, 춘검란, 한란 통해검란(通海劍蘭) 등 수십 가지 품종이 있는데 어느 하나 명품에 들어가지 않는 것이 없다.

난 문화의 발상지, 사오싱 난문화박람회

이 외에도 중국 제1회 난문화박람회가 2004년 4월 9일부터 11일까지 저장 성 사오싱(紹興)에서 진행됐다. 2500년의 난 재배 역사를 가진 중국 난계가 첫 회로 치른 이 행사는 중국의 난 붐을 더욱 세차게 불게 했으며, 무한한 잠재력을 가진 중국 난 시장의 전체 규모를 엿볼 수 있었다. 이로써 난 문화를 널리 알리고 명품 난을 한자리에서 감상할 수 있도록 배려하고 있다.

오랜 역사를 가진 사오싱은 옛 월나라 수도이며 '월왕 구천과 난저 산의 고사가 어려 있는 곳이고, 중국 춘란의 발원지이며, 중국 난문화의 발상지라고 할 수 있다. 사오싱의 난문화박람회는 단순한 박람회가 아니라 난문화를 여행, 관광, 무역, 해외자본 투자유치 등의 경제활동으로 연계·발전시키는 데 역점을 두고 있다. 이 기간에는 각 성의 난 협회 말고도 홍콩, 마카오, 대만, 한국, 일본, 싱가포르, 태국 등 해외에서도 참석할 정도의 국제적인 대규모 전시회로 성공했다.

내용 면에서 봐도 박람회에는 5000여 난분을 전시한 것 말고도 난문화의 역사, 그림 100여 점과 난 전문서적 100여 권을 전시했다. 이외에도 예술자기에 가까운 화분과 여러 가지 난 자재 등을 별도로 전시했다. 뿐만 아니라 난을 중심으로 한 문예공연, 난 문화발전 종합 세미나 등의 활동도 동시에 진행함으로써 난의 본고장답게 난의 모든 것을 체험할 수 있는 기회를 제공했다.

저장 성 사오싱의 난정과 유적지

난정(蘭亭)은 사오싱에서 남서쪽으로 약 15킬로미터 떨어진 난저 산에 자리 잡고 있다. 이곳은 규모가 그다지 크지 않지만 정감이 넘치면서도 고풍스러운 원림(園林)으로 한·중·일 3나라의 서예계에 널리 알려져 있는 명소다.

원래 난정은 월왕 구천과 굴원의 일화가 전해 오던 곳으로, 그 주변의 경관이 매우 아름다울 뿐만 아니라 유적이 많이 남아 있다. 그 중 오늘날까지도 아지비(鵝池碑)·곡수류상(曲水流觴)·유상정(流觴亭)·난정어비(蘭亭御碑)·왕우군사(王右軍祠) 등이 옛날 그대로 남아 있다. 특히 난정어비의 전면에는 청나라 강희제(康熙帝)의 필적으로 〈난정서(蘭亭序)〉의 전문이 새겨져 있고, 배면에는 건륭(乾隆)제가 난정을 유람하고 남긴 7언 율시 〈난정즉사(蘭亭卽事)〉가 새겨져 있다.

이곳은 월왕 구천으로부터 2000여 년 동안의 역사의 흔적이 점점이 스며 있어 더욱 유명해짐으로써 오늘날까지 즐겨 찾는 이가 많게 되었다.

일본

2월 오키나와 국제난초박람회

오키나와에 있어서의 서양란 재배는 눈부신 보급을 보이고 있다. 특히 국영 오키나와 기념 공원(해양 박람회 지구)에서는, '오키나와 국제 서양란 박람회'를 개최해, 국내외의 서양란 애호인 및 생산인이 꽃을 출품해 현장에서 서로 교류하는 등 우의를 깊게 다지고 있다.

이 오키나와 꽃 카니발의 빅 이벤트로서 큰 인기를 끌고 있는 것은, 전시장에는 난초 애호가만이 아니고 꽃을 사랑하는 많은 사람으로 성황을 이루는 데 있다. 여기

도쿄돔 세계 난 전시회

에서는 꽃에 대한 일반 정보뿐만 아니라 전문 지식까지도 교환할 수 있는 기회가 된다. 그리고 일반 공모에 의해 출품된 서양란 콘테스트의 심사과정을 보는 것도 즐거움의 하나이며 바로 꽃에 대한 높은 수준의 안목을 갖출 수 있는 곳이기 때문이다.

오오미야의 구마가이소

사이다마(埼玉) 현 오미야(大宮) 시 시내 미구라(御藏)의 대밭 약 100평방미터는 시 문화제로 지정된 사이다마 현 최대의 구마가이소(일본 난초) 자생지다. 유명한 관동 무사 구마가이 나오자네의 호로를 닮은 흰 꽃이 여름이면 대밭 일대를 환하게 밝힌다.

《헤이케모노가타리(平家物語)》에 등장하는 가마쿠라 사무라이를 상징하는 이 꽃이 가마쿠라에서는 자취를 감추었다. "그 아이들(구마가이소)은 도망가고 없소!" 구마가이소를 찾아 헤매는 난초 사진작가에게 심산의 선승(禪僧)이 던진 한마디라고 한다.

아이치 현 난관

아이치(愛知) 현은 일본 제일의 난 생산지다. 최근 아이치는 새로운 명소로 떠오른 곳으로 1998년에 난관(蘭館)이 세워졌다. 관내에는 연중 내내 난을 즐길 수 있는 전시장을 비롯해 카페가든, 레스토랑 등이 있다.

토호쿠 난 전시회

2006년 1월 27일~31일 산다이(仙台) 시 꿈 멧세(夢メッセみやぎ) 전시장에서 '토호쿠 난 전시회와 장미와 가드닝 축제(東北蘭展&バラとガーデニングフェスタ 2006)' 가 열렸다. 이 축제는 난, 장미, 가드닝과 3부문으로 구성된 꽃과 초록의 제전으로 매년 약 4만 5000명이 방문하는 동북지방 최대 규모의 이벤트다. 2006년에 13번째를 맞이했다. 약 7200평방미터의 전시장에는 여러 가지 꽃의 색깔, 꽃의 자태로

보는 사람을 경탄하게 하는 다양한 종류의 난초와 5~6월에 흐드러지게 피는 장미, 개성이 넘치는 가든 등 볼 만한 곳이 많다.

　　난초 애호가에게 있어서는 이 이벤트가 일 년이 시작되는 행사로, 이후에 각지에서 난 전시회가 개최된다. 2006년 최우수상은 탄노, 사토시, 아리우지의 파프(Paph), 희귀종으로는 *Mystic Knight 'White Tan'*이란 '흡혈귀'라고 이름 붙여진 난초, 줄기에 금·은의 모양이 있는 '보석 오키드(보석난초)'라 불리는 난초도 많은 인기를 끌고 있다.

도쿄 돔의 세계 난 전시회

요미우리 신문사와 NHK 등이 주최하는 이 행사는 2005년에 15회를 맞이했다. 6부문에 국내외로부터 1627점이 응모됐으며, 대상을 선출하는 개별 심사 부문에는 1103점이 출품됐다. 이 전시회는 매년 열리는 행사로 연인원 50만 명 이상이 관람하는 세계적인 규모의 난 전시회다. 때문에 주말에는 입추의 여지가 없을 만큼 난을 보러 온 사람들로 북적거린다.

　　이번에는 양란과 동양란으로 나뉘어 전시됐는데, 특히 한국에선 볼 수 없는 개량된 양란이 관람객들의 주목을 끌었다. 특이한 것은 축소지향적인 일본인을 상징이라도 하듯 아주 작은 난이 전시돼 보는 이로 하여금 탄성을 자아내게 했다. 육안으로는 잘 보이지 않아 확대경을 설치할 정도였다.

　　2004년에는 한국인 유학생 최성복 씨가 최고의 플라워 디자이너로 인정받아 최우수상을 수상하기도 했다. 최성복 씨는 2003년에도 우수상을 수상한 바 있다.

도가시마 요란 센터

시즈오카(靜岡)현 니시이즈쵸(西伊豆町)에 있는 도가시마 요란 센터(堂ケ島洋らんセンター)는 동양에서 제일 큰 양란 전문 식물원이다. 온실에는 카틀레야, 덴드로비움(石斛속), 만타(万朶) 등 약 800여 종의 난이 사계절 피고 지는 장관을 이룬다.

|편집부|

5. 오늘날의 난초

다섯 | 한국 | 상품으로 본 난초

실생활에 끌어들인 난초의 향과 자태

아로마테라피

아로마테라피는 나무, 뿌리, 꽃, 잎 등에서 추출한 식물의 정유를 이용해 몸과 마음에 긍정적인 효과를 얻어내는 생활요법이다. 각종 공해와 스트레스에 노출된 현대인에게 점점 인기를 얻고 있는 아로마테라피는 난과 웰빙을 주제로 한 전시회가 열릴 정도로 사람들의 관심을 끌고 있다.

　이미 우리나라에서는 일찍부터 이용하던 요법이다. 「고려 사람들은 하루에 서너 차례 목욕을 했는데 피부를 희게 하려고 복숭아꽃물이나 난초 삶은 물을 사용했다.」는 이야기가 송나라의 사신으로 왔던 서긍(徐兢)의 《고려도경(高麗圖經)》에 나와 있다. 또한 「상류 사회에서는 목욕 시설인 정방(淨房)을 집 안에 설치해 난초를 삶은 물에 목욕함으로써 피부를 희고 부드럽게 하고 몸에서 향 냄새가 나도록 했다.」는 이야기도 있다. 비록 상류사회의 특정인들의 이야기가 되겠지만, 과거나 현대에나 심신의 피로를 푸는 아로마테라피는 조금씩 그 모습을 달리해 여전히 전해 오고 있다.

　오늘날에는 특정인이 아니더라도 난초 향을 이용한 정유로 긴장, 불안과 스트레스를 완화시킨다. 난초 꽃잎을 띄우고 난향 가득한 난초 족욕, 난초 꽃차 등의 향기 요법 등이 있다. 또 난초 오일을 이용한 헤어용품 등도 인기를 끌고 있다. 난초를 이용한 천연 식물의 향기가 마음을 편안하게 해 심신 건강에 좋으며, 은은한 향기가 방 안에 퍼지면 마음까지 평화로운 느낌으로 가득 차게 된다.

화장품

여성의 미에 대한 욕구는 어느 시대를 막론하고 끊임없이 이어진다. 특히 요즘에는 화학적인 것보다는 보다 자연에 가까이 다가가려는 노력으로 마침내 결실을 거두고 있다. 그 일례로 난초의 단아하고 정갈한 이미지를 여성미로 내세운 (주)태평양의 '스템난(蘭)' 이 그것이다. 옛날 비법으로 조제한 퓨전 한방 컨셉트로 하여 난꽃이 주는 맑은 기운 그리고 향, 나아가 촉촉한 보습감까지 아우르는 제품으로 출시했다.

아토피성 피부보습제인 아토팜을 약국을 통해 출시해 시장에서 주목을 받고 있는 네오팜(www.adagang.com)도 웰빙 컨셉의 화장품 '애다강' 을 출시했다. 신토불이 컨셉을 반영해 한국적 정서에 맞춰 청초함과 난향의 은은함을 간직한 난초를 닮아 보자는 컨셉으로 아토피로 고생하고 있는 고객의 마음을 사로잡고 있다.

이밖에도 난초 추출물을 포함한 식물성 원료가 든 립스틱, 난초 향이 든 향수가 개발됐다. 또한 깨끗하고 건강한 난초에서 추출한 수액을 이용해 피부를 맑고 깨끗하

위 왼쪽에서부터 시계 방향으로 난초 성분 화장품, 난초 오일로 만든 헤어클리닉 앰플, 난초 향이 든 향수, 난초 문양 접시, 난초 문양 시트지, 난초 문양 자기와 수저

고 윤기 있게 가꿔 주는 마사지팩도 있다. 난초 수액과 기타 꽃에서 추출한 식물성 오일 성분이 든 클렌징 로션, 난초꽃 추출물이 함유된 바디로션 등 난초의 은은한 향이 화장대 위로 고스란히 옮겨졌음을 실감할 수 있다.

주방과 욕실

결혼을 하게 되면 누구나 그릇 세트를 마련하게 된다. 특히 우리나라 음식은 화려한 색상의 음식이 많기 때문에 질리지 않는 디자인의 그릇을 선호하게 된다. 특히 코렐은 잘 깨지지 않아 혼수용 그릇으로 인기를 모으고 있는 주방용품으로 무척 가벼워 사용이 편리하고 얇아서 좁은 공간에서도 수납이 용이하다. 특히 흰 바탕의 난초 무늬는 한식 요리를 돋보이게 하고 맛깔스럽게 한다.

이밖에도 난초 무늬 수저, 난초 무늬 머그잔, 난초 무늬 찻잔, 난초 무늬 공예 함 등 여성의 손길이 많이 닿는 부엌에서나 일반 생활공간에서도 난초는 문양으로 바뀌어 정결함을 느끼게 한다.

또한 정전기를 방지하고 섬유를 부드럽게 해주는 섬유유연제는 1700억 원대 규모의 시장으로 성장했다. 한라산에서 자생하는 야생 난초꽃의 은은한 향에 피부를 보호하는 알로에 추출물을 배합한 '한라산의 야생란향'이 그것이다. 그만큼 난초는 그 모습을 달리해 쓰이고 있다.

인테리어

기름때 등 더러움이 타기 쉬운 주방의 벽면, 장식장, 욕실 등의 더러움이나 싫증난 집 안 분위기를 손쉽게 바꾸는 데 쓰이는 시트지의 디자인에도 난초는 문양으로 등장한다.

스티커 형식으로 손쉽게 새집 같은 분위기를 연출할 수 있으며, 청소하기가 쉬워 항상 난초의 정갈한 분위기로 집 안을 청결하게 유지할 수 있다.

|편집부|

5. 오늘날의 난초

여섯 | 한·중·일 | 품종으로 본 동양란

한·중·일을 닮은 난초

춘란

난의 역사에서 가장 오래된 것으로 봄에 꽃을 피우는 춘란류는 한국, 일본, 중국, 대만 등지에서 자생한다. 꽃을 피우는 시기는 같은 봄이기는 하나 약간씩 차이가 있다. 잎의 길이는 보통 20~50센티 정도이고, 폭은 0.5~1센티 안팎으로 끝이 뾰족한 것이 대부분이며 가장자리에는 미세하지만 톱니처럼 거친 것이 있다. 짙은 초록으로 광택이 있는 것이 많으며 다양한 무늬 변화를 보인다.

한국 춘란

한국 춘란은 예부터 봄을 알린다고 해서 보춘화(報春花), 꿩밥, 개란, 산난초, 아가달래 등으로 불리며 우리나라 남부 지방 어느 곳에서나 흔히 볼 수 있는 식물이다. 잎에 무늬가 없고 꽃이 평범한 품종은 무척 흔하기 때문에 민춘란이라 하며, 이 가운데 잎에 무늬가 들었거나 꽃에 색상이 든 변이종을 원예화훼에서는 한국 춘란이라 한다.
    꽃대 하나에 한 송이의 꽃을 피우며 꽃은 녹색을 띠는 것을 기본으로 한다. 향기

는 없는 듯하기 때문에 꽃의 색과 무늬가 중요하다. 춘란 잎의 넓이는 0.3~2센티, 길이는 20~30센티 정도지만 개체에 따라 큰 차이를 보인다.

한국 춘란이 자생하는 지역은 한반도 북위 38도 이하의 동서남해안으로, 바람이 잘 불고 오전에 빛이 드는 소나무 숲의 지상부에 자생하고 있다.

중국 춘란

동양란 가운데 가장 오랜 역사를 지니고 있는 중국 춘란은 난의 분류법 및 난에 대한 감상법을 발전시켜 지금까지 난문화계의 주축을 이루며 발전해 왔다. 난을 감상하고 분류하는 기본적인 방법이 중국의 방법과 같기 때문에 세계에서 중국 춘란이 차지하는 위치가 높을 수밖에 없다.

중국 춘란은 한 꽃대에 한 송이의 꽃이 피는 일경일화와 여러 개의 꽃이 피는 일경구화로 나누어진다. 일경일화의 꽃은 전반적으로 담록색 꽃잎에 다갈색 줄이 있으며 꽃의 향도 매우 맑다. 일경구화는 일경일화보다 꽃이 피는 시기가 다소 늦은 4~5월경이며, 잎보다 다소 높게 올라온 꽃대에서 5~10여 송이의 꽃을 피운다. 또한 다른 난의 잎에 비해 7~8장으로 다소 많으며 매우 강건하여 뻣뻣하게 보인다. 뿌리 역시 다른 난에 비해 굵고 길며 많다.

꽃대의 빛깔에 따라 녹경(綠莖, 꽃대가 녹색으로 된 것)과 적경(赤莖)으로 나누며, 꽃잎은 모양에 따라 매판(梅瓣), 수선판(水仙瓣,) 하화판(荷花瓣), 기종, 소심(素心) 등으로 분류한다. 중국 춘란의 명품 가운데 많은 자리를 차지하는 것이 매판이다.

오지 춘란

중국 대륙 깊숙한 쓰촨 성(四川省), 윈난 성, 구이저우 성(貴州省) 그리고 티벳 등지에서 자라는 난을 오지 춘란이라고 한다. 중국에서

위에서부터 한국춘란, 중국 춘란, 오지 춘란, 대만 춘란, 일본 춘란 《난과 생활사》 제공

도 최근 개발되어 중국 춘란과는 별도로 다룬다. 이 지역은 해발 1000미터 이상의 고산지대지만 위도 26~30도로 남서제도에서 대만과 같은 아열대 지역이다. 이 지역에는 동양란이라 일컬어지는 거의 모든 난이 자생하고 있다.

대만 춘란

중국과 교류가 어려웠던 1970년대에는 대만 춘란이 우리나라에 많이 들어왔으나, 명품의 수가 적고 배양이 까다로운데다 대만 정부가 채취를 강력히 규제해 지금은 수입되는 양이 적다. 대만 춘란은 중국 춘란과 품종이 비슷하며 향이 있다. 꽃이 피는 시기는 한국 춘란이나 일본 춘란, 중국 춘란에 비해 약간 이르다.

한 꽃대에 2~3송이의 꽃을 피우는 다화성의 비아란(埤雅蘭), 잎이 넓고 길며 꽃송이도 큰 설란(雪蘭), 잎이 가녀린 아리산 춘란(阿里山春蘭), 잎이 3밀리미터 정도로 가느다란 사란(絲蘭)이 있다.

일본 춘란

꽃의 색, 자태, 생태 등이 한국 춘란과 거의 흡사하다. 꽃대 하나에 한 송이의 꽃을 피우며, 꽃잎은 황록색, 혀는 백색에 점이 흩어져 있는 것이 일반적이다. 한국 춘란에 비해 잎이 좁은 감은 있지만 200년 이상 배양되는 동안 많은 변이 개체가 개발됐다.

하란

중국 푸젠 성이 원산지로 6월부터 9월에 걸쳐 향이 짙은 꽃을 피우는 건란, 자란, 옥화란, 고금륜란(古今輪蘭), 소엽란을 지칭하며 대부분 잎에 무늬를 가지고 있다. 세엽혜란(細葉蕙蘭)도 포함된다.

건란

중국 푸젠 성 일대에 자생해 건란(建蘭)이라는 이름이 붙었다. 잎이 꼿꼿해서 웅란(雄蘭)이라고도 하며, 일본에서는 준하란(駿河蘭)이라 부른다. 7~8월에 피는 하란을 대표하는 난으로 하나의 꽃대에 담녹색의 향기 나는 꽃이 여러 송이 핀다. 잎은 입엽으로 강건하다.

자란

자란(紫蘭)은 건란에 비해 여성스럽다 해서 붙여진 이름으로 푸젠 성 장저우(漳州)가 원산지라 장란(漳蘭)이라고도 한다. 잎은 폭 11센티, 길이 50센티 정도로 얇으며 중수엽성이나 옥화란과 더불어 세엽혜란 중에서는 대엽성이다. 꽃은 7~9월에 걸쳐 피며 6~10송이의 꽃을 피우는데 향이 진하다. 건란보다 추위에 약하다.

옥화란

옥화란 역시 푸젠 성이 원산지이며, 잎은 수엽성으로 폭이 넓은 광엽에 잎 끝에 백색 조(爪)무늬가 있다. 조무늬가 없어 북중(北中)이라 불리는 청옥화(青玉花)도 있다. 꽃은 6~8월에 걸쳐 긴 꽃대에 8송이 정도 꽃을 피우는데, 담황색 꽃잎에 붉은 반점이 들어 있으며 향이 짙다.

소엽란

중국 남부가 원산지로 건란을 닮았으나 잎은 두텁고 입엽이며, 잎 끝에 15센티 정도의 후발성 황색 복륜(覆輪) 내지 조(爪)가 들어가고 마치 칼날을 불에 달군 듯한 모양이라 해서 '소엽란(燒葉蘭)'이라 이름지어졌다. 꽃대는 높이 30센티 정도이며 여름에 4~5송이의 황록색 꽃을 피운다. 꽃잎에 자갈색의 가는 점이 있는데 향이 진하다.

풍란

우리나라에서는 전라남도 해안 지방(제주도, 흑산도, 추자도 등)과

위에서부터 건란, 옥화란, 풍란, 추란, 소상란 《난과 생활사》 제공

거문도 등 한려수도 일대에 분포하고 있다. 원래 고온 다습한 아열대 식물로 나무껍질이나 바닷가의 높은 절벽 등에 착생하고 대기 중에서 영양소와 습기를 취해 살아간다. 풍란이라 이름한 것은 바람을 좋아해 바람이 잘 통하는 곳에서 잘 자라기 때문이다.

잎이 두터운 것과 얇은 것이 있고 입엽, 수엽이 있는 풍란은 뿌리, 잎, 꽃이 모두 관상의 대상으로 다른 난보다 감상의 폭이 넓다. 풍란의 뿌리는 몸체에 비해 매우 긴데, 대부분의 착생란이 그렇듯 오래된 나무와 바위 위에 붙어서 공기와 습기를 받아들여 성장하기 때문이다. 자생지에서의 뿌리 길이는 2~3미터에 이르는 것도 있다.

한란은 한 해에 보통 2차례 신장하는데 4~6월이 첫 번째 성장기다. 이때 성장부분의 대부분이 자라게 되고, 두 번째 성장기인 9~10월경에는 얼마 자라지 않는다. 다만 겨울을 날 양분을 축적하는 것으로 보면 되겠다. 보통 일 년에 2장의 잎이 나오므로 잎의 붙음매를 보면 풍란의 성장햇수를 알 수 있다.

6~7월경에 순백색의 꽃을 피우는데 직경이 1센티 안팎으로 종류에 따라 달콤하면서도 그윽한 향기를 낸다. 이 향을 감향(甘香)이라고 한다. 잎이 좁고 두꺼우며 끝이 뾰족하고 날카롭다.

추란

추란은 8월 하순부터 10월 초순에 걸쳐 꽃을 피운다. 그윽한 향기를 내고 꽃의 설판에 점이 없는 소심화가 중심이 되며, 같은 계절에 꽃이 피는 사계란도 이에 포함된다.

소심란

소심란(素心蘭)은 대개가 지명이나 배양된 곳, 아니면 그 부근의 산 이름을 따서 이름을 붙인 것이 많다. 소심에 대한 기술은 1000년 전에 《금장난보(金漳蘭譜)》에 이미 수록되어 있을 정도로 역사가 장구하다. 8월 하순부터 10월에 걸쳐 개화하는 일경다화로 향기가 있으며, 가을에 피기 때문에 추란소심(秋蘭素心)이라고도 한다. 중국 중남부의 장쑤 성(江蘇省), 저장 성, 푸젠 성의 오지 그리고 대만 지역에 자생하며, 꽃은 직경 3~6센티, 꽃대는 30~40센티로 자라고, 3~5송이가 핀다. 꽃, 혀, 꽃대는 백색 내지 담황색으로 잡색이 전혀 없다.

한란

찬바람이 불기 시작하는 10월 말부터 이듬해 2월까지 한 꽃대에서 보통 3~20송이의 꽃을 피운다. 꽃대 하나에 여러 개의 꽃을 피우는 난을 혜란이라고 하는데 한란도 혜란에 속한다. 다양한 꽃 모양과 빛깔, 빼어난 잎의 자태로 매력을 더하며, 꽃의 관상 시기가 길고 청향(淸香)이라는 그윽한 향기가 있다.

한란은 우리나라 제주도와 일본 남부 지방, 대만의 고산지대, 중국 저장 성, 윈난 성 등의 활엽수림에서 분포해 자생하는 심비듐 속 상록 다년초다.

잎은 짙은 녹색을 띠며 윤기가 있다. 밑부분은 가늘고 폭 1~2센티, 길이는 10~60센티 정도이며, 가장자리에는 다소 약한 톱니가 있다. 뿌리는 다른 종보다 길게 자라서 1미터를 넘는 것도 있다.

한란은 꽃색과 모양에 따라 소심, 준소심(準素心), 청청화(靑靑花), 청화(靑花), 도화(桃花), 홍화(紅花), 경사화(更紗花), 황화(黃花)가 있다.

한국 한란

제주도에서만 자생하기 때문에 제주 한란이라고도 한다. 주로 한라산 남쪽 서귀포시나 남제주군 일원에 걸쳐 해발 200~600미터 사이에 분포한다.

한국 한란은 1967년 11월에 천연기념물 제191호로 지정됐으며, 지금까지 도외반출(度外搬出)을 금한 채 문화재보호법으로 보호되고 있다.

중국·대만 한란

중국과 대만의 한란은 감상 가치 면에서 한국 한란이나 일본 한란에 비해 잎맥이 두드러지게 뚜렷하며 유난히 잎이 길다는 특징이 있다.

위에서부터 한국 한란, 일본 한란, 중국 보세란, 대만 보세란, 대명란 《난과 생활사》 제공

중국 한란은 여러 곳에서 자생하며 특히 저장 성에서 자생하는 것은 항저우 한란이라고도 부른다. 항저우 한란에는 향기가 없는 품종도 있다. 잎 모양은 대체로 한국 한란이나 일본 한란과 비슷하다. 다양한 색의 꽃이 피는데 한국 한란·일본 한란의 꽃이 질 무렵(11월 말)부터 피기 시작한다.

대만 한란은 특히 잎이 길며 잎맥이 강한 것이 특징이다. 윤기가 떨어져 감상 가치가 뒤진다고 볼 수 있지만, 강해서 번식도 잘 되고 꽃도 잘 피운다.

일본 한란

한란이라 하면 일본 한란을 지칭할 정도로 우수 품종이 많이 산출되었다. 일본은 남으로 뻗은 열도를 따라 흐르는 북태평양 난류로 인해 겨울에도 한란 산지는 동결되지 않는 천혜의 조건을 갖추고 있다.

보세란

'보세란'이란 이름은 음력 정초를 전후해 꽃이 피기 때문에 '새해를 알린다'는 뜻으로 붙여졌다. 주로 중국 본토 남부 지역이나 대만의 온난한 아열대성 기후 지대에서 자생한다. 모양은 동양란 중에서도 가장 웅대해서 자생 상태에서는 잎 폭 6센티, 길이 90~120센티에 달하고 20여 송이의 꽃이 핀다. 분재배에서는 잎 폭 2.5~3센티, 길이 45센티 전후이고 8송이 정도 꽃이 달린다. 꽃색은 대체로 자홍 내지 자색을 띠나 백색꽃이 피는 백화 보세와 녹황색 꽃이 피는 황화보세도 있다. 특히 잎에 다양한 무늬가 있는 종류가 많은데 일본 사람들은 이것을 '광엽혜란'이라고 부른다.

중국 보세란

중국 남부 푸젠 성, 광둥 성 원산으로 잎 폭이 넓고 입엽성이며 입 끝은 뾰족하지 않고 둥근감이 있는 웅대한 초자다. 꽃은 주로 적갈색을 띠는데 크지 않다. 선단에는 엷은 황색 바탕에 자홍색 점이 들어 있으며 검붉은 굵은 꽃대에 꽃이 8송이 정도 달려 달콤한 향을 낸다. 변종 중에는 백화, 홍화종도 있으며 반엽종으로는 상원황이 있다. 새싹은 적자색을 띠고 굵게 나온다.

대만 보세란

대만 원산의 보세란은 한 꽃대에 8~9송이의 다갈색 꽃이 핀다. 이외에도 백화와 황화도 있다. 잎은 광택이 좋은 대엽인데 잎 끝이 다소 뾰족해 대체로 반수성이다. 원종인 청엽종 이외에 다양한 무늬가 나타나는 변종들이 무척 많아서 동양란과 광엽혜란의 대종을 이루고 있다.

대명란

중국 남부 지방 원산으로 동양란 중에서 가장 큰 대엽란이다. 중후한 멋을 풍기는 것으로 대명이란 뜻은 '중국 명나라 때 일본으로 건너간 대형의 난'이라는 뜻에서 붙여졌다고 한다. 잎은 두텁고 광대한데 운치 있게 다소 뒤틀어져 있어서 힘 있어 보인다. 꽃은 자색이 대부분이나 변종 중에는 백화, 홍화 무늬종도 많다.

한국의 자생란

나도풍란

제주도의 비자림과 전남 신안군의 홍도, 소흑산도에 자생하는 상록성의 착생란이다. 잎은 넓고 두꺼운 편인데, 포기당 3~5배 정도 달리며, 5~6월경 유백색 바탕에 갈색줄이 있는 꽃을 피운다. 향기가 매우 좋으며, 자생지에서는 거의 멸종 상태에 이른 희귀식물이 됐다.

석곡

줄기의 마디가 대나무처럼 생겼기 때문에 죽란이라고도 하며, 바위 위에 착생하면서 자란다고 해서 석란이라고도 한다. 전남, 경남, 제

위에서부터 금새우란, 한라새우란, 석곡, 복주머니꽃, 해오라기난초 《난과 생활사》 제공

주도의 남부 지역에 자라는 상록성의 착생란인데, 줄기 끝에 5~6월경 백색의 꽃을 피우고 꽃에는 향기가 있다.

새우난초류

우리나라에는 새우난초(Calanthe discolor)와 금새우난초(C. striatar), 여름새우난초(C. reflexa) 등이 자생한다. 새우난초는 4~5월경 자색, 암갈색 등의 꽃을 피우는데 향기가 없다. 금새우난초는 노랑색의 화려한 꽃을 피우는데, 향기가 있는 것도 있으며 잎이 넓고 제주도와 완도, 울릉도의 숲속에서 자라는 상록석의 넓은 잎 식물이다. 여름새우난초는 7~8월에 연란 자색의 꽃을 피우는데 제주도의 한라산에만 자라는 상록성의 자생란이다.

복주머니꽃

제주도를 제외한 우리나라 전역의 높은 산의 숲속에서 자라고 있는 낙엽성의 자생란이다. 꽃은 5월경 적자색으로 피우는데, 마치 주머니처럼 특이하게 생겼으며 개불알꽃이라고도 한다.

우리나라에는 복주머니꽃 외에도 광릉요강꽃(Cypripedium japonicum) 등이 자생하고 있다.

자란

전남 해안과 진도 신안군의 도서지방에서 자라는 낙엽성의 자생란이다. 5월경 아름다운 꽃을 피우는데 향기가 없다. 구근은 추위에 비교적 잘 견디기 때문에 남부 지방에서는 화단에서 재배하기도 하며, 추운 지방에서는 화분에 재배하기도 한다.

해오라기난초

경기도와 강원도 고산지대의 습지에서 자라는 낙엽성의 자생란이다. 7~8월경 하얀 꽃을 피우는데 마치 해오라기가 나래를 펴고 나는 듯한 독특한 모양의 꽃이다. 향기는 없으나 꽃의 자태가 아름답고 추위에 강하기 때문에 위구경(僞球莖)은 겨울철에 낙엽된 상태로 노지에서 월동한다.

일본의 자생란

나고란

주산지인 오키나와 섬 나고다케(名護岳)에서 나고란(名護蘭) 이름을 얻은 난초다. 이 아열대성 난초의 자생 북방한계선은 오키 제도(隱岐諸島). 나무 혹은 바위 위에 착생하는 나고란은 한여름, 짧은 줄기에 3~5개의 잎을 달고 나와 자홍빛 반점이 있고 초록빛이 감도는 흰 꽃을 피운다. 향이 강하다.

간코란

아카이야치쇼야(赤井谷地沼野)의 식물군락지인 후쿠시마(福島) 현, 아이즈 와카마츠(會津 若松) 시 동북쪽 이나와시로 호수 북서안에 있는 습지대가 있다. 4월 하순부터 5월 초순까지 꽃이 피는 간코란(岩高蘭), 야치스기란 등을 보호하기 위해서 일본 정부는 습지대의 관광객 출입을 통제하고 있다. 이 자생식물을 천연기념물로 지정해서 보호하고 있다. 같은 후쿠시마 현의 시모고(下鄕町)에 있는 나카야마후게츠지(中山風穴地)의 특수식물군락지도 국가 천연기념물로 지정됐다. 이곳은 무인설화에 등장하는 구마가이소와 쌍벽을 이룬 일본란 아츠모리소(敦盛草)와 함께 야나기란(柳蘭)을 관찰할 수 있는 자생지다.

후란

인가 근처에서 야생의 후란(風蘭)이 군생하는 것은 드물다. 미에(三重) 현 기이나가시마(紀伊長島) 역 가까운 니고(二鄕) 신사 인접 농지에 심은 감나무 20그루에 약 300주의 풍란이 착생하고 있는 것이 현의 천연기념물로 지정됐다. 6월 하순부터 7월 상순까지 풍란 특유의 향이 풍란 애호가를 부른다.

야부란

교토 시 기오지(祇王寺)는 대일여래(大日如來)를 모신 절로 11월 단풍이 유명하지만 여름의 야부란(藪蘭)도 명물이다. 한방의 강장제로 알려진 야부란은 연한 가지색의 작은 꽃을 피워 관람객들을 맞고 있다.

| 편집부|

5. 오늘날의 난초

일곱 | 한국 | 우표로 본 난초

우표 속의 아름다운 우리 난초

우표의 시작

오늘날 사용하고 있는 형태의 세계 최초의 우표는 1840년 5월 6일 로랜드 힐(Rowland Hill)에 의해 영국에서 사용됐다. 우리나라는 1884년 4월 22일 한말 고종황제의 칙령으로 우정총국(홍영식 : 洪英植)이 설치되면서 같은 해 11월 18일(음력 10월 1일) 우정총국이 업무를 개시함으로써 우표를 사용하는 현대적인 우정사업이 비로소 시행됐다.

이때 발행된 최초의 우표는 5종의 문위우표(文位郵票)로서 오늘날 우표의 문양과 달리 단순 문양의 우표였다. 명칭은 당시 화폐단위 문(文)으로 표시되어 문위우표라 했으며, 점차 태극문양 등이 등장하면서 오늘날 화려한 각종 우표로 발전하게 되었다.

그 후 우정제도는 눈부시게 발전해 전국 네트워크를 구축하고 온갖 방법으로 국민들에게 편의를 제공하는 국가의 신경체계로 조직화되었다. 따라서 우표의 기능도 단순히 편지봉투에 붙이는 요금정산 징표를 넘어서서 막강한 광고 효과를 창출하기에 이르렀다. 뿐만 아니라 신문 한 장 들어가지 않는 깊은 산골이나 전 세계 수많은 나라에까지 드나드는 매체의 기능까지 갖추게 됐다. 또한 각종 문화재나 천연기념물 등을 문양으로 등장시켜 일반인들에게까지 관심을 불러일으켰다. 대상물에 애정을 갖도록 하는데 이보다 더 좋은 매체는 없을 것이다. 그래서 우표는 그 나라의 문화를 담고 있어 여전히 우리 곁에서 다양한 모습으로 소중히 남아 있는 것이다.

한국의 난초 시리즈

우리나라는 최근 2001년부터 2005년까지 매년 4종씩 20종의 난초 시리즈 우표를 발행했다. 이는 우리나라 고산 및 도서지방에서 자생하는 희귀한 난초를 국민에게 널리 알려 누구나 관심을 가지고 보호하려는 뜻이다.

첫 번째 묶음 우표 4종은 한라산과 지리산에 자생하는 다년초인 나도제비란을 비롯해 깊은 산에서 나는 다년초로 경상북도 울릉도와 북부지방의 높은 산에 매우 희귀하게 자생하는 주름제비란이 포함됐다. 그런가 하면 우리나라 중부와 남부 습지에서 자라 꽃 모양이 해오라기가 날아가는 모습을 연상시키는 아름다운 해오라기난초, 남부지방의 바위에 부착해서 생육되는 상록 다년초인 석곡 등을 각각 소재로 했다. 우표 액면가는 170원. 동양란 향이 나는 향기우표로 제작됐다.

2002년에는 제주도에서 자생하는 천연기념물 제191호인 '한란'을 비롯해 우리나라 각처의 깊은 숲 속에 자생하는 다년초로 담황색 또는 황갈색 꽃이 피는 '천마', 각처의 습지에서 자생하는 다년초인 '큰방울새란', 제주도 등 우리나라 남부의 산이나 구릉지의 숲 그늘에서 자라는 다년초인 '금난초'의 4종을 발행했다. 이번 묶음은 우표 자체에 독특한 한란 향이 첨가된 것이 특징이며, 액면가는 190원, 발행량은 각 100만 장씩 총 400만 장이다.

2003년에는 남부지방의 숲에 나는 다년생 난초로 5~6월에 연한 녹갈색에 홍자색의 꽃을 피우는 '약난초', 제주도의 상록수림 밑에 나는 다년생으로 잎의 모양이 대나무와 비슷해 죽백(竹柏)이라는 이름이 붙여진 '죽백란', 중부 이북의 습한 바위틈에 나는 다년생으로 6~8월에 홍자색 꽃을 피우는 '나비난초'와 남쪽지방 여러 섬에서 자생하는 다년생으로 6~7월에 연한 황색의 꽃을 피우는 '콩짜개란'의 4종이다. 이 우표들 또한 동양란 향이 첨가돼 있는데, 액면가는 190원이며 발행량은 종당 각 100만 장씩 총 400만 장을 발행했다.

2004년에는 제주도와 울릉도 등에 자생하며 연한 홍자색 꽃을 피우는 '섬사철란', 제주도와 남해안 등의 바위와 나무에 붙어 자라는 '지네발란', 안면도와 제주도 등에 자생하며 황금빛 꽃을 피우는 '금새우난초', 전남 해남과 진도 등에 사는 '자란'

조선 문위우표 | 5문, 25문, 50문, 100문짜리

한국의 난초 시리즈 우표들(1~4종) | 석곡, 주름제비란, 해오라기난초, 나도제비란, 한란, 천마, 큰방울새란, 금난초, 약난초, 죽백란, 나비난초, 콩짜개란, 섬사철란, 지네발란, 금새우난초, 자란

오늘날의 난초 263

의 모습을 각각 담았다. 우표의 액면가는 220원으로 발행량은 종당 각 70만 장씩 총 280만 장이다.

2005년에는 꽃의 색이 토종닭의 깃털과 비슷한 '닭의난초', 이른 봄에 꽃이 피어 봄을 알리는 꽃이라는 뜻인 '보춘화', 꽃의 색이 하얀 색인 '은난초', 꽃이 달려 있는 모양이 마치 실타래같이 꼬여 있는 '타래난초'를 소개하고 있다.

난초시리즈 우표는 2001년 첫 발행 당시부터 동양란 향을 첨가해 우표에서 난향이 풍기는 것이 특징이다. 2년 동안 향기가 사라지지 않으며, 그 이후에도 손으로 비벼 주면 약 5년 동안은 향기가 더 지속될 수 있다고 한다.

|편집부

《난초 증후군》

'난초 증후군'은 '꽃에 대한 광기나 욕망'이라고 이해될 수 있는 정신적인 현상이다. 유럽의 부유한 난초광들이 더욱더 진귀한 난초를 찾는 데 혈안이 되어 탐험가들을 고용해 지도에조차 나와 있지 않은 이국의 땅으로 가, 이전에 볼 수 없었던 새로운 난초를 찾아오는 데 전 재산을 쏟아 부었던 빅토리아 시대부터 시작됐다. 오늘날에는 아름다운 모양을 한 진귀한 형태의 종류를 찾는 데 있어서 거의 성적 욕망에 가까울 정도로 집착을 보이는 형태로 나타나는 것을 말한다. 이는 절제와 여백의 미를 갖춘 동양란이 아닌 화려한 꽃과 향기를 자랑하는 서양란에서 나타난다. 초기에는 기이한 아름다움, 이 세상 것이 아닌 것 같은 형태, 3000종 이상의 다양한 난초들의 독특한 색과 향기에 대한 열정 등의 증세를 보인다. 그러다가 난초를 수집하면서 점점 다양한 특성과 능숙한 환경 적응력, 이에 모순되는 연약함 그리고 평범하지 않은 관리 방법 등을 터득해 가면서 좀 더 새로운 감정을 느끼는 데서 점차 심각해진다.

5. 오늘날의 난초

여덟 | 한국 | 지명으로 본 난초

시간 속에 묻혀진 난향의 골짜기

무공해 공원으로 새로 태어난 난지도

악취가 진동하던 서울 마포구 상암동 난지도 쓰레기 매립장이 7년이 넘는 공사 끝에 지난 2002년 5월 1일 월드컵 공원으로 탈바꿈했다.

105만 평의 면적에 조성된 월드컵 공원은 평화의 공원, 난지천공원, 난지한강공원, 하늘공원, 노을공원 등으로 나뉘어져 있다. 상암 월드컵경기장이 가까운 평화공원은 가족 소풍장소로도 적당하다.

이곳에서 하늘공원까지는 2킬로 구간의 산책로가 이어져 있다. 쓰레기를 모아 만든 산 위에 조성된 하늘공원에 올라서면 한강과 서울 시내가 눈앞에 시원스럽게 보인다. 이처럼 말끔하게 단장된 월드컵 공원은 우리 축구대표팀의 4강 신화와 거리응원에 나선 700만 시민들의 성숙한 질서의식과 함께 2002년 월드컵 대회가 이뤄낸 3가지 기적으로 전 세계의 주목을 받았다.

원래 난지도는 이름에 걸맞게 난초가 우거진 '꽃섬'이었다. '난지(蘭芝)'는 난초와 지초를 아우르는 말이다. 난과 지는 모두 은근한 향기를 지닌 식물로 철따라 온갖 꽃이 만발해 김정호(金正浩)의 〈경조오부도(京兆五部圖)〉나 〈수선전도

난지도 | 쓰레기 산으로 도저히 변화될 것 같지 않던 난지도가 시민을 위한 멋진 공간으로 탈바꿈했다.

《首善全圖》〉에는 꽃이 피어 있는 '중초도(中草島)'로 기록되어 있다. 실제로 구한말까지는 이 명칭으로 불렸다고 한다. 또 오리가 물에 떠 있는 모습과 비슷하게 생겼다고 해서 '오리섬' 또는 '압도(鴨島)'라는 이름으로 불리기도 했다. 뿐만 아니라 예로부터 여러 종의 철새 수십만 마리가 겨울을 나기 위해 한강으로 날아들면서 바로 이 난지도 위에서부터 내리기 시작한다고 해서 '문섬(門島)'이라 부르기도 했다

난지도는 망원정 부근에서 한강과 갈라진 난지 샛강이 행주산성 쪽에서 다시 본류와 합쳐지면서 생긴 섬이다. 한강 하류 삼각주로 편마암 지대인 난지도에는 자연스러운 모양의 제방이 있어서 조선 말까지 고깃배와 놀잇배가 정박하는 곳으로 이용됐다. 옛사람들은 나랏일이 잘 되는지를 알려면 난지도에 핀 꽃들을 보면 된다고 했다. 이중환(李重煥, 1690~1752)의 《택리지(擇里志)》는 난지도가 좋은 풍수조건을 가진 땅이라고 했다.

그러나 급속한 인구 증가로 난지도는 1978년부터 쓰레기장으로 전락했다. 1993년까지 15년 동안 서울에서 배출된 11톤 덤프트럭 836만여 대 분인 쓰레기 9200만 톤이 이곳에 몰려들었고, 해발 98미터 높이의 쓰레기 산 2개가 만들어졌다. 그러다가 1990년대 후반 월드컵 경기장 건립이 추진되면서 난지도는 휴일이면 10여만 명이 찾는 무공해 휴식공간으로 바뀌는 기적을 만든 것이다.

난곡, 난초 향 그윽한 골짜기

서울 하늘 아래에서 가장 높은 마을로 서울의 마지막 달동네라는 말을 듣는 난곡(蘭谷)마을이 있다. 수도 서울의 정비계획에 의해 도심 철거민들이 정착함으로써 만들어진 마을이다. 행정구역으로는 관악구 신림 7동 101번지 일대 5만 1960여 평의 주거 지역을 통칭하는 명칭이다. 다행히 2006년 3월 현재 대한주택공사가 주거환경정비사업의 일환으로 재개발 중이다.

난곡은 주민들의 운명만큼이나 곡절이 있는 곳이다. 조선시대 명·청 등거리 외교를 펼쳐 전화를 막고 실리를 취하려 했던 광해군의 뜻을 받들었던 명장 강홍립(姜弘立)의 유배지로, 난초를 많이 기른 데서 이름이 유래됐다는 설이 있다.

강홍립은 조선 중기의 문무를 겸전한 인물로 광해군 10년 명나라의 원병요청으로 후금(後金:淸)을 치기 위해 파병됐던 인물이다. 그러나 전세가 불리하면 "형세를 보아 향배(向背)를 정하라."는 광해군의 밀명을 받았기 때문에 군사를 상하지 않고 청나라에 투항했다.

그러나 후에 역신(逆臣)으로 몰려 관직을 삭탈당했다가 죽은 뒤 복관(復官)됐다. 당시의 국제정세로 보아 광해군의 밀령이나 그의 처신을 두고 많은 생각을 할 수밖에 없는 일이다. 지금은 신림 3동과 신림 7동의 경계에 진주 강씨(晋州姜氏) 일가의 묘역이 있고, 강홍립의 묘도 그곳에 있다가 근래에 강화도(江華島)로 이장하고 그 터만 남아 있다. 1990년대 난곡에 있던 그의 무덤을 이장하기 위해 발굴했을 때, 시신은 6척 장신의 시체가 거의 부패하지 않았던 것으로 전해져 듣는 이로 하여금 마음을 아프게 할 뿐이다.

|편집부|

· 〈난초 소재의 한·중·일 명시·명문〉에는 본문에서 부분적으로 인용한 난초 시(詩) 전문(全文)을 수록했다. 또한 본문에서는 언급하지 않았지만 한·중·일의 대표적인 명시와 명문을 선별해 수록했다. 한·중·일 3국에서 모두 계층과 성별을 막론하고 사랑받던 난초는 문학의 소재로 곳곳에서 개화되었다. (한국·중국: 김상환 정신문화연구원 연구위원, 일본: 김충영 고려대 일문과 교수 선정·번역)

· 〈한·중·일에서 '난' 자가 들어가는 지명〉을 한·중·일에서 찾아보았다. 한국의 경우는 읍·면·동·리(시·구·동) 구석 구석까지 한국국립지리원 자료와 《한국지명총람》을 통해 찾아보았다. 중국에는 '난' 자가 들어간 지명이 많으나 이를 정리해 놓은 데이터베이스를 찾을 수 없어 중국 외문출판사 편집위원인 안의운 선생의 도움을 받아 34개 지명만 정리했다. 일본의 '난' 자가 들어간 지명은 《일본지명사전》을 참고로 박석기 선생님과 편집진이 정리했다.

부록

난초 소재의 한·중·일 명시·명문
난초와 관련된 한·중·일 지명
찾아보기
참고 문헌
집필진 약력

난초 소재의 한·중·일 명시·명문

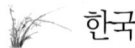 한국

금란계문(金蘭契文) | **변계량**(卞季良)[1]

인륜에 다섯 가지가 있으니/ 붕우가 그 가운데 하나인데// 벗으로 인을 도우니/ 이는 삼익(三益)[2]을 취함일세// 계(契)를 맺어 마음을 같이하니/ 이름을 금란(金蘭)이라 하여 처음부터 끝까지 영원히 잊지 않길 다짐하네/ 이 말을 저버리면/ 신명이 허여하지 않으리.

   人倫有五 朋友居一 友以輔仁 是取三益 結契同心 名曰金蘭 于始于
   終 永矢不諼 所渝此語 神其不與

화장사의 승려 적연이 보낸 난초(花長寺僧寂然持蘭而至) | **김종직**(金宗直)[3]

바위 사이에 아름답게 은둔하는/ 호승이 흰 구름을 가르고 왔네// 시문과는 일찍 인연을 맺었으니/ 속세는 그대와 상관이 없구려// 꽃 이삭은 봄에 앞서 올라왔는데/ 향기는 의당 밤에야 나겠지// 꽃무늬 자기와 아로새긴 섬돌에는/ 쓸모없는 화초만 무성하네.

   巖谷成嘉遁 胡僧屬白雲 風騷曾托契 塵土不關君 穗已先春擢 香宜
   入夜聞 花甆與釦砌 閑草鬱氛氳

길가에 버려진 난초를 슬퍼하다(途中見蘭委棄於草莽哀之而作) | **김시습**(金時習)[4]

가을바람이 어찌하여 우수수 부는가/ 흰 이슬은 엉켜서 서리되네// 저 아름다운 난초를 보니/ 가시덤불 곁에 몸을 던졌네// 그윽한 향기 맑고 꽃답고/ 푸른 잎은 빼어나고 기다리네// 저녁 내내 홀로 서성대다가/ 바람 맞아 슬픔 더 하네// 내 참다운 정취 감상하려고/ 의란조에 따라 청아한 곡을 타리라// 아침에 캐어다 내가 차고/ 저녁에 먹어 주린 배 채우리// 나와 금회를 같이 했으니/ 날씨가 추워져도 잊지 말게나.

　　　　秋風何摵摵 白露凝爲霜 眄彼猗猗蘭 委身荊棘傍 幽香淸且芬 綠葉
　　　　秀而長 竟夕獨徘徊 臨風增永傷 我欲賞眞趣 倚操彈淸商 朝采紉余
　　　　佩 夕飡充飢膓 與我同襟期 歲寒毋相忘

석란(石蘭) | 이행(李荇)[5]
난초가 바위 위에 났지만 바위는 흙이 아니라오.
벌써 보통 꽃과 달라 천하에서 혼자가 되었네.

　　　　蘭從石上生 石骨非土肉 旣與凡卉殊 方爲天下獨

춘란(春蘭) | 엄흔(嚴昕)[6]
적막한 산 속 처사의 집에/ 마음을 아는 이는 자란화뿐// 예로부터 빈 골짜기에 가인이 있으니/ 이소(離騷)를 잡고 세월을 아쉬워 말게나.

　　　　寂寞山林處士家 知心惟有紫蘭花 從來空谷佳人在 莫把離騷惜歲華

지란 있는 곳에 향기 풍기네(芝蘭在處芳) | 김성일(金誠一)[7]
내 듣건대 물아(物我)간에 향기로운 덕 품으면 처한 데에 따라 마음이 변치 않는다네.
천연의 참 성품을 부여받은 대로 두니 본래가 참이거늘 어찌 밖에서 온 것이리.
풀 가운데 그 어느 것이 이를 비유할 수 있나 지란의 향기로운 덕 사람 흠앙하게 하네.
하늘이 식물 낸 걸 어찌 미천하다 하리, 잡목들 숲속에서 홀로 향기 빼어나네.
깊숙한 빈 골짝서 곧은 자태 기르나니 여린 잎새 이슬과 단비 젖어 자라나네.
외로운 향기 이미 절로 하늘에서 받았으니 어찌 찾는 이 없어서 홀로 있음 한탄하리.
자라난 곳 그곳에서 곧음을 간직하여 지금에도 오히려 향기 없어지지 않았네.
회수(淮水) 건너면 탱자 되는 귤과 달라[8] 찬 국화와 짝이 되어 가을 서리 깔보누나.
대궐 뜰에 자란다고 더 영광이 아니고 버려지면 깊은 산에서 차라리 초췌하네.

잡초 가득 자란 데서 덕은 더욱 향기롭고 두엄더미 곁에서도 향기 뺏기 어렵네.
향기로운 꽃 어디서나 절로 꽃다워 빼난 빛깔 티끌조차 침노하지 못하네.
난초가 변하여서 띠풀 된다 뉘 말했나, 굴평(屈平)이 이소에서 괜히 잘못 읊었구나.[9]
난초의 성품 보니 이에 이와 같아 내게 돌이켜서 보니 감개가 더욱 깊네.
아름다운 군자가 난초 채초 간직하면 향기롭고 밝은 행실 신령이 흠앙하네.
부들풀이 가을 되면 시드는 게 부끄러워 송백에다 절조 비겨 그윽한 맘 함께하네.
궁하고 영달함에 따라 절조 변치 않고 처지 따라 도 행하며 한결같은 마음이네.
오랑캐 땅에 살더라도 그 어찌 더러우리, 어지러운 속에서도 정성은 쇠를 뚫네.
향기로운 덕 몸에 있어 잠시도 없어지지 않아 백대토록 향기 흘러 빛을 내리비추네.
물아간의 덕이 서로 부합이 되지만 사물을 끌어대어 잠계(箴戒)할 줄 누가 알리.
내 장차 이로부터 그윽한 난초 심어 놓고 줄기와 잎 자라나면 붉은 마음 새기리라.
두견새가 나보다 먼저 울까 두렵나니[4] 배회하는 오늘 생각 짐작하기 어렵네.

吾聞物我抱馨德 不隨所遇渝芳心 天然眞性任所賦 本非有假寧外臨 草中何物何喩此 芝蘭芳德令人欽 天生植物豈云微 獨秀天香荊棘林 幽閑空谷養貞姿 嬾葉俛露滋甘霖 孤芳旣自有天得 獨守寧恨無人尋 任從生地保幽貞 未沫仙香猶至今 不同淮橘渡爲枳 自伴寒菊凌秋陰 葉生玉階不增榮 棄置寧悴窮山岑 菉蕤盈堂德愈芳 糞壤在茲香難沈 芳華隨處自在芳 秀色不帶塵埃侵 誰云蘭薰變爲茅 屈平離騷空謬吟 觀渠物性乃如此 反隅吾人感益深 有美君子佩蘭茝 芳操昭質神所歆 心羞蒲柳望秋零 比操松柏同幽襟 窮通榮悴不渝節 素位行道心一任 雖居九夷不足陋 身在板蕩誠貫金 香德隨身不暫泯 百歲流芳光照臨 物我之德兩相符 援物誰知爲人箴 我將從此種幽芳 冀茂枝葉銘丹忱 只恐鶗鳩先我鳴 徘徊此日思難斟

난초 그림을 준 유생에게 사례함(謝劉生寄畵蘭) | 이산해(李山海)[11]

천금 같은 한 폭을 주니 의연히 계곡 속에 피었네.
다른 사람이 모르는 것은 바람이 스쳐도 향기 나지 않기 때문이지.

一幅千金贈 依依谷裏芳 任他人未識 風過不聞香

난초를 심으며(種蘭) | 이성중(李誠中)[12]

소태(蘇泰充:泰安) 선암 아래서 옮겨와 한성(韓城:韓山) 작은 봄동산에 심었네.
온 세상이 모두 난초 사랑할 줄 알지만 난초 같은 사람을 사랑하는 이는 아무도 없구나.

移從蘇泰仙巖底 種向韓城小院春 擧世盡知蘭可愛 却無人愛似蘭人

가을밤 홀로 흥에 겨워 앉아 있다가 난초를 그리며(秋夜獨坐 因興寫蘭) | 이우(李瑀)[13]

벌레 애절하게 벽에서 울고 달이 뉘엿뉘엿 산으로 숨네.
돌아가고픈 마음 붙일 데 없어 한 떨기 난초 휘둘러 보았지.

切切虫吟壁 依依月隱山 歸心無處着 揮灑一叢蘭

천민의 축에 이상사 호가 비오는 난을 그림(題天敏軸 李上舍士浩畵雨蘭) | 이호민(李好閔)[14]

해가 그윽한 난초를 비추니 갑절이나 빛나는데 빛이 가려지고 비가 길게 뿌리네.
인은 비를 취하여 깊은 뜻 넉넉하니 비가 아니면 어떻게 향기를 빚어 낼까.

日照幽蘭倍有光 光猶可巳雨斯長 詞人取雨饒深意 非雨何由釀得香

난초를 그리며(畵蘭:癸未年 봄月課에서) | 강백년(姜栢年)[15]

누가 천기를 누설하여 자란을 홀리는가, 가꾸지도 않고 붓 끝에 피었네.
바람 앞 눈 속에도 아무 탈 없지만 봄 향기 그리기 어려운 것이 한스럽구려.

誰泄天機幻紫蘭 不勞培埴落毫端 風前雪裏渾無恙 只恨春香畵得難

유란(幽蘭) | 홍양호(洪良浩)[16]

그윽한 난초가 빈 골짜기에 있고 흰 구름은 높은 산에 있네.
난초 향기는 주울 수 있고 구름 그림자는 잡을 수 있네.
저 미인은 유독 보이지 않으니 따라 가고 싶지만 길이 험하구나.

幽蘭在空谷 白雲在高山 蘭有香兮可掇 雲有影兮可攀 彼美一人獨不見 欲往從之道路艱

의란, 벗을 찬미하다(猗蘭 美美友人也) | 정약용(丁若鏞)[17]

쭉쭉 뻗은 난초 줄기 저 산비탈에 자라네/ 아름답다 우리 벗 덕을 지켜 반듯하네/ 어찌 다른 벗이 없으랴만 그대 생각 실로 많다오// 쭉쭉 뻗은 난초 줄기 저 언덕에 자라네/ 지금 세상 보통 사람 지조 너무 빨리 변하구나/ 그대 생각 잊지 못해 이내 가슴 안절부절// 쭉쭉 뻗은 난초 줄기 저 쑥밭에 자라네/ 메마르고 거친 포기 어느 누가 손질할까/ 그대 생각 잊지 못해 이내 가슴 애가 타네. — 의란 3장이니 장이 6구이다.

蘭兮猗兮 生彼中陂 友兮洵美 秉德不頗 豈無他好 念子實多// 蘭兮猗兮 生彼中丘 凡今之人 不其疾渝 念子不忘 中心是猶// 蘭兮猗兮 生彼蓬蒿 萎兮翳兮 誰其薅兮 念子不忘 中心是勞. (猗蘭三章章六句)

題君子文情帖 | 김정희(金正喜)[18]

난을 치는 데는 마땅히 왼쪽으로 치는 한 법식을 먼저 익혀야 한다. 왼쪽으로 치는 것이 난숙해지면 오른쪽으로 치는 것은 따라가게 된다. 이것은 손괘(損卦)의 먼저가 어렵고 나중이 쉽다는 뜻이다. 군자는 손 한 번 드는 사이에도 구차스러워서는 아니 되니, 이 왼쪽으로 긋는 한 획으로써 가히 이끌어 윗것을 덜고 아랫것을 보태는 것을 대의(大義)로 하되, 또한 여러 가지 소식에 통달하면 변화가 끝이 없어서 간 데마다 그렇지 않음이 없을 것이다. 이런 까닭으로 군자가 붓을 대면 움직일 때마다 문득 계율에 들어맞는 것이다. 그렇지 않다면 어째서 군자의 필적(筆跡)을 귀하게 여기겠는가. 이 봉안(鳳眼)이니 상안(象眼)이니 하여 통행하는 규칙은 이것이 아니면 난을 칠 수가 없으니 비록 이것이 작은 법도이긴 하나 지키지 않으면 이룰 수가 없는 것이다. 그러니 이보다 큰 법도가 있겠는가. 이로써 한 줄기의 난잎이나 한 장의 꽃잎이라도 스스로 속이면 얻을 수 없으며 또 그것으로써 남을 속일 수도 없으니, 열 사람의 눈이 보고 열 사람의 손이 가리키니 엄격할 수밖에 없지 않겠는가. 이로써 난초를 치는 데 손을 대는 것은 스스로 속이지 않는 것으로부터 시작하는 것이다.

동국에도 진란이 있다 | 문일평(文一平)[19]

난은 그 화태가 고아할 뿐 아니라 근간과 잎이 청초하고 형향(馨香)이 깊고 멀리 퍼지니 기품이 있고 그 운치 또한 돋보여 화초 중에 뛰어나 예로부터 군자의 덕이 있다고 일컬어 문인 묵객 사이에 크게 사랑받아 왔다. 흔히 세인이 난과 지(芝)를 같은 명칭으로 부르나 지는 선계의 영초(靈草)로 그 실물을 본 사람이 드문 모양이다. 혹은 지에 자색과 백색의 두 종류가 있어 줄기의 길이가 한 자가 넘는다. 바위 위에 자라며 그 형상이 돌과 같으며 사람들이 먹기 위해 가을에 채취한다고 하니 잘 알 수 없는 바이다. 또한 난과 혜(蕙)를 병칭하나 일언가변(一言可辨)할 수 있으나 홍만선(洪萬選)의 《산림경제(山林經濟)》〈양화편(養花篇)〉을 보면 "한 줄기에 한 송이 꽃과 향이 있으면 난이요, 한 줄기에 예닐곱 꽃이 피고 향이 적으면 혜다(一幹一花而香有餘者蘭野, 一幹七花而香不足者蕙也)."라 하였다.

난곡기(蘭谷記) | 최익현(崔益鉉)[20]

나의 일가(一家)인 최성원(崔聖源)은 자가 국현(國賢)인데 호남의 무장(茂長)에서 산다. 힘써 농사를 지었지만 부자라는 이름이 없고, 글을 읽어 과거(科擧)를 보았지만 벼슬이 없으며, 효우(孝友)를 돈독히 하였지만 드러난 이름이 없다. 그러나 고을에서는 그를 칭찬하는 데 아무런 이의가 없는 것은 앞에 말한 세 가지가 없기 때문일 것이다. 나의 집은 한강 북쪽으로 멀리 떨어져 있었지만,[21] 그가 남으로 이사 간 뒤부터 족보(族譜)를 편수하는 일이 있으면 수 백리를 멀다 아니 하고 즐거이 와서 기꺼이 도와주었다. 그의 선대(先代)는 고려조 밀성군(密城君:李琛)이 중조(中祖)이며 임진왜란에 충의(忠義)를 나타낸 이가 4, 5인이 있다. 그는 안으로 충질(忠質)이 쌓이고 겉으로는 겸손이 넘쳐흘러 참으로 세속에서 보기 드문 자인데, 거실을 '난곡(蘭谷)'이라 편액(扁額)하고 나에게 그 기문(記文)을 청하였다.

아, 물아는 하나의 이치이나 사람은 물(物)을 명할 수 있지만 물은 사람을 명할 수 없다. 그러므로 송백(松栢) 같은 절조(節操)와 매죽(梅竹) 같은 청수(淸秀)를 그와 비슷한 성품을 가진 사람이 많이 취하게 되는 것이다. 그러나 인정이란 되풀이하여 일정하지 않은데 반해, 물성(物性)은 자연적으로 일정하다. 그러고 보면 사람으로서야 스스로를 비교하는 것이 일리가 있는 일이지만, 물의 입장에서야 어찌 사람을 신뢰하겠는가. 저 난초가 고요한 골짜기에 있을 적에는 다른 풀들과 별로 다른 것이 없는데, 지극히 작은 물건으로 지극히 두드러진 이름을 얻게 된 것은 그 향기가 멀리 퍼져서 위로는 신명(神明)이 흠향(歆饗)하고 아래로는 악취를 제거할 만하며, 이(理)를 스스로 완전히 갖추어 빌릴 필요가 없기 때문이다. 그러고 보면 그대가 난초의 뜻을 취하게 된 것은 참으로 고상하고 아름다우며 '행동을 돌아보아 길흉을 점쳐서 그 잘못을 고치면 크게 길하다.'[22]는 격이니, 난초와 서로 짝한 본실(本實)에 부끄러움이 없다고 하겠다. 그리고 그대는 말하기를, "우리나라는 진짜 난초가 없고 난초와 흡사한 것이 있다고 한다. 이것은 박물학자(博物學者)의 명언이다. 오늘날 쓸 만한 재목들이 쓸모없는 곳에 버려져 있으니, 진짜라고 한들 누가 믿으며 가짜라 한들 또 누가 구분할 것인가. 나는 진짜와 가짜 속에서 살다가 후세의 기백(岐伯:황제 때 의학에 밝은 신하)을 기다릴 뿐이다." 하였다는데, 나는 그 말을 듣고 위대하게 여겨 그 문답한 말을 위와 같이 기록하는 바이다.

蘭谷記 宗君聖源 字國賢 居湖南之茂長 力田自給而無富名 績文應
擧而無科名 行敦孝友而無顯名 然鄕黨稱之 無異辭者 蓋亦三無之
使然 余家漢北 風馬牛不相及 洎其南遷而有譜牒編廳之役 則君輒
不遠數百里 惠然肯來 樂與幇助 其先 自麗朝密城君爲中祖 壬辰之
役 以忠義著者四五人 其幸也內積忠質 外實退然 眞世俗之所鮮覯
者也 爲其居室之扁以蘭谷也 徵余爲記 噫物我一理 人能命物而物
不能命人 故後凋如松栢 淸秀如梅竹 而人之性相近者多取焉 然人
情反復而無常 物性天然而一定 以人自況 雖則云然 以物自觀 何賴
於人 且夫蘭在空谷 與衆卉無甚別也 而以至微之物 得至著之名者
爲其馨香遠播 上可以享神明 下足以辟臭穢 理自完具 無待假借也
然則子之取義 誠高矣美矣 而視履考祥 能其旋元吉 無愧於與蘭相
配之本實也歟 曰東國 無眞蘭 抑有似蘭者 此乃博物者名言 今以有
用之材 擯於無用之地 謂之眞 人誰肯信 謂之假 又誰辨焉 吾將處
於眞假之間 而待後世之歧伯而已 余聞而韙之 遂記其問答如右

만해(萬海 韓龍雲)를 기리며 | 정인보(鄭寅普)[23]

풍란화(風蘭花) 매운 향내 당신에야 견줄 손가.

이날에 님계시면 별도 아니 빛날런가.
불토(佛土)가 이외 없으니 혼(魂)아 돌아오소서.

난초 | 이병기(李秉岐)[24]

난초1 한 손에 책(冊)을 들고 조오다 선뜻 깨니/ 드는 볕 비껴가고 서늘바람 일어오고/ 난초는 두어 봉오리 바야흐로 벌어라.

난초2 새로 난 난초잎을 바람이 휘젓는다./ 깊이 잠이나 들어 모르면 모르려니와/ 눈 뜨고 꺾이는 양을 차마 어찌 보리아./ 산뜻한 아침 볕이 발 틈에 비쳐들고/ 난초 향기는 물밀 듯 밀어오다/ 잠신들 이 곁에 두고 차마 어찌 뜨리아.

난초3 오늘은 온종일 두고 비는 줄줄 나린다./ 꽃이 지던 난초 다시 한 대 피어나며/ 고적(孤寂)한 나의 마음을 적이 위로하여라./ 나도 저를 못 잊거니 저도 나를 따르는지/ 외로 돌아앉아 책을 앞에 놓아 두고/ 장장(張張)이 넘길 때마다 향을 또한 일어라.

난초4 빼어난 가는 잎새 굳은 듯 보드랍고/ 자줏빛 굵은 대공 하얀 꽃이 벌고/ 이슬은 구슬이 되어 마디마디 달렸다./ 본디 그 마음은 깨끗함을 즐겨 하여/ 정(淨)한 모래 틈에 뿌리를 서려 두고/ 미진(微塵)도 가까이 않고 우로(雨露) 받아 사느니라.

아란조 | 김관식(金冠植)[25]

진실로, 난을 사랑하는 마음을 가진 자는 한 십 리쯤 떨어진 밖에서라도
그 자우룩한 향기를 알아들을 수 있는 어질고 밝은 귀를 가졌을 것이 아니겠는가.
내 잠 안 오는 어떤 새벽에 베개를 고쳐 머리맡에 남루한 이불을 무릅쓰고 돌아누우며 백설(白雪)이 덮인 산등성이에 추위 타 떨고 있을 어린 뿌리의 싹수를 생각하고 뜬눈으로 밝힌다.

각주

1) 변계량(卞季良) : 1369(공민왕 18)~1430(세종 12). 조선시대 초기의 문신. 본관은 밀양(密陽), 자는 거경(巨卿), 호는 춘정(春亭). 1420년(세종 2) 집현전이 설치된 뒤 대제학이 됐고, 1426년에 우군도총제부판사(右軍都摠制府判事)가 됐다. 특히 문장에 뛰어나 거의 20년간 대제학을 맡아 외교문서를 작성했으며, 과거(科擧)의 시관(試官)으로 선비를

뽑는 일에 지극히 공정을 기해 고려 말의 폐단을 개혁했다. 저서로는 《춘정집(春亭集)》 3권 5책이 있다.

2) 삼익(三益) : 공자가 제시한 세 부류의 유익한 벗으로 곧고[直], 미덥고[諒], 견문이 많은[多聞] 사람을 가리킨다.

3) 김종직(金宗直) : 1431(세종 13)~1492(성종 23). 조선 초기의 문신. 본관은 선산. 자는 계온(季昷), 호는 점필재(佔畢齋). 정몽주(鄭夢周)·길재(吉再) 및 아버지 김숙자(金叔滋)로부터 도학(道學)사상을 전수받아 제자들에게 영향을 주었다. 특히 그의 도학을 정통으로 이어받은 김굉필(金宏弼)이 조광조(趙光祖)와 같은 걸출한 인물을 배출시켜 그 학통을 그대로 계승시켰다. 저서로는 《점필재집(佔畢齋集)》, 《청구풍아(靑丘風雅)》, 《당후일기(堂後日記)》 등이 있다.

4) 김시습(金時習) : 1435(세종 17)~1493(성종 24). 조선 초기의 학자이며 문인, 생육신의 한 사람. 본관은 강릉, 자는 열경(悅卿), 호는 매월당(梅月堂)·청한자(淸寒子)·동봉(東峰)·벽산청은(碧山淸隱)·췌세옹(贅世翁), 법호는 설잠(雪岑). 21세 때 수양대군(首陽大君)의 '왕위찬탈' 소식을 듣고, 보던 책들을 모두 모아 불사른 뒤 스스로 머리를 깎고 산사를 떠나 전국 각지를 유랑하다가 충청도 홍산(鴻山) 무량사(無量寺)에서 59세의 나이로 병사했다.

5) 이행(李荇) : 1478(성종 9)~1534(중종 29). 조선 중기의 문신. 본관은 덕수(德水), 자는 택지(擇之), 호는 용재(容齋)·창택어수(滄澤漁水)·청학도인(靑鶴道人). 문장이 뛰어났으며 글씨와 그림에도 능했다. 중종(中宗) 묘정(廟庭)에 배향(配享)됐다. 저서로는 《용재집(容齋集)》이 있다.

6) 엄흔(嚴昕) : 1508(중종 3)~1553(명종 8). 조선 중기의 문신. 본관은 영월(寧越), 자는 계소(啓昭), 호는 십성당(十省堂). 시문(詩文)에 능해 시조 1수가 《가곡원류(歌曲源流)》에 전하며, 유저(遺著)인 《십성당집(十省堂集)》이 있다.

7) 김성일(金誠一) : 1538(중종 33)~1593(선조 26). 조선 중기의 문신. 본관은 의성, 자는 사순(士純), 호는 학봉(鶴峰). 이황(李滉)의 고제(高弟)로서 성리학에 조예가 깊었다. 주리론(主理論)을 계승해 영남학파의 중추 구실을 했다. 저서로는 《해사록(海槎錄)》이 있으며, 1649년(인조 27)에 문집으로 《학봉집(鶴峯集)》이 만들어졌다.

8) 회수(淮水)……달라 : 남쪽에서 자라는 귤나무를 회수 북쪽에 옮겨 심으면 탱자로 변한다고 한다.

9) 난초가……울었구나 : 굴평(屈平)은 굴원(屈原)을 가리킨다. 《이소경(離騷經)》에 '난초와 지초는 변해 향기를 잃었고, 전초와 혜초는 변하여 띠풀이 되었네(蘭芷變而不芳兮 荃蕙化而爲茅).' 하였다.

10) 두견새가……두렵나니 : 풀이 시들어서 꽃이 피지 않을까 두렵다는 뜻이다. 《이소경(離騷經)》에 '두견새가 먼저 울어 풀들로 하여금 꽃피지 못하게 할까 두렵다.' 했다.

11) 이산해(李山海) : 1539(중종 34)~1609(광해군 1). 조선 중기의 문신. 본관은 한산(韓山). 자는 여수(汝受), 호는 아계(鵝溪)·종남수옹(終南睡翁). 신동(神童)으로 불렸으며, 특히 문장에 능해 선조조 문장팔가(文章八家)의 한 사람으로 불렸다. 서화에도 능해 대자(大字)와 산수묵도(山水墨圖)에 뛰어났다.

12) 이성중(李誠中) : 1539(중종 34)~1593(선조 26). 조선 중기의 문신. 본관은 전주(全州), 자는 공저(公著), 호는 파곡(坡谷). 1592년 4월 임진왜란 때 호조판서가 되고 선조의 요동(遼東) 피난을 반대했다. 그후 명나라 원병을 청했고, 이여송군(李如松軍)의 군량조달을 위해 진력하다가 과로로 병사했다.

13) 이우(李瑀) : 1542(중종 37)~1609(광해군 1). 조선 중기의 서화가. 본관은 덕수(德水). 이름은 위(瑋) 또는 후(珝), 자는 계헌(季獻), 호는 옥산(玉山)·죽와(竹窩)·기와(寄窩). 이이(李珥)의 동생이다. 시(詩)·서(書)·화(畵)·금(琴)을 다 잘해 4절(四絶)이라 불렸다. 그림은 초충(草蟲)·사군자·포도 등을 다 잘 그렸는데, 어머니 사임당 신 씨(師任堂申氏)의 화풍(畵風)을 따랐다.

14) 이호민(李好閔) : 1553(명종 8)~1634(인조 12). 조선 중기의 문신. 본관은 연안(延安), 자는 효언(孝彦), 호는 오봉(五峯)·남곽(南郭)·수와(睡窩). 문장에 뛰어나 임진왜란 때 왕명으로 각종 글을 많이 작성했으며, 그가 지은 교서(敎書)의 내용이 간절해서 보는 이의 감동을 자아냈다고 전한다.

15) 강백년(姜栢年) : 1603(선조 36)~1681(숙종 7). 조선 중기의 문신. 본관은 진주. 자는 숙구(叔久), 호는 설봉(雪峯)·한계(閒溪)·청월헌(聽月軒). 관직 재직 중에 청백(淸白)으로 이름이 높았으며 기로소(耆老所)에 들어갔다.

16) 홍양호(洪良浩) : 1724(경종 4)~1802(순조 2). 조선 후기의 문신. 본관은 풍산(豊山). 초명은 양한(良漢). 자는 한사(漢師), 호는 이계(耳溪). 학문과 문장이 뛰어나 아순(雅馴)하고 전측(典則)이 있어서 당시 관각(館閣)의 신료 중에 따를 사람이 없다는 평을 받았다. 《이계집(耳溪集)》 37권 외에 《육서경위(六書經緯)》, 《군서발배(群書發排)》, 《격물해(格物解)》, 《칠정변(七情辨)》, 《해동명장전(海東名將傳)》 등 많은 저술을 남겼다. 또 글씨로는 진체(晉體)와 당체

(唐體)에 뛰어나 많은 작품을 남겼다.

17) 정약용(丁若鏞) : 1762(영조 38)~1836(헌종 2). 조선 후기의 문신·실학자. 본관은 나주(羅州). 소자는 귀농(歸農), 자는 미용(美庸), 호는 사암(俟菴)·탁옹(籜翁)·태수(苔叟)·자하도인(紫霞道人)·철마산인(鐵馬山人)·다산(茶山). 당호는 여유(與猶). 강진에 유배되어 제자를 기르며 저술에 몰두했다. 총 500여 권을 헤아리는 그의 《여유당전서(與猶堂全書)》는 대체로 6경4서·1표2서·시문 잡저 등 3부로 분류할 수 있다.

18) 김정희(金正喜) : 1786(정조 10)~1856(철종 7년). 조선 후기의 문신. 본관은 경주(慶州), 자는 원춘(元春), 호는 완당(阮堂)·추사(秋史). 북학파(北學派)의 한 사람으로, 조선의 실학과 청의 학풍을 융화시켜 경학·금석학·불교학 등의 학문 체계를 수립했다. 서예에도 능해 추사체를 창안했으며, 그림에서는 문인화풍을 강조해 큰 영향을 미쳤다. 저서로는 《금석과안록(金石過眼錄)》, 《완당선생전집(阮堂先生全集)》이 있으며, 작품으로 〈부작난도(不作蘭圖)〉, 〈완당세한도(阮堂歲寒圖)〉 등이 있다.

19) 문일평(文一平) : 1888(고종25) ~ 1936. 1930년대의 대표적인 민족주의 사학자. 본관은 남평(南平), 호는 호암(湖巖). 정치·외교·문화·사적·자연 등 다방면에 걸친 역사 연구를 통해 역사의 대중화와 민중계몽에 기여했다. 저술로는 《사상에 나타난 예술의 성전(聖殿)》, 《사안(史眼)으로 본 조선》, 《조선문화에 대한 일고찰》, 《이조문화사의 별혈(別頁)》 등이 있다.

20) 최익현(崔益鉉) : 1833(순조 33)~1906. 한말의 애국지사. 본관은 경주(慶州), 자는 찬겸(贊謙), 호는 면암(勉菴). 성리학에 기본을 두고 있는 이항로(李恒老)의 학문을 이어받았으나 애국의 실천 도덕과 전통 질서를 수호하는 명분론에 더 큰 관심을 가지고 있었기 때문에 구국애국사상이나 민족주의사상으로 승화, 발전할 수 있었다.

21) 멀리 떨어져 있었지만…… : 바람난 말과 소의 암컷과 수컷이 서로 찾아도 이를 수 없다는 말로, 서로 멀리 떨어져 있어도 만날 수 없음을 뜻한다. 《춘추좌씨전(春秋左氏傳)》 희공(僖公) 4년조에 '그대는 북해(北海)에 있고 과인은 남해(南海)에 있으니, 이는 바람난 말과 소라서 미칠 수가 없는 것과 같네(君處南海 寡人處北海 唯是風馬牛不相及也).' 했다.

22) 행동을 돌아보아……크게 길하다 : 고상(考祥)은 길상(吉祥)과 흉상(凶祥)을 상고하는 것으로, 《주역(周易)》 이괘(履卦) 상구(上九)에, '이행한 것을 보아 길상과 흉상을 고찰한다(視履 考祥)'라고 했다.

23) 정인보(鄭寅普) : 1893~?. 한문학의 대가. 본관은 동래(東萊). 아명은 경시(景施), 휘는 인보(寅普), 자는 경업(經業), 호는 위당(爲堂)·수파(守坡)·담원(薝園). 홍명희·신규식·박은식·신채호·김규식 등과 동제사(同濟社)를 조직해 독립운동을 전개했다. 6·25전쟁 때 납북돼 묘향산 근처에서 죽었다고 전한다. 저서로는 담원국학산고(薝園國學散藁), 담원시조(薝園時調)가 있다.

24) 이병기(李秉岐) : 1891~1968. 시조시인·국문학자. 본관은 연안(延安). 호는 가람(嘉藍 또는 伽藍)·가남(柯南). 일제 강점기에 시조부흥운동에 앞장섰고 시조뿐만 아니라 국문학·서지학 분야에도 많은 업적을 남겼다. 저서로 《국문학전사》, 《표준국문학사》, 《국문학개론》 등이 있다.

25) 김관식(金冠植) : 1934~1970. 시인. 본관은 사천(泗川). 호는 추수(秋水)·우현(又玄). 가난한 자신과 이웃에 대한 연민을 노래했다. 가난과 10여 년 동안의 병마로 인해 36세에 요절했다. 저서로는 《연》, 《귀양가는 길》, 《동양의 산맥》, 《다시 광야에》 등이 있다.

 중국

의란조(猗蘭操)[1] | 공자(孔子)

서늘하게 불어오는 계곡의 바람이 음산하여 비를 뿌리네/ 저 아가씨 시집가니 멀리

들판에 나가 보내네/ 어찌 저 하늘은 살 곳을 얻지 못하게 하는가/ 구주를 두루 다녀도 안정할 곳이 없구나/ 당시 사람이 어둡고 가려서 어진 사람을 알아보지 못하네/ 세월은 흘러가니 이내 몸이 장차 늙어 가네.

> 習習谷風 以陰以雨 之子于歸 遠送于野 何彼蒼天 不得其所 逍遙九州 無所定處 時人闇蔽 不知賢者 年紀逝邁 一身將老

주역(周易), 계사 상전(繫辭上傳)[2] 제8장

"남과 함께 하되 먼저는 울부짖다가 뒤에는 웃는다." 하니, 공자(孔子)께서 말씀하시기를, "군자(君子)의 도(道)가 혹은 나아가고 혹은 들어앉으며 혹은 침묵하고 혹은 말하나, 두 사람이 마음을 함께함에 그 날카로움이 쇠를 자른다. 마음을 함께하는 말은 그 향기로움이 난초와 같다." 하였다.

> 同人 先號而後笑 子曰 君子之道 或出或處 或默或語 二人同心 其利斷金 同心之言 其臭如蘭.

춘추좌씨전(春秋左氏傳) | 좌구명(左丘明)[3]

선공(宣公) 3년, 겨울에 정목공(鄭穆公)이 죽었다. 처음에 정문공(鄭文公)이 천한 첩을 두었는데 '연길(燕姞)'이라 하였다. 문공의 꿈에 천사(天使)가 난(蘭)을 주며 말하기를, "나는 백조(伯儵)이니 나는 너의 조상이다. 난으로써 너의 아들을 삼게 하겠다. 난은 나라에서 가장 향기로운 꽃[國香]으로 사람들이 이처럼 따르고 사랑할 것이다." 하였다. 얼마 뒤에 문공이 연길을 보고 난을 주며 자기를 모시게 하니, 사양하여 말하기를, "첩(妾)은 재주가 없으므로 총애를 받아 아들을 둔다 해도 남들이 장차 믿지 않을 것이니 감히 증거로 이 난을 가지려 합니다." 하였다. 공이 말하기를, "그렇다." 하였다. 목공을 낳았는데 이름을 '난(蘭)'이라 하였다.

> 宣公三年冬 鄭穆公卒 初鄭文公有賤妾 曰燕姞 夢天使與己蘭曰 余爲伯儵 余而祖也 以是爲而子 以蘭有國香 人服媚之如是 旣而 文公見之 與之蘭而御之 辭曰 妾不才 幸而有子 將不信 敢徵蘭乎 公曰 諾 生穆公 名之曰 蘭

공자가어(孔子家語)[4] | 왕숙(王肅)

공자가 말하기를, "내가 죽은 뒤에 상(商:子夏)은 말로 더할 것이지만 사(賜:子貢)는 날로 줄어들 것이다." 하니, 증자(曾子)가 무엇을 말하는지 물었다. 이에 공자가 아래와 같이 대답하였다. "자하는 자기보다 어진 사람과 함께하며 배우기를 좋아하고 자공은 자기보다 못한 사람과 이야기하는 것을 좋아한다. 그 아들을 알지 못하면 그 아비를 보고, 그 사람을 알지 못하면 그 벗을 보며, 그 임금을 알지 못하거든 그가 부리는 사람을 보고, 그 땅을 알지 못하거든 그 풀과 나무를 살펴보아야 한다. 그러므로 말하기를, '착한 사람과 같이 있는 것은 마치 지초와 난초가 있는 방에 들어간 것과 같아 오래 있어도 그 향기를 맡을 수 없지만 그 향기와 함께 몸에 밴다. 그러나 착하지 않은 사람과 같이 있는 것은 마치 생선 가게에 들어선 것과 같아 오래 있어도 비린내를 느낄 수 없지만 그 냄새가 몸에 배는 것과 같다. 단사(丹沙)를 지니고 있는 것은 붉고 옻칠을 지니고 있는 것은 검다. 이런 까닭으로 군자는 반드시 함께 사는 자들을 삼가야 한다.

> 孔子曰 吾死之後 則商也日益 賜也日損 曾子曰 何謂也 子曰 商也 好與賢己者處 賜也好說 不若己者 不知其子 視其父 不知其人 視其友 不知其君 視其所使 不知其地 視其草木 故曰 與善人居 如入芝蘭之室 久而不聞其香 卽與之化矣 與不善人居 如入鮑魚之肆 久而不聞其臭 亦與之化矣 丹之所藏者赤 漆之所藏者黑 是以君子必愼其所與處者焉

지초(芝草)와 난초는 깊은 숲속에서 자라지만 보아주는 사람이 없다고 해서 향기를 피우지 아니하지 않고, 군자는 덕을 닦아 도를 세우는 데 있어서 곤궁하다고 하여 그 절개를 바꾸지 않는다. 하는 것은 사람이고 죽고 사는 것은 천명이다.

> 芝蘭生於深林 不以無人而不芳 君子修德立道 不爲困窮而改節 爲之者人也 死生者命也

이소(離騷) | 굴원(屈原)[5]

…… 강리(江離)와 벽지(辟芷)로 장식하고 추란(秋蘭)을 묶어 허리에 찼네 ……
…… 아침에는 비지(阰之)의 목란(木蘭)을 캐고 저녁에는 모래톱에서 숙망(宿莽)[6]을 채취하네 ……

······ 내가 벌써 구원(九畹)에 난초 심고 또 백묘(百畝)에다 혜초 심었네······
······ 난초와 구리때가 변하여 꽃답지 않고 붓꽃과 혜초가 띠풀7)로 바뀌었네. 어찌 전날에 향기롭던 풀이 지금 잡초가 되었는가······

······ 扈江離與辟芷兮 紉秋蘭以爲佩 ······ 朝搴阰之木蘭兮 夕攬洲之宿莽 ······ 余旣滋蘭之九畹 又樹蕙之百畝 ······ 蘭 芷變而不芳兮 荃蕙化而爲茅 何昔日之芳兮 今直爲此蕭艾也 ···

추란을 읊음(詠秋蘭) | 부현(傅玄)[8]
추란이 옥지에 그늘을 드리우니 연못 물이 맑고 향긋하네/ 연꽃이 바람 따라 피니 가운데 원앙 한 쌍이 놀고 있네/ 고기 두 마리 절로 뛰고 새 두 마리 때로 빙그르 나르네/ 그대, 가을 지나면 첩과 함께 옷을 입을 수 있을까.

秋蘭蔭玉池 池水淸且芳 芙蓉隨風發 中有雙鴛鴦 雙魚自踴躍 兩鳥時迴翔 君其歷九秋 與妾同衣裳

외로운 난(孤蘭) | 이백(李白)[9]
외로운 난초 그윽한 동산에 나서 우거진 풀 속에 함께 묻혔네/ 봄볕이 따스하게 비추지만 높은 가을의 달은 아니라오/ 서리 날려 일찍이 서걱거리니 초록 꽃이 떨어질까 두렵네/ 맑은 바람 불지 않으면 누굴 위해 향기 피우랴.

孤蘭生幽園 衆草共蕪沒 雖照陽春暉 復非高秋月 飛霜早淅瀝 綠艷恐休歇 若無淸風吹 香氣爲誰發

유란조(幽蘭操) | 한유(韓愈)[10]
난이 아름다워 그 향기 날려도/ 캐서 차지 않으니 난에게 무엇을 상심(傷心)하랴/ 지금 하늘이 돌아가는 것이 어찌 그러한가/ 내가 사방을 다니느라 날이 가고 해가 가네/ 눈과 서리 몰아쳐도 냉이와 보리는 무성하구나/ 그대 만일 상심하지 않는다면 나는 너의 지조를 보리라/ 냉이와 보리는 무성하여 냉이와 보리가 남아 있네/ 군자가 상심해도 군자의 도를 지켜 가네.

> 蘭之猗猗揚揚其香 不采而佩 於蘭何傷 今天之旋 其曷爲然 我行四
> 方 以日以年 雪霜貿貿 薺麥之茂 子如不傷 我不爾覯 薺麥之茂 薺
> 麥之有 君子之傷 君子之守

난을 심는 글(植蘭說) | 양기(楊夔)[11]

어떤 사람이 난초와 붓꽃을 심으며 인색하여 빠르게 우거지는 법을 쓰지 않고, 정원 사는 흙이 더러워져야 물을 주었다. 그런데 난초와 붓꽃이 정결(淨潔)하여 여러 꽃들은 새싹이 벌써 빨리 파리해지면 뿌리도 바로 썩는 것과 비슷하지 않았다.

아, 정고(貞固)하도다. 난초와 붓꽃이여. 더디게 피어 그 천연의 조화를 지켜 비록 파리해도 무성하구나. 가령 잡다한 흙으로 그 천연적인 참됨[天眞]을 어지럽히니 비록 비옥하게 해주어도 죽는다. 참된 절개를 지켜 봉록(俸祿)을 가리는 것은 아마 난초와 붓꽃이고, 음란(淫亂)을 즐겨 지위를 훔치는 사람은 아마 잡다한 꽃들일 것이다.

왕망(王莽)의 거짓 작록(爵祿)을 받은 것이 누가 공승(龔勝)[12]이 벼슬하지 않은 것만 같으며, 술(述)의 참람(僭濫)한 봉록을 먹은 것이 누가 관녕(管寧)이 벼슬하지 않은 것 같겠는가? 아, 난초를 키우는 사람은 더러운 것을 위주로 한 뒤에 공승과 관녕이 정대(正大)했음을 볼 수 있을 것이다.

> 或種蘭荃 鄙不遄茂法 圃師及穢以漑 而蘭淨荃潔 非類乎衆卉苗旣
> 驟悴 根亦旋腐 噫貞哉 蘭荃歟 遲發舒守其天和 雖瘠而茂也 假雜
> 壞亂其天眞 雖沃而斃也 守眞介而擇祿者 其蘭荃乎 樂淫亂而偸位
> 者 其雜卉乎 受莽之僞爵者 孰若龔勝之不仕耶 食述之僭祿者 孰若
> 管寧之不位耶 嗚呼 業圃者 以穢爲主而後 見龔管之正

양차공이 춘란을 두고 지은 시에 차운함(題楊次公春蘭) | 소식(蘇軾)[13]

춘란은 미인과 같아서 꺾지 않으면 스스로 바치는 걸 부끄러워한다네.
때때로 바람결에 이슬 머금은 향내 풍기지만 쑥 덤불 깊어서 보이지 않구나.
단청으로 참된 빛을 그리고 〈이소〉로 보충하여 전하려네.
영균(靈均:굴원)을 마주하는 듯, 관(冠)에 차고 감히 잔치하지 못하네.

春蘭如美人 不採羞自獻 時聞風露香 蓬艾深不見 丹青寫眞色 欲補
離騷傳 對之如靈均 冠佩不敢燕

수수기(修水記) | 황정견(黃庭堅)[14]

난초는 군자(君子)와 비슷하고 혜초는 사대부(士大夫)와 비슷하다. 대개 산림(山林)에는 혜초가 열 포기이면 난초는 한 포기가 있다. 〈이소〉에 이르기를, "내가 벌써 구원(九畹)에 난초 심고 또 백묘(百畝)에다 혜초 심었네." 했으니, 초(楚)나라 사람들이 혜초를 천하게 여기고 난초를 귀하게 여겼음을 알 수 있다.

난초와 혜초는 떨기로 자라는데 모래나 바위에 심으면 우거지고 끓인 차를 뿌려주면 꽃다우니, 이 점에서는 같다. 줄기 하나에 꽃이 한 송이 피어 향기가 남음이 있는 것은 난초이고, 한 줄기에 다섯에서 일곱 송이 꽃이 피어 한 향기가 부족한 것은 혜초이다.

내가 보안(保安)의 승사(僧舍 : 사찰)에 살면서 동서로 창문을 열어 서편에는 혜초를 기르고 동편에는 난초를 길렀더니, 이를 보는 사람들이 반드시 그 까닭을 물었다. 그러므로 이 설을 짓는다.

蘭似君子 蕙似士大夫 大槪山林十蕙而一蘭也 離騷曰 旣滋蘭之九
畹 又植蕙之百畝則知楚人賤蕙而貴蘭矣 蘭蕙叢生 蒔以沙石則茂
沃之以湯茗則芳 是所同也 至其一幹一花而香有餘者 蘭也 一幹五
七花而香不足者 蕙也 余居保安僧舍 開牖於東西 西養蕙而東養蘭
觀者 必問其故 故著其說

유춘정(留春亭) | 양걸(楊傑)[15]

봄을 머물러 두려면 다만 꽃을 머무르게 해야 하니/ 꽃이 늙으면 봄바람도 따라가 버리네/ 누가 지란처럼 쉬지 않고 향기를 뿜어내어/ 정자 아래가 길이 2, 3월과 같게 하랴.

古今春過知多少 人不留春頭白早 君欲留春心可知 爲君更賦留春詩
留春莫只留花住 花老春風亦隨去 孰若芝蘭香不歇 亭下長如二三月

추란이 벌써 시들어 그 뿌리를 학고재로 가지고 오며(秋蘭已悴 以其根歸學古) | 주희(朱熹)[16]

가을이 되어 온갖 풀이 마르니 적막하게 찬 이슬이 불어나네/ 난고는 한결같이 초췌하여 거칠어져 손 쓸 수가 없네/ 단정히 살며 홀로 살 걸 생각하니 시름을 떨치지 못하네/ 외로운 뿌리는 해가 저물도록 기약하길 당부하노라.

秋至百草晦 寂寞寒露滋 蘭皐一以悴 蕪穢不能治 端居念離索 無以遺所思 願言託孤根 歲晏以爲期

난초 그림에 적음(題畵蘭) | 정사(鄭思肖)[17]

전에 머리 숙여 복희 황제 묻더니 너는 누구이기에 이 고을에 왔느냐.
그리기 전에 콧구멍 열려 하늘 가득 예전 향기 가만히 풍겨 오네.

向來俯首問羲皇 汝是何人到此鄕 未有畵前開鼻孔 滿天浮動古馨香

난초와 가시가 함께 꽃을 피운 그림에 적음(題蘭棘同芳圖) | 이기(李祁)[18]

유란이 벌써 떨기로 우거졌는데 가시를 그대로 제거하지 않았네.
본디 마음이 절로 꽃답고 조촐하니 즐거운 마음으로 함께 두어라.

幽蘭旣叢茂 荊棘仍不除 素心自芳潔 怡然與之俱

난초를 읊음(詠蘭) | 여유정(餘有丁)[18]

손수 난초 몇 포기 심었더니 며칠 동안 날이 따뜻하고 바람이 순하게 부네.
오래 앉아 있어도 방이 향기로운 줄 몰랐더니 창을 여니 때로 나비가 날아드네.

手培蘭蕊兩三栽 日暖風和次第天 坐久不知香在室 推窓時有蝶飛來

분란이 혜초에 기대어 있는 그림에 적음(題盆蘭依蕙圖) | 정섭(鄭燮)[19]

봄 난초 다하기 전에 여름 난초 피는데 세상만사 사람을 재촉하여 어리석지 말라 하네. 꽃피고 지는 것은 화분 속 일이니 몇 번이나 뽑아내고 또 몇 번을 심는가.

春蘭未了夏蘭開 萬事催人莫要呆 閱盡榮枯是盆盎 幾回拔去幾回栽

각주

1) 〈의란조(猗蘭操)〉: 유란조(幽蘭操) 혹은 금조(琴操)라 하여 공자가 지었다고 한다. 공자가 제후를 방문했으나 자신을 기용해 주지 않자 위나라에서 노나라로 넘어오다가 어느 외진 골짜기에서 향기로운 난이 홀로 무성한 것을 보고 탄식하여 말하기를, "난은 왕자의 향기[王者香]를 지녔건만 지금 홀로 무성하여 다른 잡초 속에 묻혀 있느냐?" 하고 수레를 멈추고 거문고를 탔다는 데서 유래했다. 이는 스스로 때를 만나지 못한 것을 슬퍼하고 난에 가탁(假託)한 것이다.

2) 《주역(周易)》〈계사상전(繫辭上傳)〉: 이는 동인괘(同人卦) 구오효(九五爻)의 뜻을 해석한 것이다. 주자(朱子)는 본의(本義)에서 "군자(君子)의 도(道)가 처음에는 같지 않은 듯하나 뒤에는 실로 간격이 없음을 말한 것이다. '금(金)을 절단함'과 '난초와 같다'는 것은 다른 물건이 능히 끼어들지 못하여 그 말에 맛이 있음을 말한 것이다." 라고 풀이하였다.

3) 좌구명(左丘明): 공자가 BC 722~BC 481년의 역사를 다룬 《춘추(春秋)》를 편찬한 것으로 알려져 있으나, 이견도 있으며 시기도 확실하지 않고 그 시대의 사적 등에 대해서도 알려져 있지 않다. 경문(經文)에서 독립된 역사적인 배경과 교묘한 문장 및 정확한 인물 묘사 등이 뛰어나 고문(古文)의 모범이 된다. 사학(史學)에 있어서 중국 편년체 역사의 모범이 된다.

4) 《공자가어(孔子家語)》: 공자의 언행(言行) 및 공자가 문인(門人)과의 논의(論議)를 수록한 책. 현재 전하는 것은 위(魏)나라의 왕숙(王肅)이 공안국(孔安國)의 이름을 빌려 《좌전(左傳)》, 《국어(國語)》, 《대대례(大戴禮)》, 《사기(史記)》 등에서 공자에 관한 기록을 모아 편찬한 위서(僞書)인데, 공자와 관련된 유문(遺文)과 일화(逸話)가 전해 온다.

5) 굴원(屈原): BC. 343(?)~BC. 277(?). 중국 전국 시대의 정치가·시인. 자는 원(原), 이름은 평(平). 학식이 뛰어나 초(楚)나라 회왕(懷王) 때에 벼슬에 나갔으나, 정적(政敵)들의 모략으로 뜻을 이루지 못하고 유배당하여 비분강개하다가 물에 빠져 죽었다. 이러한 마음을 글로 적은 그의 독창적인 시는 초기 중국 시단에 많은 영향을 주었다. 그가 지은 사부(辭賦)를 모은 〈이소(離騷)〉가 전한다.

6) 강리(江離)·벽지(辟芷)·추란(秋蘭)·목란(木蘭)·숙망(宿莽): 모두 향초(香草)의 이름인데, 산지(産地)나 물성(物性)에 나름의 특징이 있다. 여기에서는 모두 굴원의 변함없는 지조를 상징한다.

7) 난초와 구리때, 붓꽃과 혜초는 모두 향초의 이름이니, 충절을 지키는 군자를 뜻하고, 띠풀은 소인을 비유한다.

8) 부현(傅玄): 217~278. 진(晉)나라 초기의 문인. 자는 휴혁(休奕), 위(魏)나라에 벼슬하여 순고남(鶉觚男)에 봉해진 뒤에 여러 관직을 역임했고, 《위서(魏書)》 편찬에도 참여했다. 특히 악부시체(樂府詩體)에 뛰어났다. 현재 시 60여 수가 전한다.

9) 이백(李白): 701~762. 중국 성당(盛唐)의 시인. 자는 태백(太白), 호는 청련거사(靑蓮居士). 두보(杜甫)와 함께 '이두(李杜)'로 병칭된다. 중국 최대의 시인으로 '시선(詩仙)'이라 불리며, 1,100여 편의 작품이 《이태백전집(李太白全集)》 등에 전한다. 남성적이고 용감한 것을 좋아한 그는 25세 때 촉(蜀)나라를 떠나 양자강(揚子江)을 따라서 강남(江南)·산동(山東)·산서(山西) 등지를 유랑하며 일생을 보냈다. 그는 인간을 초월하고 인간의 자유를 취했으나 부패와 혼탁한 당시의 현실에 살면서 마음속에 항상 '만고(萬古)의 우수'를 품고 있었다.

10) 한유(韓愈): 768~824. 중국 당(唐)나라의 문학자·사상가. 자는 퇴지(退之), 시호는 문공(文公). 유종원(柳宗元) 등과 함께 자유로운 형식의 고문(古文)을 창도(唱導)했다. 유가(儒家)의 사상을 존중하고 도교·불교를 배척했으며, 송대 이후의 도학(道學)의 선구자가 됐다. 그의 많은 작품은 《창려선생집(昌黎先生集)》 등의 문집에 수록됐다.

11) 양기(楊夔): 당(唐)나라 말기의 시인.

12) 공승(龔勝): 공승은 원래 한(漢)나라 사람인데, 어려서 학문을 좋아하고 경(經)에 밝아 애제(哀帝) 때 광록대부(光祿大夫)까지 됐다. 그 후 왕망(王莽)이 찬위(簒位)하고 강학좨주(講學祭酒)·태자사우(太子師友) 등의 벼슬로 승을 불렀으나 병을 이유로 응하지 않았다. 왕망이 더욱 융숭한 예를 다해 거듭 부르자 그는 자기의 두 아들과 문인 고휘(高暉) 등을 불러 간략하게 치상(治喪) 준비를 하도록 명하고는 그 길로 다시는 입을 열지 않고 물 한 모금 마시지 않은 채 14일 만에 79

세의 나이로 죽었다.
13) 소식(蘇軾, 1036~1101) : 중국 송(宋)나라 문인. 자는 자첨(子瞻), 호는 동파(東坡). 그의 아버지 순(洵), 동생 철(轍)과 더불어 삼소(三蘇)라고 불렸다. 당송 팔대가(唐宋八大家)의 한 사람으로 글씨와 그림에도 능했다.
14) 황정견(黃庭堅) : 1045~1105. 자는 노직(魯直), 호는 부옹(翁) 또는 산곡(山谷). 소식의 제자로 시문과 서예의 대가다. 저서를 모은 《산곡집(山谷集)》이 있다.
15) 양걸(楊傑) : 송(宋)나라의 문인, 정치가로 자는 차공(次公). 철종 때 예부 원외랑(禮部員外郞)을 지냈다. 고려(高麗)의 승려 의천(義天)과 함께 송나라 삼오(三吳) 지방에서 노닐던 적도 있다. 자호(自號)를 무위자(無爲子)라 했으며, 저서로 《무위집(無爲集)》, 《악기(樂記)》가 있다.
16) 주희(朱熹) : 1130~1200. 중국 남송(南宋) 때의 유학자(儒學者). 당시 유행하던 송학(宋學), 즉 성리학(性理)을 집대성해 중국 사상계에 가장 큰 영향을 미쳤다. 자는 원회(元晦)·중회(仲晦), 호는 회암(晦庵)·회옹(晦翁)·운곡노인(雲谷老人)·둔옹(遯翁). 존칭해 '주자(朱子)'라고 한다. 인간 내부의 원칙인 양지(良知)와 양능(良能)을 중시하는 육구연(陸九淵, 1139~1193)의 유심적(唯心的) 해석과는 대조적으로 주희와 그 추종자들은 윤리를 실천하고 오경(五經)을 연구하는 '격물(格物)'을 중시했다. 저서로는 《사서장구집주(四書章句集注)》, 《주역본의(周易本義)》 등과 문인이 편찬한 《주문공문집(朱文公文集)》과 《주자어류(朱子語類)》 등이 있다.
17) 정사초(鄭思肖) : 1241~1318. 원(元)나라의 시인이자 화가. 자는 억옹(憶翁), 호는 소남(所南), 삼야외인(三野外人)이라 자칭하고 일시거사(一是居士)라 자호했다. 그는 묵란(墨蘭)에 뛰어났는데 당시 현령이 억지로 구하면 "머리는 얻을 수 있지만 난초는 얻을 수 없다." 했다. 그는 나라를 빼앗긴 심경을 뿌리가 드러난 난초로 많이 표현한 것으로 유명하다.
18) 여유정(餘有丁) : 자는 병중(丙仲), 호는 동록(同麓). 벼슬에 나아가 정직하고 청렴해 황제를 위해 조서(詔書)를 초했다. 정사를 광명정대하게 처리하고 사람을 관후(寬厚)하게 대해 동료들이 시기하지 않아 조정이 일신(一新)됐다. 만년에는 동전호(東錢湖) 월파산(月波山)에 물러나 독서루(讀書樓)를 세우고 글을 읽으며 주위의 아름다운 경치를 읊었다.
19) 정섭(鄭燮) : 1693~1765. 청대의 화가. 자는 극유(克柔), 호는 판교(板橋). 1736년 진사시에 합격한 후 산동성 범현과 유현 현령(縣令)을 역임하며 청렴한 관리로서 모범을 보였다. 그 후 상관의 눈 밖에 나서 관직을 잃고 낙향해 청빈하게 살면서 난초와 대나무, 돌을 그리며 일생을 보냈다. 당시 양주(揚州) 지방에서 활약한 양주팔괴(揚州八怪) 가운데 한 사람으로 대나무 그림에 뛰어났다.

 일본

따스한 봄기운이 온 세상에 넘치고/ 훈풍이 바닷가에 불어대고 있네/ 화창한 봄날을 새는 반기고 있고/ 향기로운 난을 고아(高雅)한 군자들이 꺾고 있네/ 조화로운 정치는 예로부터의 일/ 시를 짓고 술을 즐기는 연회는 한결 새롭구나/ 세상을 등졌던 나도 잠시 유거(幽居)를 떠나/ 불민한 신하의 몸으로 어전(御殿)의 연회석에 삼가 배석하네.

淑氣光天下 薰風扇海浜 春日歡春鳥 蘭生折蘭人 鹽梅道尙故 文酒事猶新 隱逸去幽藪 沒賢陪紫宸.

- 후지와라 후히토(藤原史), 《가이후소》 30번

신춘의 빛은 어소(御所)의 뜰 위를 감돌고/ 일색(日色)은 상춘(上春)의 경물 위에 내리비치네/ 선인(仙人)의 거처에 매화가 이미 만개하였고/ 어소의 뜰에는 복사꽃이 새로이 피려 하네/ 수양버들의 실가지는 연회의 가곡(歌曲)과 어우러져 하늘거리고/ 난의 향기는 무희의 두건에 스며드네/ 오늘 원일(元日)의 가절을 맞이하여/ 다함께 기뻐하네, 천자님의 성덕을.

年光泛仙藥 日色照上春 玄圃梅已放 紫庭桃欲新 柳絲入歌曲 蘭香染舞巾 於焉三元節 共悅望雲仁

- 나가야노 오키미(長屋王), 《가이후소》 67번

난의 향기네/ 나비의 나래 위에/ 향내 쐬는 듯

蘭の香や 蝶の翅に たき物す

- 마츠오 바쇼(松尾芭蕉)

문 안에 드니/ 소철에서 난 향기/ 나는 듯하네

門に入れば 蘇鐵に蘭の にほひ哉

- 마츠오 바쇼(松尾芭蕉)

밤의 난초는/ 향기에 가려선지/ 꽃이 하얗네

夜の蘭 香にかくれてや 花白し

- 부손(蕪村)

난초와 관련된 한·중·일 지명

한국

경기도   난곡(양주시 백석읍 연곡리)/난동蘭洞(안성시 양성면 난실리)/ 난두蘭頭(화성시 향남면 도이리)/난점蘭店(고양시 덕양구 대덕동)/난촌蘭村(안성시 공도읍 승두리)

경상남도   난동蘭洞(의령군 부림면 손오리)/난천蘭川(하동군 청암면 평촌리)/난평蘭坪(함양군 함양읍 난평리)

경상북도   난지蘭芝(문경시 호계면 지천리)

서울특별시   난곡(관악구 신림 제13동)

울산광역시   난곡(중구 다운동)

인천광역시   난고리蘭皐里(강화군 교동면 난정리)/난자곡蘭子谷(강화군 길상면 온수리)

전라남도   난대(영암군 삼호면 난전리)/난대蘭大(전라남도 해남군 문내면 난대

리)/난동蘭洞(구례군 광의면 온당리)/난말리蘭末里(신안군 도초면 고란리)/난화(여수시 율촌면 가장리)

전라북도 난전蘭田(무주군 적상면 방이리)/난포蘭浦(익산시 용안면 난포리)/난호蘭湖(고창군 심원면 만돌리)

충청남도 난곡(서천군 판교면 마대리)/난곡蘭谷(서천군 문산면 지원리)/난대동蘭大洞(공주시 우성면 동대리)/난정蘭亭(홍성군 결성면 성호리)

중국

福建省 連江縣 蘭水/福州市 閩侯縣 蘭圃/**浙江省** 杭州市 袁浦鎭 蘭溪口村/蘭溪市/蘭陰山/蘭江鎭/臨海市 蘭道/龍泉市 蘭巨鄕/台州市 蘭橋/**廣東省** 廣州市 蘭圃/吳川市 蘭石鎭/梅州市 蘭亭/**廣西自治區** 融安縣 蘭洞/欽州市 浦化縣 蘭門/東蘭縣/蘭陽鄕/南寧市 武鳴縣 蘭謝/**四川省** 平昌縣 蘭草渡/蘭草鄕/得榮縣 蘭九/札蘭通/**黑龍江省** 五常市 蘭彩橋村/寧安市 蘭崗鄕/寶淸縣 蘭花村/鷄西市 滴道區 蘭嶺鄕/**吉林省** 梨樹縣 蘭家堡子/長春市 楡樹市 蘭旗溝/松原市 蘭字井/蘭字鄕/**遼寧省** 大連市 蘭店鄕/普蘭店市/遼陽市 蘭家鎭/撫順市 蘭山/**山東省** 棗庄市 蘭城店鄕/靑島市 蘭底鎭/龍口市 蘭高鎭/冠縣 蘭沃鄕/平度市 蘭河/**貴州省** 安順市 蘭翠/榕江縣 蘭花嶺/**安徽省** 蕪湖市 南陵縣 蘭衝/石台縣 蘭關鄕/蚌埠市 懷遠縣 蘭橋鄕/**江西省** 德興市 蘭村/贏縣 蘭芬/瑞金市 蘭田/**山西省** 忻州市 蘭村鄕/**甘肅省** 蘭州市/蘭州 七里河 蘭土坪/敦煌市 蘭廳/蘭州市 城關區 蘭園/**陝西省** 寶鷄市 隴縣 蘭家堡/**河南省** 開封市 蘭考縣/正陽縣 蘭靑店

일본

岡山　菊山(きくやま)北海道　蘭法華(らんぼっけ)/蘭島(らんしま)/蘭留(らんる)/蘭泊(らんどまり)/蘭越(らんこし)
岩手　蘭梅町(らんばいちょう)
青森　蘭庭院(らんていいん))

찾아보기

《가곡원류(歌曲源流)》 79
《가이후소(懷風藻)》 287, 288
가츠시카 호쿠사이(葛飾北斎) 71
각낭 156, 157
《간세이 주슈쇼카부(寬政重修諸家譜)》 208
간코란(岩高蘭) 260
《갈석조유란(碣石調幽蘭)》 24, 25
강백년(姜栢年) 273, 278
《강설원고방선주(絳雪園古方選註)》 205
강익(介庵 姜翼) 81
강홍립(姜弘立) 267
강희안(姜希顔) 39, 44, 165, 166
개란 251
《개암집(介庵集)》 81
건란 253, 254
건란(建蘭) 41
〈건란(建蘭)〉 7
게혜사(揭傒斯) 87
《겐지모노가타리》 40, 70, 151
겟포 상인(月峰上人) 132
〈계사전(繋辭傳)〉 84
경사화(更紗花) 256
경양왕(頃襄王) 173
〈경조오부도(京兆五部圖)〉 265
《고금도서집성》 192
고금륜란(古今輪蘭) 253
《고도란노엔(香道蘭之園)》 70
고란초(皐蘭草) 39
《고려도경(高麗圖經)》 218
《고려사》 106
고양세계꽃박람회 240
《고지엔(廣辭苑)》 151
《고킨슈(古今集)》 97
〈고토바가키(詞書)〉 97
〈고향난〉 225
곤파루 젠치쿠(金春禪竹) 103
공곡선자(空谷仙子) 43

공자 9, 10, 11, 12, 13, 14, 15, 16, 17, 18, 30, 49, 59, 78, 85, 169, 170, 236, 279
《공자가어(孔子家語)》 16, 62, 63, 169, 280, 286
〈공자성적도(孔子聖跡圖)〉 171
곽희(郭熙) 19
관도승(管道昇) 83
관부인(管夫人) 83
광릉요강꽃 259
광엽혜란 257
〈괴석형란도(怪石荊蘭圖)〉
교쿠엔 봄포(玉 梵芳) 131
《구가(九歌)》 18
구란(九蘭) 40
구마가이 나오자네(熊谷直實) 100, 151
구명(丘明) 24
〈구산조(龜山操)〉 15
구영(仇英) 120
구원춘융지도(九畹春融之圖) 166
구종석(寇宗奭) 203
구천(勾踐) 30, 171, 244
국향(國香) 26, 41
〈군밤타령〉 215, 216
《군방보(群芳譜)》 192
군자란(君子蘭) 39, 40, 262, 263
군자지화(君子之花) 43
굴원 17, 18, 19, 30, 49, 60, 84, 85, 119, 133, 172, 173, 197, 281, 286
〈굴원(屈原)〉 71
〈궁중류(宮中柳)〉 51
권돈인(權敦仁) 117
권엽(卷葉) 190
권필(權韠) 51
그라네(M. Granet) 168
금난초 240, 262, 263
금란(金蘭) 43
《금장난보(金漳蘭譜)》 207, 255
금란계(金蘭契) 95, 182, 183

금란굴(金蘭窟) 180
금란리(金蘭里) 180
《금란백년사(金蘭百年史)》 183
금란보(金蘭譜) 187, 188
금란부(金蘭簿) 188
금란산(金蘭山) 180
금란정(金蘭亭) 182
금란지교(金蘭之交) 43, 178
금란치(金蘭峙) 180
금란현(金蘭縣) 180
금변달마(金邊達摩) 234
금새우란 231, 240, 258
《금옥총부(金玉叢部)》 81
금장대(金丈臺) 181
《금조(琴操)》 12
기구치 겐조(菊池謙讓) 117
〈기명절지도(器皿折枝圖)〉 172
기화(奇花) 232
김관식(金冠植) 277, 279
김굉필(金宏弼) 50
김극기(金克己) 76
김농(金農) 85
김병종 224
김성일(金誠一) 271, 278
김수장(金壽長) 52
김시습(金時習) 270, 278
김응원(金應元) 108, 112, 113
김일손(金馹孫) 183
김정호(金正浩) 265
김정희(金正喜) 20, 56, 57, 110, 117, 127, 128, 274, 279
김종직(金宗直) 50, 51, 270, 278
김춘수 226
〈꽃타령〉 216
꿩밥 251
나고란(名護蘭) 260
나도제비란 262, 263
나도풍란 240, 258
나미키 소스케(並木宗輔) 102, 103
나베시마 나오시게(鍋島直茂) 144
나비난초 262, 263
나빙(羅聘) 57, 125, 126
나전칠기삼형제필통 159
나전칠기연상 159, 160

나청(羅淸) 204
나카가미 겐지(中上健次) 67
나함(羅含) 162, 173, 174
〈난(蘭)〉 80, 84
〈난〉 66, 226
〈蘭〉 222
난객(蘭客) 43
난계(蘭契) 21, 43, 183
난계(蘭階) 219
난계도륭(蘭溪道隆) 48
난고(蘭膏) 91, 92
난곡(蘭谷) 267
〈난곡 4장(蘭谷四章)〉 52
난교(蘭交) 43
난궁(蘭宮) 43, 218
〈난도(蘭圖)〉 36, 77, 131
《난맹첩(蘭盟帖)》 128
난방(蘭房) 43
〈난석(蘭石)〉 127
〈난석도(蘭石圖)〉 92, 121, 131
〈난석도축〉 123, 124
난손(蘭孫) 49, 83
난수국방(蘭秀菊芳) 96
난신(蘭訊) 83
난실(蘭室) 43
난심혜성 88
난언(蘭言) 43, 83
난연(蘭烟) 91
난옥(蘭玉) 219
난우(蘭友) 42
난장(蘭章) 43
난저 산(蘭渚山) 172, 244
난전(蘭殿) 43
난전(蘭錢) 219
난정(蘭亭) 84, 175
난정순장(蘭亭殉葬) 188
〈난정 즉사(蘭亭卽事)〉 245
〈난정집서(蘭亭集序)〉 84
《난정첩(蘭亭帖)》 188
난조(蘭藻) 218
〈난죽도(蘭竹圖)〉 86, 130, 132
〈난죽도축(蘭竹石圖)〉 122
〈난죽방향도(蘭竹芳香圖)〉 91
〈난죽석도(蘭竹石圖)〉 204

〈난죽석도축〉 123
〈난죽책(蘭竹册)〉 122
난지도 266
난지천공원 265
난지한강공원 265
난질(蘭質) 218
난초(蘭草) 37, 38, 41, 97
〈난초〉 54, 222, 224
〈난초지초〉 217
〈난초타령〉 212, 213
난초탕(蘭草湯) 180
난최옥절(蘭摧玉折) 219
〈난초향기〉 223
난택(蘭澤) 218
〈난화(蘭花)〉 52
〈난화도(蘭花圖)〉 85, 122
〈난화도축〉 120
난형(蘭兄) 43
난혜(蘭蕙) 165
난화(蘭花) 37, 38, 41, 97
난훈규복(蘭薰桂馥) 219
남영(藍瑛) 123
〈남중협란도(籃中挾蘭圖)〉 131
난초 증후군 264
남효온(南孝溫) 49, 50
납란성덕(納蘭成德) 187
노근란(露根蘭) 112, 164
노을공원 265
노지이(盧止頤) 203
〈녹단난정연(綠端蘭亭硯)〉 175
녹색주식(綠色股票) 233
〈논시절구(論詩絶句)〉 55
《논어(論語)》 12, 16, 62
〈농가월령가〉 6
누녀(嫘女) 43
다노무라 지쿠덴(田能村竹田) 131
다노무라 쵸쿠뉴(田能村直入) 133
다니가와 코토수가(谷川士淸) 200
다히라노 아츠모리(平敦盛) 100
〈단오〉 211
닭의난초 264
당신미(唐愼微) 44
대굉정(戴宏正) 188
대만 보세란 256, 258

대만 춘란 252, 253
대명란 256, 258
대숙륜(戴叔倫) 85
〈대재례(大載禮)〉 168
대택란(大澤蘭) 40, 91, 203
《대화본초(大和本草)》 201
대한민국 난 전시회(Korea Orchid Festival) 238
대한민국 난명품 대제전 237
덴드로비디움 43
덴포(天保) 개혁 71
뎃슈 도쿠사이(鐵舟德濟) 130
도가시마 요란센터 247
도금가란잠(鍍金加蘭簪) 155, 156
〈도기철화청화완(陶器鐵畫靑畫碗)〉 144, 146
《도난설(盜蘭說)》 26
도량향(都梁香) 26, 40, 203, 218
도량향초(都梁香草) 191
〈도산십이곡(陶山十二曲)〉 21, 49
《도산육곡지일(陶山六曲之一)》 79
도화(桃花) 256
《도회종이(圖繪宗彝)》 144
〈동그랑땡〉 215
《동국세시기》 10, 168
《동문선(東文選)》 76
《동아(東雅)》 189
동양란 41, 151, 190, 227, 229, 215
두난향(杜蘭香) 94
〈두난향전(杜蘭香傳)〉 94
〈띵까띵까 예예예〉 215
〈란노스이코(蘭の崇高)〉 67
란시 난화촌 24
란쟈타이(蘭奢待) 29, 69
러스킨(Ruskin) 196
로랜드 힐(Rowland Hill) 261
루쉰(魯迅) 176, 177
마란(馬蘭) 41
마상란(馬湘蘭) 90
마수진(馬守眞) 90, 122
마야고(摩耶姑) 48, 179
마츠무라 겐조(松村謙三) 177, 178
마츠무라 마사나오(松村正直) 178
마츠오 바쇼(松尾芭蕉) 8, 68, 288
《만요슈》 68, 73, 97, 201
《매천야록(梅泉野錄)》 117

맥문동(麥門冬) 40, 44
〈매화타령〉 212, 213
메이지 천황(明治天皇) 69
명월패(明月牌) 155, 157
〈모시(毛詩)〉 167
〈목란시(木蘭詩)〉 93
〈목란화(木蘭花)〉 94
《몽구(蒙求)》 182
무근란(無根蘭) 122
〈묵란(墨蘭)〉 13, 116
〈묵란도(墨蘭圖)〉 41, 60, 78, 80, 90, 106, 107, 112, 113, 119, 120, 122, 163, 184
〈묵란도축〉 120
〈묵란전겸익서유란부권(墨蘭錢謙益書幽蘭賦卷)〉 123
〈묵죽난도(墨竹蘭圖)〉 199
문섬(門島) 266
〈문원전(文苑傳)〉 173
문위우표(文位郵票) 261, 263
문일평(文一平) 167, 275, 279
문주란(文珠蘭) 39
문징명(文徵明) 87
미니 심비듐(Mini Cymbidium) 38
미세(媚世) 43
〈미인도(美人圖)〉 22
민영익(閔泳翊) 21, 41, 108, 111, 112, 113
바이란호아(白蘭花) 187
박공달(朴公達) 164
박목월 222
《박산향로부(博山香爐賦)》 91
박수량(朴遂良) 164
박제가 57
반고(班固) 15
반립(半立) 190
〈밤에 핀 난초꽃〉 225
〈방명초녹다난정연(仿明初綠端蘭亭硯)〉 176
방우(芳友) 26, 43
방회(方回) 26
백옥란(白玉蘭) 40
〈백자청화국죽문문각병(白磁青畫菊竹文角瓶)〉 136
〈백자청화난초문각병(白磁青畫蘭草文角瓶)〉 136
〈백자청화난초문표형병(白磁青畫蘭草文瓢形瓶)〉 138
〈백자청화난초문필통(白磁青畫蘭草文筆筒)〉 137
백초장(百草長) 43
《백호통(白虎通)》 15
변계량(卞季良) 184, 270, 277
《보경속회계지(宝慶續會稽志)》 172
보세란(報歲蘭) 42, 72, 190
《보제방(普濟方)》 205
보춘화 264
복륜(覆輪) 190
복주머니꽃 258, 259
《본초강목(本草綱目)》 40, 45, 97, 191, 198, 200, 202, 205, 206, 219
《본초경》 198
《본초승아반게(本草乘雅半偈)》 203
부손(蕪村) 98, 99, 288
〈부작난도(不作蘭圖)〉 109, 110, 111, 117, 127
부재(傅縡) 91
부현(傅玄) 282, 286
〈분란호석도〉 131
〈분채난석문관이병(粉彩蘭石文管耳瓶)〉 141
〈분채백자화훼문병(粉彩花卉文瓶)〉 141, 142
〈불이법문품(不二法門品)〉 56
비아란(埤雅蘭) 253
《비전화경(祕傳花鏡)》 192
사군자(四君子) 44, 134, 139
〈사계초화도(四季草花圖)〉 7, 10
《사기(史記)》 12, 206
사란(絲蘭) 253
사마광(司馬光) 84
《사씨세계표(謝氏世系表)》 175
사아(四雅) 43
사안(謝安) 49, 174
사애(四愛) 43, 192
사우(四友) 43, 192
《사우명행록(師友名行錄)》 50
사일(四逸) 43, 192
사조제(謝肇制) 187
사카이 호이쓰(酒井抱一) 7, 10
사현(謝玄) 83, 174
산난초 251
《산림경제》 39, 44, 45, 165, 166
산도(山濤) 188

산란(山蘭) 40, 97
〈산중멱심(山中覓尋)〉 20
《삼국유사》 40, 180
삼전법(三轉法) 185
삼향(三香) 43
〈상감난문연병(象嵌蘭文硯屛)〉 146
《상란집(湘蘭集)》 90
상란자(湘蘭子) 90
《상서》 181
새우난초 231, 259
새우란 231, 232
《생명권 정치학》 28
《서경잡기(西京雜記)》 200
서긍(徐兢) 248
서시(西施) 30
서양란 227
서위(徐渭) 172
서정주 225
서풍지(徐豊之) 175
서화동원(書畫同源) 161
석곡(石斛) 43, 68, 240, 258
〈석란도(石蘭圖)〉 53, 113, 126
〈석란도10곡병풍(石蘭圖十曲屛風)〉 50, 193
선반(先斑) 190
설란(雪蘭) 253
《설문해자(說文解字)》 37, 69
설창(雪窓) 166
섬사철란 262, 263
성두초(省頭草) 40, 205, 219
성두향초(省頭香草) 191
성모신(聖母神) 48
성삼문(成三問) 78
세란(歲蘭) 167
〈세모에 시사(時事)를 두고 느낀 바 있어서(歲暮卽事)〉 92
《세설신어(世說新語)》 49, 83, 174
세엽혜란(細葉蕙蘭) 253
〈세한도〉 109
소가 쇼하쿠(曾我蕭白) 22, 23
소동파 63, 90, 93, 119
《소문(素問)》 205
〈소소소가(蘇小小歌)〉 89
소식(蘇軾) 283, 286
소신란(素心蘭) 72

소심(素心) 207, 256
소심란(素心蘭) 255
소엽란(燒葉蘭) 254
〈소요(騷擾)〉 17
〈소잠부 시어가 북경의 첩을 얻었기에 그를 위해 합환시를 짓는다(蘇潛夫侍御買燕姬, 爲賦合歡詩)〉 92
《소흥부지(紹興府志)》 172
《속일본기(續日本記)》 168
송기(宋祁) 94
송시열(宋時烈) 185
송옥(宋玉) 91
수란(水蘭) 40
수엽(垂葉) 190
〈수궁가〉 217
〈수선도(水仙圖)〉 88
〈수선전도(首善全圖)〉 265, 266
순자(荀子) 62
스스란(スズラン) 40
스즈카 슈사이(鈴鹿周齋) 70
《시경(詩經)》 9, 26, 40, 181
신부차면보 156
신사임당(申師任堂) 185
《신해유록(辛亥游錄)》 177
〈신상인이 그린 춘란에 쓰다(題信上人春蘭)〉 87
〈심곡유란도(深谷幽蘭圖)〉 125, 126
심비듐(Cymbidium) 27, 41, 234, 235
심사정 127
심석전(沈石田) 123
심진하(沈鎭河) 183
〈쌍구난화도(雙句蘭花圖)〉 120
아가달래 251
아라라기(蘭) 96, 97
아리산 춘란(阿里山春蘭) 253
아시카가 요시마사(足利義政) 69
아야메 7, 8
〈아츠모리의 최후〉 100, 101
아츠모리초(敦盛草) 69
〈아키노 나나쿠사(秋の七草)〉 68
《악기(樂記)》 16
《악부(樂府)》 81
안민영(安玟英) 80
안중식(安中植) 113, 172
압도(鴨島) 266

앞댕기 155
야나기란(ヤナギラン) 40
야나기사와 기엔(柳澤淇圓) 131
야마노우에노 오쿠라(山上憶良) 68
야마모토 바이이쓰(山本梅逸) 133
야마모토 슈고로(山本周五郎) 66
〈야마모토(山本)에게 보낸 편지〉 176
야부란(藪蘭) 260
야쓰시로(八代) 146
약난초 262, 263
양걸(楊傑) 284, 287
양귀비 185
양기(楊夔) 283, 286
〈양봉이 대나무와 난초를 그린 그림에 쓴 두 수(題兩峰畫竹蘭草二首)〉 57
양수경(楊守敬) 25
양신(楊愼) 26
〈양차공의 춘란에 쓰다(題楊次公春蘭)〉 90
《양화소록(養花小錄)》 39, 44, 165, 166
〈어부사(漁父)〉 23
〈어부사시사(漁父四時詞)〉 54
《어제첩(御製帖)》 108
엄혼(嚴昕) 271, 278
에밀 갈레(Emile Gallé) 29, 30
여란(女蘭) 40
여유정(餘有丁) 285, 287
《역경(易經)》 40, 160
《역옹패설(櫟翁稗說)》 77
연미향(燕尾香) 26, 40, 218
연초(燕草) 43
영란(影蘭) 166
영릉향초(零陵香草) 218
《예기》 40, 181, 198
〈예의지〉 168
오가타 겐잔(尾形乾山) 144, 145,
오가타 고린(尾形光琳) 133, 146
오규 소라이(荻生徂徠) 24
오다 노부나가(織田信長) 69, 103
오리 섬 266
〈오설란(傲雪蘭)〉 78
《오잡조(五雜俎)》 187
오죽헌 184
오지 춘란 252, 253
〈오채백란문접시(五彩白蘭文皿)〉 144, 145

〈오채용문장방합자(五彩龍文長方盒子)〉 140
오청(五淸) 44, 192
오초려(吳草廬) 26
오카쿠라 덴신(岡倉天心) 71, 133
옥란(玉蘭) 40
옥화란 254
와신상담(臥薪嘗膽) 171
와타나베 가잔(渡邊華山) 131, 132
《완당선생전집 제6권》 111
〈왕랑고가(王郎高歌)〉 90
왕상진(王象晉) 192
왕숙(王肅) 169, 281
왕십붕(王十朋) 172
《왕씨난보(王氏蘭譜)》 207
왕예매(王蕊梅) 122
왕온지(王蘊之) 175
왕자접(王子接) 205
왕자향(王子香) 26, 41
왕지원(汪之元) 187
왕허시(王鶴照) 177
왕희지(王羲之) 174, 175, 176
〈요곡(謠曲)〉 103
요코야마 다이칸(橫山大觀) 71, 133
용설란(龍舌蘭) 39, 40
우에노 타로(上野太郎) 200
우접란(羽蝶蘭) 67
우키오에시(浮世繪師)
우타가와 쿠니요시(歌川國芳) 71
운게(雲華) 71
〈운중군(雲中君)〉 18
웅란(雄蘭) 253, 253
원굉도(袁宏道) 91, 92
원교지(袁嶠之) 175
월드컵 공원 265
위안스카이(袁世凱) 118
〈유감(有感)〉 76
유감주술(類感呪術) 196
유객(幽客) 43
〈유란가(幽蘭歌)〉 79
《유마경(維摩經)》 56
〈유선사(遊仙詞)〉 58
유안(劉安) 84
유의경(劉義慶) 174
윤선도(尹善道) 54

윤영기 80
윤용구(尹用求) 126, 193
은군자(隱君子) 43
은난초 264
은노리개 156, 157
〈은자동아 금자동아〉 216
의걸이장 158, 160
〈의란조(倚蘭操)〉 12, 15, 23, 49, 53, 79, 85, 279, 286
이가원(李家源) 166
이건방(李建芳) 52
이건창(李建昌) 22, 52
이고(李杲) 205
이방(李昉) 167
이방응(李方膺) 92, 129
이백(李白) 285, 286
이병기 7, 48, 54, 222, 277, 279
이산해(李山海) 272, 278
이삼평(李參平) 144
이상적(李尙迪) 55
이성중(李誠中) 273, 278
〈이소(離騷)〉 18, 49, 84, 60, 85, 119, 173, 197, 219, 281
이수광(李睟光) 16, 79
이시진(李時珍) 40
이식(李植) 21, 80
이우(李瑀) 273, 278
이원례(李元禮) 183
이익(李瀷) 51
이인로(李仁老) 77
이인상(李麟祥) 115
이제현(李齊賢) 77
이중한(李重煥) 266
이징(李澄) 106, 107, 163
이쿠노스케(生乃助) 66
이태수 223
《이에노히카리(家の光)》 66
《이즈모노쿠니후도키(出雲國風土記)》 68
《이치노타니후타바군키(一谷嫩軍記)》 102
〈이태공(李太公)전〉 117
이하(李賀) 89
이하응(李昰應) 13, 21, 50, 108, 112, 113
이행(李荇) 271, 278
이호민(李好閔) 273, 278

이황(李滉) 21, 49, 79
《일본국어대사전(小學館)》 151
《일본서기(日本書記)》 68, 73, 97, 188
일본 춘란 253, 252
일본 한란 256
《임선고치(林泉高致)》 19
임설(林雪) 122
임숙영(任叔英) 51
임희지(林熙之) 127
입엽(立葉) 190
자란(紫蘭) 68, 254
《자란지(慈蘭志)》 166
〈자진 휘여능청〉 211
〈장귀조(將歸操)〉 15
〈장생도(長生圖)〉 149
장정석(蔣廷錫) 86
저우언라이(周恩來) 177, 178
〈적벽부(赤壁賦)〉 93
〈전도춘풍도(顚倒春風圖)〉 129
전선(錢選) 39
전유연(錢惟演) 94
전주 세계 난 산업 박람회 239
전택초(煎澤草) 205
절엽난화법(折葉蘭畫法) 109
《정난설(訂蘭說)》 26
정몽주(鄭夢周) 181
정사초(鄭思肖) 19, 63, 64, 87, 119, 139, 285, 287
정섭(鄭燮) 91, 122, 123, 199, 285, 287
정약용(丁若鏞) 274, 279
정여창(鄭汝昌) 81
정온(鄭蘊) 164
정우(靜友) 43
정인보(鄭寅普) 53, 276, 279
정지용 224
정학교(丁學敎) 53
제레미 리프킨(Jeremy Rifkin) 28
〈제화란(題畵蘭)〉 87
제주 한란 256
조광조(趙光祖) 164
조맹견(趙孟堅) 60, 88, 120
조맹부(趙孟頫) 83, 121, 126
조바위 154, 156
조변(趙抃) 93

조비(曹丕) 94
조석진(趙錫晉) 113
《조선왕조실록》 164
조옹(趙雍) 126
조젠런(周建人) 177
조희룡(趙熙龍) 21, 36, 77, 116, 117
좌구명(左丘明) 280, 286
주름제비란 262, 263
주숙(朱橚) 205
주천구(周天球) 120
주희(朱熹) 285, 287
죽백란 262, 263
준소심(準素心) 256
《좌전》 181
《주공해몽(周公解夢)》 186
〈주방의 죽음을 슬퍼함(哭朱放)〉 85
《주역》 63, 84, 280, 286
《중국 고대의 제례와 가요》 168
중국 보세란 256, 257
중국 춘란 42, 252
중국 한란 256
《중수(重修) 본초강목》 201
《중정 본초강목(重訂 本草綱目)》 151
중초도(中草島) 266
《증류본초(證類本草)》 44, 45
지란(芝蘭) 81, 83
지란옥수(芝蘭玉樹) 49
《지봉유설(芝峰類說)》 79
진란(眞蘭) 167
《진서(晋書)》 173
진원소(陳元素) 123
진전양(陳傳良) 26
〈진주선(珍珠船)〉 192
찰스 램(Charles Lamb) 196
창포 7, 8, 40
채옹(蔡邕) 12
채위안페이(蔡元培) 177
척란(尺蘭) 83
천금초(千金草) 40
천마 262, 263
천하제일향(天下第一香) 41
〈청영홍심도(青影紅心圖)〉 127, 195
청청화(青青花) 256
청화(青花) 256

〈청화백자난문배(青畵白磁蘭文盃)〉 141, 142
〈청화백자난초문묵호(青華白磁蘭草文墨壺)〉 159, 160
〈청화백자난초문연적(青華白磁蘭草文硯滴)〉 159, 160
〈청화백자망우대(忘憂臺)명초충문 접시〉 134, 135
〈청화백자초충문쌍이편병(青畵白磁草蟲汶雙耳扁甁)〉 135
초병정(焦秉貞) 171
초향(草香) 218
최익현(崔益鉉) 274, 279
쵸운 레이호(頂雲靈峰) 130
추란(秋蘭) 41, 50, 255
춘란(春蘭) 40, 151, 190, 237, 251
춘한란 42
칠태도(七胎道) 184
카틀레야(cattleya) 38
〈책가도(冊架圖)〉 148
《초사(楚辭)》 17, 40, 55, 91, 168, 198, 207, 219
《초사변증(楚辭辨證)》 202
《초사보주(楚詞補注)》 207
〈초혼(招魂)〉 91
〈추풍사(秋風辭)〉 88
〈춘향전〉 211
〈카키츠바다즈(燕子花圖)〉 133
콩짜개란 262, 263
쿄쿠엔 봄포(梵芳) 70
쿠마가이소(熊谷草) 151
큰방울새란 262, 263
타래난초 264
《태극제련내법(太極製鍊內法)》 64
《태평광기(太平廣記)》 167
《태평어람(太平御覽)》 198
《택리지(擇里志)》 266
택란(澤蘭) 40
토호쿠 난 전시회 246
《통석(通釋)》 91
〈투전놀음〉 215
〈투전뒤풀이〉 214
〈투전타령〉 214
〈투전풀이〉 214
〈팔자자랑〉 215
《팔종화보(八種畵譜)》 144

팔레높시스 43
〈팔화도(八花圖)〉 39
패란(佩蘭) 197, 200
평화의 공원 265
〈품바타령〉 214
풍란 43, 48, 179, 180, 240, 254
풍란게(風蘭偈) 48
《풍토기(風土記)》 73
하늘공원 265
하란 253, 255
하오하오헝(郝昊衡) 175
하이쿠(俳句) 97, 98
한(閒) 41
《한국인의 신화》 48
한국 춘란 42, 230, 239, 251, 252
한국 한란 256
한난홍 211
한라새우란 231, 258
한란(寒蘭) 40, 66, 151, 190, 252, 253, 256
〈한란〉 224
《한서》 40
〈한오백년〉 19
한유(韓愈) 282, 286
함평자연생태공원 237
《해동악부(海東樂府)》 51
해아국(孩兒菊) 40
해오라기난초(鷺草) 38, 258, 259, 262, 263
향등골나물 8, 26, 40
향수란(香水蘭) 26, 40, 191, 218
향조(香祖) 41
향초 26, 191
허경란(許景蘭) 58
허난설헌 58
허목(許穆) 164
허황옥(許黃玉) 40
《헤이케모노가타리(平家物語)》 69, 100, 101, 102, 246
〈현애난죽도축(懸崖蘭竹圖軸)〉 124
형열후(馨列侯) 43
《형초세시기(荊楚歲時記)》 9, 168
혜란(蕙蘭) 232
혜란원 242
《홍루몽(紅樓夢)》 187
호반(虎斑) 190

호사이란(報歲蘭) 70
호접란(胡蝶蘭) 38
홍만선(洪萬選) 39, 44, 165
홍양호(洪良浩) 273, 278
홍재문(洪在文) 183
홍화(紅花) 256
〈화란서란장전후서합권(畵蘭書蘭章前後序合卷)〉 123
화중군자(花中君子) 43
〈화투노래〉 213
〈화투타령〉 6, 214
〈화훼도권(花卉圖卷)〉 122
환구하정(環球荷鼎) 178
환온(桓溫) 173, 174
황용하 78
황정견(黃庭堅) 284, 287
《황정경(黃庭經)》 175
《황제내경소문(黃帝內經素問)》 203
황현(黃玹) 117
황화(黃花) 256
《회남자(淮南子)》 84, 187
〈회사(懷沙)의 부(賦)〉 173
《회향부(懷香賦)》 198
〈획린조(獲麟操)〉 15
후금란(後金蘭) 180
후란(風蘭) 260
후시하카마(不時佩) 200
후지 7
후지바카마(フジバカマ) 40, 68, 96, 97, 151, 190
《후한서(後漢書)》 168
흑란(黑蘭) 41
《히라츠카 모노가타리(平家物語)》 69
히메산란(ヒメサンラン) 40
orchid 38, 196
orchis 38, 196
らん 38, 41

참고문헌

난초를 찾아가는 첫걸음
    《동양란》, 홍신문화사, 2000
    이상희, 《꽃으로 보는 한국문화(3)》, 넥서스, 1999
    한국정신문화연구원, 《한국민족문화대백과사전(5)》, 1991
    강법선, 《난》, 대원사, 2003
    吳應祥(外) 編著, 《蘭花》, 上海科學出版社, 1998
    寺井泰明, 《花ソ木の漢字學》, 大修館書店, 2000
    국립중앙박물관, 《朝鮮時代 文房諸具》(도록), 1992
    김삼대자, 〈文房諸具〉, 《朝鮮時代文房諸具》, 국립중앙박물관, 1992
    동아출판사, 〈난초〉, 《韓國文化상징사전》, 1992
    순천대학교박물관, 《風流와 雅趣》, 2004
    영남대학교박물관, 《면과 선의 세계》, 2001
    오세창 편, 《근묵(槿墨)》, 성균관대학교박물관, 1992

중·일보다 더욱 강조된 난초의 순결성
    윤호진, 《한시와 사계의 화목》, 교학사, 1997.7, pp.120~145
    《한국문화상징사전》, 동아출판사, 1992, pp.140~149
    민족문화추진회 표점영인 한국문집총간

공자에 의해 최초로 알려진 난초
    《論語》
    《孔子家語》
    《註譯》

고귀한 인품의 절대적인 표상
    金克己, 〈유감(有感)〉, 《동문선(東文選)》
    李齊賢, 《역옹패설(櫟翁稗說)》
    《도산육곡지일(陶山六曲之一)》 6-4
    《가곡원류(歌曲源流)》 일석본 714
    《금옥총부(金玉叢部)》 161
    《개암집(介庵集)》 단가 3절

《악부(樂府)》 고려대학본 409
《청구영언(靑丘永言)》 일석본 442

지고지순한 인품과 난초의 덕목
劉在健,《古今詠物近體詩》4, 亞細亞文化社 影印, 1981
《어정패문재영물시선(御定佩文齋詠物詩選)》, 문연각사고전서(文淵閣四庫全書) 집부(集部) 총집류(總集類)
곽무천(郭茂倩),《악부시집(樂府詩集)》, 베이징(北京) : 중화서국(中華書局), 1979

일본에서는 사군자의 난이 아니다
《일본서기(日本書紀)》
《만요슈(万葉集)》

난꽃이 된 두 중세의 영웅
《헤이케모노가타리(平家物語)》
《이치노타니후타바군키(一谷嫩軍記)》

묵란의 전통은 일본에도 살아 있다
야마네 유조(山根有三) 감수,《日本繪畫史圖典》, 福武書店, 1987, p.163
야마네 유조(山根有三) 감수,《日本繪畫史圖典》, 福武書店, 1987, p.179
야마네 유조(山根有三) 감수,《日本繪畫史圖典》, 福武書店, 1987, p.331
《日本の文人畵展》II, 세이카도문고미술관(靜嘉堂文庫美術館), 1996, 도판 34

현실 기형에 옮겨 온 사유의 세계
이성미,〈四君子의 象徵性과 그 歷史的 展開〉,《한국의 미》18 花鳥四君子, 중앙일보사, 1985
《世界陶磁全集》6 江戶 (一), 小學館, 1981
《世界陶磁全集》7 江戶 (二), 小學館, 1981
《世界陶磁全集》8 江戶 (三), 小學館, 1981
《世界陶磁全集》9 江戶 (四), 小學館, 1981
《世界陶磁全集》13 遼-金-元, 小學館, 1983
《世界陶磁全集》14 明, 小學館, 1983
《世界陶磁全集》15 淸, 小學館, 1983

단순 문양에서 새롭게 시문되는 난
《陶磁大系》伊万里 19, 平凡社, 1973
《陶磁大系》鍋島 21, 平凡社, 1972

여인의 보랏빛 난초의 꿈
고려대학교 박물관,《服飾類名品圖錄》, 1990

담인복식미술관,《澹人服飾美術館 개관기념도록》, 이화여자대학교출판부, 1999
이학,《韓繡文化》, 한국자수문화협의회, 1986
이경자·홍나영·장숙환,《우리 옷과 장신구》, 열화당, 2003

목판에 난을 새겨 닮으려는 마음
유홍준,〈시전지(詩箋紙)와 시전지 목판화 연구초(抄)〉,《면과 선의 세계》, 영남대학교박물관
이화여자대학교박물관,《文房具100選》, 1988
이화여자대학교박물관,《螺鈿漆器·華角工藝》, 1989
임영주,〈우리나라 전통 장신구의 무늬와 상징〉,《天工의 솜씨를 찾아서, 2001 장신공예의 멋과 향기展》, 한국문화재보호재단, 2001
任昌淳,〈선비와 문방생활〉,《朝鮮時代文房諸具》, 국립중앙박물관, 1992
최공호,〈선비와 선비공간〉,《天工의 솜씨를 찾아서 - 문방사우의 멋과 향기》, 한국문화재보호재단, 2002
허균,《전통미술의 소재와 상징》, 敎保文庫, 1991
호암미술관,《선인들의 오랜 벗, 사군자》, 2001
한국정신문화연구원,〈난초〉,《한국민족문화대백과사전》
한국문화상징사전편찬위원회,《韓國文化 상징사전》1, 동아출판사, 1992
석주선,《冠帽와 首飾》, 단국대학교 출판부, 1993

약은 약이나 독이 될 수도 있다
朱熹,《楚辭辯證》
李時珍,《本草綱目》
盧止頤,《本草乘雅半偈》
《黃帝內經素問》
王子接,《絳雪園古方選註》
《楚辭》
《楚詞補注》

아름다운 만남과 이별
이기문 편저,《개정판 속담사전》, 일조각, 2001
서정서 책임편저,《세계속담대사전》, 한양대학교출판부, 1998

한·중·일을 닮은 난초
강법선,〈우아한 자태가 매혹적인 동양란〉,《난》, 대원사, 2001

시간 속에 묻혀진 난향의 골짜기
월드컵 공원 http://parks.seoul.go.kr/worldcup
〈기획 한국사 바로보기-'위상부항' 상홍립 후금침입 때엔 깅화 주'선〉,《경향신문》, 2004. 6. 9일자
서울 六百年史 http://seoul600.visitseoul.net/seoul-history/inmul/jojoong/1/24.html

관악구청 http://www.gwanak.go.kr/kor/cul_tour/oldname/oldname_2.jsp?main_b_ca=760&main_m_ca=762

부록| 난초 소재의 한·중·일 명시·명문
《춘정집(春亭集)》11권
《점필재집(佔畢齋集)》제7권
〈유호남록(遊湖南錄)〉,《매월당시집(梅月堂詩集)》11권
〈남유록(南遊錄)〉,《용재집(容齋集)》7권
《십성당집(十省堂集)》상(上)
《학봉일고(鶴峯逸稿)》제1권
〈종현록(鍾峴錄)〉,《아계유고(鵝溪遺稿)》4권 후집
《파곡유고(坡谷遺稿)》
《옥산시고(玉山詩稿)》
《오봉집(五峯集)》1권
〈정관록(靜觀錄)〉,《설봉유고(雪峯遺稿)》5권
〈북새잡요(北塞雜謠)〉,《이계집(耳溪集)》2권
《다산시문집(茶山詩文集)》제2권
《완당선생전집(阮堂先生全集)》
《호암전집(湖巖全集)》
《면암집(勉菴集)》제22권
《가이후소(懷風藻)》

집필진 약력

| **김문성** | 고려대학교 신문방송학과 졸업. 언론중재위원회 심의실 근무. 경서도명창 고 김옥심추모사업회 회장, 현재 국악방송에서 〈김문성의 신민요 80년〉을 진행하고 있다.

| **김문학** | 조선족 3세로 중국 심양에서 태어남. 동북사범대학 일본문학과 졸업. 일본 도시샤(同志社) 대학교 대학원 졸업. 교토 대학교 객원연구원 역임. 히로시마 대학교 박사과정 수료. 현재 일본 쿠레 대학교 사회정보학부 강사. 저서로는 《반문화 지향의 중국인》, 《한중일 3국인 여기가 다르다》, 《벌거숭이 삼국지》 등이 있다.

| **김상환** | 한학자, 고문헌연구소 소장, 현재 고문헌을 수집·정리하며 한시와 초서, 주역 등 고전을 강의하고 있음. 탈초, 해제, 국역한 책으로는 《표암 강세황》, 《설촌가수집 고문서집 가장 간찰첩집》, 《한국간찰자료선집4》, 《일체경음의》, 《각사등록1》 등이 있다.

| **김용철** | 서울대학교 고고미술사학과 학사·석사. 도쿄 대학교 미술사학과 박사. 일본과 한국을 중심으로 한 동양미술사 전공. 현재 성신여자대학교 대학원 미술사학과 초빙교수.

| **김종덕** | 서울대학교 농생물학과 졸업. 경희대학교 한의과대학 및 동 대학원 졸업. 한의학 박사. 현재 순천향대학교 및 열린사이버대학교(OCU) 강사. 사당한의원 원장, 농촌진흥청 고농서 국역위원. 저서로는 《사상체질을 알면 건강이 보인다》, 《이제마평전》, 《한의학에서 바라본 농산물》 등이 있으며, 《국역 식료찬요》(번역)가 있다.

| **김충영** | 한국외국어대학 일어과 졸업. 일본 중세문학 전공, 일본 쓰쿠바(筑波) 대학 박사과정 수료, 문학박사. 현재 고려대학교 문과대학 일어일문학과 교수. 저서로는 《일본 고전의 방랑문학》 등이 있다.

| **김현자** | 이화여자대학교 국문학과 졸업. 동 대학에서 석사·박사 학위 받음. 현재 이화여자대학교 국문학과 교수. 저서로는 《시와 상상력의 구조》, 《한국 현대시 작품 연구》, 《한국시의 감각과 미적 거리》, 《아침빛길의 시학》 등이 있다.

| **방병선** | 서울대학교 공과대학 및 동 대학원 졸업. 동국대학교 대학원 미술사학과에서 석·박사 학위 받음. 현재 고려대학교 고고미술사학과 교수. 저서로는 《조선후기 백자연구》, 《순백으로 빚어낸 조선의 마음, 백자》, 《왕조실록을 통해 본 조선 도자기》, 《토기 청자 2》(공저)가 있다.

| **손철주** | 국민일보 문화부장과 동아닷컴 취재본부장 역임. 현재 학고재 편집주간. 저서로 《인생이 그림 같다》, 《그림 아는 만큼 보인다》 등이 있다.

| **심경호** | 서울대학교 국문학과, 동 대학원 졸업. 교토 대학교에서 박사 학위 받음. 현재 고려대학교 한문학과 교수. 저서로는 《김시습 평전》, 《한문 산문의 미학》, 《한학 연구 입문》, 《한시 기행기》, 《한시의 세계》, 《한문 산문의 내면 풍경》, 《간찰, 선비의 마음을 읽다》 등이 있다.

| **안동준** | 경상대학교 국어교육과 졸업. 한국학중앙연구원 한국학대학원에서 고전문학 연구로 문학석사와 문학박사 학위 받음. 현재 경상대학교 사범대학 국어교육과 부교수. 저서로는 《진주 옛이야기》, 《도교와 여성》(번역) 등이 있다.

| **윤열수** | 원광대학교 사학과 졸업. 동국대학교 대학원 사학과 불교미술 전공. 동국대학교 미술사학과 박사과정 수료. 에밀레 박물관 학예실장, 삼성출판박물관 학예실장 역임. 현재 문화관광부 문화재전문위원, 가회박물관 관장. 저서로는 《한국의 호랑이》, 《한국의 무신도》, 《龍, 불멸의 신화》 등이 있다.

| 이규태 | 연세대학교 졸업, 1959년 조선일보사에 입사하여 문화부장, 사회부장, 논설위원, 논설주간, 논설고문 역임. 저서로는 《한국인의 의식구조》(전4권), 《서민의 의식구조》, 《선비의 의식구조》, 《서양인의 의식구조》, 《동양인의 의식구조》, 《뽐내고 싶은 한국인》, 《한국 여성의 의식구조》(전2권), 《한국학 에세이》(전2권), 《신열하일기》, 《한국인, 이래서잘산다》, 《한국인, 이래서 못한다》 등 100여 권이 있다.

| 이상희 | 고려대학교 법학과, 경북대 대학원 졸업. 진주 시장, 산림청장, 대구직할시 시장, 경상북도지사, 내무부 장관, 건설부 장관, 수자원공사 사장, 한국토지공사 사장 역임. 저서로는 《꽃으로 보는 한국문화 1·2·3》, 《우리 꽃 문화 답사기》, 《매화》 등이 있다.

| 이종철 | 서울대학교 인류학과를 졸업, 영남대학교대학원 졸업. 국립민속박물관 관장, 국립전주박물관 관장 역임. 현재 한국전통문화학교 총장. 저서로는 《우리 민속 도감》, 《서낭당》(공저)가 있다.

| 장숙환 | 이화여자대학교 사학과 동 대학원 의류직물학과 졸업. 서울여자대학교 의류학과 박사 학위 받음. 현재 이화여자대학교 생활환경대학 의류직물학과 특임 교수이며, 동 대학 담인복식미술관 관장. 저서로는 《전통장신구》, 《전통 남자장신구》, 《우리 옷과 장신구:韓國 傳統 服飾, 그 原形의 美學과 實際》(공저) 등이 있다.

| 정양모 | 서울대학교 사학과 졸업. 한국미술사학회 회장, 국립경주박물관 관장, 국립중앙박물관 관장 역임. 현재 연세대학교 국학연구원 객원교수·문화재위원, 문화재위원회 위원장. 저서로는 《고려청자》, 《너그러움과 해학》 등이 있다.

| 진태하 | 국립대만사범대학 대학원 중국문화과 박사과정 졸업. 현재 명지대학교 국어국문학과 명예교수, 한국국어교육학회 명예회장, 전국한자교육추진총연합회 상임집행위원장. 저서로 《生活漢文》, 《아, 白頭山》, 《東方文字뿌리》, 《漢字를 가장 쉽게 익히기》, 《IQ EQ 도전 漢字 1, 2, 3, 部首編》, 《완전정복 취업漢字》 외 다수가 있다.

| 최강현 | 홍익대학교 국어국문학과 교수 역임. 저서로는 《한국기행문학연구》, 《한국기행가사연구》, 《한국고전 수필신강》, 《조선외교관이 본 영치시대 일본》, 《조선시대 포쇄일기》, 《미수 허목의 기행문학》, 《계해 수로 조천록》, 《갑사 수로 조천록》, 《휴당의 연행일기 1·2》, 《기행가사 자료선집 1》, 《오우당 연행록》, 《홍순학의 연행유기와 북원록》, 《조선시대 우리 어머니》, 《보진당연행일기》가 있다.

| 하마다(濱田 陽) | 1995년 도쿄 대학 법학부 졸업, 교토 대학 인간·환경학 박사. McGill 대학 종교학과 객원연구원, 국제일본문화연구센타 - 강사 역임. 현재 데이쿄(帝京) 대학 전임강사. 국제일본문화연구센타 - 공동연구원. 저서로는 《共存の哲學 - 複數宗教からの思考形式》, 《環境と文明 新しい世紀のための知的創造》(공저), 《現代世界と宗教の課題 宗教間對話と公共哲學》(공저)가 있다.

| 허 균 | 홍익대학교 동 대학원에서 한국미술사를 전공, 우리문화연구원장·문화관광부 문화재전문위원·문화재감정위원·문화재청 심사평가위원, 한국학중앙문화연구원 책임편수연구원 역임. 현재 한국민예미술 연구소장으로 활동 중. 저서로는 《전통미술의 소재와 상징》, 《고궁산책》, 《전통문양》, 《문화재 및 전통문화 관리기능의 효율적 방안 연구》(공저), 《뜻으로 풀어본 우리 옛그림》, 《사찰장식 그 빛나는 상징의 세계》, 《한국의 정원, 선비들이 거닐던 세계》, 《한국인의 미의식》 등이 있다.

비교문화상징사전
한·중·일 문화코드읽기는
동북아시아의 문화적 이해를 돕고자
유한킴벌리의 지원으로 출판됩니다.

한·중·일 문화코드읽기 | 비교문화상징사전

난초

책임편찬 | 이어령
펴낸이 | 노영혜

펴낸곳 | (주)종이나라
  충청북도 충주시 목행산단2로 42 (우 27335)
  서울시 중구 장충단로166 종이나라빌딩 7층 (우 04606)
  전화 | 2264-4994 FAX | 2264-0672
  홈페이지 | www.jongienara.co.kr

등록일자 1990. 3. 27
등록번호 제1호

초판 1쇄 발행 2006. 10. 10
초판 2쇄 발행 2022. 9. 20

ⓒ 유한킴벌리, 2006
이 책의 저작권은 유한킴벌리(주)에 있으며, 내용과 그림은 허락 없이 사용할 수 없습니다.
이 책의 판매권은 (주)종이나라에 있습니다.

ISBN 978-89-7622-405-7 04380
세 트 978-89-7622-400-0 04380

• 저작권자와 협의하여 인지는 붙이지 않습니다.
• 잘못 만들어진 책은 바꿔 드립니다.

※ 알림. 〈한·중·일 문화코드읽기〉에 게재된 참고 도판은 사전합의에 의해 사용했으며, 저작권자의 소재
파악이 불가능한 몇몇 도판은 부득이하게 게재했사오니 연락주시면 소정의 게재료를 지불하겠습니다.
이 점 양지해 주시기 바랍니다.

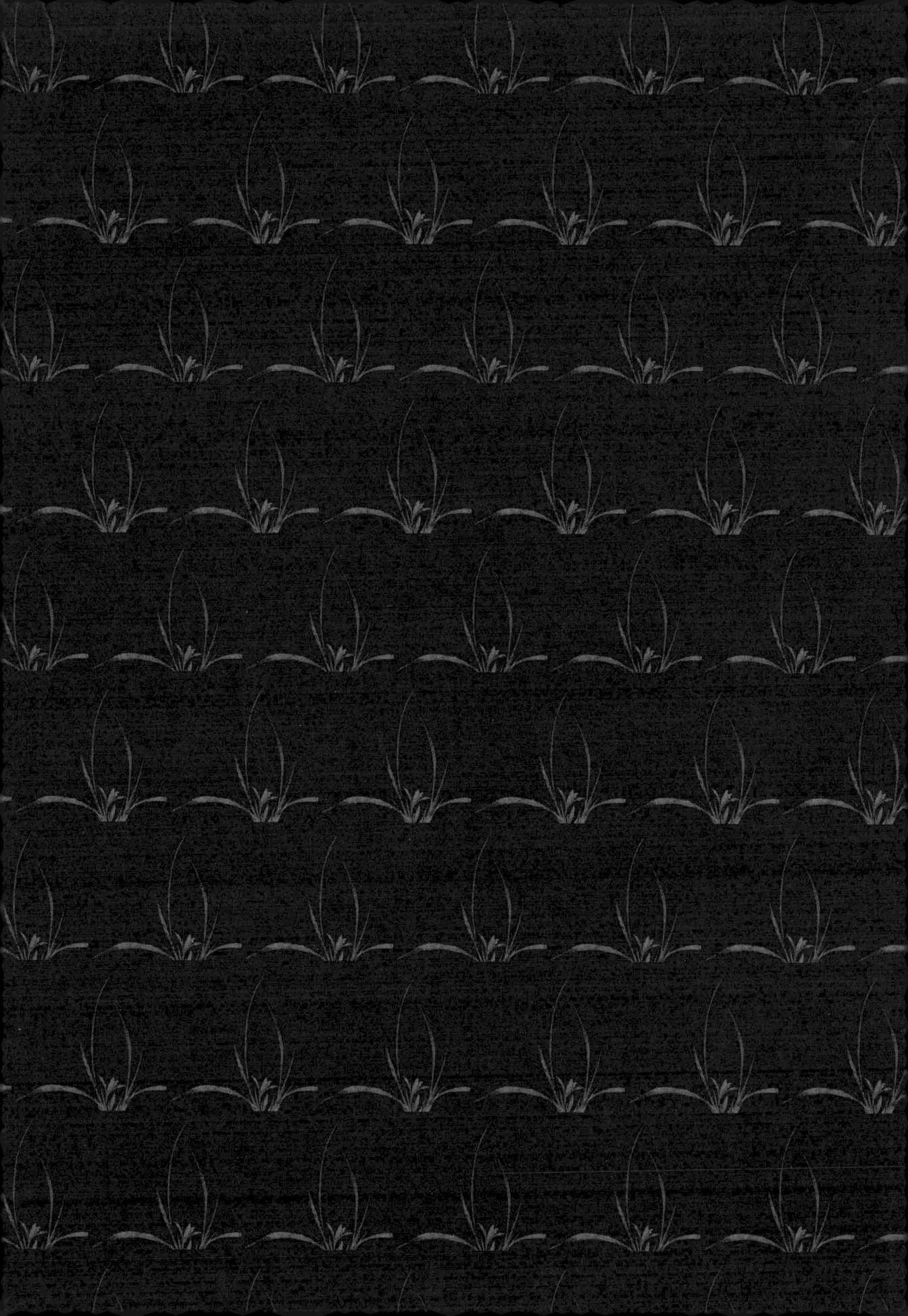